湛庐文化
CheersPublishing

a mindstyle business
与 思 想 有 关

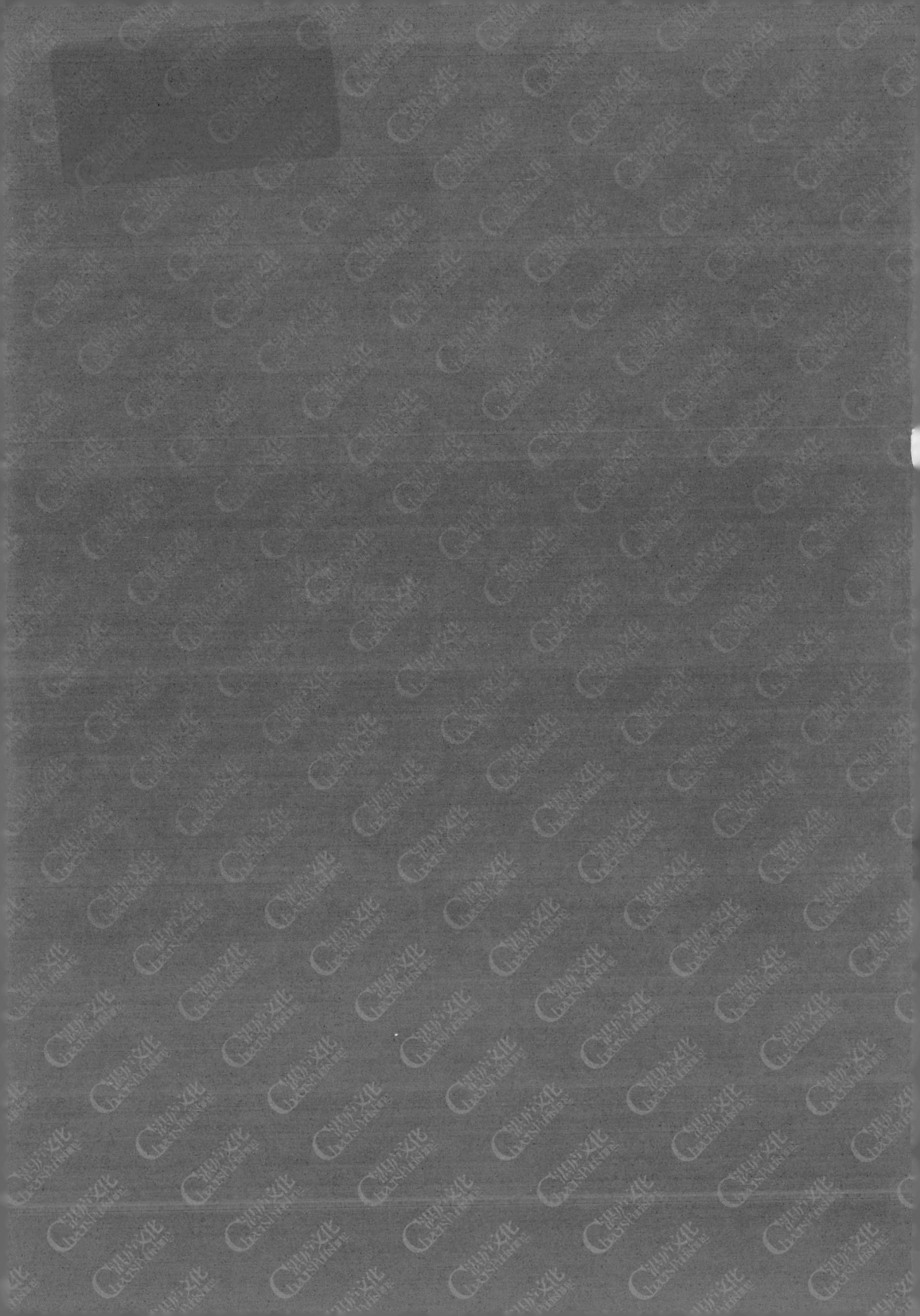

MARVEL COMICS

漫威宇宙

THE UNTOLD STORY

[美] 肖恩·豪（Sean Howe）◎著　苏健◎译

浙江人民出版社
ZHEJIANG PEOPLE'S PUBLISHING HOUSE

19 61 年，即将步入不惑之年的斯坦利·利伯（Stanley Lieber），正眼睁睁地看着漫画产业走向穷途末路，他在这个行业已经摸爬滚打了 20 多年。在迫不得已解雇一批画师后，他只能独自坐在出版商马丁·古德曼随性命名的杂志管理公司（Magazine Management Company）的漫画部门。当初刚进这家公司时，他还是个初出茅庐的少年，一周的工钱只有 8 美元。这个少年曾经想当一名作家，却从来没有在这方面下过功夫。而且，在逐渐没落的漫画公司一直情有独钟的怪兽、爱情以及西部题材上，他似乎也没能构思出什么惊天动地的创意。在斯坦利的早期生涯中，其所做的最出彩的事情竟然是给《羞羞段子：花花公子的低俗读物》（*Blushing Blurbs: A Ribald Reader for the Bon Vivant*）和《高尔夫球手逸闻》（*Golfers Anonymous*）等快餐笑话书撰写粗俗段子，这样的事情谁又好意思拿出来说呢。为了避免暴露自己的真实身份，这些段子的署名都是"斯坦·李"。

在命运女神（或者是某个段子手）的安排下，马丁·古德曼在高尔夫球场上与死对头 DC 公司（Detective Comics）的老板杰克·雷博维兹（Jack Liebowitz）玩了几局。据说，雷博维兹向古德曼透露，DC 公司推出了一部新的超能团队作品《美国正义联盟》（*The Justice League of America*），其中网罗了旗下最受欢迎的超人、蝙蝠侠、神奇女侠、绿灯侠等角色。这部新作出人意料地得到了读者好评。古德曼闻讯便风风火火地回到办公室，给斯坦·李下达了一条命令：剽窃这个创意，搞一支我们自己的超级英雄团队。在此之前，斯坦·李其实已经尝试过复活过气的超级英雄，可惜效果不佳。这一次，斯坦·李回到家便向妻子乔安妮（Joanie，昵称琼）宣布，自己终于决定退出漫画界了。不过，妻子劝他改变主意。"坚持你的想法就好了，"她态度非常坚决地说，"把你自己的想法实现在漫画里。他们能怎么样，难道还炒了你不成？"

"我花了好几天时间，构思出上百万条想法，并把它们记在本子上，"多年之后，斯坦·李这样回忆道，"接着我又将它们统统划掉，再构思上百万个想法，直到最后，我的眼前出现了 4 个能够融为一支团队且相互协作的角色……接着，我编写了一个大纲，描绘了角色的基本设定和一条略显离奇的故事线，随后将它们交给了我最信赖也最可靠的画师杰克·科比（Jack Kirby）。他无疑是一位令人惊异的天才。"

这就是斯坦·李所讲述的《神奇四侠》（*The Fantastic Four*）诞生记，而在之后数十年里，我们还将不时看见他以其手舞足蹈的独有方式，反复提起这一段往事。不过，杰克·科比却有另一番说辞。他在 20 世纪 40 年代与其他人合作为古德曼创造了标志性的美国队长，从而开始崭露头角。"漫威当时已经奄奄一息了，这一点都不夸张，我到公司的时候，他们真的开始动手拖运橱柜了，"科比这样说，"他们正准备离开这家公司，而斯坦·李就坐在位子上哭。我当时就让他们先等等，并打包票说我能够给他们画出可以提高销量、让公司延续生机的漫画。"

科比的话很快就兑现了。1961 年年中，斯坦·李和科比鼓捣出了 25 页的对白和画稿，还附上了一个粗略设计的商标；随后就有数千本第 1 期《神奇四侠》被摆上报亭的摊位和便利店的旋转货架，与最新一期《模特米莉》（*Millie the Model*）和《逍遥小子科尔特》（*Kid Colt Outlaw*）并排而立。

《神奇四侠》与古德曼所要求的山寨版《美国正义联盟》相去甚远。例如在第 1 期里，几个主角甚至连制服都没穿，而更奇怪的是，他们之间还经常吵架闹矛盾。

这样一支拥有鲜明独特个性的英雄团队，在漫画领域绝对是史无前例的。在这个堪称革命性的创意下，石头人（The Thing）甚至被构思成了一个"本质上不算个好人的大块头"，他随时可能变成恶棍。这与超人和绿灯侠这样顶天立地的公民楷模相比可谓天壤之别。但这些漫画都卖出去了，而且销量特别好。没多久，杂志管理公司的办公室就堆满了粉丝们的来信。这一期漫画成了一种机缘，从此之后斯坦·李终于开窍了。

很快，斯坦·李就与另一位擅长怪物漫画的画师史蒂夫·迪特科（Steve Ditko，昵称史迪威）创造了"蜘蛛侠"。这位超级英雄的真名叫彼得·帕克（Peter Parker），是一个优柔寡断，常怀着不安情绪的小青年。让一个多愁善感、无家可归的楞头青成为超级英雄？这又是一次破天荒的尝试。不过，《蜘蛛侠》也同样成功触动了读者的心弦。

杂志管理公司很快顺势推出了更多非主流作品，其中的英雄就跟那些冷战时期的毛头小伙儿一样亦正亦邪，这些人身处林登·约翰逊总统任期末段，目睹过披头士乐队解散。在短短几个月的时间里，杂志管理公司为读者带来了一个受辐射变异成狂暴绿色野兽的实验科学家、一个在事故中成了跛子却又化身为雷神的医生、一个心脏有毛病却制造了金属战甲的军火商以及一个自私自利却在超自然力量中找到真我的失业外科医生。这些英雄都拥有各式各样的毛病，有不少还深陷孤独和自我怀疑的泥潭。即使是其中稍稍有些自信的人，也都很清楚一点：他们是这个世界的异类。

过去，尽管遭到社会主流的忽视或嘲笑，斯坦·李和这一小拨已步入中年的自由职业画师仍然在这个小园地上勤勤恳恳。从某种程度上来说，他们也是这个世界的异类。不过这一次，他们的作品终于开始吸引并聚拢起了一个由热情粉丝组成的小圈子。这个游离于主流媒体之外的小团体起初甚至都没有一个固定的组织名称，古德曼漫画系列虽曾一度以及时漫画（Timely Comics）闻名，但也接连挂出过从"巨神"（Atlas）到"顶峰"（Zenith）等几十个默默无闻的招牌，那些只在版权声明中出现过的几行小字转瞬就成了过眼云烟。不过，到 1962 年时，古德曼和斯坦·李终于做出决定，将迎来第二春的这一漫画系列定名为"漫威漫画"（Marvel Comics）。

漫威创造的这些丰富多彩的人物，如神奇四侠、蜘蛛侠、绿巨人、雷神托尔、钢铁侠和奇异博士等，为其名为"漫威宇宙"的虚构世界打下了完备的基础。从此，所有英雄冒险故事都错综复杂地交织在了一起。没过多久，这个迅速膨胀的世界又迎来了诸如 X 战警（一群遭到社会排斥的年轻学员，他们在民权运动的背景下高高地举起了反歧视的旗帜）和夜魔侠（一个双眼失明，但其他感官能力远超人类水平的律师）这样的成员。接着更涌现出了黑寡妇、鹰眼（Hawkeye）、银影侠（Quicksilver）等数不胜数的新角色。当时售价 12 美分一期的《漫威漫画》为熊孩子、高才生和嬉皮士等人群，提供了令他们着迷且与众不同的故事人物、精彩的文字对白和吸睛夺目的画面。

在 1965 年，蜘蛛侠和绿巨人双双闯入了《绅士》（Esquire）杂志所评选的"二十八大"大学校园英雄榜，跻身于约翰·肯尼迪（John F. Kennedy）和鲍勃·迪伦（Bob Dylan）之间。"漫威常常将伪科学的无穷想象力扩展到高维度幻象、时空交错以及半神学的造物观念之中，"一位康奈尔大学的学生在该杂志上侃侃而谈，"他们将这一切刻画得如此耀眼夺目，令人感觉置身幻境之中。即便是简简单单的凡人英雄故事，在一个个画框之中也像奥逊·威尔斯（Orson Welles）的电影一样，变得活灵活现。"

"真信徒，不回头！"

斯坦·李在漫画的封底向漫威迷提供了一句直白而激昂的口号，让他们有了一种"众人皆醉我独醒"的身份感。虽然大部分故事都诞生于自由画师的僻静小屋中，但斯坦·李却把灰暗的漫威办公室渲染成了一个激情四射的"创意之屋"（House of Ideas）。显然，几年前那些堆满桌椅、死气沉沉的房间已经被尘封在他的记忆中，一去不复返了。在斯坦·李的"牛棚公告"栏目中，他用连珠炮似的"你知道吗"等具有强调意味的大写字母和表达浓烈情绪的感叹号，让他们的工作场所显得激情洋溢。"虽然大多数人都不知道，但其实许多快乐的漫威画师也都是自有一套的故事天才！比如，碰上像'王者'杰克·科比、耀眼夺目的唐·赫克（Don Heck）和亲爱的迪克·艾尔斯（Dick Ayers）这样的专家，我要做的就是提供一粒创意的种子，然后他们就会让它生根发芽，编织出所有细节，再让这些故事跃然纸上。到时候，组长只要拿起这些完成的画稿，把对白和旁白都添好就行了！听起来有点复杂？也许是这样，不然的话，岂不是人人都能学会我们漫威的秘密魔法了？"那些不放过任何一个幕后细节的漫威迷，很快就认识了这些创作人员的名字，包括上墨员、上字员、接待员和制版员。在斯坦·李建立官方粉丝俱乐部时，就有5万名粉丝支付了1美元"欢乐漫威前进会"（The Merry Marvel Marching Society）入会费。正如他们所创造的角色那样，漫威漫画这只曾经奄奄一息的落水狗，摇身一变，上演了一出典型的美国式成功故事。

"我觉得效果不错，"斯坦·李曾经在一封信中这样描述漫威的运作模式，"不过我并不建议其他人尝试这样的模式。"这种模式确实存在一些缺点，尤其是当斯坦·李将越来越多的故事大纲的创意工作转移给画师后，其中一些人便开始觉得自身工作的价值已经与所得利益不相匹配了。曾为蜘蛛侠注入忧郁灵魂、为奇异博士赋予迷幻气质的史蒂夫·迪特科随后就离开了公司，不过蜘蛛侠和奇异博士倒是被漫威保留了下来。杰克·科比也退出了，他几乎凭一己之力创造了无数精巧服装、腾跃翻滚的打斗和神秘外星种族的深奥故事，不过他也没能带走绿巨人、神奇四侠和X战警。

即使漫画产业当时仍处于周期性低迷中，斯坦·李依旧豪情万丈，热忱地奋斗着，决心不再重复当年独自坐在房间角落的落寞岁月。在20世纪70年代初期，他与罗伊·托马斯（Roy Thomas）招来了一股新鲜的创作力量，填补了人手上的空缺。罗伊·托马斯最初是漫威的忠实粉丝，后来则成了斯坦·李的副手。这些20岁左右的小伙儿们睁着天真的大眼睛，个个都佩戴着闪闪发亮的"欢乐漫威前进会"徽章，大有一副要把整个漫画业搅得天翻地覆的架势。本着所谓的

"漫威精神"，他们在四色新闻纸上偷偷加入了许多反主流文化的内容。这些漫画被摆上药店门口的旋转货架，并附有诱人的广告："孩子们，这里有漫画！"斯坦·李完全没有注意到这一茬。在马丁·古德曼将公司出售，而新东家将斯坦·李扶上王位之后，他就立刻将注意力转移到了电视和电影计划的谈判上，这一次，他将带领漫威在形势严峻的漫画产业之外开拓出新天地。

在接下来的几十年里，一方面，斯坦·李马不停蹄地追逐着好莱坞的凯旋之梦；另一方面，在拥有雄心壮志的编辑与浮躁的市场之间，在众多的平民出版者与出版巨头之间，漫威出版物的话语权开始频繁易手。无论是谁，都愈发打算不惜一切代价地守住自己的底线。

与此同时，编剧和画师的人员流动也从未停歇，他们要么开创全新的主题，要么就延续已有的故事。漫威宇宙就如同一个滚动的雪球，将这一切都吸纳进来，并成长为世界历史上最错综复杂的虚构故事体系，囊括了成千上万个相互关联的角色和插曲。对于连续几代的读者而言，漫威已经成了现代世界的一大神话。

不过，这一神话的缔造者可不是什么远古诗人荷马和赫西俄德。创造者对于角色和故事的排他性占有欲、人事纷争以及利益纠葛，都阻碍了公司的发展。漫威就像是一扇年久失修的旋转门，有时候推动它就成了一桩费劲又痛苦的事情。随着时间的推移，由破裂的友谊、变节的员工、苦涩的官司和早逝天才所掀起的巨浪也变得愈发猛烈。

尽管如此，这个宇宙也从未停下扩张的步伐。

MARVEL COMICS
THE UNTOLD STORY

目 录

前 言

第一部分

创世纪：漫威宇宙的奇点

尽管每个人都在讨论漫威让人津津乐道的英雄人物，但其真正独到之处绝非这一点。漫威成功地塑造了一个浩瀚、宏大、能彻底包裹受众的宇宙体系。所有超级英雄共存于这个宇宙之中，而脱离这个宇宙的英雄就会失去能量之源，最终湮灭在历史长河中。现在，让我们重返这个宇宙起点……

第二部分

运营之痛：IP 能量的流散与聚集

漫威宇宙的核心是超级英雄，所有员工的存在都是为了保证整个宇宙的顺利运行。随着公司的发展，如何维持并开发漫威宇宙的市场能量，成为管理层最为关心的问题。利益分歧引发的人员交替，过分注重短期利益带来的符号价值贬值……青春期的漫威，充满了成长的烦恼。

第三部分

极限：漫威宇宙的熵寂

漫威宇宙以其系统化和整体化，从一种意识形态角度规划了一个宏大的"幻觉"场景。不过，随着时间延续和内容的扩展，宇宙整体变得越来越重，漫威想推动它前进已经越来越困难。吉姆·舒特在意识到这个问题后，决定按下重启键，来一场摧毁一切的大爆炸……

第四部分

屡败屡战：漫威宇宙的迁移壁垒

"郁金香式"的漫画投资热，让逐渐没落的漫画行业迎来了末日狂欢！作为行业老大的漫威，也开启了其榨取市场最后一滴利润的捞金模式。与此同时，对于漫威自身所蕴含的价值，市场投机者更是趋之若鹜，利用大众对漫威的想象空间，"资本巨鳄"佩雷尔曼出手了……

测试题

对于漫威，你究竟了解多少

1. 开启漫威宇宙的超级英雄是（　　）。

A. 美国队长和蜘蛛侠

B. 霹雳火和海王纳摩

2. 在漫威历史上，（　　）与斯坦·李双峰并峙，并被誉为"国王"。

A. 唐·赫克

B. 杰克·科比

3. 不属于神奇四侠的角色是（　　）。

A. 霹雳火

B. 金刚狼

4. 蜘蛛侠在（　　）刊物中初次登场。

A. 第 15 期《惊奇幻想》

B. 第 44 期《惊异故事》

5. 是（　　）创造了奇异博士。

A. 史蒂夫·迪特科

B. 吉姆·斯大林

6. 在神奇四侠与异人族的战斗中，霹雳火从"反物质负界"中拿到了（　　）。

A. 元素转换器（Elemental Converters）

B. 终极消除器（Ultimate Nullifier）

7. 在 X 战警系列中，当一个疯狂的宇宙帝王试图利用"M'Kraan 水晶"摧毁整个宇宙时，凤凰借助（　　）击败了他。

A. 凤凰之力

B. 宇宙卡巴拉生命之树的仪式

8. 复仇者联盟将"时间旅行者"马库斯认定为危险对象后，（　　）。

A. 要求后者返回时间缝隙

B. 要求后者离开惊奇女士卡萝尔·丹弗斯

9. 被蜘蛛侠抛弃的黑色制服原本是一个有感情的外星生物，当它附身于满腹怨恨的前记者埃迪·布洛克（Eddie Brock）时，自称为（　　）。

A. 猛毒（Venom）

B. 锁链（Cable）

10. 渴望飞向太空的银影侠，受（　　）的影响而无法离开地球，只能徒劳地一次次冲撞地球大气层，成为西西弗斯般的坠落天使。

A. 行星吞噬者

B. 观察者

扫描关注"庐客汇"
回复"漫威宇宙"
获得更多关于漫威的知识

MAR

THE

UNTOLD

STORY

COM

第一部分

创世纪

漫威宇宙的奇点

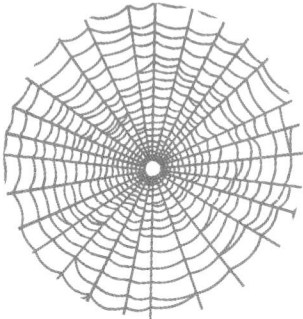

尽管每个人都在讨论漫威让人津津乐道的英雄人物，但其真正独到之处绝非这一点。漫威成功地塑造了一个浩瀚、宏大、能彻底包裹受众的宇宙体系。所有超级英雄共存于这个宇宙之中，而脱离这个宇宙的英雄就会失去能量之源，最终湮灭在历史长河中。现在，让我们重返这个宇宙起点……

MARVEL COMICS
THE UNTOLD STORY

01 售卖幻觉，
在虚构的世界中寻找黄金机会

　　早在漫威漫画诞生之前，马丁·古德曼就已小有名气了。古德曼于 1908 年出生于布鲁克林的一个俄罗斯移民家庭，在 13 个孩子中排行第九。小时候，他便嗜书如命，而且喜欢将旧杂志剪开，拼接成新的作品。然而，生活压力由不得他天天做充满想象力的白日梦。他的父亲伊萨克·古德曼（Isaac Goodman）有一次从屋顶上跌落，摔伤了背，从此只能告别建筑工人这一职业，转而当起了小贩。古德曼一家 15 口就这样不断地在布鲁克林附近颠沛流离，与房东们打游击战。马丁小学五年级时就被迫辍学了，随后他所从事的一系列职业始终都没法点燃他心中的热情。最后，当少年生活接近尾声的时候，他决心走出去寻求自由。他离开家，坐上火车，开始周游全国。在美国发生经济大萧条的那会儿，他已经积累了厚厚的一本游记，详细记录了这场横跨美国的旅途中他在铁路和流浪汉营地里的经历。

促使小马丁浪子回头的是自己童年时期对杂志的热爱。返回纽约后，他在东部贸易公司（Eastern Distributing）担任一家出版社的代表，到处为那些散发着油墨味道的东西唱赞歌。虽然东部贸易公司没过多久就关门大吉了，但古德曼的运气才刚刚开始：他和同事路易斯·西尔伯克莱特（Louis Silberkleit）强强联手，成立了报亭出版公司（Newsstand Publications）。在位于曼哈顿南部的一间昏暗的办公室里，他们两人将西部故事、侦探故事和浪漫传说编辑成了每期 15 美分的杂志。

虽然这个独行侠可能干过滥竽充数的勾当，但不可思议的是，马丁·古德曼竟成功地完成了蜕变，从一个贫穷移民变为铁路流浪者再到漫画编辑。古德曼身形瘦弱、沉默寡言，其月牙形眉毛下面架着一副线框眼镜。他不但身穿各式各样干净利落的粉色衬衫，而且领口还系着鲜艳的蝴蝶结。古德曼甚至还有了点少白头，这仿佛成了证明他从街头少年转型为职业商人的最后一块拼图。而当时，他只有 25 岁。

到了 1934 年，报亭出版公司的经销商破产了，这让古德曼和西尔伯克莱特的数千美元打了水漂，报亭出版公司无力支付印刷费用，只得把财产抵押出去。虽然西尔伯克莱特抛弃了公司，但满腔热血的古德曼成功地让印刷厂相信，只要让他继续出版几期杂志，就能把损失的钱赚回来。古德曼机敏狡黠的天性很快就让公司重新回到了盈利的正轨。没过几年,他就咸鱼翻身，并乔迁到了很上档次的雷电华大楼富人区（RKO Building uptown）。他留下了一条非常简单的成功公式："如果你有一部作品走红了，那么就再接再厉，这样保准能赚大钱。"这是他在接受《文学文摘》（Literary Digest）采访时说的。只要把注意力集中在流行风潮上就行了，别想着脱离大众文化走什么高雅路线。"粉丝并不关心品质。"这是他下的定论。当市场再度遭遇"风暴"时，古德曼依然在巨浪之中找到了活路：他一声不吭地将其他出版商的故事占为己有，直接印到自己的杂志上。

这个时候古德曼已拥有了足够的财力，可以将父母安顿在布鲁克林皇冠高地的精品豪宅中。他自己也终于有机会享受假期了。在前往百慕大的游轮上，他偶然看见了两位在打乒乓球的年轻女士，于是表达了想与胜者切磋球技的意愿。同样来自纽约的琼·戴维斯（Jean Davis）很快就依靠自身散发的文化气质将古德曼迷住了。回到美国后，琼对正式确立关系一直表现得若即若离，但古德曼却在这段感情中倾尽所有。有一回，他甚至将银行账户彻底掏空，只为跟琼飞往费城共享一顿午餐、观看一场音乐会。功夫不负有心人，古德曼最终抱得美人归，让琼成了他的新娘。他们在欧洲度了蜜月，并准备在按原计划故地重游之后，再次登上奢华的兴登堡号（Hindenburg）飞艇。不过，当时已经没有连座的位置了，于是他们在最后一刻改变计划，选择了坐飞机。这段时期的马丁·古德曼真可谓好运连连。①

到了 1939 年时，古德曼出版的杂志已经超过了两打，包括《西部双枪》（*Two Gun Western*）、《性健康》（*Sex Health*）和《漫威科学故事》（*Marvel Science Stories*）等系列（后者的销量并不好，不过它的名字里有古德曼钟爱的词语 marvel，所以他对此印象深刻）。后来他把公司搬到 42 号大街那栋漂亮的麦格劳希尔大厦（McGraw-Hill Building），接着便着手为自己的兄弟们张罗稳定的工作。据其中一位编剧的说法，古德曼的管理方式就像"裙带关系的小蜂窝"。一个兄弟负责记账，一个负责制作，还有一个则在办公室给杂志拍摄新出道明星的照片。就连琼的叔叔罗比（Robbie Solomon）都有了活儿干。不仅如此，古德曼为了避税及快速应对法律问题而四处注册的一大堆公司的名字也常常取自其家庭成员，其中有曼古德出版公司（Margood Publishing Corp.）、曼琼杂志公司（Marjean Magazine Corp.）等，而当琼生下奇普（Chip）和艾登（Iden）后，奇普艾登（Chipiden）公司也顺理成章地出现了。

不过，最终保留下来的公司名字还是"及时"两字。它是古德曼从《流行文摘》（*Popular Digest*）的副标题"及时话题精华"中借来的，这份杂志也是他自己的。这个时候，虽然他早已告别负债累累的日子，但也远离了曾经那种震惊世界的辉煌。随

---

① 兴登堡号在此航行中发生了空难。——编者注

着广播剧节目逐渐聚集起了越来越多的人气，纸制品的销量开始止步不前。马丁·古德曼急需为这个市场打上一剂强心针。

冰与火碰撞，霹雳火大战海王纳摩

与此同时，美式漫画（comic book）也开始逐渐成形。1933 年，东方彩印公司（Eastern Color Printing Company）将夜间闲置的印刷机利用起来，出版了《连环画大游行》（*Funnies on Parade*）。这本刊物主要是搜集并重印周日报纸上的漫画。这些漫画被挨个儿排列在一张小报大小的纸上，只需对折起来钉好，就能卖给宝洁公司当作送给顾客的促销赠品。一年后，东方彩印公司又推出了封面印着 10 美分标价的《著名连环画》，其第一期便在各个报摊疯狂售出了 20 万本。没过多久，这个系列的月利润已达 3 万美元了。于是，其他出版商纷纷效仿。最畅销的当属重印周日报纸上的连环画，例如《泰山》（*Tarzan*）、《飞侠哥顿》（*Flash Gordon*）和《大力水手》（*Popeye*）。不过，收录原创漫画作品的《新趣》（*New Fun*）才是第一本以全新素材组成的漫画书，一本"长 380 毫米、宽 254 毫米"大小的黑白出版物。1937 年几个敢第一个吃螃蟹的人创立了一些漫画制造服务公司，他们借鉴传统服装工厂的生产理念，开始以高效率流水线方式大批量地创作漫画书。编剧只需将剧本交给由插画老手和艺术学院的年轻毕业生组成的高效流水线队伍之后就可以撒手不管，让他们主要在"长 533 毫米、宽 356 毫米"的细料纸板上工作。这些人又转手将具体场景拆分到一系列漫画方格中，用铅笔画出大致轮廓，然后再添加背景，用墨水笔润色，填入对白，最后将上色说明提供给印刷厂。虽然算不上高利润买卖，但对于经历过大萧条痛苦的人们来说，这好歹也是一份稳定的工作。

1938 年，克利夫兰人杰里·西格尔（Jerry Siegel）和乔·舒斯特（Joe Shuster）都刚刚 23 岁，他们将题为《超人》的故事卖给了美国联合出版公司（National Allied Publications）。这区区 13 页纸为这两个克利夫兰人带来了 130 美元收益。每一个小孩子的最爱，即漫画英雄、科幻故事和经典神话，全部被糅合到了这本精美的彩色故事书里。这位力大无穷的底层人民领袖"立誓穷其一生帮助有需要的人"，与贪腐的公司高层和邪恶政客对抗，并不时地为社会改革添砖加瓦，堪称罗斯福新政时期的完美幻想。不过，超人并不仅仅是不食人间烟火的象征符号，他同时也存在有血有肉的一面。克拉克·肯特（Clark Kent）这重秘密身份让最孤独的读者也能感觉到在另一个世界有人与自己心灵相通。自从以主角的身份登上第一期《动作漫画》（*Action Comics*）的封面之后，超人就带来了一次令人意外的巨大成功，当《动作漫画》出到第 7 期时，其每期销量就已经达到了 50 万本。美国联合出版公司的姊妹公司侦探漫画（Detective Comics，两者不久就合并，成立了众所周知的 DC 公司）则推出了另一个披着斗篷的复仇者——蝙蝠侠，并且为超人推出了独立系列。很快，他们的竞争者就跟风推出了一大波各式各样身着奇装异服的山寨货。坊间传闻，其中最早也最俗气的模仿者是美国联合出版公司的前任会计，《神力人》（*Wonder Man*）的出版商；当他看到《动作漫画》的惊人销量后就马上成立了自己的公司。

总是叼着烟斗，说起话来细声细气的美国前陆军上校劳埃德·雅克（Lloyd Jacquet）辞去《半人马漫画》（*Centaur Comics*）杂志社艺术总监一职后，就跟别人一样转而干起了漫画制作的行当，专门为那些赶时髦的出版商创作各类故事。雅克从《半人马漫画》杂志社挖了不少画师，并派他们去为其新创办的法尼斯公司（Funnies, Inc.）构思新的超级英雄。他还任命年仅 21 岁的热血青年卡尔·博格斯（Carl Burgos）和比尔·艾弗特（Bill Everett）为总负责人。博格斯曾就读于国家设计学院（National Academy of Design），由于无法忍受拖沓的教学进度而中途辍学；艾弗特曾辗转于波士顿、凤凰城、洛杉矶和芝加哥，是一个每天必抽 3 包烟、酗酒史长达 10 年的"烟酒鬼"。他们并肩坐在曼哈顿一家名叫韦伯斯特（Webster）的酒吧里，商量新超级英雄计划，最后决定采用最简单的设计：火与水。

博格斯构思了一个才华横溢但贪得无厌的科学家菲尼斯·霍顿（Phineas T. Horton）。霍顿在一个巨大试管里创造了一个"人造人"，结果在接触到氧气的一刹那，这个"人造人"化作了一团火焰。霹雳火不需要任何服装，因为在闪烁的火光中，他的面庞和身形都变成了一团模糊的红色。其周身还不断地迸发出火星，像是在高温下喷薄而出的汗水，头顶上的火焰更表现出了他魔鬼般的意志。换句话说，他是一个闪烁着恐惧和愤怒的生物。博格斯安排他毫无悬念地逃出实验室，并开始大张旗鼓地从手中射出火球，不管警察还是罪犯都被他吓得屁滚尿流。在博格斯的廉价原始主义风格的渲染下，霹雳火遇到的那些大楼、汽车和人类都像纸糊的一样，显得格外脆弱。在第一场冒险行将结束之时，虽然霹雳火学会了控制力量的方法，但同时也成了一名通缉犯。

艾弗特借鉴杰克·伦敦的海上冒险传说、柯勒律治的《古舟子咏》（*Rime of the Ancient Mariner*）和著名雕塑家詹波隆那（Giambologna）的作品《水星》（*Mercury*），创造出了纳摩王子（Prince Namor），即海王。人类的一场北极探险活动不知不觉对海底水生种族的居所造成了破坏，而统领两栖类生物的帝王派女儿混入了人类之中。这位公主与探险队的指挥官结了婚，为家乡搜集了大量有关人类的情报。在她重回大海之前，生下了一个孩子。19 年后，耳朵尖尖、眉毛尖尖、前额发际也尖尖的纳摩成了"深海的超能力者……能凌空飞行……怀千人之力"。他总是只穿着一条贴身游泳短裤，还扑扇着一双带鳍的脚，而且还时时念着对美国的宿怨。他凭借自己的力量变成了暴戾之徒。在分别以从背后刺击和对头部予以重击的手段杀害了两名深海潜水员之后，他还把他们的船甩向一块礁石。模糊暗淡的海平线、孤零零的气泡和漂浮的残骸，虽然艾弗特亲自执笔描绘的海洋世界给这个故事蒙上了一层令人胆寒、如鸣丧钟的氛围，不过这一段微妙的情绪烘托对于整个故事其实并没有那么重要。只要再翻上几页，这些阴森恐怖、令人四肢发软的海底大战就被正统动作漫画风格的战斗取代了。只见纳摩将双翼飞机中的飞行员拖出并扔了出去，随后就"重新潜入了海中——将他正义的复仇铁锤对准下一个白人目标"。凭借冷酷无情的暴力和旗帜鲜明的对立态度，嘴角总挂着一抹冷笑的海王与从外星人变为地球良民的超人正好成了两个极端。

海王的故事最初计划刊登在《电影连环画周刊》（*Motion Pictures Funnies Weekly*）上。那是电影院向路过的小孩免费发放的一种漫画刊物，目的是吸引他们下一次进来看电影。不过，《电影连环画周刊》最终被搁置了，除了向电影院老板们提供过 | 几

份样本外，根本没有正式印刷过。

幸亏法尼斯公司有一位名叫弗兰克·托佩（Frank Torpey）的销售员。这个谢顶的爱尔兰小个子有不少门路；他还跟马丁·古德曼有些交情，两人曾经在东部贸易公司共事过。有一天，托佩随手抓起几本《超人》和《惊异人》（*Amazing Man*，其主角为艾弗特当时刚为《半人马漫画》打造的人物），从法尼斯公司所在的破旧写字楼一路向北，跨过 3 个街区，走进了及时公司总部所在的那栋蓝绿色古典 Art Deco 风格的摩天大楼，跟老朋友古德曼达成了交易。正如托佩自己所说，漫画是一门能轻松赚钱的好买卖。他们的交易结果就是，古德曼会发行一部新的漫画杂志，用于刊登霹雳火和海王的故事。当时的古德曼早就对这个新杂志胸有成竹了。

第一期《漫威漫画》完全由雅克团队制作，在 64 页的篇幅中囊括了当时所有的流行元素：保罗·古斯塔夫松（Paul Gustavson）的大胡子、圣人一般的天使、本·汤普森（Ben Thompson）的丛林冒险者卡扎（Ka-Zar，泰山的山寨版，原型来自于古德曼过去的一本杂志）、阿尔·安德斯（Al Anders）的牛仔蒙面骑士（Masked Raider）以及漫画小品等。古德曼还聘请经验老到的杂志插画家弗兰克·保罗（Frank R. Paul）负责封面设计。终于，及时漫画的第一本漫画杂志在 1939 年 8 月 31 日出版了。而在几个小时之后，位于地球另一头的纳粹德国发动了侵略波兰的战争。第二次世界大战爆发了。

由于第一期《漫威漫画》在 1939 年 9 月售出了 8 万本，所以古德曼也将注意力重新移回了出版业。它的最终销量达到了 80 万本，这个数字超过了 DC 公司作品的平均成绩。在之后的几年里，及时漫画的员工经常看见弗兰克·托佩步履匆匆地进出古德曼的办公室。不知道的人看那十万火急的架势还以为他是一个信差呢，但事实上，他每次来只不过是领取 25 美元的报酬罢了；这是马丁·古德曼每周送给他的酬劳，以感谢他在适当时机拉古德曼进入漫画产业。

只要一有机会，古德曼就爱改名字，于是《漫威漫画》到了第二期就摇身成为《漫威神秘漫画》（*Marvel Mystery Comics*）。霹雳火也开始成了打击犯罪的英雄。不管他所对抗的危险势力是火星人还是乱开枪的街头混混，照搬到超人身上也都不会有任何违和感。事实上，霹雳火也紧跟超人的脚步，结交了一位表面是警察的盟友吉姆·哈蒙德（Jim Hamond）。另一方面，海王纳摩依然忠实于自己心中的怒火：这一次，他绑架了一个贵族女性，还杀死了一名警察。

然而，纳摩还是爱上了一位人类姑娘贝蒂·丁（Betty Dean）。她很美丽，这一点不会让人有意外感；不过，让大部分人没有料到的是，她还是一名女警。这个角色与霹雳火的密友吉姆·哈蒙德遥相呼应，并因此成为及时漫画旗下两大人气角色之间的独特纽带。到了《漫威神秘漫画》的第 7 期时，出现了一个看似随意的细节，即贝蒂警告纳摩说，霹雳火现在已经站在警察那一边了，而且正在追踪他。这个细节播下了一颗革命性的种子：以两套不同构思设计的两个角色被合并到同一个虚构世界中。

又或者，这一切根本就不是虚构的？难道霹雳火背后不是曼哈顿的天际吗？海王潜入的不是哈得孙河吗？虽然在某几期封面上，超人和蝙蝠侠曾无伤大雅地并肩而立，但每个孩子心里都清楚，他们不容置疑地分别生活在大都会（Metropolis）和哥谭市（Gotham City），决不可能出现什么交集。就算顶点大厦（Acme Skyscraper）坍塌了，或者第一国家银行（First National Bank）破产了，跟我们又有什么关系呢？但在另一方面，及时漫画中的纽约市却有许多货真价实的东西能被破坏。在 1940 年的春天在登陆各报摊的第八、九期《漫威神秘漫画》中，纳摩肆意宣泄着他的怒火，将荷兰隧道（Holland Tunnel）、帝国大厦、布朗克斯动物园（Bronx Zoo）和乔治·华盛顿大桥（George Washington Bridge）翻了个底朝天。他一边怒吼着"嗷！又是一座人类纪念碑"，一边势不可当地进行大屠杀。随后，姗姗来迟的霹雳火终于与他展开了正面冲突，把战火蔓延到了自由女神像和无线电城音乐厅（Radio City Music Hall）。说不定他们一转身就会碰见天使了，或者他们这会儿就在读者家的隔壁大打出手呢！

也许他们还可以跟一系列新人物见个面：青色火焰（Blue Blaze）和橡皮人弗雷索（Flexo the Rubber Man）或者幻影斥候（Phantom Reporter）和超级机器人玛维克斯（Marvex the Super Robot）这些法尼斯公司当时为古德曼的两部新作设计的角色。可惜的是，《豪胆神秘漫画》（*Daring Mystery Comics*）和《奥秘漫画》（*Mystic Comics*）

的销量与《漫威神秘漫画》不可同日而语。对于老前辈霹雳火，橡皮人弗雷索到最后都没能望其项背。

古德曼并没有把宝全押在雅克的创作团队身上，毕竟谁都不知道他们将来还能否再度一鸣惊人。他很快就意识到，分配给中间人的利润完全可以避免。当古德曼开始寻找继霹雳火之后的全新热门英雄时，在雅克团队中认识了自由职业编剧乔·西蒙（Joe Simon）。西蒙后来创作了能喷射烈焰的怒火蒙面人（Fiery Mask）。古德曼请他直接为及时漫画创作新角色。这位来自纽约罗切斯特的前报纸画师当时从法尼斯公司得到的报酬是每页 7 美元，而古德曼愿意付出每页 12 美元的价钱；对古德曼来说，这个价钱依然比原本支付给雅克的低不少。天生就是机敏商人的西蒙接受了古德曼的报价。不久之后，他就以维克托·福克斯（Victor Fox）旗下福克斯出版公司（Fox Publications）主编的身份，开始为古德曼效力。西蒙以惊人的才干负责对出版物进行勘误、故事分派、封面设计，以及监督主要由新手组成的低薪画师团队工作。

在福克斯公司，西蒙认识了出身于曼哈顿下城东区贫民窟的 21 岁的画师雅各布·科兹伯格（Jacob Kurtzberg）。"我妈妈有一次想让我度一次假，"科兹伯格在讲述自己的童年时说，"于是她就把我放在防火梯上，而我就在那儿呼吸着新鲜空气，睡了整整两个星期，那真是太爽了！"虽然年轻时他作为苏福克街头帮派的一员，对于贫民窟里的暴力早已习以为常。他自己经常提到："有一次我躲在一堵砖墙后面，等那三个家伙路过，然后从背后把他们打翻在地，打完我就玩儿命地逃跑了。"但他偶然在莎士比亚和电影的幻想世界中找到了一片新天地。在一个雨天，他偶然瞥见了一本杂志，其封面上画着未来主义异邦来客悬浮在贫民窟上空，那一霎成了他生命的转折点。他拿起那本《惊奇故事》（*Wonder Stories*），目不转睛地注视着那个叫作火箭飞船的东西，半天都回不过神来。

科兹伯格一心一意地投入到原创故事创作中，开始仔细研习连环画技巧。他借鉴最多的是米尔顿·卡尼夫（Milton Caniff）的《特里与海盗》（*Terry and the Pirates*）、哈尔·福斯特（Hal Foster）的《泰山》和比利·德贝克（Billy DeBeck）的《巴尼古格》

（*Barney Google*）。虽然科兹伯格刚进入普瑞特艺术学院（Pratt Institute）一个星期，就因为父亲失业而退学了，但他还是找到了实现职业梦想的新途径。在加入了专门拯救街头青年的当地市民社团"男孩兄弟共和会"（Boys Brotherhood Republic）后，科兹伯格开始为该组织的会刊创作系列连环画。随后，他又进入工业学院，在上午的自动机械课程之后，还参加下午的艺术课程。虽然成年之后，他就被弗莱舍（Fleischer）兄弟的动画工作室聘用，但是《大力水手》和《贝蒂娃娃》（*Betty Boop*）的流水线式创作方式令他不由得联想起在工厂里的父亲。在福克斯公司遇见乔·西蒙之前，科兹伯格已经辗转在许多连环画联合会待过，当时他正踌躇满志地谋划创造属于自己的原创作品。

科兹伯格技艺高超、思路敏捷。作为家里的顶梁柱，为了养活双亲和弟弟，他必须想尽方法多赚钱。西蒙对科兹伯格的天赋和工作热情惊讶不已，于是很快就将他招为盟友，作为自由职业画师共同进退。1940 年年初，他们共同为及时漫画创作了新作品《红色渡鸦》（*Red Raven*）。虽然在 8 页长的《20 世纪墨丘利》（*Mercury in the 20th Century*）①中，他并没有被列入主创名单；但是在另一部作品，即衍生自飞侠哥顿的《彗星皮尔斯》（*Comet Pierce*）上，科兹伯格签上了一个笔名杰克·科比，并很快成为其专属主人。

不幸的是，在《红色渡鸦》中西蒙设定的主题太空洞了：一个在坠机事故中幸存的孤儿，被"无重力岛"上的鸟人族抚养长大，并被赐予了双翼，随后他开始与四处劫掠的光头恶魔齐尔摩（Zeelmo）展开了战斗。这部漫画的销量很惨淡，仅一个月时间，古德曼就用一部大红大紫的作品替代了《红色渡鸦》，而那就是《霹雳火》。

尽管遭遇了失败，但古德曼还是没有放弃西蒙，转而让他担任公司犯罪类杂志的

---

① "来自古神的天堂隐蔽所奥林巴斯山"的速度之神希望将人类从被毁灭的命运中拯救出来。于是，他开始与统领普鲁斯大陆的独裁者鲁道夫·亨德勒（Rudolph Hendler）斗争。后者的真实身份是墨丘利的表兄普鲁托（Pluto）。

艺术总监。他对跳过法尼斯公司，直接创作漫画的做法很有信心，并鼓励西蒙和科比创作出更多的作品。随后，两人的业绩直线攀升。在推出惊奇少年（Marvel Boy）和幻视（Vision）之后，西蒙又照着 MLJ 漫画（MLJ Comics）公司闪闪发亮的英雄神盾（Shield）勾勒出了一个新角色。

神秘的血清，美国队长横空出世

"我那晚画了一个通宵，"西蒙回忆道，"锁子甲、粗壮的手臂和强壮的胸肌、紧身裤、手套，还有从膝盖往下折起来的虎虎生风的靴子。我在他的胸口画了一颗星形图案，然后从腰带往上添加了几道条纹，又把制服填上红、白、蓝的色彩。最后我给他配了一面盾牌。"在这一页底部，他原本写的是"超级美国人"。不过后来他改变了主意，写成了"美国队长"。

当超人、蝙蝠侠和其他英雄还在继续与外星人、身着制服的恶棍以及银行抢劫犯战斗的时候，坚韧不拔的及时明星们已经卷起了袖管，大张旗鼓、怒气冲天地与第二次世界大战中的真实恶棍一较高下了。在 1939 年最后几个星期，海王在纽约沿岸击沉了一艘德国 U 型潜艇；惊奇少年紧随其后，与一个名叫希勒（Hiller）①的独裁者大打出手，接着，海王又帮助一座法国小岛抵抗纳粹侵略者。当然，这都是一些零星发生的小打小闹。不过，当时欧洲战场激战正酣，法国已经沦陷，而纳粹统治世界的脚步最终在美国人面前停了下来。这回轮到美国队长执行他的任务了：击败德意志第三帝国。

在意识到美国队长的无穷潜力之后，西蒙通过公司的首席会计莫里斯·科因（Maurice Coyne）与及时漫画达成了一项特殊协议。"我们这种关系持续不了多久。"虽然古德曼在两人第一次会面时就告诉过西蒙，但他自己也肯定发现了某种不同寻常

---

① 据说起这个名字时古德曼还在担心希特勒会不会秋后算账。

的东西。他不仅同意支付 25% 的版税（由西蒙和画师瓜分），而且还要求西蒙以编剧的身份成为全职雇员。虽然古德曼依然需要为其最火的两大角色霹雳火和海王向法尼斯公司支付酬金，但通过将西蒙收入麾下，他还是能节约很大的一笔成本（到最后，古德曼将这些角色全部买断了）。

没过多久，西蒙就邀请杰克·科比成为古德曼的全职雇员。当西蒙忙着分配任务、与古德曼一同策划新作品、设计商标以及共同创作漫画杂志时，科比则成天埋头绘画。当西蒙打算将美国队长交给一支自由职业画师团队完成时，科比告诉他不必费心：他凭一己之力就能把这项任务搞定。

古德曼一直坐立不安，生怕没等《美国队长》登上报摊货架，希特勒就已经被干掉了。科比搞定了绘画，而完成上墨的则是西蒙从纽约锡拉丘兹找的画师老朋友。赛德·肖尔斯（Syd Shores）这时被介绍进来帮忙，从而使他成了及时漫画第三名雇员。这位沉默寡言的艺术学院毕业生，曾在威士忌工厂里干了 7 年。在肖尔斯入职的第一天，西蒙就把他带到自己与科比共用的办公室里，二话不说就将科比刚刚画好的封面递给他，让他开始上墨。那张封面上画的正是美国队长狠揍阿道夫·希特勒。

裙带关系，爱吹鹅笛的小舅子斯坦·李

当第一期《美国队长》进入印刷流程后，琼·古德曼的一位身材高大的表弟从布朗克斯区来到了麦格劳希尔大厦门前（他事后回忆时还是惊叹，这栋大厦"像是完全用玻璃建成的"）。随后，他乘坐电梯，第一次见到了及时漫画的招牌。他推门走进一间狭小的等候室，并向坐在窗边的秘书报上了他的大名：斯坦利·利伯。

迎接他的是发行经理罗比·所罗门（琼·古德曼叫他"罗比叔叔"），斯坦利的母亲西莉亚（Celia）是他的姐姐。西莉亚跟罗比打过招呼，说斯坦利想当编剧，但现在正步履维艰，因为他最近刚丢了在一家裤子生产商那里的微薄职位。所罗门打开秘

书右手边的一扇门，招呼斯坦利跟着他。两人快步走进西蒙、科比和肖尔斯那间"长3米、宽2.4米"的办公室。"这是我侄子，"所罗门说道，"你们能给他找点事做吗？"西蒙与这位年轻人聊了几句，发现他虽然对漫画了解得不多，但却非常有心。另外，他毕竟是老板的亲戚。于是，西蒙便雇用了他。

1940年的12月20日，第一期《美国队长》被摆上了报摊。原本骨瘦如柴的史蒂夫·罗杰斯（Steve Rogers）在被征兵办拒绝之后，接种了一种实验性"超级士兵"血清，结果变得身强体壮且拥有了超级能力，从而开始与威胁美国和平的敌人对抗。和刀枪不入的超人不同，他带着一面绘有星条图案的盾牌，与其美国国旗风格的制服相得益彰。虽然，除了有真实的纳粹党出场外，《美国队长》并没有对《MLJ》杂志的《神盾》套路做出太多的改变。无非又是一群骄横跋扈的敌人利用科技改造身体，只不过这一次他们的名字叫第五纵队，幸亏科比笔下不断变换的视角和流畅的打斗最终让它脱颖而出。第一期《美国队长》的销量接近单期《超人》的100万册，超出了所有人的预期；办公室收到了大量来自"自由哨兵"（Sentinels of Liberty）粉丝俱乐部的订单，购买售价10美分、印有美国队长笑容的铜质徽章。于是，西蒙集中精力开始帮助及时漫画从这次成功中获取更多的利益；他与古德曼一同构思了许多新的系列，例如《美国漫画》（USA Comics）、《全胜漫画》（All-Winners Comics）和《少年盟军》（Young Allies）等，并在其中带来了霹雳火和美国队长年轻时的伙伴托洛（Toro）和巴基（Bucky），此外还设计了各种标志。西蒙和科比不时在办公室外那间狭窄的等候室里讨论故事设定，同时将任务分配到各个编剧手上。"等到他们把剧本送回来，"西蒙说，"我们就把它们拆分成各个段落，对对白和其他东西进行修改。有时候灵感来了，我们甚至就直接扑到画板上把故事画下来。"在第二期《美国队长》中，他们把这位英雄送到德国，让他与巴基溜进黑森林（Black Forest）里的一座集中营。就在希特勒念叨着"Dot Yankee schwein vood upzet mein plans"（美国佬该不会知道我的计划了吧）时，他的肚子就被巴基踢了一脚。

当科比边自言自语边在吞云吐雾中埋头绘画时，斯坦利就负责倒烟灰、拖地板、端咖啡以及将已上墨稿子上的铅笔痕迹擦掉。有时候他也会被叫去参与校对。斯坦利很擅长吹鹅笛,这让那些年长的同事大感意外。"科比坐在桌子后面抽着雪茄,"几年后,他这样回忆道,"西蒙坐在另一张桌子后面,边抽着雪茄边问科比,你觉得什么地方不舒服么?墨水还够不够?画笔怎么样?铅笔都削尖了吗?稍有点问题,西蒙就会走到外面,冲着我训上一通,这就是那时候我们的日子。"

过了一两个月,西蒙给斯坦利找了一个休息的机会,不过这更像是"课外作业"。由于按杂志的标准缴纳邮资需具备文本特征,所以西蒙就让他写一小段有关美国队长的故事,到时候再配上两幅插画。而斯坦利随后便提交了一篇长达 26 段的臃肿文章,题为《美国队长大战叛徒的复仇》(*Captain America Foils the Traitor's Revenge*)。为了在将来成为真正编剧时不会留下黑历史,他在这篇文章的末尾署了一个笔名:斯坦·李。

之后又过了几个月,斯坦开始不定期地接到漫画故事的正式编剧任务。当夏天来临时,他已经在为某些角色创作冒险故事了,例如毁灭者和冰霜杰克(Jack Frost)。前者是一位美国医生,名叫基恩·马洛(Keen Marlow),他在喝了一位德国医生研制的血清后得到超能力,从而与纳粹展开了多方面的较量;后者是来自"极北之地"的寒冰复仇者,到纽约惩治犯罪。

西蒙不仅会给斯坦分配任务,而且在古德曼的指使下,他还会将一些工作踢回给法尼斯公司。"马丁让我想方设法为难法尼斯。当时他在公司内部创作的成本要远远低于委托法尼斯的费用。他让我吹毛求疵地让他们反复修改,以此逼迫他们知难而退。"

与此同时,艾弗特和博格斯又再度增加了筹码:在第 5 期《霹雳火》的扉页上赫然写着"在世界大毁灭的废墟中,霹雳火大战海王",让冰与火的英雄之间的上一场战斗相形见绌。在这行字旁边,是一幅天启四骑士(Four Horsemen)策马奔腾的插画;四骑士由"疯狂的海王"、希特勒、墨索里尼及死神本尊所组成。在故事开篇,海王纳摩目睹了德苏海战对其海底王国所造成的破坏,随后他被另一支海底文明的"落难公主"所诱惑,立誓要征服海上世界。在长达 60 页的惊人篇幅中,纳摩横冲直撞,无人能挡,他和他的军队从英国手中夺取直布罗陀,横扫意大利舰队,水淹整个北美大陆，将一座冰山撞向莫斯科，还在柏林卷起了一阵龙卷风。轴心国与同盟国在他眼中别无二致。他甚至将霹雳火洗脑了，使其成了帮凶，直到霹雳火在无意中瞥见了星条旗。"一见到那面旗帜，霹雳火内心深处感到极大的震撼，"旁白写道，"霹雳火停下脚步，将火焰熄灭，对着旗帜敬礼。"最后，纳摩召唤出"比整座城市最高建筑还要高，从最南端延伸到最北端布朗克斯的超级潮汐袭击纽约"。这座高楼林立的世界之都在残暴力量面前就像是用纸牌搭的一样溃败崩塌。然而在跨过哈得孙河之后，它的怒意仍未停歇，在轰鸣中冲向西方！再见了百老汇！我会想你的，时代广场！帝国大厦也塌了！乔治·华盛顿大桥也塌了！至此一切均到了生死存亡的关键时刻。在自由女神像下，刚刚恢复理智的霹雳火，在得到罗斯福总统的口头原谅后，与纳摩展开了殊死搏斗；这把故事推向了最高潮。而在此过程中，来自《漫威神秘漫画》的角色纷纷前来客串，比如天使、爱国者、托洛和卡扎。

这整部漫画是由近 10 个人聚在同一张桌子边，忙碌了几天才完成的。他们一边绘画，一边创作后续的故事，对白也都直接写到稿子上。"我们整个周末完全都花在这上面了，"艾弗特说，"除了出去买点吃喝的东西以外，没有一个人离开过，而且回来的人也得立刻投入工作。"由于人太多，公寓里没有空余房间，有一个画师甚至是在浴缸里度日的。他们轮流睡觉，整晚开着广播来提神，邻居的抱怨也只能充耳不闻。

当然，这一期漫画也不负众望，销量极为可观。

随着《美国队长》高歌猛进以及后续系列的不断拓展，及时漫画每天的工作开始变得越来越繁重。西蒙和科比可都天生诡计多端，尽管及时漫画还在不停地招募新员工，他们两个却暗地里以自由画师身份为其他公司效力。这一切本来进行得非常顺利，直到有一天，莫里斯·科因找到西蒙，告诉他古德曼要降低他和科比的版税；几乎所有及时漫画的高级雇员都无法得到《美国队长》那样的利润分成。不过，西蒙和科比并没有找古德曼理论，而是给 DC 公司的杰克·雷博维兹打了个电话，雷博维兹早就向他们抛出过橄榄枝。雷博维兹对他们说，为 DC 公司工作每周可以领到 500 美元。两人在附近旅馆租了个便宜的房间，下班之后就埋头为及时漫画的死对头挥毫泼墨。

不过，他们的兼职工作做得太过头了，甚至在午餐后就钻进了旅馆小房间。斯坦开始有所察觉，并逐渐怀疑起来，到了午餐时间就紧紧地跟着他们。

"你们这两个家伙一定在干私活！"

虽然他们原本不愿让他知道这个秘密，但没过多久，斯坦也成了午后旅馆的常客。"他非得硬插进来。"西蒙无奈地说。

这一业余活动很快就不再是秘密了。几天后，古德曼兄弟就对西蒙和科比发起了猛烈围攻。

科比认为一定是斯坦出卖了他们。"下次再让我看见那个小混蛋，"他对西蒙说，"我一定要把他杀了。"

古德曼兄弟决定在找到新帮手之前，充分利用三人组当中的卧底。年仅 18 岁的斯坦·李被提拔为这家大型漫画公司的编辑。当画师们的房间已经被不断扩充的员工和桌椅挤得满满当当时，他却搬出了这间"牛棚"（Bullpen），拥有了属于自己的一间小小的办公室。

他还是会吹奏鹅笛，而且越来越肆无忌惮。"我们也不懂他吹的是什么调子，反正只有等他吹完，我们才能跟他说上话，"他的手下文斯·菲戈（Vince Fago）回忆道，"他甚至还会跑进马丁·古德曼的办公室里，当着他的面吹。"

斯坦·李虽然总是一副玩世不恭的模样，却有着一段令人意外的艰苦童年。他的父亲杰克（Jack）是一个裁缝，不过在斯坦小时候却总是找不到工作。在斯坦最初的记忆里，杰克不是在满面愁容地注视着招聘广告，就是在与西莉亚吵架。在他们位于布朗克斯的狭小公寓里，斯坦只能睡在客厅。很显然，他之所以如饥似渴地追求着图书和电影，很大程度就是源于逃避主义；苦难的童年通常会造成这种影响。不过，斯坦并没有沉溺在幻想之中，反而始终是一个面带笑容的乐观孩子。他不仅热衷参加写作比赛，同时也爱好公开演讲。他时常会回忆起高中时那个突然闯进课堂、天花乱坠地进行推销的报童。这个少年自己学会了这些技巧，开始推销另一份报纸。这种乐观开朗给他带来了许多好处：他的果敢和活力总能感染员工。虽然曾被乔·西蒙视为幼稚的把戏，但在斯坦·李手下的眼里，这个年轻人拥有一种领袖气质，尽管他有时会戴一顶装有螺旋桨的无边小礼帽。他通过电话向编剧分配剧本任务、为新系列作品砸下定音的一锤，而且每周还会亲自编写两三段故事。"无论在最后时刻塞给他多少新任务，他总能想办法赶上最后期限。"一位画师回忆说。虽然古德曼几十年如一日地参与封面决策，但斯坦·李自由发挥的余地已经越来越大了。

后来，日本空袭了珍珠港。卡尔·博格斯、赛德·肖尔斯和比尔·艾弗特纷纷应征入伍。没过多久，斯坦·李也步了他们的后尘。"你想坐我的位子吗？"他在 1942 年的一天这样问文斯·菲戈。菲戈做了一个精明的选择：他专门负责"可爱动物"漫画，而这个品种很快就在戴尔漫画公司（Dell Comics）与迪士尼联合推动下成了市场热点。1942 年 11 月 9 日斯坦·李被编入美国陆军通信兵科，在皇后区服役。一开始他被派去爬电线杆安装无线电通信电缆，不过到最后，他原本是一个编剧的消息传开了。很快，他就开始设计性病防治海报、坦克操作说明书以及用来培训财务官的漫画。虽然先后被转移到北卡罗莱纳州和印第安纳州，他仍不时创作《美国队长》的故事，只不过这段时期其笔名成了"海盗斯坦·李"。

1942 年，当一艘德国 U 型潜艇在长岛附近击沉两艘油轮后，马丁·古德曼成了一名空袭警卫兵，负责在伍德米尔（Woodmere）附近的街区巡逻。他必须确保居民们在夜间都将窗门紧闭，避免灯光引来海上敌人的攻击。当古德曼驱车经过休利特湾（Hewlett Bay）时，他会跟儿子艾登一起走访每一家报亭，确保及时漫画的产品都被摆在显要的位置上。古德曼不仅仅在保护美国，他还在各个报亭里寻找《美国队长》。

在整个战争期间，《美国队长》是全公司销量最好的系列，也成了一个快速发展领域的领头羊。不到两年的时间，漫画行业的总销售额就从 1 500 万上升到了 2 500 万；而到了 1943 年，它已经变成年销售额 3 000 万美元的大产业了。在这些销售额中，有很大一部分要归功于远在大洋彼岸的美国大兵，毕竟他们才是《美国队长》最好的读者，像"逃出纳粹要塞""柏林闪电战"和"东条背后的恐怖主谋"这样的故事保准就躺在某些大兵的背包里。

据文斯·菲戈回忆，在第二次世界大战期间，及时漫画出品的杂志单期平均印刷量将近 50 万册。"有时候，我们在一周以内会推出 5 本甚至更多的作品。这些数字给公司带来了丰厚回报，毫无疑问，古德曼已经成了百万富翁。"

古德曼搬到了伍德米尔高级住宅区，与一家乡间俱乐部相邻。在这栋大得叫人迷路的公寓里，光壁炉就有 5 个，主卧室则有 4 间。当古德曼带着父亲伊萨克·古德曼来看房子时，老人家惊呆了。"这种房子我只在俄罗斯看到过，"他说，"那时我还是一个农奴。"

1945 年战争结束后，斯坦回到了早已今非昔比的及时漫画。在菲戈的主导下，那些关于可爱动物的漫画正如日中天，其他系列作品也都人才济济：光是操刀剧本《日本克星约翰逊》（*Jap Buster Johnson*）的人就有米奇·斯皮兰（Mickey Spillane）和派翠西亚·海史密斯（Patricia Highsmith），他们将来会成为小说家。古德曼已经把杂志和漫画部门搬到了帝国大厦 14 楼，员工队伍更是扩张了好几倍。一到早上 9 点，就有大批负责绘制、涂黑、对白和上色的员工涌入办公室，围着桌子忙碌起来。整个漫画部门被分成几个分部，其中最大的就是相互较劲的可爱动物部门和超级英雄部门。在没有空调的办公室里，有一扇沿街的窗户始终开着，让整个房间一直沉浸在微风的吹拂和马路的嘈杂噪声之中。

不过，马丁·古德曼却不为所动。每天下午，在完成封面定稿、新进画师评审以及销售报表分析后，古德曼就会走到办公室的一个角落里，躺在靠窗的沙发床上，望一会儿外头的 33 号大街；然后闭上眼睛，在办公室里悬挂着的"劳逸结合"警语下安然入睡。

斯坦·李雇用了一小批二级编辑，他们都拥有自己的办公室，策划不同的系列，而斯坦·李本人则密切关注新漫画潮流并想出应对办法。他将《模特米莉》《打字员泰西》（*Tessie the Typist*）和《护士娜莉》（*Nellie the Nurse*）的剧本打入冷宫，转而大大扩张了超级英雄的战线。在第二次世界大战结束前，菲戈一直保持着斯坦·李的超额分配任务的策略，并掌握一定数量的备用稿。（"我们一直都有存货，因此一旦有人赶不上进度或者喝酒误事了，我就可以用别的故事补上去。到时候只要找 10 个人把备用的故事画出来就行了。"）菲戈曾一度收集了价值大约 10 万美元的存货，摆在几只隐蔽的箱子里，以备不时之需。但斯坦·李回来之后，这些东西就被束之高阁了，因为他根本就不需要。有许多才华横溢的新人正在门外嗷嗷待哺，更年轻的画师愿意接下任何任务，他们是约翰·罗米塔（John Romita，昵称约翰尼）、基恩·科兰（Gene Colan）、约翰·巴斯马（John Buscema）和乔·马尼雷（Joe Maneely）。凭着其不可思议的旺盛精力，斯坦·李还自行出版了《漫画背后的秘密》（*Secrets Behind the Comics*），透露了漫画的种种制作方法。"没有任何一个在世的漫画编辑所负责的杂志数量能与其比肩。"这是对其生平的恰当描述。

而且，他所负责的还不仅仅是漫画杂志而已。当时他把老窝搬到了亚玛拉克旅馆（Amalac Hotel），过起了花花公子的生活，天天在外用别克敞篷车、辛纳屈（Sinatra）式赊账和 5 位数的银行账户拈花惹草。数年后，在谈到大学生活时他仍然念念不忘。他说道："我当时的生活就像那些电影里演的一样，住在校园里，参加啤酒聚会，天天都有一夜情。"参军后，他终于有了重温旧梦的机会。"我又无数次坠入爱河，"他说，"他们把我带到全国各地。每到一座城市，我就会遇见让自己怦然心动的女孩子。"而这会儿，他又在脚踏几只船了。他那豪华的美女秘书阵容让所有的自由画师都吃惊不已。"我自己拥有 3 位秘书，还是忙不过来。我经常在办公室里口述故事剧情。现在回头看看，我知道 20 岁出头的自己是一个爱炫耀的人。我会口若悬河地把一个故事讲述给其中一个女孩子；当她开始抄写的时候，我又马上把另一个故事讲给另一个女孩子听。有的时候我甚至可以一口气讲出 3 个故事。这么做让我有一种大权在握的感觉，因为我让这 3 个女孩子为了我的故事忙得团团转，而且我心里清楚，有时候外面的人都能看见这一幕。我真是觉得太自豪了……我就是有一种当众炫耀的冲动。"

但是，这种放纵的大学式生活在 1947 年走到了尽头，当时，斯坦·李通过一位表亲认识了美艳惊人的"帽模"琼·布科克（Joan Boocock）。她刚结婚才一年就开始感到厌倦了。于是，斯坦·李就说服她去雷诺办理离婚，随后自己飞往内华达州，在 12 月 5 日与其完婚。他们坐火车返回纽约。但是，斯坦·李根本无暇度蜜月，就开始处理迫在眉睫的工作了。

漫画的潮流变化迅如闪电。少年犯泛滥的阴云突然之间笼罩在第二次世界大战之后的美国头上，年轻人手上的犯罪题材漫画纷纷被收缴，显然，故事中那些无耻荡妇和暴力歹徒让这些作品成了众矢之的（无论街头混混还是三好学生，有接近 90% 的小孩都看过漫画；若漫画因此成了罪魁祸首，那么口香糖或者树屋都应该对这些不良行为负责了）。各个小镇都组织起了漫画焚烧活动，对《时代周刊》和《科利尔》（Collier's）上的文章大肆批判；包括底特律在内的几个小镇和城市甚至颁布了法令，将它们列入违禁品之列。在意识到事态已火烧眉毛时，一些出版公司聚集起来，匆匆制定了一系列内容规定，这不仅令人联想起 20 年前好莱坞的《海斯法典》（Hays Code）。在新规定制约下，充满犯罪元素的美国西部题材绝迹了，接着告别的是爱情题材，然后就是言语粗俗的作品。

与此同时，在失去轴心国敌对势力和一批忠实的军人读者后，超级英雄的人气也开始萎缩。斯坦·李紧急叫停了《美国队长》的姊妹篇《巴基·巴恩斯》（Bucky Barnes）。他后来解释道："我向来讨厌搞姊妹篇。"到 1949 年年底，霹雳火和海王销声匿迹了，而美国队长也只留下了一个虚名。《美国队长之怪异故事》（Captain America's Weird Tales）成了一部诡异的恐怖题材作品，里头连队长的影子都没有出现。

这一切在斯坦·李看来并无大碍，因为他只要转到新的流行方向就行了。他决不能丢了工作。母亲去世后，15 岁的弟弟拉里（Larry Lieber）就搬来与他一起住了，而妻子琼此时也怀上了第一个孩子。他们离开摆满斑马真皮家具的无电梯 4 层公寓，搬进了长岛市郊价值 13 000 美元的双层住宅，而马丁·古德曼的豪宅就在他们新家的附近。

老板马丁·古德曼的日子可能就不那么好过了。他是一个颇具威严的人（就连他的哥哥也得叫他"古德曼先生"），而且擅长一言不发地以眼神震慑对手。不过，他为人却很慷慨。有一次，古德曼发现一名杂志社雇员正带着生病的孩子去退伍军人医院就诊，就递给他一张空白支票。"拿去，随便花，"他说，"别因为钱留下遗憾。"他还帮一位编剧承担了贷款；还对一位女员工承诺，在其生完孩子后可以回来继续工作。"我唯一的遗憾，"他对这名女员工温柔地说道，"就是没能早点知道自己会有现在这样的成功，否则我就有 4 个孩子了。"但是，和许多独裁者一样，他的慷慨也会反复无常。有一个员工记得古德曼曾经在外出参加午餐会议时递给他一支雪茄。当时他回答道："谢谢，不过还是下次再说吧！"而古德曼回应道："好的，那就下次！不过如果下次我不给你了呢？"谁都不知道他的好心能持续多久。

因此，当马丁·古德曼打开及时漫画办公室里的一架壁橱，翻出被斯坦·李束之高阁的价值数千美元的手稿存货时，他就问，既然有这些东西，那何必要耗费这么多精力去创作新素材呢。他命令斯坦·李着手裁员。在 1949 年的圣诞前夕，画师工作室里装上了一个广播系统。画师们称它为"婊子喇叭"。"你会不厌其烦地听到斯坦叫着'某某和某某到我办公室来一趟'，这个时候你就知道，这个某某和某某被炒鱿鱼了。"一个员工回忆说："这简直是末日广播。"斯坦·李不仅得告诉这些画师他们失去了这份工作，还要跟他们解释这一切是因为古德曼决定把存货全部用完。到当年 2 月份，除斯坦·李以外，几乎所有人都被扫地出门了。

可是，这些过时的库存根本无法满足最新潮流的需求，当时战争漫画（在朝鲜战争爆发时非常流行）和恐怖漫画正大行其道。前者的流行是因为朝鲜战争的爆发；后者则随着 EC 公司（EC Comics）的《恐怖地下室》（*Vault of Horror*）、《恐惧地穴》（*Crypt of Terror*）和《颤栗巢穴》（*Haunt of Fear*）的热卖而成为市场热点。因此到了第二年，聘请自由职业画师的模式又开始逐渐复苏了。但是，对于斯坦·李和许多编剧及画师而言，这场裁员敲响了残酷的警钟，让他们意识到艺术创作是多么缺乏保障。当古德曼决定以"巨神"公司的名字销售自己的出版物时，这两个喜气洋洋、金光闪闪的大字把杂志腰封撑得满满当当。在大裁员的背景下，这场表面繁荣着实成了一种讽刺。

虽然熙熙攘攘、热火朝天的画师工作室已经成了往事，但由于古德曼急不可待地想在报摊货架上占据更多地盘，斯坦·李又开始招募制作团队了。当其他公司开始减少作品时，及时漫画却增添了更多系列。当《超人大冒险》（*The Adventures of Superman*）成为电视明星时，古德曼就让美国队长、霹雳火和海王这个黄金三角开始与美国新对手展开较量。他希望能让上一场战争的辉煌发挥余热。仿佛历史重演一般，20 世纪 40 年代在及时漫画掀起波澜的比尔·艾弗特和卡尔·博格斯等人如今又成了公司走廊上的常客，只不过与他们并肩而行的还有一批更年轻的天才。随着公司迅速扩张，古德曼将办公室搬到了麦迪逊大道的博伊德制药公司（Boy Chemists）的楼上。这间铺满地毯的办公室离中央公园只有一小段路，古德曼将总部设在了 20 世纪 50 年代的消费主义的起点上。掌控美国广告产业半壁江山的成功人士每天早上都会西装笔挺地匆匆走进这幢建筑，对着电梯的墙壁整理自己的领带，在中午的时候溜出来喝一杯马提尼。在麦迪逊大道 655 号，古德曼将新办公室的大部分空间都分配给了杂志部门（也就是他命名的杂志管理公司），而这份曾经的三流连环画杂志也已经成了囊括纪实独白、电影评论、填字游戏的综合性杂志。布鲁斯·杰·弗里德曼（Bruce Jay Friedman）担纲编剧部的管理工作，由他主抓新开设的《女性禁区》（*Stag*）、《男性》（*Male*）、《男性专区》（*For Men Only*）和《男人世界》（*Men's World*）等充满荤段子的动作冒险系列作品。但话又说回来，斯坦·李却一个人监督了 60 多部不同的作品，用弗里德曼的话来说，他是"如汪洋大海一般的员工"。①

漫画法典，重塑美式漫画的基石

1954 年 4 月，当古德曼手下的编剧都在打包物品，准备到麦迪逊大道安营扎寨时，针对漫画的指责之声卷土重来。多年来坚定不移地批评漫画的儿童心理学家弗雷德里克·沃瑟姆（Frederic Wertham）发表了《无辜者的教唆犯》（*Seduction of the*

---

① 1953 年，一位芝加哥企业家借钱出版了《男性派对》（*Stag Party*）。古德曼要求对方改名，于是这位叫休·海夫纳的企业家就把杂志名改成了《花花公子》（*Playboy*）。

Innocent），对各种各样的犯罪、恐怖以及超级英雄漫画（包括描绘家庭暴力、性虐待和可怕的谋杀的画面）当中耸人听闻的内容，进行不遗余力的攻击；几周后，一位美国参议院少年犯罪小组委员会的成员也发表了相同意见，并让沃瑟姆作为专家证人提起诉讼。当法院传唤及时漫画公司的商务经理小门罗·弗勒利希（Monroe Froehlich Jr.）出庭作证时，他与马丁·古德曼将一整车漫画运到华盛顿，迫不及待想用反例予以回击（"我跟你讲个圣经故事吧？"弗勒利希在站台上还这样自信满满地提议）。可是，他们失算了；小组委员会早就自己准备了一批内容骇人的印刷品。在那场电视转播的听证会上，审判员在听众面前挥舞着及时漫画的第28期《奇异故事》（Strange Tales），指出"在5个故事里面有13个人被残忍地杀害了"。

及时漫画还不算最惨的。威廉·盖恩斯（William Gaines）是EC漫画的出版商，他所创作的战争、犯罪和恐怖故事不仅倡导外来主义，而且毫不客气地攻击盲目尊奉美国社会的伪善行径。但是，EC的故事里也有一些卑鄙无耻的场景，例如一群杀人犯用被害人的尸体来玩棒球（"看看，这些血淋淋的肠子被当成了底线，"说明人用低沉的语气描述着画面，"心脏成了本垒板……看看，击球手一边挥舞着一条条断手和断腿，一边走入击球区，然后把它们全部扔开，只留下一条，等待投球手把头颅掷向他"）。当盖恩斯站上证人席时，审判员要求他解释第22期《犯罪悬疑故事》的封面：一个杀人犯左手握着一把血淋淋的斧头，右手提着一个翻白眼的金发头颅。在背景中可以看到受害人的裙子，而一双穿着高跟鞋的腿毫无生气地瘫在瓷砖地板上。"你认为这个封面得体吗？"田纳西州参议员埃斯蒂斯·基福弗（Estes Kefauver）向盖恩斯发问。"是的，先生，我认为对于恐怖漫画的封面而言这是得体的。"盖恩斯答道。

这段证词登上了那一期《纽约时报》的头版。

虽然这场小组委员会的听证会在休庭后就没有再开庭，但它已经对漫画行业造成了不可弥补的伤害。几个月后的一个周末，斯坦·李在卡兹基尔（Catskills）告诉一位步枪商人自己是漫画编辑。"你是搞漫画的，"那个男人朝斯坦·李吐了一口唾沫，"那绝对是犯罪。从头到尾都得狠狠地批判一顿。你应该为自己犯下的罪行去蹲监狱。"

画师迪克·艾尔斯向女儿所在学校的基金会捐赠了一箱亲笔签名的漫画，结果被直接退了回来，还附上了一张请求烧掉它们的纸条。

1954 年的夏天，有 15 家漫画出版公司倒闭。到了 9 月份，几乎就只剩下美国漫画杂志协会（Comics Magazine Association of America）的成员公司还在营业，他们以好莱坞《海斯法典》为模板展开了自我规范，而且程度更为严苛。根据新"漫画法典"（Comics Code），封面中甚至都不能包含"恐怖"和"恐惧"这两个词；而且在漫画中无论如何都不允许出现僵尸、吸血鬼、食尸鬼或者狼人。不仅如此，对犯罪的任何同情和对崇高婚姻的任何不敬也都被严令禁止，这一点已经堪比奥威尔笔下的极权主义社会了。"善良，"规定中要求，"必须战胜邪恶。"如果一本书没有得到"漫画法典"的认可，发行商都会避之唯恐不及。EC 向来都以其精彩而残酷的犯罪和恐怖作品而闻名，这次它不得不关闭了整个漫画部门，只有一部名为《疯狂》（*Mad*）的系列作品被改编成杂志，从而得以重返报亭。

在那个电视机的销量迅速蹿升、摇滚音乐开始发轫的年代，漫画却成了被拔掉牙齿的蔫老虎。在沃瑟姆发难的两年中，漫画产业的作品数量萎缩了一半。漫画公司也吝啬起来。及时漫画大幅削减了预算，向自由职业画师支付的薪水一个月比一个月少；几年后，古德曼的秘书就会经常看见斯坦·李一次又一次地闯入出版商的办公室，要求提高画师的报酬。

而对于编剧们来说，年轻时期无穷无尽的好奇心此时所剩无几，因此报酬也变得空前重要起来。对技艺的钻研、对潮流的追逐和对规则的突破，在维持家庭生活的经济现实面前，都只能屈居幕后了。"谈话的重点已经不再是工作内容了，"画师朱尔斯·费弗（Jules Feiffer）回忆道，"大家都太老了，已经厌倦了这些事情。聊的东西都是老婆、棒球、孩子什么的。要不然就是骂老板有多么混蛋，都是办公室里的怨言，与其他任何一间办公室里的毫无二致。大家都不是为了交流，只是例行公事发泄一下而已。还有人通过恶作剧来释放相同的情绪：打恶作剧电话、欺负办公室里的小白脸、把新人刚画好的稿子藏起来。大家都心照不宣地把这当作有趣的小插曲，没人会动真格。"

　　虽然士气低落，但他们还是继续进行着创作。其作品经常与业界领袖戴尔漫画和DC 公司的那些被"和谐"过的漫画一起占据着书架。前者长期握有迪士尼和华纳兄弟大量角色的版权。后者则开始让他们的超级英雄在白天成为警察、科学家和警察兼科学家，在阳光灿烂的现代都市背景下重新包装成一身清白的良好公民形象。

　　到 1956 年年末，古德曼听从门罗·弗勒利希的建议，放弃了自我发行模式，转而与美国新闻公司（American News Company）签订合作协议。然而，由于要应对司法部反垄断调查，并解决与客户之间的法律纠纷，美国新闻公司在 1957 年 4 月突然关闭了期刊批发部门；这让古德曼空有一座杂志和漫画的王国，却走不进报摊。后来，独立新闻公司（Independent News）看中了古德曼手中杂志的"钱"景，同意发行他的出版物。不过，独立新闻公司属于及时漫画的死对头 DC 公司，所以他们开出了一个条件：古德曼的漫画作品每个月不得超过 8 本。

　　于是，及时漫画的生产线立刻缩水了。古德曼让斯坦·李再次裁员，自己则坐飞机去佛罗里达州度假。"这是我这一生中所做过的最艰难的事情，"斯坦·李说，"我不得不告诉他们这个残酷的事实，而且还是作为这些人的好朋友。我跟他们中的大多数都很熟，经常去他们家做客。我认识他们的妻子、孩子，但我还是必须告诉他们这件事。正如我所说的，这是我迫不得已做过的最可怕的一件事。"每次和一位员工谈完话，斯坦·李都会忍不住躲进厕所，但在情绪平复之后，他还得出来解雇下一位员工。

　　约翰·罗米塔早已对微薄的报酬忍无可忍，在接到斯坦的美女助手的电话后，立刻放下工作。他要求公司对其已经完成的作品进行补偿；尽管对方说会把话带给斯坦·李，但结果却是石沉大海。美女助手很快也离职了。"假如斯坦·李打电话过来，"罗米塔对妻子说，"你就叫他滚蛋！"

　　画师们开始惊慌失措。虽然有人选择直接投奔 DC 公司，向他们展示自己的样稿，但也有不少人从此就义无反顾地抛弃了画笔。比尔·艾弗特去了一家贺卡公司，基恩·科兰改行做起了广告，而唐·赫克则开始设计飞机模型。铅笔画师迈克·赛考斯基（Mike Sekowsky）曾位列漫威牛棚明星之一，拥有闪电一样的效率，最后也不得不去杂货店当收银员。

　　斯坦·李的办公室搬到了布鲁斯·杰·弗里德曼的隔壁，两人之间只隔着一道薄薄的隔板。"我觉得他能留下来确实需要很大勇气，昨天还那么张扬高调，现在却只剩一张小桌子和一位秘书，"弗里德曼说道，"仿佛他迎着惊涛骇浪在拼命地逆流而上。"不过，古德曼也有自己的考虑，这才会让妻子的这位表弟继续奋斗在第一线。对于漫画界的潮起潮落，古德曼早已见怪不怪了，如果现在就从报摊鸣金收兵，那么注定会被彻底淘汰，那样一切就都完蛋了。

当库存的稿子再次见底时，他们并没有选择重新招募员工。在斯坦·李列出的必要工作人员名单中，只有大约六七个画师。而乔·马尼雷毋庸置疑是其中的最佳帮手。笔若行云、多才多艺的他泰然自若地创作了《小鬼当家》（Dennis the Menace）的翻版《怪物梅尔文》（Melvin the Monster）和西部题材的《双枪小子》（Two-Gun Kid）。虽然住在新泽西州，但马尼雷却是斯坦·李在长岛举办的马提尼派对的常客。1958年年初，马尼雷和斯坦·李开始撇开古德曼，合作创作一部名为《里昂太太的小伙伴》（Mrs. Lyons' Cubs）的连环画。斯坦·李在事后说，如果当初没有发生那件事，那么他可能就会退出漫威，跟马尼雷一起开辟新的道路了。但是，在当年6月的一个星期五，马尼雷与几个及时漫画的老同事喝了点酒（他的眼镜在那一周刚好被弄丢了），结果失足从城铁上跌了下去。当时他年仅32岁。深受打击的斯坦·李不仅失去了一位朋友和合作者，而且也失去了效率最高的一名员工。

　　在事发后的那个周末，依然浑浑噩噩的斯坦·李在给古德曼的科幻作品收集素材时，认识了两位画师，冷静的史蒂夫·迪特科和热情的埃里克·斯坦顿（Eric Stanton）。他们是从几年前开始接活儿的，但没过了多久就发生了及时漫画经销商倒闭的事件，后来也就中断了合作。当时他俩都在市中心的一间工作室里。30岁的史蒂夫在肺结核初愈后接听了斯坦·李的电话。只听电话那头说，现在又有活儿干了，你想不想回来呢？

斯坦·李还找到了杰克·科比。自从科比在 1941 年随乔·西蒙从及时漫画跳槽到 DC 公司之后，这两人的道路就渐行渐远了。第二次世界大战期间，在诺曼底登陆两周后，科比被派往奥马哈海滩，当时那里还到处堆着尸体。接着他又亲眼见证了巴斯通围攻战的落幕。据其回忆，他甚至还参加过一个小型集中营的解放。在战后，重新聚首的西蒙和科比在长岛四处搬家，出版商也换了一个又一个，其创作风格也在流行风潮中时盛时衰。他们创作过西部故事、犯罪传说和太空冒险。在《情窦初开》（*Young Romance*）中，他们开始涉足爱情漫画，而当漫威复刊《美国队长》时，他们则创作了《美国斗士》（*The Fighting American*），大张旗鼓地剽窃自己过去的作品。在 1954 年，他们建立了自己的漫画公司，起名叫"沉迷"（Mainline），可惜生不逢时，在当时对不良漫画的激烈声讨中，像他们这样的小型出版商彻底失去了生存空间。于是，西蒙和科比这对搭档结束了 15 年的合作，科比回到了 DC 并创作出了《绿箭侠》（*Green Arrow*）和冒险题材《未知挑战者》（*Challengers of the Unknown*）。在 1958 年，当斯坦·李在寻求素材时，科比正与人合伙创作科幻题材漫画《空中霸王》（*Sky Masters*）的。虽然科比手上总有干不完的活儿，但是却从来没有摆脱贫穷童年所带来的习惯，那就是始终在寻求更多的赚钱机会。

在《探秘之旅》（*Journey into Mystery*）、《悬疑故事》（*Tales of Suspense*）和《惊异故事》（*Tales to Astonish*）当中穿插着许多风格相似的、6～8 页的短篇作品，这些令人毛骨悚然、交织着复杂道德冲突的故事后来汇聚成了一本《暮光地带》（*Twilight Zone*）。虽然它们都是斯坦·李手下几位元老级画师的心血，但是掌控故事大局和基本构成的，却是迪特科和科比这对搭档。科比从宏观层面上设计了令人惊恐的外星科技和凶残的怪兽，而迪特科则描绘了那些因自身傲慢与不成熟而种下苦果，空有远大理想却畏首畏尾的流浪者。在这两人的笔下，这些人承受了极其痛苦的科学改造和强行的知识灌输，从此再也无法回到原来的人类文明。

不过，就在《怪异世界》（*Strange World*）和《悬疑故事》粉墨登场后不久，科比的职业生涯就遭遇了挫折。负责《空中霸王》的 DC 公司编剧起诉科比，称自己并没有得到合同上规定的分成。虽然在这场官司的进行过程中，科比还在继续为《空中霸王》创作，但除此之外，DC 公司已经不再给他派发新任务了。当乔·西蒙在 1959 年担任馆藏漫画公司（Archie Comics）的一部超级英雄题材作品的编剧时，曾为科比提供了一些工作机会；但是仅仅过了几个月，西蒙为了谋求稳定收入，转行去做广告生意了。科比依旧不改初衷。"杰克向来不喜欢广告业，"他的妻子罗兹（Roz）说，"我敢肯定他去那一行也能顺风顺水，但他就是不喜欢。他的心一直在漫画上。"这么一来，科比的全部希望都寄托在那个曾经帮他端茶送水的斯坦·李身上了。

虽然在 20 世纪 40 年代到 50 年代，斯坦·李紧紧抱住了古德曼这艘船，安然度过了漫画产业的大风大浪，科比也凭借其历史业绩和热销漫画创作者的名气跻身一流行列，但这一切早已成了过眼云烟。当时斯坦·李的头衔已经形同虚设，而科比也淡出江湖许久，这两个人都失去了过去的那份安全感。

此时，除了几部尚未停刊的西部题材的作品外，科比的大部分作品都是一些 B 级片风格的怪兽，冠以"风暴怪""巨怪""咕噜""酋长""末日怪"这样的名字。斯坦·李会把构思告诉弟弟拉里·利伯，后者再将其写成剧本，交给科比。在每一期的封面上，他们屡试不爽地重复着相同套路：总是有一群形同蝼蚁、惊慌失措的人，他们尖叫、摔倒，然后伸出手指指向在自己身后穷追不舍的可怕危机。"他们警告过我们，可是我们没想到风暴怪真的存在！""救命！救救我们！他还活着！他来了！末日怪！"

"我本来可以去画《牛皮鞭小子》（Rawhide Kid），"科比非常痛惜地说道，"可是我却去画怪兽了。我们弄出了古洛图、克尔果，结果……结果搞得举步维艰。这角色实在太可笑了，还怎么画下去。"他说自己的命运"在漫威搁浅了"。

斯坦·李也有这样的感觉。"（马丁·古德曼）路过的时候甚至都不跟我们打招呼了，"他对手下画师说，"我们在他眼里仿佛只是一些正在沉没的大船上的老鼠。我们只能自顾自地逃命。"

MARVEL COMICS
THE UNTOLD STORY

02 内容之核，
IP 宇宙的能量之源

在《男人》、《男性》和《女性禁区》的编剧的眼里，麦迪逊大道 655 号里的那个漫画师就像一个透明人，他总是一个人闷闷不乐地坐在房间角落里。斯坦·李周围再也没有员工围着他转了，只有区区几个画师会定期过来交稿；《模特米莉》的铅笔画师斯坦·戈德堡（Stan Goldberg）偶尔造访并与之热烈地探讨起绘制工作。"当时出版的漫画基本上都是我跟他两个人在忙活，"戈德堡这样评论两人的关系，"有时候杰克·科比正好经过，我就会赶紧把他叫住，请他吃点什么，否则他就会头也不回地走开。"在交谈的时候，斯坦·李依然改不了用两根手指敲击桌子的习惯。

1961 年的春天，马丁·古德曼迎来了那场改变命运的高尔夫比赛。当斯坦·李卷起袖管重回超级英雄故事的战场上时，没有人知道这个从 18 岁起就在逐渐没落的漫画行业里摸爬滚打，如今已有 20 年的家伙会闯出什么天地来。

神奇四侠，英雄凭什么不能爱吵架

第一期《神奇四侠》的封面和货架上的其他超级英雄作品没什么区别。这些英雄没有穿五颜六色的制服；主角看起来都是一些手无缚鸡之力的小人物；背景留白让整个场景看起来就像没完工的草稿一样。漫画标题那歪歪扭扭的字体简直就是小孩涂鸦。它反倒有点像斯坦和杰克之前为古德曼创作的怪物题材故事。实际上，从布满鳞片的皮肤、咧开的血盆大口和举起右手的姿势来看，那个突然从城市街道窜出来对英雄发起攻击的家伙，与同月出版的第 90 期《奇异故事》封面上的无敌奥格（Orrgo the Unconquerable）就像是一对兄弟；而封面上的那些跟跟跄跄、慌不择路的普通人也跟其他漫画封面上的没什么两样。在这些英雄身上，几乎找不到什么特别吸引人的地方。"我没办法在短时间内完成隐身！"一个身穿粉色连衣裙，有着一头靓丽金发的女人大喊。"该轮到石头人上场了！"背对着读者的一团橘黄色的东西跟着叫道。如果你不知道（刚看第一期时谁又可能知道呢），那个呆头呆脑地站在正前方的男人拥有橡胶一样随意伸展自己身体的能力——这和优质漫画（Quality Comics）旗下的老角色塑料人（Plastic Man）一样，你可能还以为杰克·科比还没学会画手肘呢。

这本漫画的内容也同样杂乱无章，旁白给人的感觉就像临时补上的一样。不过，从某种程度上讲，事实的确如此：在那几年里，为了减轻自己的工作负担，突破制作进度瓶颈，斯坦·李开始不再为画师提供完整剧本，而只是给他们一个故事梗概。因此，往往就得由画师来决定每一页漫画的故事节奏和剧情细节。当他们把铅笔稿交给斯坦·李时，他会负责填写对白，而这有时候一些地方就会造成前后脱节，有时候可能改变了画师的初衷。虽然时间久了，这种方式会演变成一种协同创作的高效渠道；但在刚实行初期，就可能会造成此类令读者困惑的混乱。

第一期《神奇四侠》的第一页上，一位身穿制服、鬓角斑白的男人朝天空发射了一枚信号弹。在抬头望天的中央市（Central City）市民当中，有 3 个人心领神会地行动起来。拥有隐身能力，从午后茶会上溜出来的富家千金苏珊·斯托姆（Susan Storm）；一位无名男子原本穿着风衣，还戴着墨镜和呢帽，突然从好又多超市里冲出来，变身成橙色黏土状的巨人；还在加油站里抛下自己的老爷车，化身为一团火焰腾空而去的少年，他的名字叫约翰尼·斯托姆（Johnny Storm），也就是苏（Sue，苏珊的昵称）的弟弟。他们纷纷赶到了那个持枪男子的公寓，随后画面一转，时间开始急速倒退……

在下一格漫画中，出现的是这 4 个人先前的一次会面。鬓角发白的男人名叫里德·理查兹（Reed Richards），他正在就宇宙飞船计划与心直口快的拳击手本杰明·格里姆（Benjamin Grimm，昵称 Ben）争吵。"本，我们得抓住这次机会，"理查兹的未婚妻苏珊·斯托姆立场坚定，"否则等对手行动就晚了！"后来这 4 个人就驱车来到附近的火箭发射架，"在警卫反应过来之前"，踏上了飞往太空的旅程。不幸的是，他们遭到了宇宙射线的冲击，只得紧急返回地球。当他们坠落在某处乡间时，这几个英雄发现自己在辐射作用下发生了生理变化。对于这种结果，他们感到的是深深的恐惧，而不是获得超能力后的兴奋。"你，（喘气），在消失！"当苏·斯托姆的身体慢慢变得透明时，有人大叫起来。"他变成了一个，一个，一个什么东西！"苏朝本尖叫着，后者已变成赭色砖石巨人。变身后的本愤怒地朝里德发动了攻击，口口声声地说要取代他成为苏的另一半。此时，苏又发现自己的爱人也发生了变形，身体就像橡胶一样大幅伸展开。"里德……你怎么也……你怎么也变了！"接着，约翰尼的身体突然燃烧了起来，蹿向天空，把怒气冲天的本也惊呆了。

当他们适应了透明、变成橙色的石头、伸缩以及自燃能力时，也开始认识到自己的前进方向了。"没必要跟我们讲什么大道理，老板，"本对里德说，"我们都懂。我们得利用自己的能力去帮助人类，对吧？"于是，隐形女、石头人、神奇先生（Mister Fantasy）和新版霹雳火诞生了。

随后，漫画又转回到那次信号弹的召集，节奏突然加快，4 人展开了一场 12 页篇幅的大冒险，在这一过程中，鼹鼠人（Mole Man）和他在怪物岛（Monster Isle）上的"地底人"大军让一座核电站沉入地底（虽然在那一期封面上可以找到一个地底人怪物，但那些城市街道和围观群众却从此没了踪影）。虽然我们看到了一如既往、别具一格的视觉冲击力，但这一次，斯坦·李和科比倾力打造的已经不再是咆哮怒吼的怪物了。在滑落的岩石将这些名叫蒙咕、斯波或者祖塔克的怪物永远封印之前，让我们再好好看上最后一眼，因为从此以后，就轮到神奇四侠带着漫威漫画朝着未来振翅高飞了。

这一期漫画于 1961 年 8 月 8 日上架，就在同一周里，东德开始修建柏林墙。宇宙竞赛成了当季最热门的主题：在从漫画构思到出版的这段时间里，苏联宇航员尤里·加加林成了世界上第一个太空人（尽管没有像神奇四侠那样遭遇危险的宇宙射线）。虽然销量数字不可能在几个月内立刻窜升，但读者来信却蜂拥而至；而且和以往都是抱怨装订问题不同，这些寄信人都是被复杂角色所吸引的热情粉丝。"我们正在尝试（也许这么做太过自负了？）接触年龄层次略高的更成熟的群体。"斯坦·李在 3 周前的一封私人信件中这样写道。这么多年过去了，漫威似乎总算拿出了点特别的东西。

之后的每一期漫画中，斯坦·李和科比都在不断改进，将更多笔墨用在描绘这支怪异团队的内部矛盾上，尤其是约翰尼·斯托姆的年少无知、喜怒无常和本·格里姆的暴躁易怒、自怨自艾（他偶尔才能非常短暂地变回人类的形态，这对于他想要正常生活的愿望无疑是最残酷的嘲弄）。不过，后来出现的装备齐全的秘密基地和一架名叫神奇战车（FantasiCar）的酷炫飞行车，稍稍冲淡了这种悲情色彩。而且，虽然一直高调行事（与漫画传统套路不同，他们的身份都是公开的），但在粉丝汹涌来信的呼吁下，他们很快也穿上了英姿飒爽的蓝色制服。"科比为他们设计了这套胸口有个'4'字的长袖紧身衣，"负责漫威漫画配色设计的斯坦·戈德堡说，"我把这个'4'也设计成蓝色，并在周围留了一圈白色，这样一来，再跟坏蛋站在一起时，他们就显得格外亮眼。坏蛋们都是焦土般的棕色、深绿色、紫色、灰色之类的颜色。"在阴郁的背景世界衬托下，熠熠生辉、色彩鲜艳的英雄形象，立刻让《神奇四侠》在报摊的货架上鹤立鸡群。

由于当时立刻就有种种迹象（读者来信栏目的活跃程度）表明这些角色将长盛不衰，漫威决定开始朝这个方向发展。没过多久，神奇四侠就有了伙伴。古德曼取消了《少年爱情》（*Teen-Age Romance*），把资源都留给了《无敌浩克》（*The Incredible Hulk*）这部核武器时代"哲基尔医生与海德先生"（Dr. Jekyll / Mr. Hyde）的升级版，而这也是漫威在 20 世纪 60 年代的第二部超级英雄作品。他们一如既往将冷战时期最新科学融入到故事的主要设定当中：在布鲁斯·班纳（Bruce Banner）博士为美国军方进行伽玛炸弹测试做准备时，有一个名叫里克·琼斯（Rick Jones）的莽撞少年开着敞篷车闯入了他们的试验场。班纳不得不将试验计划延后，同时出去想把琼斯带离这片危险区域，但是实验室的一名敌方间谍动了手脚，让试验继续进行。结果在爆炸中，班纳遭到了辐射。这个故事最出彩的地方是充分描绘了爆炸辐射所带来的强烈痛苦，相比之下，神奇四侠的变异就像在海滩上晒了一个日光浴一样轻松。"全世界仿佛停止了运转，在无限的边缘瑟瑟发抖，只有他那刺耳的尖叫声响彻天地。"在斯坦·李的旁白边上，科比描绘了几个小时后依旧神志不清的班纳。他大张着嘴，双眼中充满恐惧，身边的医学专家们正想方设法让他恢复理智。后来，当夜幕降临时，班纳的身体开始膨胀变绿，他通过砸烂枪支、踢翻吉普车和毁灭眼前的一切来满足自己的破坏欲望。"响雷"罗斯将军（General Thunderbolt Ross）拥有军人的典型顽固脾性，他视绿巨人为反独裁主义的叛徒，并对他进行了无情追杀。与此同时，玩世不恭的里克·琼斯在前几期中成了班纳唯一朋友，每天晚上就像对待需要醒酒监护的醉鬼一样把班纳锁起来。这样的主角充满失控、恐惧、负罪以及对将军女儿贝蒂（Betty）的无望爱慕，他完全是一个纯粹的悲剧结合体。你可以说绿巨人是一位超级英雄，但是他要拯救谁呢？敌人又是谁呢？

科比和斯坦·李在英雄与恶棍的对立阵营中不断加入新人物和联系。在第 4 期《神奇四侠》中，海王纳摩自 1954 年之后再度登场。在新故事中，他被设计成爱慕苏·斯托姆，但憎恨其余所有人类的反派，不过他的这一立场并不坚定。而在下一期中出场的是里德·理查兹的旧时同窗维克多·冯·杜姆（Victor Von Doom）。在一场科学实验中，他惨遭毁容，之后远赴中国西藏学习"黑暗魔法和秘密禁术"，随后成了自己的故乡拉脱维亚的统治者。尽管毁灭博士（Doctor Doom）的狂妄自大令人难以忍受，但在其桀骜不驯的行为中，却始终遵守着一种令人钦佩的原则：他永不食言。当毁灭博士和海王在第 6 期《神奇四侠》中临时合作，达成脆弱的联盟关系时，漫威的这部作品突然形成了某种力量均衡的对抗：一边是喜欢吵作一团的主角们，另一边则是拥有拜伦式浪漫情怀的冲动王子和面如野兽的大魔王。

1962 年年初，当绿巨人和海王出现在报摊上时，斯坦·李和科比又为那年夏季准备了另外 3 个英雄，并分别让他们替代原来的怪物成为 3 部作品的新主角：《探秘之旅》将会隆重推出北欧神话中的雷神托尔。在漫威的版本中，摔成残疾的物理学家唐纳德·布雷克（Donald Blake，昵称唐）在斯堪的纳维亚度假时发现了一根拐杖，当敲击地面时它竟变成了传说中的雷神之锤，同时也将布雷克变成了一个能呼风唤雨、戴着飞翼头盔的长发泰坦，说起话来也变得"之乎者也"了。与此同时，《惊异故事》则推出了蚁人，他的真名叫亨利·皮姆（Henry Pym），而且也是一个在敌人的威胁中变身为超级英雄的科学家。皮姆开发了一种血清，能将自己缩小成只有 15 厘米高，还有一个大号头盔，可以通过电子脉冲来掌控……蚂蚁。

不过，为销量最差的《惊奇幻想》（Amazing Fantasy）准备的第三个角色却出现了状况。当斯坦·李让史蒂夫·迪特科给科比最新创作的前 6 张铅笔稿上墨时，迪特科指出，这个设定，即一个少年孤儿用魔法戒指变身为成年超级英雄，其实是科比在 1959 年为哈维漫画（Harvey Comics）创作的飞人（Fly）的翻版。于是斯坦·李认为，一些修改势在必行。可是最终期限已迫在眉睫，于是他把托尔和蚁人的故事梗概打印出来，交给了弟弟拉里·利伯，让他去编写完整剧本。随后，他就将注意力全部集中在《惊奇幻想》的角色调整上了。在新的故事概要中，超级力量的来源从戒指变为了一只受过辐射的蜘蛛，而且原本怯懦的少年也不再会变身成年人了。斯坦·李并没有把这个角色交给杰克·科比，而是选择了迪特科，尽管迪特科随性而容易预测的风格看起来好像并不适合这种少年超级英雄。

蜘蛛侠，道德重负下的忧郁少年

刊登蜘蛛侠的第 15 期《惊奇幻想》在 1962 年 6 月被摆上了各大报摊。它在神奇四侠的基础上进一步脱离了传统漫画模式。与科比笔下的那些风光体面的英雄不同，在迪科特的故事里，到处都是骨瘦如柴、冷眼旁观的愤青，而主角彼得·帕克就生活在周围人的讥讽冷笑、指指点点和横眉怒目中。在开篇第一页，帕克打着领带，穿着背心，戴着高度数眼镜，梳着规矩学生头，被一群穿着字母运动衫的同班同学欺负；这让我们看到了这个四眼胆小鬼的悲惨社交生活，他不断被阿奇、加格海、贝蒂和维罗尼卡（Archie、Jughead、Betty 和 Veronica 都来源于馆藏漫画的公司名称和作品）合伙欺负。帕克的朋友只有把他当小孩子一样宠爱的本叔叔（Uncle Ben）和梅姨妈（Aunt May）以及一大堆课本。他被科学实验室里的蜘蛛咬了一口，让他的力量和敏捷得到大幅提升，并获得飞檐走壁的能力（"蜘蛛感觉"的本能要到故事的最后才会出现）。后来帕克就开始参加摔跤比赛，赚些零花钱（他参赛时都戴着面具，因为心中依然留存着青春期的不安全感。"万一我输了呢？我可不想成为别人的笑柄！我，我得想办法伪装自己！"不过那些大块头对手在他面前总是弱不禁风）。他的精彩表现让他上了一档电视节目，为此他特意亲自缝制了一件红蓝两色的制服，并用自己腋窝下射出的蛛丝加固，在胸口和背上都缝出了蜘蛛标记，兜帽上还有两个硕大的白眼圈。然而，光靠服装并不能塑造一名英雄：在结束电视节目拍摄后，帕克在演播室大厅里目睹了一名歹徒行凶，但他事不关己地走开了。他满脑子想的都是怎么拿下比赛冠军，直到有一天晚上，他打开家门发现一个窃贼杀害了慈祥的本叔叔。帕克穿上蜘蛛衣，循着线索抓到了这个恶棍，最后发现这就是他在演播厅里放跑的那个罪犯。大脑空白、满怀罪恶感的他最后认识到了自己的命运。"能力越大，"斯坦·李在旁白中向读者说道，"责任也一定越大！"

虽然故事略显俗套，但斯坦·李掷地有声的对白、迪特科令人咋舌的制服设计以及宝刀未老的斯坦·戈德堡为蜘蛛侠制服选择的樱桃红和深钻蓝（为了与神奇四侠比较活泼的天蓝色形成对比而深思熟虑后的结果）的色彩搭配，都给这部作品增色不少。

可是，这些细节都入不了古德曼的法眼，《惊奇幻想》还是在这一期之后停刊了。

不过，这一期的读者反馈却异常热烈，于是，这个角色在年底迎来了属于自己的系列——《超凡蜘蛛侠》（*The Amazing Spider-Man*）。帕克的世界依然笼罩在不公平的阴云之下，除了担心梅姨妈的身体，或者在想方设法赚钱帮她支付账单时所流露出的担忧，他的脸上还常常表现出受排挤的人终于翻身时的那种辛酸，眼中则闪烁着"我要给他们一点颜色看看"的疯狂。他成为《小喇叭日报》（*Daily Bugle*）的自由摄影师，在以蜘蛛侠的身份行动时顺便拍下自己的身影；尽管曾说过那句"责任越大"的经典台词，但蜘蛛侠早期对抗犯罪的冒险动机却主要是为了能拍到有价值的照片，而不是做好事的冲动。人算不如天算，这些照片后来不可避免变成了《小喇叭》的出版商约拿·詹姆森（J. Jonah Jameson）攻击他的宣传材料，后者视蜘蛛侠为"公共威胁"。只有在帕克领取工资的时候，迪特科才会为他画上笑容。当布鲁斯·班纳变成绿巨人时，他至少通过自我反省得到了一定程度的拯救。但是从书中那一连串的思维气泡中可以看到，彼得·帕克的问题和蜘蛛侠的问题现在却并到了一起。在因一场误会而与警察大打出手之后，他穿过空无一人的阴暗街道返回了住处。"一切都乱套了……（啜泣）……我要是没得到这股超级力量该多好！"

这一切都被描绘得得体、精彩，且紧张刺激，其中还有流畅的特技打斗场面。虽然迪特科对动作的描绘与科比的风格截然不同，他加入了更多体操式闪躲，而不是拳击式重拳；但也同样让读者热血沸腾。斯坦·李的点睛之笔则是让帕克在穿上蜘蛛衣后不时冒出几句粗俗笑话：这不仅加深了读者对其强迫症式紧张思维的印象，而且，没错，更重要的是有效地改善了作品的阴郁氛围。尽管有校园暴力、贫穷、亲人重病、职场险恶和犯罪威胁，但《超凡蜘蛛侠》依然在总体上是一部充满乐趣的作品。

这个时候，超级英雄正在有条不紊地取代那些人气低落的作品。《奇异故事》被霹雳火的独档冒险故事接手了；在同一天里，《见习护士琳达卡特》（*Linda Carter, Student Nurse*）也敲定了计划，即将被《超凡蜘蛛侠》取代，而最后一部怪物题材的作品《悬疑故事》则请来了一位新封面明星：钢铁侠。托尼·史塔克并不是一个自怨自艾的孬种，也不是付不起房租的穷鬼，而且在情场上他可是行家里手。他是一个跟美女左拥右抱、蓄着小胡子的军火企业家。在被"红色游击队的暴君"王秋（Wong-Chu）打伤并俘虏后，史塔克被命令开发一种武器来对抗王秋的敌人。然而，他却偷偷制作了一件既能帮助他问题重重的心脏继续跳动，还能保护他逃跑的金属盔甲。科比原本设计了一套圆滚滚的、笨重的灰色铠甲；而当唐·赫克负责绘制时，就为他装备了吸盘、喷射背包、晶体管驱动的磁铁和钻头，可惜实在是没什么美感可言。不久后，史蒂夫·迪特科就把这副盔甲改成了流线型，并通过红黄两色的搭配极大改善了其外观效果。虽然托尼·史塔克这个人物到后来也会得到相应的改进；但在当时，这个放荡不羁的花花公子所面临的最大问题就是，由于心脏外面的机械装置而"几乎无法把胸口露出来"。

唐·赫克成为《钢铁侠》的常任画师，因为科比实在挤不出时间了。"这个可怜的家伙只有两只手，而且只能用其中一只来画画，"斯坦·李在给读者的回信中写道，"我喜欢让他尽可能多地策划新漫画，并且决定好正确方向，但是他根本没时间再继续将它们一个个都扶持起来；实际上，他现在所做到的程度有时候就已经足够让我吃惊不已了。"

复仇者联盟，科技前沿与古老神话的完美结合

"从现在开始，别再写什么'亲爱的编剧'之类的客套话了，"第 10 期《神奇四侠》的来信栏目中出现了这样的声明，"杰克·科比和斯坦·李（就是我们两个！）都会亲自阅读每一封来信，我们也都喜欢这种我们了解你们、你们也了解我们的感觉！"这几行字成了一粒粒的种子，诞生出斯坦·李笔下最重要却没有超级力量的角色：神秘的漫威牛棚里快乐的成员们。牛棚这个东西毫无疑问是切实存在过的；最早在帝国大厦里，后来搬到了麦迪逊大道 655 号，不过那也已经是 5 年前的事情了，后来斯坦·李就被安排在了房间角落里，围着一个个硕大的堆满文件的橱柜。在那一期中，斯坦·李

还描绘了一幅乌托邦式工作环境的画面，每一个画师都面带笑容，在同一个欢乐的屋檐下边工作边打趣（毁灭博士在同一期的《神奇四侠》中还闯进了"科比和斯坦·李在麦迪逊大道的工作室"，打断了他们的策划会议，还用催眠瓦斯把他们弄晕了）。但在现实中，科比大概每周只会造访办公室一次而已。位于长岛的家中地下室才是他的工作地点。在这间粉刷了松木油漆的房间里，有一个书架，上面摆满了获取灵感用的莎士比亚和科幻作品；另外，还有一台用来解闷的 10 英寸黑白电视机。为了不让雪茄的烟冒到楼上去，这件地下室的门一直都关着。所以，在麦迪逊大道上，根本不存在斯坦·李所说的激情四射的办公室。"虽然斯坦·李在杂志中说得很好听，但其实这些画师们都住在长岛的各个地方，"《钢铁侠》的绘画师唐·赫克在接受采访时说，"我可能这个礼拜去两次办公室，别人则可能在另外的时候去两次……基本上相互都见不上面。"不过，斯坦·李对待这份工作的炙热之魂却是货真价实的，而局势也开始逐渐变得明朗起来。

"我偶尔注意到斯坦时，他都笑嘻嘻的，好像在自己的工作中找到了许多乐趣，"布鲁斯·杰·弗里德曼在 20 世纪 50 年代漫画大萧条时期一直在斯坦·李身边，他说道，"他就像一个大男孩。我当时还不知道自己眼前这个人会成为一代传奇。"

尽管如此，斯坦·李依然需要帮助。"我们似乎在一次又一次危机中生存了下来，"他在给一名粉丝的私人回信中写道，"你不可能想象得到我们有多忙碌。问题并不是我们的画师能否做得更好（或者我本人能否把故事写得更好）。主要的问题在于，在我们所拥有的如此短暂的时间内，我们能做到多好？如果有一天，如果遥远天堂真能实现，我们有机会安心创作漫画，不用管火烧眉毛的最后期限该多好啊。"很快，曾经在巨神漫画公司当过制作人的索尔·布罗德斯基（Sol Brodsky）回来了，并担当了制作经理角色。"我的工作主要就是跟画师和编剧讨论，告诉他们我希望把作品做成什么样，"斯坦·李回忆道，"索尔则负责其余部分，校对、确保一切都不出乱子、确保原稿都送去印刷厂，而且他还会亲自去跟印刷厂交涉……我们一点一点拨云见日了。"

斯坦·李开始越来越多地将编剧任务派给别人，其对象主要都是那几个老伙计。

"马丁·古德曼开始敦促斯坦·李让其他编剧负责一部分故事，"前及时漫画员工利昂·拉撒路（Leon Lazarus）说，他自己也接到了《惊异故事》中的一项编剧任务，"他开始担心斯坦·李肩上的胆子可能太重了，生怕万一斯坦·李决定退出公司将会带来的巨大损失。"

1962 年年末，斯坦·李又让弟弟拉里重新负责起西部题材的故事，还把《钢铁侠》、《锤神》和《蚁人》的剧本交给其他元老。《霹雳火》则像烫手山芋一样被人抛来抛去，最后落在了一个笔名叫乔·卡特（Joe Carter）的作者身上。

事实上，这个乔·卡特的真身就是杰里·西格尔。这位《超人》的合作创作者在 20 世纪 50 年代末期与超人的版权所有者 DC 公司展开了争夺战，并起诉编剧莫特·韦辛格（Mort Weisinger）压榨自己，不过他最终在官司中败诉了。据坊间消息，韦辛格曾经在办公室里对温文尔雅的西格尔说出了这样的话："我要去上个大号。能把你的稿子借我擦擦屁股吗。"在 20 世纪 60 年代初期，西格尔就开始大张旗鼓在法庭上争夺超人的版权，同时他做好了把 DC 公司惹毛的准备，开始寻找其他工作机会。对于这样一位业界开拓者，斯坦·李又怎么可能不闻不问呢？

不幸的是，西格尔那种一丝不苟的老套剧本无法满足斯坦·李的要求。而其他人似乎也没比他做得好多少。斯坦·李开始重新收回钢铁侠、托尔和蚁人。尽管科比、赫克还有迪特科在故事策划中做出了很大贡献，但一说到旁白和对白，他能够信任的人只有自己。

眼看没法赶上最后期限，斯坦·李求得古德曼的允许，想雇用一天可以完成 24 页上墨任务的快手乔治·鲁索（George Roussos）。可是，对古德曼阴晴不定的用人模式，鲁索留了个心眼没有答应。好在斯坦·李的运气不错，找到了一个助手帮忙解决一些管理方面的工作，用他自己的话来说就是"一个星期五少女"。1963 年的 3 月，一家临时工介绍所派来了弗洛伦斯·斯坦伯格（Florence Steinberg，昵称弗洛）。这位貌美如花、颇有男人缘的 25 岁少女刚从波士顿来到纽约，手上还戴着一副白色珠粒手套。

作为艺术历史系毕业生，斯坦伯格在乐观和外向方面与斯坦·李如出一辙，毕竟她在高中时担任过学生会主席，后来还自愿参加了泰德（Edward Moore "Ted" Kennedy）和博比·肯尼迪（Robert F. "Bobby" Kennedy）的总统竞选活动。如今她坐在斯坦·李隔壁位子上，负责答复粉丝来信（每天都有好几百封）、打电话与自由职业画师交流，把原稿交给印刷厂并支付每周 65 美元的价格。斯坦·李本人则要么坐在小凳子上猛敲打字机，要么与来访的画师讨论故事。

在杂志管理公司办公室里的同事们对斯坦·李、斯坦伯格还有布罗德斯基近乎疯狂的工作热情嗤之以鼻，其中包括后来创作了《教父》（*Godfather*）的小说家马里奥·普佐（Mario Puzo）。但在斯坦·李的眼中，某种神奇事情正在发生。随着新角色以令人目不暇接的速度接连登场，已经登场的角色们之间开始产生出种种连携关系。史蒂夫·迪特科为《奇异故事》创作的备用主角从自负的外科医生转变成了慈祥的魔术师奇异博士（Doctor Strange）。在第 1 期《超凡蜘蛛侠》中有两页内容，描绘了这个射出蛛丝的少年想要加入神奇四侠的情节（但他失望地发现加入这个组织是拿不到工资的）；同月，绿巨人（当时以其命名的系列刚被腰斩）也出现在第 12 期《神奇四侠》中。毁灭博士跟蜘蛛侠斗过一场；霹雳火在彼得·帕克的高中集会上发过言；而奇异博士还住过唐纳德·布雷克医生所在的医院，后者是托尔的人类身份。当蚁人携迷人的黄蜂女（Wasp）出现在第 16 期《神奇四侠》中时，页末脚注就清清楚楚地写着："欢迎蚁人在危机时刻的新伙伴黄蜂女，她的初次登场发生在第 44 期《惊异故事》中！"毋庸置疑，这是一种精心策划的交叉营销手段，但更重要的是，它成为这些漫画故事的试金石：这些角色生活在同一个世界中，他们各自的行为都会对其他人产生影响，而每一部漫画都只是整个漫威宇宙中的一条线索。

这一切组合起来，就构成了复仇者联盟（The Avengers）。在这支全明星队伍中，你可以看到所有家喻户晓的漫威角色（除了注定是忧郁独狼的蜘蛛侠）。当钢铁侠、蚁人、黄蜂女、托尔和绿巨人联合起来击败托尔的对手洛基（Loki）后，他们决定今后应该展开更多的合作。精确地讲，就是每个月一期。"复仇者联盟已经行动起来了，"

斯坦·李写道，"为漫威熠熠生辉的明星团队吹起了一阵新风！"这可不是他自吹自擂。在将这些英雄聚在一起时，斯坦·李必须进一步凸显出他们各自不同的性格和说话风格，而这也让科比得以在狭小的漫画框格中平衡多名角色的上镜率，并在复杂的视觉效果编排上展现他绝妙的漫画技艺。

X 战警，活在歧视中的变种人

令人不敢相信的是，斯坦·李和科比在同月又推出了另一支超级英雄团队，而且完全由新人物所构成。《X 战警》（X-Men）讲述了一群拥有超级力量的少年变种人的故事，坐在轮椅上的灵媒查尔斯·泽维尔（Charles Xavier）开设了一所私人学校来保护他们。X 战警们英勇但缺乏经验，构成这一群体的人包括一本正经的"激光眼"（Cyclops），身手灵活、形似猿猴的天才少年"野兽"（Beast）汉克·麦考伊（Hank McCoy），运动万能、搞怪滑稽、能射出雪球的"冰人"（Iceman）波比·德雷克（Bobby Drake），拥有一头红发和心灵感应能力的"惊奇女孩"（Marvel Girl）琴·葛蕾（Jean Grey），翼人族的后裔"天使"（Angel）沃伦·沃辛顿三世（Warren Worthington III）。在泽维尔领导下，这些人利用他们非比寻常的能力阻止了许多坏蛋变种人的阴谋，例如能操控金属的万磁王（Magneto）。平时，他们就训练战斗技术，在格林威治村（Greenwich Village）的 A-Go-Go 咖啡店里与普通青年混在一起，或者跟总是有着无穷耐心的琴·葛蕾倾诉衷肠。但是，尽管在这些青春期英雄之中总是充满着欢声笑语，但 X 战警却是一群遭人厌恶的复仇者，因为这些变种人就和蜘蛛侠一样，被他们所保护的这个社会所质疑，而且随故事的推进，这一矛盾就显得越发尖锐了。"看那些人！他们都一副怒发冲天的样子！就像 X 教授一直警告我们的……普通人对于任何拥有超级变异能力的人都会感到恐惧和不信任！"天使在第 5 期《X 战警》中这样喊道。就在这期漫画出版不久前，一群白人种族优越论者刚刚炸毁了亚拉巴马州伯明翰市 16 号街的浸信会教堂。又过了几期，在野兽救下一个小男孩的生命后，暴徒们不由分说地追打了他一路，还把他的衣服撕破了。也不知是巧合还是刻意，宣扬反暴力的泽维尔教授和他的死敌，即不择手段的好战者万磁王，完美地影射了马丁·路德·金和马尔科姆·X。"记住，我们是超越人类的存在，"万磁王引用一部古老科幻小说中尼采学说支持者的言论怒斥道，"我们生来就是为了统治地球的……我们凭什么要与智人友爱？他们仇恨我们，因为我们的力量超越他们而惧怕我们！"即便斯坦·李在无意中所表现的自由主义观念可能会引起读者的反感，但很明显，他认为可以将这种反感的程度控制得恰到好处：好战的万磁王及其党羽给自己树立了"邪恶变种人兄弟会"（Brotherhood of Evil Mutants）的旗号。"不择一切手段"可绝对称不上是超级英雄的口号。

尽管非常隐晦，但 X 战警与民权斗争之间的联系成了漫威最早表现美国社会裂缝的例子之一。在区区几年时间内，爱国主义的观念正撕裂着美国社会；而漫威在此时重新推出美国队长，正是看重他是一个以"自由哨兵"闻名且身披美国国旗的英雄。这种举动令人难以相信，漫威是一家以满足美国青少年需求为宗旨的公司。1963 年的第 4 期《复仇者联盟》中，美国队长以活化石的方式重新回到了漫画书中。新一代的英雄们在海底找到了失去意识的美国队长，当时他被封在一大块坚冰中从而未曾变老。"这些年的冷冻状态让生命活动暂停了，"队长惊讶地说道，"这一定阻止了我的衰老！"可这并不能阻止他对过去的伙伴巴基感到内疚（根据那一期的解释，就在美国队长陷入深度冷冻之前，巴基死了），也无法阻止他对 20 世纪 40 年代那种单纯生活的深深怀念。复活的美国队长依然是过去那个令人尊敬的楷模，只是他现在会时不时地陷入忧郁，并对这个国家所发生的事情感到困惑不堪。

美国队长选择了一个特别紧张的历史时刻重回舞台。当年 11 月 22 日，第 4 期《复仇者联盟》还在印刷过程中，肯尼迪总统遇刺身亡的消息传遍了大街小巷。"我们当时刚吃完午餐回来，大家都坐在车里开着门听广播，"弗洛·斯坦伯格回忆道，"我们的办公室里没有电视机，所以每个人都自然而然地聚在一个大房间里，坐着听广播，接着就传来了他遇刺的报道。所有人都站起身走了出去……就这么漫无目的地走来走去。"

是的，所有人，但除了斯坦·李。"他依然在埋头弄着漫画，"马里奥·普佐写道，

"好像那才是世界上最重要的事情。"

漫威方法，会写剧本的画师才是好员工

斯坦·李再度一手包办了几乎整条漫威产品线的编剧工作，并在时隔 7 年后又得到了一间专属办公室，而且不仅有一扇门，地上还铺了毯子。旁边的桌子原本只有布罗德斯基和斯坦伯格两个人用，但没过多久就又来了一位前巨神公司的牛棚老将玛丽·塞韦林（Marie Severin）。虽然在巨神公司时，塞韦林隶属于斯坦·戈德堡的上色部门，但她本人其实是一位极其优秀的画师，而且善于将自己的黑色幽默加入枯燥的讽刺漫画中。如果她从前的运气没那么差的话，说不定早成为《疯狂》杂志的明星了。可惜现实情况是，在决定将自己的样稿交给斯坦·李看时，她正在为美国联邦储备银行制作宣传片。不过，斯坦·李连一眼都没看过她送来的样稿，直接就安排她到布罗德斯基手下担任制作人了。

他要是能让塞韦林去画漫画就好了。科比已经不间断地在画板前忙碌了整整一年。即使保持一天 3 页这种不可思议的速度，他还是忙不过来，因此斯坦·李也一直在为其寻找帮手。和扩充编剧团队时一样，他首先找上门的都是巨神公司的那些老画师。他给 20 世纪 40 年代末期《美国队长》的画师赛德·肖尔斯打过电话，可是肖尔斯正忙着为杂志绘制插画。他又给 20 世纪 50 年代《美国队长》的画师约翰·罗米塔打了电话，但发现无法与 DC 公司向其支付的薪水竞争。情况绝不仅仅是招募一些会画画的人这么简单，被后人称为"漫威方法"的创作模式要求画师能够将一个基本的构思拓展成一个不急不缓、条理清晰的故事，然后再交给斯坦·李去填写对白。他要求漫画的格子能像无声电影一样，尽可能减少语言形式的说明。画师最好能像科比和迪特科那样，能够为故事创作出自己的叙述方式，例如角色设计和次要情节。

斯坦·李就像在下一盘国际象棋一样，反复调配麾下画师，尝试让他们担任个同职位，直到匹配上为止。迪克·艾尔斯与《弗瑞上校》（Sgt. Fury）和《奇异故事》

中霹雳火的故事契合得很好；唐·赫克从科比手上接下了《复仇者联盟》以及巨人（Giant-Man）这个角色；弗纳尔·罗思接班《X战警》；而迪特科也在很短一段时间内负责过《悬疑故事》中原本属于赫克的钢铁侠。绿巨人也重新回到了《惊异故事》中，由迪特科重新设计，于是，布鲁斯·班纳只需要愤怒地握一下拳头就能变身成绿巨人了。斯坦·李一直要求这些画师模仿杰克·科比的风格。新来的画师在创作时，斯坦·李会让科比为第一期绘出基本框架，然后让这些新兵能依葫芦画瓢。"斯坦希望科比继续做科比，迪特科继续做迪特科……而其余人都变成科比。"唐·赫克曾说。事实确实如此，当赫克接下《复仇者联盟》时，斯坦·李就毫不忌讳地鼓吹其他心目中柏拉图式的理想模式。"唐·赫克的绘画加上迪克·艾尔斯的上墨，"他在来信栏目中兴高采烈地写道，"这个组合与科比国王的杰出风格有多么相近！你一定会惊讶至极"。

在开故事讨论会时，斯坦·李会反反复复强调他的物力论。他坚持认为，每一个字都应该能让故事向前推进一步。所有的动作都应该是有力的；只要有人用拳头敲桌子，那就一定得砸得砰砰响，只要有人被打了一拳，那就一定得飞上天。所有说话的角色都应该大大地张着嘴巴。而在讨论打斗场景时，他还会亲身给画师演示这些动作。他会站在桌子上、在沙发上跳起来，或者模仿漫画中的声音；而一旁的画师只能目瞪口呆地看着这个精力旺盛的 42 岁"秃顶"大展拳脚。尽管有斯坦·李热情似火的动作示范，但有些画师还是对过于简略的故事大纲头疼不已，因为这就要求他们绞尽脑汁地设计场景和调整故事的节奏（漫威方法的工作模式"就好像是到自己的内心深处，绞尽脑汁把灵感拽出来。"几年后，其中一个画师发表了这样的抱怨）。最后，斯坦·李找到的最显而易见的方法，便是寻找那些有编剧经验、习惯高强度创作压力并且拥有独立创作能力的画师。

他迅速联系了几个候选人。一开始他与霹雳火的原版创作者卡尔·博格斯尝试创作一个独立的冒险故事，主角是一个贴近青少年的新角色，但这场合作很快就中断了。接着，斯坦·李又招募了海王的创作者比尔·艾弗特，后者当时已经 46 岁，在马萨诸塞州当艺术总监。斯坦·李想看看他能否让"夜魔侠"（Daredevil）成功复活，这是一个公司已许久不用的老品牌。新版"夜魔侠"的设计并没什么令人印象深刻之处：勤奋好学的马特·默多克（Matt Murdock）生在一个单亲家庭，父亲是一个穷困潦倒的拳击手。他为了拯救一个盲人而不幸被放射性圆柱体弄瞎了双眼，后者当时险些被阿贾克斯原子实验室（Ajax Atomic Labs）的送货卡车撞倒。接着就是典型的漫威情节了：辐射强化了他的其他感官，这些在他后来对付杀父仇人时派上了大用场。默多克长大后成了一名辩护律师，这不仅满足了斯坦·李喜欢在故事中硬套的"正义是盲目的"理论，而且让夜魔侠能轻易接触到犯罪事件。

但是，即使是在科比帮忙完成了角色设计的情况下，艾弗特也还是没能赶上最后期限。"我每天都要工作 14 到 15 个小时，"他后来说，"回到家又得想办法画漫画，这实在太累了。"他将第一期《夜魔侠》已经完成的三分之二的稿件交给了心急如焚的索尔·布罗德斯基。好在天无绝人之路，史蒂夫·迪特科正好在漫威的办公室里，于是布罗德斯基就找了一张空桌子，盯着他完成了这一期漫画。等到艾弗特再次愿意接漫威的工作，就将是一年后的事情了。

第二期《夜魔侠》被交到了乔·奥兰多（Joe Orlando）的手上，这位仁兄曾在 EC 麾下创作了许多精彩的科幻和恐怖漫画。"问题在于，"奥兰多承认，"我并不是杰克·科比。杰克，迪特科，或者其他少数几个人，可以把只有几句话的故事梗概变成 20 页的内容，然后让斯坦在一两个下午的时间里填完对白。而当我按照自己的方式把这个故事画出来时，斯坦看过以后就会说，'这一格需要改'或者'这一整页需要改'，然后每次改完都会引出更多需要改的地方。由于我画出来的故事和他希望的不一样，所以到最后我至少有一半的东西需要重画。这样的工作量跟他们提供的报酬不匹配，所以我退出了。"

这下，《夜魔侠》又转给了奥兰多的师父，才华横溢却又善耍小聪明的沃利·伍德（Wally Wood）。凭借《怪异科幻》（Weird Science）上讨巧的太空故事和《疯狂》上的讽刺漫画，他成为 EC 创作力量当中名气最大的人物之一，而且杰克·科比也曾亲自挑选他来完成其《空中霸王》连环画的上墨任务。和科比一样，他也是一个工作狂。不过，伍德要解决的问题不仅仅是满满当当的日程安排，他还有慢性偏头痛、常年抑郁、严重酗酒、熬夜赶工、离不开咖啡因和尼古丁的毛病。

在接到漫威的邀请前不久，由于一位编剧将他的一篇故事打了回来，伍德一怒之下彻底告别了《疯狂》。虽然他需要钱，而且已经戒了酒，但这并不代表他就会乖乖地为漫威卖命。他非常固执，非得反抗那么一两下。"即使斯坦的办公室里有烟灰缸，"弗洛·斯坦伯格说道，"他还是会把烟灰弹在地毯上。这让斯坦非常不爽。所以一看到伍德要去斯坦的办公室，我就会跟他一起走，在最后时刻巧妙地把他的香烟拿走。这一招成功了几次。但有时他一走进斯坦的办公室，就立马点上了一支新的。"

斯坦·李在一期封面的广告上为这位新来的明星大肆宣传，这样的待遇就连科比和迪特科都没有享受过。"在著名插画家沃利·伍德精彩夺目的漫画技艺下，夜魔侠迈上了一个新台阶！"这句话在第5期《夜魔侠》的封面上招摇过市。不过，这封面本身却是由杰克·科比绘制的。只有科比永远不会让斯坦·李失望。

在过去的几年里，斯坦总像一个坐不住的毛头小子一样，给漫画部门的每一位员工都起了一个押韵的绰号，还在来信栏目中用新声调激情四射地播报一些最新消息，它混合了难以忍受的咆哮和令人脸红的自我贬低的独特风格。在1964年第一期《漫威年度故事》中，他刊出了"快乐的马丁·古德曼""微笑的斯坦·李""闪光的索里·布罗德斯基""欢乐的杰克·科比"和其他16个人的黑白照片。但值得注意的是，有一个人不在其中："顽固的"史蒂夫·迪特科没了踪影。"拍照片的时候，有几个牛棚小伙伴正好不在，"在旁边的文字说明中，斯坦·李不改其欢快的语气，"所以我们以后会找机会让他们亮相的。"

实际上，迪特科正不知不觉地从漫威的欢乐大家庭中抽身而出。在1964年7月27日，一群粉丝在联合广场附近租下了一个会议厅，邀请了一些经典漫画的编剧、画师和收藏家（包括一位经销商）前来聚会。虽然迪特科出现在了这第一届漫展上，但丝毫称不上友善。一个名叫伊森·罗伯茨（Ethan Roberts）的粉丝说："这是我跟专业漫画人士之间最郁闷的一次交流。""那个又高又瘦，戴着眼镜的秃头真是一个扫兴鬼。"迪特科在听说罗伯茨一心想加入漫画这一行时，告诉了他"这一行有多么苦，赚的钱少得可怜，而且都是一次性的。"后来，迪特科再也没有出现在任何一次漫展上。当他送给粉丝的画被发表在油印的粉丝同人志的封面上时，他写了几封愤怒的信件（"这已经不是我第一次被某些粉丝的鲁莽行为伤害了"），并从此再也不将自己的作品送人了。

那场漫展两周后，第 18 期《超凡蜘蛛侠》上市了。这一期的故事完全是由迪特科策划的，由于和斯坦·李在这部漫画的发展方向上意见不合，他逐渐夺取了故事走向的控制权。迪特科认为斯坦·李不信任他的直觉，而且过分想要满足粉丝来信所表达的看法，"有一种过于认真地对待粉丝抱怨的倾向"。斯坦·李要求让蜘蛛侠周围那些配角的粗暴行为收敛一些，但迪特科拒绝了。他还拒绝了在这部作品中加入大量魔幻或者神秘的元素，提倡让故事"更多扎根于一个青少年的现实世界"。斯坦·李要求尽可能多呈现蜘蛛侠的打斗场面，而迪特科更想展示彼得·帕克的场景。第 18 期让两人之间的冲突达到了白热化：虽然出现了几个沙人（Sandman）对蜘蛛侠拳打脚踢的场面，但在大部分篇幅中，这部超级英雄漫画却没有什么冒险，读者看到的只有一个忧郁的、受欺负的、缺乏爱的少年和他个人鸡毛蒜皮的琐事。虽然这一期销量很棒，但斯坦·李在同月的其他漫威漫画的来信栏目中却丝毫没有称赞迪特科。"许多读者都毫不犹豫地表现出了对这一期的厌恶，"他对这一期作出评论，"所以如果你想知道他们批评的地方到底在哪儿，一定要去买一本哦！"

正当斯坦·李的宣传造势达到高潮时，两人之间的裂痕开始显现出来。巴德学院（Bard College）邀请他来校演讲，紧接着其他学校也纷纷效仿。斯坦·李被这个高等教育世界的商业潜力深深吸引，于是在决定开设粉丝俱乐部"M.M.M.S. 欢乐漫威前进会"，其目标成员更多的是大学生，而不是 10 岁的孩子。花上 1 美元，你就能买到一份前进会礼包，里头除了一些贴纸和会员卡之外，还有一粒"专门为与你的 Phi Beta

Kappa①吊牌搭配而设计"的纽扣。

在礼包中，还包含了一张 33 rpm 规格的黑胶唱片。为了录制这张《漫威之声》(*The Voices of Marvel*)，斯坦·李编写了一段充满粗俗笑话的剧本，并跟市中心的一家录音棚约好了时间，最后他带着办公室里的员工和自由职业画师去那里排练。"斯坦简直像在对待奥斯卡金像奖一样，"科比说，"他反反复复地修改剧本……我们全都被叫去办公室里彩排，狭小的房间被挤得水泄不通。还没轮到你，你就必须在外面的大厅里等着。在那一天里，我们的漫画没有一丝一毫进展。除了录音就是录音。我们排练了整整一个上午。本来计划是吃完午餐之后，再前往录音棚继续录音……可是当午餐时间到了的时候，斯坦却说，不，不，这样还不行，于是我们中大部分人都没有吃午饭，一直留在那里彩排。后来我们乘出租车去录音棚，本来应该在一两个小时之内结束的，结果却一直弄到了傍晚。我都数不清反复练了多少次了。"

在《漫威之声》里几乎出现了所有漫威主要成员的名字，大家一个个讲着或许只有通过这种方式才能显示自己傻得可爱的笑话。斯坦·李、科比、艾尔斯、赫克、斯坦伯格、布罗德斯基、戈德堡、上墨师奇克·斯通（Chic Stone）、上字员阿蒂·西梅克（Artie Simek）和山姆·罗森（Sam Rosen）以及全新的漫威超级巨星沃利·伍德全都在这 5 分钟的录音中出场了。而史蒂夫·迪特科又一次进了缺席名单。斯坦·李还把此事编成了个笑话：

> 斯坦：嘿，外面在闹什么呢，索尔？
>
> 索尔：还能是谁，那个害羞的史蒂夫·迪特科呗。他一听说你要搞录音就好像得了麦克风恐惧症！哇哦！看他跑了！
>
> 斯坦：又跳窗而逃了？你知道吗，我都快相信他就是蜘蛛侠本人了。

在发表这段录音的那个月，新一期《超凡蜘蛛侠》的第一页上就冒出了这样一句话："许多读者都问，凭什么斯坦的名字总是列在制作人员名单的第一个！于是宽宏大

---

① 美国的一个优等生荣誉社团。——译者注

量的老李说，这一次可以让史迪威排在前面！大家觉得如何呢？"但擅搞恶作剧的斯坦·李虽然把自己的名字放在了迪特科的后面，但字号却比他的大一倍。

迪特科可一点都笑不出来。他深受小说家兼哲学家安·兰德的影响，对强调自我利益、个人权利和冰冷无情的逻辑客观主义哲学愈加认同，因此再也不是什么温顺的好员工了。与此同时，斯坦·李已经成了一块被欢呼、称赞吸引的磁石，迫切地想要取悦和实现古德曼的要求，就像是兰德思想的一个完美的现实反例。"我都不知道他做了什么，也不知道他住在哪里，或者有哪些朋友，更不知道他对自己做了什么。"多年后，在谈到史蒂夫·迪特科时，斯坦·李这样说。到 1965 年年初的时候，这两个人已经不再当面对话了。迪特科会自行完成故事的构思，画出原稿，然后交给索尔·布罗德斯基，后者再转交给斯坦·李。

前进会立刻获得了巨大的成功，还在普林斯顿、牛津和剑桥三所大学开设了分会。每到周末，弗洛·斯坦伯格就得到办公室里处理蜂拥而至的订单。"我们必须记下每个人的姓名，为他们分别制作标签，处理这些数百美元的现金。由于钞票实在太多了，我们还会拿它们相互扔着玩！"这股狂热风潮还并不局限于信件和订单。青少年粉丝开始给办公室打电话，希望能与"童话公主"弗洛·斯坦伯格通过电话好好聊一聊，就是那个用温柔的语气给他们回信，并在漫画上刊登过可爱照片的美丽姑娘。不久之后，他们就开始造访麦迪逊 625 号，在灯光昏暗的走廊里等待着与斯坦、杰克、史蒂夫、弗洛以及其他人见面。

不过，时间不等人。斯坦·李手头有整个虚构的宇宙等待着他来管理。他非常仔细地在所有作品中保持了一致的连贯性，例如，当绿巨人在《惊异故事》中被擒时，里德·理查兹在《神奇四侠年度版》中也会发现他失踪了。如果托尼·史塔克在《悬疑故事》里失踪了，那么在下一期《复仇者联盟》中，他也会莫名缺席。《弗瑞上校和咆哮突击队》（*Sgt. Fury and His Howling Commandos*）以第二次世界大战作为舞台，原本与超级英雄角色毫无瓜葛，但美国队长还是在某一期中露了个脸。到最后，这盘根错节的联系已变得太过复杂，让斯坦·李不得不将托尔、钢铁侠、巨人和黄蜂女请出复仇者联盟，换上了钢铁侠曾经的对手鹰眼、银影侠和 X 战警过去的敌人绯红女巫（Scarlet Witch）。虽然美国队长依然留在复仇者联盟中，但从现在起，他在《悬疑故事》中的专属冒险故事就只限于第二次世界大战时的故事，因此也就不需要完全与其他作品保持同步了。

斯坦·李招兵买马的脚步也未曾停歇。在整个 1965 年里，又有更多的巨神老兵重回战场：乔治·塔斯卡（George Tuska）开始按照科比的构思接手《悬疑故事》中的美国队长；基恩·科兰则开始负责《惊异故事》中的海王；约翰·塞韦林（John Severin，玛丽·塞韦林的哥哥）则成了《奇异故事》中"神盾局特工尼克·弗瑞"（Nick Fury, Agent of S.H.I.E.L.D.）的铅笔画师。科比从拒绝交流的迪特科手中拿回了绿巨人，在短暂的救场之后，好几个新来的画师就像旋转木马一样尝试过这个角色，其中就包括后来依然为最终期限困扰的比尔·艾弗特。

斯坦·李继续向在 1957 年默默离职的约翰·罗米塔抛出橄榄枝。在 20 世纪 60 年代早期，罗米塔一直都没有答应斯坦·李反复的邀请，原因就是对漫威不断变化的运势感到担忧。见证过太多盛衰更迭的他学会了最安分的中庸之道：毕竟还是 DC 公司的出价更高。何必冒那个风险呢？

在 1965 年，罗米塔对斯坦·李告别说，他将彻底退出漫画界，转而在广告商 BBDO 旗下担任编剧。"我为爱情漫画画铅笔稿有 8 年了，已经丧失了热情，"罗米塔说，"我再也画不出任何东西了。"但斯坦·李还是坚持希望能当面谈一谈。

"你不知道这些家伙现在有多火。"斯坦·李在午餐时掏出了几期《神奇四侠》和《超凡蜘蛛侠》给他看。罗米塔认为蜘蛛侠是一部渣作，但斯坦·李坚信超级英雄正在与读者产生羁绊，而这就是美好的未来。罗米塔迟疑不定地答应再次为漫威工作，但条件是他只负责为已经完成的铅笔稿上墨。

三周后，斯坦·李请罗米塔画一张夜魔侠的插画样稿，但是他并没有坦白当时负责《夜魔侠》的画师沃利·伍德已经辞职了。在伍德看来，这种所谓的"漫威方法"，即在没有剧本的情况下创作漫画，意味着他要构思整个故事，但又无法得到这方面的名利。所以在第 10 期《夜魔侠》中，斯坦·李决定彻底收回这部作品的控制权，并且用我们熟悉的那种讽刺语调给读者们提了个醒。"沃利·伍德一直都想要试试编写故事，而不仅仅是画画，所以宅心仁厚的斯坦就给他亮了绿灯（顺便他自己也能休息一下）！所以，大家猜猜下一期会发生什么呢？也许你会喜欢，也许你不会，但毫无疑问的是……下一期将会大有不同！"

受挫的伍德当即转投初出茅庐的高塔漫画（Tower Comics），担当一系列超级英雄作品的编剧。斯坦·李在看了罗米塔画的夜魔侠在空中滑翔的插画后，决定让他接手。不过，当罗米塔把原稿交给他时，斯坦·李却觉得里头爱情漫画的气息太浓了。斯坦·李对罗米塔说，他会找另一位画师，将这个故事分解成大致的情节，示范一下正确做法。而那个人的名字就叫杰克·科比。

在看到斯坦·李在来信栏目中对第 10 期《夜魔侠》的评价时，伍德已经坐在高塔漫画公司的办公室里了。"神奇的沃利说他没时间完成大结局了，而且把剧情中未解之谜的答案也都忘记了。所以，伤心的斯坦只能把这活儿揽下来，想办法将所有线索连起来，找到一条合情合理的发展路线！有谁能比我更郁闷吗？"伍德当时就对着高塔的同事把斯坦·李骂了个狗血淋头。这股怒气在几年后都未曾消散。

但是，斯坦·李在周二、周四、周六和周日一直闷在位于休利特港的家中编写剧本，其余 3 天则到市中心的办公室里处理别的事情，他依然得面对令人绝望的现实：编剧的生力军太少了。史蒂夫·斯基茨（Steve Skeates）是钢铁侠的粉丝，当时正准备从纽约北部的阿尔弗雷德大学（Alfred University）毕业。当他给漫威公司写了一封漫画形式的信件之后，斯坦·李就亲自给他打了电话，并当场聘他当助理编辑。斯基茨刚来办公室，就被四处安排去校对剧本，并试着在制作环节中出一份力。斯坦·李很快就意识到，这个紧张的大学毕业生对于漫画的制作流程一无所知，但他找玛丽·塞韦林讨烟的本事比校对剧本更拿手。让他把对话气泡的箭头改个方向时，斯基茨只能交出一些歪歪扭扭的线条。

　　就在此时，斯坦·李收到了负责来信栏目的老员工罗伊·托马斯的消息，说他已经搬到了纽约，想约斯坦·李见上一面。托马斯当时只有 24 岁。虽然他去年在老家密苏里州的一所高中教英语，但视漫画如生命的他一直在给 DC 公司和漫威公司写信，还编辑了一本叫《改变自我》(Alter Ego) 的同人志。他来纽约原本是想在 DC 公司莫特·韦辛格手下效力，没错，就是那个让杰里·西格尔的人生落得如此凄惨的编辑。然而，当托马斯登门时，韦辛格却突然变脸，不但将承诺的薪水降低了 10%，还告诉他先要通过两个星期的试用期。接着，韦辛格就把托马斯介绍给了他的前任助手，说虽然这个人已经能够被解雇了，但是依然会先带他培训一下。当韦辛格需要托马斯干活时，就会用铃声把他叫去办公室，说话时还总会夹杂几句低沉的脏话。两周下来，托马斯无助地躺在 23 号街的旅馆里，为自己选择漫画行业是否值得而迷茫不已。

　　斯坦·李向托马斯所在的旅馆打了一通电话，请他来试试编剧的任务，为第 2 期《神奇四侠年度版》填写对话和标题。7 月 9 日，在搬到这座城市两周之后，托马斯走进了斯坦·李的办公室。已经厌倦了寻找青年才俊的斯坦·李被托马斯的才华打动，决定把他留下来。他凝视着窗外，俯瞰着麦迪逊大道，脱口就问托马斯离开 DC 公司投奔漫威的待遇要求。

　　斯坦·李给托马斯布置了一整期《模特伙伴米莉》(Modeling with Millie) 的编剧任务后，就让他回去了。当托马斯在周一再度来访时，他被引入了布罗德斯基和斯坦伯格的办公室。在给他安排的一张坑坑洼洼的金属桌子上，摆着一台打字机。他被雇为"写字员"，一周有 40 个小时需要坐在那个位子上不停地打字。可是周围的电话铃声、来来往往的自由职业画师，还有在旁边忙碌的索尔、弗洛和塞韦林都让他难以集中注意力，于是，不久之后，他就得一直把活干到晚上八九点，在大楼的灯光完全熄灭之前敲下这一天的最后一个字。后来，斯坦·李调整了他的职务，让他在白天担当编辑助理，而编剧的工作则留到回家完成。虽然一开始被斯坦·李打回重写的稿子多得令人抓狂，但叫人难以置信的是，托马斯在短时间内就摸透了老板的风格，很快就可以与《弗瑞上校》和《X 战警》的画师们畅行无阻地合作了。经历了几乎 3 年的"众里寻他千百度"之后，终于有人不仅能为斯坦·李承担漫威超级英雄漫画的编辑工作，而且还能跟他一起构思故事了。斯坦·李总算可以用更多时间充当"全球漫画大使"了。

在这个时候，漫威出版的那些杰作已经出现在了康奈尔大学的物理课堂和科尔盖特大学的校报上，而斯坦·李也不时地受邀前往大学校园做演讲。各大报纸也一点点地开始正视起这个行业了：《华尔街日报》对其销量的上涨作了报道，而《乡音》（*Village Voice*）则称"披头族们"对这些不入流的时髦故事趋之若鹜。"漫威漫画创作了历史上最早的一批受后青春期逃避现实者追捧的漫画，"《乡音》一本正经地表示，"因为漫威漫画是最早影射（尽管是从比喻的角度）真实世界的漫画。"其中还专门批评说，斯坦·李鲜活的设计过于贴近纽约城的实际环境，令人容易产生联想。"在漫威的角色团体中，大约有 15 个超级英雄，而他们几乎全都住在纽约地区。在曼哈顿市区里到处能找到漫画中的场景。而神奇四侠和他们各种各样的自卫设备也全都放在麦迪逊大道的巴氏（Baxter）大楼里……奇异博士是神秘知识的大师，经常以灵体的形态四处转悠；而其创作者暗示他就住在东村，因为那里的人们就算被幽灵莫名其妙地推了一下也不会当回事儿。"与此同时，旧金山的诗人迈克尔·麦克鲁尔（Michael McClure）在他 1965 年极富争议的戏剧《大胡子》（*The Beard*）中就大肆借用了第 130 期《奇异故事》中奇异博士的一段独白。

在艺术圈中，类似的借鉴层出不穷。罗伊·利希滕施泰因（Roy Lichtenstein）在其画作《Image Duplicator》中挪用了科比的《X 战警》的画面，而后来与沃霍尔（Warhol）合作的保罗·莫瑞瑟（Paul Morrissey）也拍摄过一段 10 分钟的实验性电影《美国队长的起源》（*The Origin of Captain America*），里头的一位演员会用第 63 期《悬疑故事》的对白当台词。在莫瑞瑟这部电影的背景中，可以看到许多其他漫画的剪影，而且它们全都来自于漫威。斯坦·李抓住了这次机会，在漫画封面的一角贴上了"漫威流行艺术出品"（Marvel Pop Art Productions）的商标。科比也在现代艺术中找到了共鸣：他在《神奇四侠》的故事中尝试了黑白拼贴画，将这种夸张的表现手法扩展到了新的空间（和新的维度）中。

　　这些漫画还吸引了格兰特雷劳伦斯动画公司的合伙人罗伯特·劳伦斯（Robert Lawrence）的注意，他在报摊发现了它们，并联想到了流行艺术运动。他找上了马丁·古德曼，后者当时正在让自己的小儿子奇普熟悉家族企业事务。格兰特雷劳伦斯与之达成了一笔可观的交易，直接挪用已经出版的漫画内容制作出了《漫威超级英雄》这部系列动画作品。这家工作室从与该片相关的商业活动中获取了稳定的利益。"我们跟古德曼签下了好得不能再好的合同，"劳伦斯吹嘘道，"因为他们并不知道自己手上的东西能产生多大的价值。"

　　但这一切都与杂志管理公司的这些人没什么关系，他们无法理解人们怎么会在一夜之间开始对这么多小孩子的玩意儿产生兴趣。当来纽约宣传《朱丽叶与魔鬼》（*Juliet of the Spirits*）的漫威粉丝费德里柯·费里尼（Federico Fellini）突然造访麦迪逊大道 625 号拜访斯坦·李时，《男人》杂志的编辑梅尔·谢斯塔克（Mel Shestack）还嘲笑斯坦·李连费里尼的大名都没听说过。而且在好几年后，谢斯塔克还坚称这位导演当时很快就对斯坦·李失去了兴趣，转而与更多彩的杂志编辑相谈甚欢，因为他们自己就像是"活的漫画"。

　　这样的高傲态度就像家常便饭一样。"他们总是拿我们寻开心。他们会冲着我们偷偷地笑，"弗洛·斯坦伯格这样回忆，"马里奥·普佐去他办公室的路上会来我们这里瞅一眼，一看我们都在工作，他就会说，加快速度啊，小精灵们。圣诞节就要到了。"

　　而事实上，杂志确实仍然是马丁·古德曼的主要收益来源。"卖得最好的是男性杂志，"另一名编辑伊万·普拉西克（Ivan Prashker）说，"而不是漫画。在男性杂志部门工作的人都把斯坦·李当成一个笨蛋。"在 1965 年的秋天，罗伊·托马斯请来了同样来自密苏里州的好友丹尼斯·奥尼尔（Dennis O'Neil，昵称丹尼），后者成为漫威第二位编辑助理。上任没过几周，就有一名杂志部门的编辑试图教唆奥尼尔骗斯坦·李喝下迷幻药。"他准备给我一块做了手脚的方糖，"奥尼尔说道，"而我的任务，如果我同意帮他的话，就是把它扔到斯坦·李的咖啡里。"不过，自诩为"嬉皮士风格的自由主义叛徒"的奥尼尔拒绝了那个人的怂恿，他自己曾因为穿了一件印有大麻植物的 T

恤上班而被斯坦·李教训了一顿。

元老的冷战，裂纹正在悄悄产生

《超凡蜘蛛侠》中的彼得·帕克从高中毕业后，便与其生命中第一个温柔待他的《小喇叭日报》同事贝蒂·布兰特（Betty Brant）分手了；因为他意识到，如果跟一个危险如影随形的正义使者生活在一起，她永远都无法得到幸福。他上大学后认识了格温·史黛西（Gwen Stacy）、哈利·奥斯本（Harry Osborn）和迈尔斯·沃伦教授（Professor Miles Warren），而这些人后来都将成为重要角色。

然而，在这一切的背后，却是彼此之间没说过一句话的史蒂夫·迪特科和斯坦·李。

在刚上任时，罗伊·托马斯就注意到了这两人之间的交流隔阂。在迪特科扔下一期原稿，宣布他要回家画下一部作品时，托马斯开了一个玩笑：噢，真的吗？你还有别的作品？

> "我只是跟他开玩笑，谁知道索尔把我拉到了一边说，听着，在跟史蒂夫这样的人讲话时你一定要小心一点，因为说不定他在坐地铁回家的路上会突然咀嚼起你这句话的意思，认为你有什么事情瞒着他。对于两人的紧张关系，大家都如履薄冰。而且当史蒂夫来的时候，斯坦从来都没有从办公室里出来过，我也不知道这是巧合还是什么。"

虽然两人之间已不再讲话，但他们却仍在针锋相对。斯坦·李在《奇异故事》中加了一条公告说："这一系列被投票选为'最有机会成功的作品'（投票人是斯坦和史蒂夫）"。迪特科却泼冷水似地说，他并没有参与过任何投票，于是斯坦·李就改口说："投票人是斯坦和莫多男爵（Baron Mordo）"。迪特科依旧沉迷于安·兰德的学说，并开始试图将这些学说的元素加入自己的漫画中去，而这对于两人的关系只能是火上浇油。迪特科引用了兰德学说中的"掠夺者"（looter）一词来给一个坏蛋命名；他还本着人类"必须通过交换来交易，用价值换取价值"的思想，让彼得·帕克坚持与约拿·詹姆森进行"等值交易"。虽然看到帕克凭自己的力量站起来颇让人感到欣慰，但是他的行为方式却又显得有些古怪。他用消极抵抗的态度结束了与贝蒂·布兰特的恋情，而当他在第 38 期《超凡蜘蛛侠》中偶然遇到大学生抗议者时，竟然把他们赶跑了。"又是学生抗议！这次他们又想怎样？"他愤愤地说道。当民主社会学生会（Students for a Democratic Society）的撰稿人请斯坦·李澄清此事时，他只得慌慌张张地唱起了红脸："就算过 100 万年，我们也想不到真的有人会把我们傻乎乎的抗议示威者当真啊！"

1965 年年末，记者奈特·弗雷德兰（Nat Freedland）因为要给《纽约先驱论坛报》（*New York Herald Tribune*）撰写一篇 3 000 字的传记而造访了漫威办公室。他发现斯坦·李的心情异常舒畅。"我再也不用构思蜘蛛侠的故事了，"他说，"史蒂夫·迪特科，那个画师，已经负责起故事设计了。我想只要销量不跌下来我就不会插手。既然小蜘蛛现在这么火，迪特科肯定觉得自己是一个绝世天才。我们在故事走向上存在很大分歧，所以我就让他自己策划原创故事了。而且他也不肯让别人来帮他上墨。他会直接把完成的原稿扔在我的桌上，而我就根据他在边角上的注释填写对白。虽然连我都不知道他在下一期会玩出什么花样，不过这样也挺有意思的。"

弗雷德兰对斯坦·李印象深刻。他将后者刻画成了一个"拥有如雷克斯·哈里逊（Rex Harrison）般修长四肢的麦迪逊大街超级巨星"。他认为斯坦·李是漫威最大的功臣：斯坦·李让漫画的发行量提高了两倍，达到每年 3 500 万册、为欢乐漫威前进会招募了 4 万名成员，并每天都真诚地答复 500 封粉丝来信。在弗雷德兰的描述中，斯坦·李读粉丝来信读得眼睛都酸了，而且还会为了第 50 期《神奇四侠》某一页上的一处音效反复斟酌。由于被斯坦·李自我鞭策的警句和那段费里尼来访的逸事深深吸引，这位记者几乎没有为马丁·古德曼留多少笔墨，更是完全忽略了迪特科的贡献，将蜘蛛侠说成是斯坦·李的个人杰作，"他所创作的最不寻常的角色"。

弗雷德兰计划列席旁听一次周五早晨斯坦·李和科比的构思讨论会，而他最后选择的时机可谓是恰到好处。他们当时正紧锣密鼓地讨论着即将迎来全面爆发高潮的《神奇四侠》，将编织了好几个月的小故事全都串联在一起。

"石头人终于击败了银影侠，"当激动不已的斯坦·李在向科比描述时，弗雷德兰就在旁边记着笔记，"可是后来艾丽西娅（Alicia）让他意识到自己犯了一个可怕的错误。这正是石头人一直以来最害怕发生的事情，也就是他可能会在失控中把一个人狠狠地揍一顿。"随着剧情的推进，斯坦·李的情绪也越来越激动，而科比倒只是偶尔点点头，说几句"对"或者"哼哼"。"石头人伤心欲绝。他独自走开了。他已经无颜面对艾丽西娅，也无法回到神奇四侠的基地了。他并没有意识到自己正犯下第二个错误……没有意识到神奇四侠有多么需要他。"

弗雷德兰把笔锋转向科比："这个中年男子顶着两个厚重的眼袋，身穿同样厚重的罗伯特·豪尔（Robert Hall）风格的西装。他正抽着一支粗粗的绿色雪茄，要是你在地铁上遇到他，准会以为他是某家腰带工厂的助理领班。"

"太妙了，"弗雷德兰写道，科比当时"用高亢的声音"回应着，"太妙了。"

几个月后，当石头人和银影侠的战斗终于被呈现在众人眼前时，科比却已经对其进行了大幅度的修改和扩充。它就像是一部宏伟太空歌剧的终章、一尊存在主义和精彩冒险的佳酿，而他就是幕后最大的功臣。事实上，尽管一直都保持着自由职业的身份，但科比不仅与斯坦·李共同策划故事概要，而且还是角色设计和故事节奏方面的关键力量。从某种意义上讲，此时的他已经成了他们共同制作的导演，完成了每一个镜头，并且利用自己的画面来推进故事的叙述。"我有一次一整个星期都没见到他，"斯坦·李曾对一位采访者说，"一周后他回来了，还带着一部完整的漫画。而且谁都不知道这些稿子上会有些什么新东西。他可能已经构思了十几个新点子了，你也知道……接着我就拿起来，按照杰克已经画好的东西写对白。他已经帮我把故事拆分成一个个镜头了。他已经把整部漫画都画了出来，这一点都不夸张。而我的工作就填上对白和标题。所以他并不知道我究竟会写些什么，我会让这些角色说出些什么。而我也不知道他会画出些什么。"实际上，在弗雷德兰的文章发表时，还尚未粉墨登场的银影侠就完全是科比的创作，当他把完成的原稿送过来的时候，斯坦·李才惊喜地看到这个角色。

当科比偶尔来办公室时，他和罗米塔就会蹭斯坦·李的车一起回长岛。罗米塔会躺在斯坦·李的凯迪拉克的后座上，听斯坦·李和科比讨论故事大纲。在这辆敞篷车穿梭于皇后大道的车流中时，他们就会天马行空地讨论各种各样的点子，而其中大部分都成了耳边风。

"那感觉简直就像是在看劳雷尔（Laurel）和哈迪（Hardy）的喜剧，"罗米塔说，"这两个伙计坐在前排，两大巨头，杰克说了句，好吧，斯坦，我们要拿什么讨小孩子的欢心？要搞一个巫师出来吗？还是搞一个天才？是拥有超能力呢，还是生活在一个疯狂的家庭中的普通小孩？斯坦就会回答，嗯，不如试试这个或者不如试试那个。于是斯坦就定下了基调，然后杰克就继续说他认为后面应该发生些什么。等杰克回家了，他就会把自己认为斯坦希望的东西画出来。而当斯坦拿到剧本时，我曾听见他说，杰克把我们讨论过的东西都忘了吗！这就是为什么杰克的故事会有所改动的原因，斯坦总是觉得杰克把他说的事情都忘了。"

在 1966 年 1 月 9 日的清晨，斯坦·李接到了罗兹·科比打来的电话。当时《纽约先驱论坛报》已经刊登了那篇文章。"她有点歇斯底里，"他说，"她大喊着，你怎么能这么做？你怎么能对杰克这么做？"

据斯坦·李后来所说，当他最后看到那篇文章时，就理解了她为何如此愤怒。"她完全有理由感到不快。这篇文章大概有五分之四都是在说我，唯独把我描述成历史上最迷人、最奇妙的人，只有区区几段话是描写杰克的，而且还把他写得像一个混蛋。"斯坦·李向科比夫妇表示自己对此并不知情。

不久以后，《神奇四侠》和《雷神》的制作名单就开始变成了"斯坦·李和杰克·科比打造"。在科比的作品中也不再出现"斯坦·李执笔"的字样。虽然风波已经过去了，但这是科比在一生中都无法忘记的一段插曲。

在那一期《纽约先驱论坛报》面世后没多久，迪特科在将原稿交给索尔·布罗德斯基后宣布，在完成手头任务后，他将不再为漫威公司效力。布罗德斯基连忙冲进斯坦·李的办公室汇报了这个消息，但迪特科去意已决。他甚至还写信给尚有余怒的杰克·科比，鼓励后者跟自己一块出走。不过，科比得养活自己的妻子和 4 个孩子。他还无法放弃在漫威的稳定工作，至少现在还不行。

"从办公室其他人的口中，我有了一些新的看法。"斯坦·李后来在推测迪特科做出如此惊人举动的原因时说。很显然，这并不仅仅是因为故事构思上的争论。斯坦·李说道："几个上字员告诉我，他不喜欢我添加的那些音效。有时候我会在他的画上加几条速度线，他也不太开心。他一会儿觉得我写的对白太多，一会儿又觉得太少。也许他觉得……我真的不太清楚。"

不过，在后来，斯坦·李又注意到了一种可能与之有关的完全不同的原因。在电视节目《蝙蝠侠》首播 3 天前发表的那篇《纽约先驱论坛报》的文章重新挑起了主流文化对超级英雄的兴趣，这让漫威的大规模商业计划变得更为火热，其中也包括即将播出的由格兰特雷劳伦斯制作的动画。"这些产品包括塑料模型、游戏、蜘蛛侠爵士唱片和动画连续剧。"看样子，某些人马上就要发大财了，但是这笔钱可不是任何一个拿画笔的都有分。当斯坦·李在几年之后问迪特科，他是否能回来最后一次为蜘蛛侠创作故事，迪特科的回答是："除非古德曼把他欠我的版税都结清了。"

当年 3 月份在普林斯顿大学发表演讲时，斯坦·李欲言又止地宣布了迪特科的退出。"我们最近刚刚失去了创造奇异博士的画师，史蒂夫·迪特科，"在一片叹息、喝倒彩和嘘声中，他勉强说完了这段话，"对于此事，我跟你们一样感到很可惜。他是一个非常特别的人。他是一个大天才，只是有点古怪。不管怎样，我已经有一年多没跟这家伙说上一句话了。他把稿子寄过来，而我则编写故事，这就是他喜欢的工作方式。有一天他突然打电话说，自己要走了。接下来我们就要面临最后的考验了，因为他确实是一位非常有人气的画师。不过，我认为我们已经找到了能够替代他的人，希望到时候能让你们的嘘声变成齐声的喝彩。"

MARVEL COMICS
THE UNTOLD STORY

03 超级英雄经济学，
漫威模式的雏形

19⁶⁶ 年，马丁·古德曼将越发壮大的漫画部门从麦迪逊 625 号那间狭窄的办公室，挪动了一个街区，搬到了 635 号。古德曼自己依然坐镇于杂志部门，于是从此开始，斯坦·李终于能稍稍脱离老板的监视，多一点自由空间了。

不过，在来信栏目中的地址却依然是漫威的老窝，这么做只是障眼法，为了忽悠那些狂热小孩，他们总是试图跟踪弗洛·斯坦伯格的脚步找到幕后英雄（为了避免被疯狂的粉丝围住，斯坦·李已经不坐电梯了。现在他每天都拖着那副竹竿身材爬楼梯）。不过就算见上了面，他们也不太可能受到热情的欢迎。与斯坦·李在他们脑海中植下的热热闹闹的印象相比，现实的牛棚肯定会让他们觉得天差地别。当然，漫威至少已经有了一群正式的员工。约翰·福伯尔滕（John "the Mountain" Verpoorten）和美籍日本人仓本莫里（Morrie Kuramoto）都受聘加入了制作团队。前者喜欢收集 16 毫米胶片，还爱叼烟斗，艺术科班出身，身高 1.98 米，经常被别人称为"大山"；后者曾经历过 1957 年的大裁员，倡导健康食物却不肯戒烟。

巨头的恐慌，行业霸主 DC 公司模仿漫威

尽管漫威在不断成长，人气也越来越旺，但 DC 公司依然占据着王者地位。他们的编剧保持着一贯的专业水准，《绿灯侠》的吉尔·凯恩（Gil Kane）、《闪电侠》（*The Flash*）和《蝙蝠侠》的卡迈恩·因凡蒂诺（Carmine Infantino）、《美国正义联盟》的及时漫画元老迈克·赛考斯基和《超人》的科特·斯万（Curt Swan）组成了极其出色的明星画师阵容。不过，对于漫威的读者而言，DC 公司的角色都像一个模子里刻出来的；他们的生活一板一眼，平淡无奇。显然，这两种偏见都不完全正确：潜水侠（Aquaman）和闪电侠都是结了婚的男人，而超人对氪星那股撕心裂肺的乡愁也着实感人肺腑。不过，DC 公司的大部分世界似乎在性质上的确没什么区别，全都是按照正统而得体的方式构思的，就仿佛是令人无可指摘的标准答案。虽然他们也确实有自己的那套迷人创意，但无法像斯坦·李、科比和迪特科那样将幽默和悲伤糅合得浑然天成。

DC 公司的那些西装笔挺的编辑们在开会时对漫威做了一番研究，并最后得出结论：一定是其原生态的绘画和三流市井笑话抓住了小孩子的心。他们一边念叨着可以放低品位，一边在所有漫画的最新一期中塞进一些所谓 go-go 风格的棋盘格图案，试着走嬉皮路线。与斯坦·李妙语连珠的"牛棚公告"对应，DC 公司也创设了一个

新闻公告栏目"潮流直播"（Direct Currents）；一个很容易让人联想起会计师①的名字。他们给备受冷落的《蝙蝠侠》带来了一股"新气象"，将可怕的外星侵略者的故事换成了可怕的自我讽刺，这肯定会被《纽约时报》的苏珊·桑塔格（Susan Sontag）列为"大众低俗文化"的典范。漫威虽然有些低俗，但也仅限于斯坦·李的那些俏皮话，而不是其核心内容。蜘蛛侠有梅姨妈，于是蝙蝠侠也有了个哈里特姨妈（Aunt Harriet），但 DC 公司却没有去刻画这个家庭内部的故事，而只是做些表面文章，傻头傻脑地赶时髦。

虽然漫威依然算不上主流，但却有着不断扩大的粉丝群体。如果 DC 公司是纽约洋基棒球队，那么漫威就是大都会队；如果 DC 公司是帕特·布恩（Pat Boone，事实上 DC 公司还曾在漫画中纪念过他），那么漫威就是滚石乐队；在 DC 公司这个可口可乐般的巨人面前，漫威就是百事可乐这样的新时代挑战者。当漫威得到了费里尼和《存在主义精神病学》（*Existential Psychiatry*）编辑的青睐时，《欢乐今宵》（*Bye Bye Birdie*）的作曲家也为 DC 公司创作了百老汇剧目《超人正传》（*It's A Bird, It's A Plane, It's Superman!*）。

不过，DC 公司还拥有蝙蝠侠。更确切地说，他们拥有美国广播公司（ABC）电视台的明星节目《蝙蝠侠》，该剧播出后立刻登上尼尔森十佳排行榜。受此剧影响，其漫画的销量也迅速地翻起了跟头，成为多年来首部突破 100 万册大关的漫画。该剧的后续篇章史无前例地称霸了一周两集的电视台档期，瞬间给 DC 公司降下了一场金钱的豪雨，让他们借捆绑销售的破塑料玩具发了一笔横财。

而当时刚刚发布的邯郸学步版《蝙蝠侠》漫画也吸引了好莱坞的注意，没想到，DC 公司效法漫威风格的大失败居然造就了其最大热点。眼见此景，马丁·古德曼说不定肠子都悔青了，应该别这么急把自己的角色版权卖出去的。不过话说回来，对于他这样的杂志出版商而言，漫画终究只是生意的一小部分，不管怎么样这笔钱也只能算是外快罢了。漫威自身的成功也促使其他出版商纷纷捣鼓出自己的超级英雄来，而

---

① Currency 是货币的意思。——译者注

此时的《蝙蝠侠》恰恰就是这个行业重新迎来人气高潮的真实写照。

　　在这些新竞争对手中，有不少都聘请了漫威舍弃的人才。沃利·伍德至今仍愤愤不平，他被高塔漫画拉去担任图书编辑除此之外，在 1965 年，馆藏漫画也有样学样，凭借《神力漫画团队》（Mighty Comics Group）系列进军这一行业；这一系列的创作者正是超人的合作创作者（和前《奇异故事》的编辑）杰里·西格尔和前及时漫画画师保罗·雷门（Paul Reinman），后者曾在 20 世纪 60 年代负责为科比的大量作品上墨。神力漫画试图做到两手抓两手硬，让封面既模仿出漫威那种行云流水的动作感，还散发出如同《蝙蝠侠》那样令人倒吸一口凉气的冷酷感。"仔细看看他们疯狂的制服，并被他们无情的拳头震撼吧，"在平装作品集《高地超级英雄》（High Camp Superheroes）的封面上就有这样一段话，"有的人会说，这本书真是糟糕得精彩。"而站在查尔顿漫画（Charlton Comics）更直白的"动作英雄"（Action Heroes）新系列背后的，就是史蒂夫·迪特科。他借这个平台，终于将被斯坦·李碍手碍脚的道德相对主义束缚住的右翼义务警员疑问侠（Question）领上了舞台。哈维漫画则请来了杰克·科比的老搭档乔·西蒙。

　　一听说西蒙正在创作"哈维恐怖故事"系列，马丁·古德曼就让斯坦·李先下手为强。"我有一天来公司，"科比描述说，"斯坦就告诉我，马丁说我们必须增加新作品。他们害怕阿尔·哈维（Al Harvey）凭借发行渠道方面的优势将漫威挤出市场。"在仅仅一周时间内，斯坦·李和科比就构思出了一个品行不端的英雄团体异人族（Inhumans），还有一个帅气的黑人英雄科尔·泰格（Coal Tiger）。可是到头来，依然控制着漫威发行渠道的 DC 公司无论如何也不肯让古德曼增加作品数量。于是，这些新英雄只能暂被搁置，等待着后来在《神奇四侠》中出场的那一天，那将是漫威历史上尝试过的最大胆的故事。

外溢的商业利益，宇宙深处的银影侠和奇异博士

　　漫威的英雄已经遍布世界的各个角落。神奇四侠、蜘蛛侠、夜魔侠和复仇者联盟

都扎根于纽约市；X战警的总部位于附近的韦斯特切斯特。绿巨人一直在美国西南部游荡；钢铁侠则跑到了爱尔兰，在挪威大战一番后又造访了越南；陆陆续续地还会出现外星来客，奇异博士也时不时地会乘上星际飞船。不过，到了现在，斯坦·李和科比正准备动真格地扩大他们的活动范围，让漫威宇宙的宏伟神话再上一个台阶。科比如同埃迪特·哈密尔顿（Edith Hamilton）[①]附体，为托尔在《探秘之旅》中的现代冒险加入了"阿斯加德传说"（Tales of Asgard），讲述了北欧诸神相互之间争夺权力的故事。让这些故事如同歌剧般宏大的原因并不仅仅是其令人惊愕的冲击力，还缘于其叙事的古典主义风格（对神物的追求、为战争的准备）和有关责任、继承和死亡的主题，而这些似乎与竞争对手殴打外星人的故事截然不同。在此之前，你绝不可能在超级英雄漫画里看到什么子承父命的宫廷戏，这些照理都应该是莎士比亚的专利。但现在，在漫威发明的漫画中，托尔绝对不会违抗他那个暴怒的父亲奥丁（Odin），而他的最大死敌洛基同时也是其同父异母的弟弟（这种兄弟姐妹成为敌人的模式后来也在《X战警》和《神奇四侠》中屡试不爽）。

　　《探秘之旅》或许是斯坦·李和科比最具神话色彩的一部作品了，但在《神奇四侠》中的故事却一期又一期地变得越发富有哲理，散发出庄严的肃穆感。在20世纪60年代中期，漫威漫画的第一家庭心理剧达到了新高潮。在6个多月的时间里，石头人本·格里姆始终无法接受自己不能解除变异形态的现状，怀着无穷无尽的怒火四处东躲西藏。神奇先生里德和隐形女苏·理查兹在结婚后关系也开始紧张起来，因为里德变得越来越孤僻，痴迷于他的科学研究。而当霹雳火约翰尼·斯托姆迷上了一个名叫水晶（Crystal）的美女，在她纯真无邪的双眼中陷入这段禁断的爱恋时，一切问题都交错了起来。原来，这个女孩是异人族的一员：这个拥有奇异力量的王室家族遭流放后本来一直隐藏在瑞士的阿尔卑斯山中，之后却为了追捕他们当中的一个叛逃者而来到了纽约。

　　异人族不同于之前出场过的任何角色。他们有着不为人知的真实目的，和奇特古

[①] 埃迪特·哈密尔顿被誉为史上最好的女性古典主义学家。——译者注

怪的身体结构；一个人长着能撼动大地的蹄子，一个人拥有像触手一样的头发，还有一个长着鳃和鳍。他们的首领黑蝠王（Black Bolt）的声音能震碎大地，因此他一直都保持着沉默。这个家族的宠物小呔（Lockjaw）是一只长触角的大号八字须狗。

异人族的登场让大家突然明白，漫威宇宙是永无极限的，在这整个宇宙空间的任何一个角落都可能存在着某个完整的文明：随着一期又一期的漫画不断加速这种扩张，让角色的阵容越发丰满。这场宏大的太空歌剧也吸收了那些被人遗忘的角色，并重新在他们之间建立起了千丝万缕的联系。与异人族的冒险交错进行的是行星吞噬者（Galactus）的威胁。这个高达 6 米的类人形外星人头上戴着个紫色装置，通过吸收整颗行星的生命来生存。为其出场打头阵的是一个脚踩飞空滑板的银色男子，即银影侠；他就像是一位沉默的死亡天使，来到地球侦查。神奇四侠刚从上一场冒险中返回家乡，看到的却是在赤红天空下化作一片火海的纽约市。那些尖叫着的市民们已经舍弃家当，在大街上四处逃窜，场面混乱不堪；就连神奇四侠的老对手，能够改变形态的外星种族斯克鲁人（Skrull）也在画面中坐着宇宙飞船慌慌张张地逃跑了。宇宙之神观察者（Watcher）曾宣誓只在一旁观察星系而不进行干涉，这次他也在阔别许久后再度登场了。由于认识到了行星吞噬者的严重威胁性，他打破了誓言，为我们的英雄们提供了帮助。读者们从中感觉到有什么大事要发生了，某种可怕的、神秘的事情，某种在漫画中前所未见的东西。

科比不再满足于飞天汽车和伽玛射线，于是他掏出了振动枪（Atmo-Guns）、物质运动器（Matter Mobilizers）和元素转换器（Elemental Converters）。观察者将霹雳火送入了负界（Negative Zone），在这片未曾有人涉足的反物质世界中，霹雳火找到了一件叫作终极消除器（Ultimate Nullifier）的武器。狡猾的斯坦·李和科比并没有将这些概念解释得清楚，反正读者是不可能理解的；就连这些英雄自己也不清楚到底发生了什么。不管是银影侠、观察者还是行星吞噬者，他们在无助的神奇四侠面前都显得太过强大了，我们的主角这一次只能乖乖地退居二线。观察者命令他们不得放肆："都乖乖站着看好了！好好领略一下刚释放出的洪荒巨力吧！"当霹雳火终于手握终极消除器，以救世主的姿态从如同激光秀一般光怪陆离的负界归来时，却仿佛因这场宇宙之旅而受到了精神上的创伤。他一脸惊愕、结结巴巴地说道："我在无数的世界中穿梭……太大了……太大了……我……我不知道该怎么说！我们简直如同蝼蚁……我们只是蝼蚁啊！"直到在 2 年后的《2001 太空漫游》（*2001: A Space Odyssey*）中，人们才能再度领略如此奇幻的想象力。

神奇四侠提心吊胆地启动了这件异域武器，而良心发现的银影侠也将矛头转向了他的主人，但这根本无法吓到行星吞噬者，最多只是给他带来点困扰罢了。他同意以终极消除器为筹码，放过这颗星球，顺便还将这位曾经的使者囚禁在了地球上。"我剥夺了你的时空之力！从此以后，银影侠将再也无法在星系中畅游！"虽然行星吞噬者终于离开了，但对于我们的英雄而言，却没有一丁点凯旋的感觉，取而代之的是一种罪恶感。写信来的粉丝们对此抓破头皮、屏息凝神，想要看透其中的寓意：很显然，行星吞噬者的故事是在为越南战争辩护，行星吞噬者指的是越共，神奇四侠是南越，而银影侠就是美国……应该是这样吧？斯坦·李老练地打起了哈哈："搞不好我们下次打开信箱，就会收到来自有着同样丰富想象力的读者的一大堆来信，言之凿凿地说行星吞噬者代表美国国防部长罗伯特·麦克纳马拉（Robert McNamara），而银影侠则是反战斗士韦恩·莫尔斯（Wayne Morse），艾丽西娅象征的还是美国第一夫人小瓢虫（Lady Bird）呢！"

他说的也不算错：漫画并非只是现实的隐喻。而且，并不仅仅只有《神奇四侠》脱离了约瑟夫·坎贝尔（Joseph Campbell）的行文范式和英语 101 讲座 [①] 的符号论。一夜之间，几乎漫威宇宙中的一切都形成了某种关键的联系，发生了不可逆转的变化。尼克·弗瑞和神盾局在《奇异故事》中的现代冒险融入到了美国队长在《悬疑故事》里的任务当中，这支新英雄团队合力与例如 A.I.M.（先进思想技术，Advanced Idea Mechanics）和九头蛇（HYDRA）这样的高科技组织对抗，这就像是某种科幻的半军事轮回。在这个故事中，科学技术同样以令人目眩，甚至可以说危险的速度发展着；因为就连像好人一方的设备高仿活体替身（Life Model Decoys），也在光鲜的外表下让

---

① 美国的一所电视大学。——译者注

人联想起后核武器时代的那句警语"人类还没有能力驾驭它"。A.I.M. 的成员都是一些阴沉的企业家，这些未来派养蜂人不仅创造了超级模仿者（Super-Adaptoid），而且还拥有被称为"宇宙魔方"（Cosmic Cube，"这是终极武器！"）的法宝。不过，后来宇宙魔方落入了红骷髅（Red Skull）之手，阔别 20 年之后后者刚从希特勒地堡的废墟中重出江湖的。唯一能给人一点安慰的就是好人至少还有猎户导弹（Orion Missile）和物质传送器（Matter Transmitter）。

托尔也在同一时刻遇到了危机。虽然这位御雷之神的大名终于取代了《探秘之旅》，成为这本漫画的书名，但是如同故意唱反调一样，在最新一期结尾处插入的"阿斯加德传说"（Tales of Asgard）却为读者呈现了诸神黄昏（Ragnarok）的末日噩梦。虽然只是在人物的灵视中看到了有关诸神黄昏的预兆片段，但毫无疑问，这个结局是不可避免的，是既定事实。"当混沌和杀戮笼罩世界；当与疯狂同行的愤怒席卷阿斯加德人的灵魂深处；在这一种族的末裔之间发生了血的悲剧。那些选择了邪恶力量的人们……"熊熊烈火和踩躏式毁灭持续了整整两期，画面中充满了散落的刀剑、断裂的钢筋和冒着烟的碎片。虽然预言被推迟了，但是在人们不安的心中都明白，这只是一次短暂的停滞，"全宇宙的力量都无法抗衡"的灾难早晚都会来临。行星吞噬者、宇宙魔方和诸神黄昏无不给这个世界蒙上了巨大的阴影，让末日的脚步声越来越近。世界末日的善恶大决战已经来了。

就在这交错的末日之中，史蒂夫·迪特科创作的最后一期《超凡蜘蛛侠》和奇异博士的故事也终于出版了，此时距离迪特科带着这些故事的大结局离开漫威已经过去好几个月。在奇异博士与对手多玛姆（Dormammu）之间的战斗已经史无前例地持续了 17 期后，多玛姆绑架了一个名叫"不朽"（Eternity，这名字倒是颇为霸气）的宇宙生物，于是，这两人终于也迎来了一场终极决战。一如既往地，在天摇地动之中，我们的英雄勉强维持住了理智。"没有人能记住我看到的东西，"奇异博士这样解释，"我的记忆已经开始淡化了……"在最后一格里，至尊法师（Sorcerer Supreme）转过身，离开这片超维度的战斗空间打道回府了。"他赢得了这场最伟大的战斗。"伴随着这句话，迪特科也离开了漫威。

霹雳火之死，角色所有权究竟属于谁

　　霹雳火和美国队长的 28 年版权使用期临近尾声，当时已年过 50 岁的卡尔·博格斯和乔·西蒙正在一旁虎视眈眈。这两位创作者已经联系了律师，准备将漫威借以建立其漫画帝国的这两个英雄夺回到自己的手上。虽然书面材料早已准备就绪，但他们还找到了另一种向古德曼宣战的方法：他们要创作与之针锋相对的漫画。

　　迈伦·法斯（Myron Fass）是博格斯的队友，他曾在 20 世纪 50 年代初期供职及时漫画的画师，如今成为低俗杂志的出版商。两人祭出的杀招就是抢下惊奇队长（Captain Marvel）的商标。这时古德曼才懊恼地发现，惊奇队长这个名字竟从未被他收入囊中。这个名字在 20 世纪 40 年代和 50 年代时属于福塞特（Fawcett），后来他们在与 DC 公司的官司中败诉，法院宣判这个披着斗篷飞在天上的惊奇队长对超人造成了侵权。于是，惊奇队长这个名字就在很长一段时间被弃之不用了。现在，法斯跳了出来，他知道古德曼是不可能坐视不管的。博格斯笔下的新版惊奇队长和他过去创作的霹雳火一样，是一个穿红色制服的人造人。万一漫威不吃这一套，博格斯在不久之后将推出的恶棍毁灭博士（Dr. Doom）也准能戳到古德曼的痛处。虽然这部漫画在 1966 年年初发表之后反响并不热烈，但面对古德曼在 7 月份开出的 6 000 美元的价钱，法斯依然不肯将版权轻易放手。

　　与此同时，博格斯依然在通过法律手段试图从漫威那里夺回霹雳火的版权。后来，在 1966 年的一个夏日里，他的女儿苏珊亲眼看到他将自己在漫威工作时留下的一切作品都毁掉了，而且在此之前，这些东西都被他藏在一个无人知道的角落里。"在他将它们全部扔掉之前，我从来都没见过这些收藏。我只是在那个夏日里刚巧路过后院，发现院子里堆着好多东西。我抱起一堆漫画，像什么宝贝一样带回了自己的房间。结果他就冲进来让我把这些漫画给他……我觉得他要么是疯了，要么这里头藏着什么故事。"虽然博格斯依然没有向女儿透露详情，但多年之后，苏珊也明白了他发怒的缘由。"我长大后就知道了，是他想出了这些不可思议的点子，"她说，"但却被斯坦·李夺走了。"

实际上，博格斯的说辞或许并不是事情的真相，因为他在那个夏日里所进行的黑暗仪式可能是由于漫威发表的一部新漫画。在 8 月初的时候，斯坦·李和科比合作的第 4 期《神奇四侠年度版》把博格斯的原版霹雳火请了出来，让他与新版的年轻霹雳火以及神奇四侠的其余成员较量了一番。封面上的日期显示的是 1966 年 10 月，距离第 1 期《漫威漫画》发表正好过了 28 年；换句话说，正好是最初的 28 年版权期限到期的时间。原版霹雳火的这次复活刚好让他们把版权用足了，而在几页之后，他又再度被杀死了。"好吧，我承认，"当博格斯创作的角色熄灭最后一束火焰时，石头人若有所思地说道，"你赢过几次……但也输过几次！"斯坦·李和最后坚持下来的霹雳火约翰尼·斯托姆用这样的话赞颂了这位陨落的前辈："他想要击败我……可是，我却没办法打心底里去恨他！"

博格斯在 1967 年悄无声息地注册了一些不为人知的版权，随后就从漫威的眼中完全消失了。在 20 世纪 70 年代早期，画师巴顿·拉什（Batton Lash）找到了博格斯，想请这位老前辈给他点指点。但博格斯早已彻底抛弃了漫画，还表达了他在霹雳火这个角色身上所遭遇的失落，并建议拉什跟他一样早点远离这个"可怕的行业"。"如果我早知道霹雳火会给我带来这么多麻烦和痛苦，"他对这位年轻的画师说，"我就不会把他创作出来了。"

与此同时，乔·西蒙也正准备夺回美国队长那份属于他自己的版权。美国队长已经和钢铁侠、托尔、海王以及绿巨人一起，成为《漫威超级英雄》（*Marvel Super Heroes*）动画片的 5 个主角。在 1966 年的春天，随着这一剧集的制作，美国队长的版权已经成了一棵摇钱树：平装本漫画、密纹唱片、模型、制服、纽扣、大头针、贺卡、桌上游戏、T 恤和汗衫、玩具以及贴纸。"我们几乎所有的角色都已经有了电影的邀约。"斯坦·李曾这样炫耀。西蒙要告的不仅仅是古德曼的杂志管理公司，而且还有克兰茨电影（Krantz Films，动画片的经销商）和韦斯顿商务（Weston Merchandising，旗下的"动作队长"在各方面都模仿了美国队长）。比起博格斯，既是商人又是画师的西蒙是一个更为棘手的法律对手。他已经收集了方方面面的证据，其中就包括他在1940 年为美国队长创作的原始草稿。

和对付霹雳火的问题一样，古德曼想办法重新建立起了漫威对美国队长的所有权。加量版的《神奇杰作》（*Fantasy Masterpieces*）原本用来再版 20 世纪 50 年代巨神漫画的故事，但这次却突然掉转方向，开始再现黄金时代的美国队长。不过原本列在制作人名单中的画师兼编剧乔·西蒙和杰克·科比却被删去了。

科比虽然也对此提出了抗议，但他的立场有些微妙。"西蒙说是他创作了美国队长，"古德曼告诉他，"他想要得到版权，这样一来你就啥都不是了。"古德曼提出了一项交易：如果科比在这次争议中能站在漫威这一边，那么公司将会向他支付足以补偿将来与西蒙之间调解费用的奖赏。在 1966 年 7 月 12 日，科比签署了一份有关美国队长创作的证明书。"和当今的主流做法一样，我认为我为及时漫画创造的任何东西都属于及时漫画。当我离开及时漫画时，我的一切作品都会留在公司。"

在规划下一步法律行动时，西蒙也在继续为哈维漫画编辑超级英雄漫画，其中最知名的包括像《鬼马小精灵》（*Casper the Ghost*）和《小富豪瑞奇》（*Richie Rich*）这样的幼儿类作品。喜欢挖马丁·古德曼墙脚的他找到了迪克·艾尔斯和乔治·图什卡来帮忙，而且还聘请了沃利·伍德。他也招募了一个新人：在曼哈顿的漫展上，他遇见了一个满脸笑容、留着詹姆斯·迪恩（James Dean）式发型的画师，并邀请他来长岛参与角色的创作。"我想要跟漫威竞争。"西蒙对这位画师说。

蜘蛛侠恋爱了，超级英雄身上的创作者烙印

这位画师名叫吉姆·斯特兰科（Jim Steranko），当时正好 27 岁，是宾夕法尼亚州希灵顿一家广告代理商的艺术总监。如果你没有从剪报簿上看到过他的作品，就根本不会相信斯特兰科所积累的创作有多么丰富。他小时候家里很穷，父亲挖煤、开私矿，

在危险重重的矿井中冒着生命危险努力养家糊口。年轻的斯特兰科受够了父亲每天在幽闭的地底所面临的危险，他为了逃避现实而完全陷入了艺术的世界中。在 16 岁的时候，他就已经在众目睽睽之下亲身实践了许多场现实版的胡迪尼（Houdini）逃脱秀，屡屡越狱，跟当地警察对着干。就连紧身衣、脚链、手铐、铁门和地下室都困不住他。

其他的表演倒是没那么让政府部门费心：少年斯特兰科偷窃了一整间兵工厂的枪支和一整个小停车场的汽车。在 1956 年 2 月，斯特兰科和一个同伙因盗窃罪被捕，他对在整个宾夕法尼亚州东部共盗窃 25 辆轿车和 2 辆卡车的指控供认不讳。他非常小心，几乎没有在家乡实施过犯罪行为。"我们从来不在雷丁犯事，最多也就一两次。我在雷丁偷过一挺冲锋枪，但是仅此而已。"他们还曾夜盗加油站，不过一次鲁莽的单人持枪抢劫（受害人看准了斯特兰科不会开枪射击，因此没有把钱交出来）让他的犯罪生涯走到了尽头。到 20 世纪 60 年代初期，斯特兰科已经转而玩起了摇滚吉他，他的乐队还曾和比尔·海利与彗星合唱团（Bill Haley and His Comets）合作过；他也玩扑克魔术（他拥有国家级的资格认证，还出版过相关的图书）以及吞火魔术，到最后才进入了广告界。

在这期间，斯特兰科始终对漫画怀着满腔的热情。可是有一次经历让他意识到，技艺的掌握看来并不能一蹴而就。1965 年夏天他曾在漫威碰了一鼻子灰，而如今他却跟着西蒙画起了一些名字傻乎乎的英雄，例如间谍侠（Spyman）和魔术大师（Magicmaster）。斯特兰科不仅要编写剧本，还要设计角色；他甚至还画了详尽的设定稿来解释这些英雄的能力。然而，西蒙到头来却说，他并不具备画漫画所需的艺术技巧。于是这位神童就穿过大街小巷，来到了另一家公司求职，而那正是西蒙的竞争对手。

当斯特兰科在 1966 年的夏天走进漫威办公室时，自己正好在同一天里刚与派拉蒙电影公司完成了一笔动画剧集的交易，因此这时的他走起路来比平时要霸气。要是没有这份霸气，他或许还找不到机会与管事的见面呢，因为他根本就没有预约过。弗洛·斯坦伯格打电话找到了索尔·布罗德斯基，而后者以为这不过又是一个普通的业余画师，于是派了罗伊·托马斯到接待处。虽然他们本以为只要礼节性地开几句玩笑就能完事儿了，但结果却没这么简单。托马斯被眼前所见深深地震撼了，于是把斯特兰科带到了斯坦·李的办公室。那一天斯坦·李和平常一样处于高度亢奋的状态，照斯特兰科的话来说，就是"将演员、编辑、魔术师和马戏团小丑融为一体了"。斯坦·李表示这些样稿还很粗糙，不过却有让他喜欢的一方面。

"那是哪一方面呢？"斯特兰科问道。

"就是足够粗糙！"斯坦·李大吼了一句。他指向书架上的漫画。"你想帮我们做哪一本，"他说，"自己选！"

斯特兰科带着"尼克·弗瑞"的绘制任务离开了办公室。在照着科比的构架画了几个月后，斯特兰科终于得掌大权：单独完成绘制和编剧。这是自沃利·伍德在第 10 期《夜魔侠》大失败后，斯坦·李第一次让别人来完成一部漫画的所有编剧和绘制任务。而杰克·科比对自己拿不到编剧功劳而深感不满，于是他开始有了一些想法。

不过，在这个夏天，斯坦·李的心思都在另一件事上。《漫威超级英雄》动画已经蓄势待发，即将在全国数十家电视台播出，霸占了一周中的 5 个晚间档，于是，这部剧集的制作人罗伯特·劳伦斯把他请到了市中心一间带阁楼的宅子里。几个小时之后，他的本子上已经用蓝色铅笔留下了各种各样潦潦草草的记录：我们要让读者知道巴基到底是谁……沙帕卡是科学家，他不会说俚语……最后一格的画面不够给力！这是斯坦·李初次尝到银幕的甜头，从此就再也无法忘怀了。

当这部剧集开始热播起来时，劳伦斯与斯坦·李一同展开了一次大学巡回演讲。"这些孩子太不可思议了，"劳伦斯惊叹道，"我记得我们在查普希尔跟他们疯了整整 3 天。他们晚上都不睡觉，喝着啤酒跟斯坦·李聊到天亮。"那一期大学年度版《绅士》用 6 页篇幅刊登了漫威角色的全彩形象，并报道称该公司已经"卖出了 5 万件印刷 T 恤和 3 万件汗衫，而且成人尺寸双双断货"。大学生粉丝纷纷向该杂志投稿，表达他们对斯坦·李和科比的作品有多么如数家珍。"漫威经常将伪科学的想象无穷地延伸到千变万化的其他维度、时间与空间的问题，乃至半技术的造物概念中。他们所描绘的世界是如此的华丽，令人如坠幻境。"不久以后，漫威公司就开始刊登起剃毛膏和汽车的广告了。斯坦·李甚至还在古德曼的那群杂志部门的编辑之中有了一点名望。"至于斯坦·李，"马里奥·普佐在他最新的一本小说中有这样一句题词，"他的想象力是我所无法企及的。"

就算是忙着张罗着动画剧集、大学访问以及为大量的漫画作品编剧，斯坦·李仍在索尔·布罗德斯基的辅助下，将大量精力花在了编剧和画师的人员调动上；毕竟这是从 20 世纪 50 年代以来，他们拥有的最庞大的人才储备了（与高塔、哈维和馆藏的超级英雄系列竞争带来了一个良性的副作用，那就是斯坦·李终于说服了古德曼，让他相信漫威需要提高每页漫画的报酬来保持他们的创造力）。此时罗伊·托马斯蓄起了山羊胡，戴上了俄罗斯帽，脚踏鳄鱼皮鞋，身穿尼赫鲁夹克，他也引荐了很多编剧协助斯坦·李分担了一些工作。托马斯的高中好友加里·弗里德里克（Gary Friedrich）开始为西部和战争题材的漫画编剧，并且让《弗瑞上校》的剧本质量超越了斯坦·李时代的水准。具有讽刺意味的是，它很快就成为最露骨地批评海外战争的作品，而在当时，斯坦·李笔下的角色往往都还在滔滔不绝地宣扬这样的观念："谁都没有权力藐视政府的意愿！即便是钢铁侠也不行！"

没过多久，斯坦·李就把"钢铁侠"托付给了另一个由托马斯引荐的人。阿奇·古德温（Archie Goodwin）是一个戴眼镜的 EC 漫画粉丝，当他从动画学院毕业后刚好赶上了 20 世纪 50 年代漫画行业大萧条。他曾经在《Redbook》杂志的艺术部门埋头苦干（当时他还曾经把安迪·沃霍尔的作品打回去过，还让后者学学其他人的作品）。在以小气和坏脾气而臭名昭著的吉姆·沃伦（Jim Warren）手下，他还编辑过类似 EC 风格的恐怖题材黑白出版物。在漫威公司，古德温让"钢铁侠"重新回到了强硬派的风格，让托尼·史塔克走出冷战的时期，走入了美国队长和尼克·弗瑞所在的谍战和科技战的时代。

虽然托马斯的伯乐之眼起到了极大的帮助，但斯坦·李依然是事实上的艺术总监，一人肩负着延续漫威风格的责任。在 1965 年即将结束的时候，斯坦·李要求约翰·罗米塔在《夜魔侠》的一部连载两期的故事中让蜘蛛侠露个脸。当时罗米塔还没意识到，这其实是在考验他能否在《超凡蜘蛛侠》中替代史蒂夫·迪特科。当迪特科早已注定的离去之日终于来临时，这两人所组成的新团队也开始行动起来了。他们最早开始合作的一期揭露了一个惊人的真相，那就是绿魔（Green Goblin）的秘密身份竟然是财大气粗的工业家诺曼·奥斯本（Norman Osborn），也就是彼得·帕克同班同学哈利·奥斯本的父亲（有传闻称，迪特科拒绝采用这一戏剧性的情节设定是让斯坦·李和迪特科彻底决裂的导火索）。

　　虽然罗米塔更喜欢画《夜魔侠》，但还是接下了这项任务，毕竟他是一个以团队为重的标准职业人，他每次踏进办公室时都穿着整洁的白衬衫，系着领带，还带着灿烂笑容；而且他当时以为这份任务只是临时的而已。"我难以相信有人能够就这样抛弃漫威销量排名第二的成功作品，"罗米塔在多年后对托马斯解释说，"我并不了解迪特科。我认为他到时候会和我一样的，他会在认识到自己放弃的是一个顶级角色时乖乖地回来。我还掰着手指等待着回到《夜魔侠》的那一天呢。"罗米塔尽心尽力地确保了这部作品在交接中能保持其一贯水准，想尽办法模仿迪特科的风格，甚至连使用画笔的模式也尽可能地照搬过来。

　　可是他毕竟不是迪特科。不过，罗米塔在爱情漫画方面的经验也给他带来了特别的优势。彼得·帕克的下巴变挺了，头发也梳得整整齐齐，身材也稍显伟岸了点。他隔壁邻居玛丽·简·华生（Mary Jane Watson，斯坦·李和迪特科在一年半的时间里都让这个角色静悄悄地躲在一旁，不露出庐山真面目）也终于把脸露了出来，我们这才发现这是一位美丽活泼、有一头艳丽红发的外向女孩。格温·史黛西也变得更漂亮了，而且还开始和玛丽·简争锋吃醋，仿佛是 go-go 风格的贝蒂和维罗尼卡。不仅如此，就连弗莱什·汤普森（Flash Thompson）在内的所有人都开始展现出更多的笑容。据罗米塔称，斯坦·李一开始曾提醒过他，这种魅力十足的角色风格会破坏迪特科营造的抑郁氛围。不过没过多久，斯坦·李也开始主动要求他做些改变，让彼得·帕克别那么死气沉沉：头发长一点，面孔不要这么僵硬，周围再围绕一些穿牛仔裤、靴子或迷你裙的美女。他还把几期《女装日报》（*Women Wear Daily*）扔在罗米塔的工作台上，让他贴合最新的时尚潮流。他之前有过的担忧准是被销量数字打消了，因为《蜘蛛侠》的销量又上了一个台阶。

　　《夜魔侠》现在到了巨神时代的元老基恩·科兰手上，这个满腔热血、一头金发的电影爱好者曾制作过教育电影，不过在那份枯燥的工作将其灵魂磨灭之前，斯坦·李又把他请了回来。科兰那阴晴不定的明暗渲染技法给这个角色增添了伍德和罗米塔时代都不曾有过的气质，而更重要的是，让后者终于摆脱了山寨蜘蛛侠的诟病。不过科兰有一个非常危险的坏习惯，就是会画许多极富冲击力的大版面场景，这常常使他到最后才意识到故事的后半段只能在剩下的几页里草草交代。虽然调整故事的节奏并不是科兰的强项，不过在斯坦·李看来，角色生动性的提高比故事节奏的安排更为重要。在《悬疑故事》中，科兰甚至还让冷冰冰的钢铁侠拥有了情感，通过微妙地改变其金属头盔眼部和嘴部的开口角度，产生类似面部表情的效果。

　　另一位重新回到漫威的巨神元老则是约翰·巴斯马，这个整天没好气的40岁男子散发着罗伯特·米彻姆（Robert Mitchum）般的气质。和科兰与罗米塔一样，巴斯马对近年来在麦迪逊大道上从事的工作深恶痛绝。然而，他对大多烘托超级英雄的漫画技巧都不屑一顾，相比五颜六色的制服和五花八门的小道具，他更喜欢描绘身体形态和开阔的风景。他想要将古代与奇幻融合起来，对"该死的汽车和摩天大楼"等漫威漫画当中的各种现代设备恨之入骨。在《复仇者联盟》中与其合作的罗伊·托马斯由于钦佩巴斯马丰富的画面渲染技巧，故而也会据此修改自己的剧本，于是就带来了一连串有关绯红女巫、银影侠、鹰眼和歌利亚（Goliath）的神话冒险。

　　然而，科兰接下的"钢铁侠"和巴斯马的《复仇者联盟》都曾经属于唐·赫克，他是早期超级英雄作品的核心画师之一。赫克正慢慢地放开这两个角色的控制权，将心思转向销量平庸的《X战警》。虽然工作归工作，他对于自己手上在画的角色并没有什么特殊感情，但是他还是察觉到了有些事情正在发生变化。赫克在很长一段时间里都以画美女著称，并且在漫威是无人能出其右的专业画师，如今他却战战兢兢地造访杰克·科比的家，向其讨教绘画方面的建议。很显然，任何一个员工的加入或离去都很难对漫威造成重大影响了。

　　与此同时，吉姆·斯特兰科走上了赫克（在这件事上，也包括科比、迪特科、伍德等漫威的其他人）永远无法企及的人生巅峰：他已经在漫画界之外得到了一份财源滚滚的全职工作。由于他在本质上把漫画当成一种爱好，所以在经济方面并不追求很高的报酬。斯特兰科没有成家，也无小孩要照顾，因此工作以及他对艺术的浪漫情怀就是一切。"我认为幸福啥都不是，"他在接受采访时说道，"我不认为人们来这里是为了得到幸福。我认为如果你决定成为一名画师或者编剧，那么就自然而然要接受独自为战的责任。不过，在你五六十岁时，回首往昔，就能看到自己曾经的作品会在你离世后继续留存下去，继续填满数百万人心中的梦想。"

　　所以他才能全心全意地进行风格上的尝试，虽然一开始进展缓慢，但后来却一发不可收拾。他跟着科比学过拼贴画，并尝试运用当时最流行的奥普艺术（Op Art）的频闪和颤动效果。他在对待自己的作品时，会特别关注漫画格子和空间变换的效果，因此更像是设计师，而不是画家。同心圆、透视平面示意图以及其他几何上的小技巧共同让《尼克·弗瑞》成为漫威继迪特科的《奇异博士》之后最具魔幻色彩的作品。斯特兰科还借鉴了威尔·艾斯纳（Will Eisner）的《闪灵侠》（Spirit）和 EC 公司约翰尼·克雷格（Johnny Craig）的恐怖漫画，从中汲取灵感；他利用这些系列中的未来主义背景，将高科技玩具洒满漫画的每一页，同时渲染以科比式精细的细节描绘。不过科比最多也就铺满整页纸而已，他却画出了连页，甚至四连页的作品。如果读者要完全领略完整的画面，就得买上两本漫画，并将它们拼在一起。期特兰科经常通过他的作品向很多事物和人物致敬，比如萨尔瓦多·达利（Salvador Dali）、埃德沃德·迈布里奇（Eadweard Muybridge）、理查德·阿维顿（Richard Avedon）以及罗伯特·西奥德梅克（Robert Siodmak）和迈克尔·柯蒂斯（Michael Curtiz）的电影，还有当代商业画家理查德·鲍尔斯（Richard M. Powers）和鲍勃·皮克（Bob Peak）。这是充满了欢乐漫威风格的积极的后现代主义。

　　虽然这种你知我知的暗示和令人目眩、如同数学般完美的绘画在情感上流露出一定程度的不搭调，但斯特兰科的作品也从不会变成矛盾可笑的三流漫画。当然，它也从没有大红大紫过。对于死理性派、抽大麻的艺术青年以及艺术学院的学生而言，"神盾局特工尼克·弗瑞"成了一种艺术形式的巅峰。不过，除了很久以前在美国队长里充过门面以外，斯特兰科所创造的世界基本都被摆在一边，与其他的所有作品都毫无瓜葛。

　　而杰克·科比也愈发地有这样的感觉，觉得自己成了"一个孤独的家伙"。真要说起来，也没人会觉得奇怪。当他每周来公司的时候，都会受到英雄般欢迎，那些新进的牛棚员工，比如赫布·特瑞普（Herb Trimpe）、斯图·施瓦兹贝里（Stu Schwartzberg）、琳达·菲特（Linda Fite），都会以崇敬的眼神与他滔滔不绝地聊天。他在《欢乐漫威信使报》（*Merry Marvel Messenger*）中说，他和"流氓"斯坦·李喜欢"一起讨论、一起大笑、一起抽粗粗的雪茄。""漫威一直对我很好，我很喜欢这些人，"他在 1966 年纽约漫展上对游客们说，"我在这里已经工作 7 年了，我感到很开心。"但是私下里，他却变得越来越气愤，因为斯坦·李总是在校园里巡回访问，而他却一周 7 天待在自家那间只有一扇窗户的地下室里，在这个被他称为"地牢"的地方伏案画画。当新画师来到漫威时，就会收到一大堆科比的漫画作品，运气好的还能拿到科比的草稿，然后按要求照着画。事实上，当他在培训其他人时，也在让自己变得对公司不再那么重要了。科比一直等着能从古德曼那里得到作品的利润分成。可斯坦·李却两手一摊，表示自己做不了主，而古德曼则始终跟他打哈哈。

　　"对于我们这些从迷幻的 60 年代走过来的人而言，"威廉·大卫·谢尔曼（William David Sherman）和利昂·刘易斯（Leon Lewis）在 1967 年的《当代电影院总览》（*Landscape of Contemporary Cinema*）调查中抒发了这样的感慨，"SNCC（全国学生统一行动委员会）取代了 NAACP（美国全国有色人种协进会），《保垒》（*Ramparts*）取代了《新共和》（*The New Republic*），桑拉（Sun Ra）取代了艾灵顿公爵（Duke Ellington）。从斯坦·李和杰克·科比的漫画到 Fugs 乐队的演出，一切表达形式都像艺术作品一样开始变得通俗易懂起来。"斯坦·李和科比仍在继续创作充满了令人称奇的想象力的作品，拓展漫威宇宙的疆域，并通过形形色色的自由主义象征符号和大众热点与时代精神产生共鸣。在第 52 期《神奇四侠》进入制作流程前不久，《纽约时报》发表了一篇有关朗兹郡自由组织（Lowndes County Freedom Organization）的文章。这是在斯托克利·卡迈克尔（Stokely Carmichael）和学生非暴力协调委员会（Student Non-Violent Coordinating Committee）的领导下，于阿拉巴马州建立起来的一个政治党派。朗兹自由的黑豹标志特别显眼，使得各地报道都开始将这个组织称为黑豹党。而当第 52 期《神奇四侠》登陆报亭时，科尔·泰格这位斯坦·李和科比雪藏了数月的非裔冒险者也得到了一个新的名字。尽管曾被雪藏，但黑豹依然名垂青史，成为被大众所熟知的第一位黑人超级英雄。

正如 20 世纪 60 年代末期反主流文化浪潮的许多其他图腾一样，漫威也玩起了夸张的科幻把戏，把读者迷得神魂颠倒。在脱下制服时，黑豹是一位名叫提恰拉（T'Challa）的非洲王子，领导着虚构的国家瓦坎达（Wakanda），不过他并不是来自黑暗大陆的野蛮人首领，而是让神奇四侠中的里德·理查德都为之叹服的科学天才。伽玛爆炸和辐射蜘蛛早就过时了，漫威新作品反映的是古代文明和未来技术碰撞。"如果要想理解现在，你就必须能够将自己的智慧投影到遥远的过去和无限的未来中。"这是雅克·博基尔（Jacques Bergier）在《魔法的黎明》（*The Morning of the Magicians*）中的一句话。随着这部伪科学作品达到百万销量，关于外星人的传闻甚嚣尘上，人们相信它们在 20 世纪 60 年代之前已经访问过地球并带来了先进技术。由于科比后来开始将精力都集中在这一题材上，可见对漫威在 20 世纪 60 年代中期至末期的冒险故事而言，他可能是贡献最大的人了。托尔来到东欧万达格山（Wundagore）附近一个老式村落，遇到了高级进化者（High Evolutionary）。这是一位浮士德作风的基因科学家，曾试图自己创造一个种族。后来，他还真的实现了超大尺度的生命克隆，按照地球的模样创造出了一颗完整的行星。而神奇四侠也发现了一个名叫克里（Kree）的外星战斗种族（和《魔法的黎明》中的古代宇航员一样，他们都与秘鲁印加人有着千丝万缕的联系）；还与一个名叫"天尊"（Him）的金色石巨人展开了对抗，后者来自很神秘的领域"科学根据地"（Citadel of Science）。反物质世界始终都保持着迷幻的恐怖，斑斓的多彩色谱、七边球体以及大量黑洞；随着科比的经验增加，有时这些元素会共同出现。只要一个漫威英雄翻开一块石头，就仿佛会迎来一场全新神话般的激情碰撞。

不过，即便其普罗米修斯般的创造灵感四处开花，但从 1967 年夏天开始，科比就停止创作新漫威英雄了。"我才不会重蹈银影侠的覆辙。"他在朋友面前总是摆出这样一套说辞。当古德曼决定向迈伦·法斯的惊奇队长发出挑战、推出一个同名的英雄时，负责执笔的人是基恩·科兰。不过这个山寨惊奇队长的存在基础却是科比在《神奇四侠》中建立的克里人神话。很快，漫威就让这位惊奇队长加入了重新登载美国队长、霹雳火和海王的《神奇杰作》中。为了保险起见，古德曼还将这本漫画改名为《漫威超级英雄》（ Marvel Super Heroes ）。而且，像生怕别人注意不到一样，他还在封面上清清楚楚地写着：《漫威超级英雄》为您呈现新英雄惊奇队长，漫威漫画集团（ Marvel Comics Group ）出品。从此以后，这一系列的主要功能就变成了重点推介有潜力的未来之星和孵化新系列。不过，虽然笔下的角色，例如毁灭博士和美杜莎（ Medusa ）也出现在这一系列中，但科比本人与此却毫无瓜葛。制作工作落在了科兰、乔治·塔斯卡、拉里·利伯，或者不满足于校对工作、正开始展现绘画才能的牛棚员工赫布·特瑞普手上。

与科比有关的一部新作品是《我不是大牌》（ Not Brand Echh ），漫威在这个系列中尽显淘气本色，拿自家角色玩起了自嘲。在前 7 期中的 5 期里科比都少见地展现了自己异常疯狂的幽默感。不过，从 1967 年年底开始，科比就再也不曾为漫威创作过如此疯癫的讽刺漫画了。也许这一切对他来说都已经不再像从前那么有趣了。

虽然当时还没有人察觉到这一点，但漫威宇宙的第一波高潮已经接近尾声了。那个冬天，在结束了一场圣诞派对后，斯坦·李在蹦蹦跳跳的时候踩空了，结果把脚踝给摔伤了。于是，在 1967 年的最后一个星期里，他只能一直躺在床上。

独立发行权，漫威掀翻 DC 的压制

随着《蝙蝠侠》电视节目的人气逐渐散去，梦想在这场漫画热潮中大赚一笔的发

行商也冷静了下来。哈维的惊悚故事（Thriller）系列和馆藏的神力漫画双双退居二线。美国漫画集团（American Comics Group）也彻底垮台了。当旗下编辑迪克·乔达诺（Dick Giordano）被 DC 公司聘用后，查尔顿公司大部分最优秀的人才也都跟着一起改旗易帜了。由于糟糕的发行渠道，高塔漫画也开始崩溃；据沃利·伍德的说法，这是由于独立新闻公司对批发商的欺压政策所导致的。在一本同人志的封面上，伍德让漫威的夜魔侠从一幢高楼上将高塔的发电侠（Dynamo）扔了出去，以此纪念这家公司不幸夭折。上一年还趾高气扬地拒绝了 6 000 美元报价的迈伦·法斯，现在却仓促地以 4 500 美元的价格抛售了惊奇队长的版权；不过这个价钱也算不错了。"反正他也卖不了多好。"法斯说。

　　DC 公司也处于蜕变的过程中。1967 年的夏天，主席杰克·雷博维兹就已经开始磋商，想要与肯尼国家（Kinney National）集团合并。这一巨头当时正在贪婪地收揽各种生意，而且他们盯上的不只是《超人》和《蝙蝠侠》，还有 DC 公司旗下生意兴隆的独立新闻公司，后者当时负责发行《花花公子》和《家庭圈》（Family Circle）。当这笔交易在一年后敲定时，DC 公司的编辑部也完成了一次彻底的人员洗牌。当时，DC 公司 48 部作品的月发行总量为 700 万册，而作品数量被限制为其三分之一的漫威则拥有 600 万册的月发行量。于是，DC 公司展开行动，要在时尚年轻人的市场中与漫威竞争。岁数较大、资历较长的编剧和画师肩负的工作变得越来越少；而一大批资深编剧开始要求提高利益分成和健康福利，这也进一步加快了此变化。颇具讽刺意味的是，在这些即将离职的编剧中，有人还写过一篇长达 7 页的备忘录，对 DC 公司不思进取、靠数量取胜的现状提出了严厉批评，并警告说斯坦·李"最终会胜过我们"。一直在为如何让 DC 公司的封面更为生动而出谋划策的卡迈恩·因凡蒂诺成了编辑主管，其下的编辑队伍也发生了重大变动。现在，DC 的许多部漫画都是由丹尼·奥尼尔和史蒂夫·斯基茨担当编剧的，而这两位恰好都是之前被斯坦·李炒鱿鱼的漫威人。斯基茨偷偷在《潜水侠》中掺入了毒品的暗示；他还曾在《战鹰与白鸽》（Hawk & Dove）中与史蒂夫·迪特科（当时也已经加入了 DC 公司）有过短暂的合作，可惜由于政治信仰上无法调和的矛盾而草草收场。

尼尔·亚当斯（Neal Adams）是 DC 公司里最受人关注的新鲜力量，他那细腻的渲染手法史无前例地让画面真实感达到了照片般的高度。和吉姆·斯特兰科一样（在所有画师中，年纪不超过 40 岁的还真只有他们两个），亚当斯也是一个自信满满的年轻人，利用在商业插画领域的职业背景他创造出了富有创意的漫画版式。亚当斯对超关节解剖学和面部表情非常关注，例如眉毛的褶皱、说话时嘴唇的弯曲以及按透视原理绘制伸出的手指，他的风格与斯特兰科对流线形的追求遥相呼应。亚当斯是 DC 公司告别传统的最明显的标志，而他的影响以及因凡蒂诺的指导，很快就改变了公司所有人的绘画风格。他们的忠实粉丝，比如来信栏目的常客、同人志的作者和迅速成长的漫展参与者等，对此都欣喜若狂。

虽然这点响动并没有对 DC 公司的根基带来多大变化，但漫威却不会对此视而不见，他们开始把更多的时间花在封面设计的讨论上。DC 公司依然是最大的鱼，而漫威却是成长速度最快的鱼；而且池塘里的水正在枯竭，任何水花都不容小觑。即便漫威的销量终于赶上了 DC 公司，即便他们依然能盈利，但其增长率在不断放缓。

马丁·古德曼时刻关注着每一波流行风潮。他已经见证过好几次泡沫破裂的惨剧了。当美国广播公司筹备周六早晨首播的《蜘蛛侠》和《神奇四侠》动画片时，古德曼找新闻商投放广告，用"走过路过不要错过"的一大串感叹号大肆宣扬漫威的成功：

漫威之家仍在快速成长……

……没错，是快速成长！从 1963 年的 22 530 000 本，到 1964 年的 27 709 000 本，再到 1965 年的 34 000 000 本。如今已经达到不可思议的 40 500 000 本！而这一切才刚刚开始！我们的发行量即将突破 50 000 000 本大关！

古德曼的杂志，单本销量：2 500 万

+

漫威漫画，单本销量：4 000 万

=

每年单本销量 6 500 万

古德曼每天售出的出版物超过 175 000 本

古德曼还找到了新的敛财途径，肯尼所有的独立新闻公司终于允许漫威拓展作品线了。由于受到发行商的制约而无法大显身手，超级英雄们多年来只能在《悬疑故事》《奇异故事》和《惊异故事》中出演 10 页篇幅的小品级故事，现在他们终于能拥有完全属于自己的系列了。《美国队长》《钢铁侠》《奇异博士》《神盾局特工尼克·弗瑞》《无敌浩克》《海王纳摩》从 1968 年年初开始陆续登陆报亭货架。此后《惊奇队长》和《野蛮人队长和海军陆战突击队》加入了它们的行列，后者是一部取材自战争的全新作品。他们还预告说，再过一段时间，《银影侠》、《卡扎》和《毁灭博士》也将与大家见面。

在这些系列中，斯坦·李只负责《美国队长》和《银影侠》的剧本，而罗伊·托马斯和加里·弗里德里克分别以特约编辑和助理编辑的身份担负起了更多的职责。虽然斯坦·李依旧是一位身体力行的老板，每周都会花 3 天时间来进行创作，但代表公司出席各类活动占据了他越来越多的时间。他开始在"牛棚公告"里写一些半严肃的社论，并戏称其为"斯坦的临时演讲台"（Stan's Soapbox）。除了对社会上的盲从现象发表一些空洞的谴责之外，这个栏目也无非就是另一个给产品打广告的平台罢了。"我觉得我把这整件事情都当成了一场大型广告营销，"他后来这样说道，"我希望为这些产品赋予某种个性，这既指漫威漫画，在某种意义上也包括我自己。"为了与头上的假发相配合，他还留起了胡子。斯坦·李喜欢在办公室里摆拍，然后打印出"25 厘米长、20 厘米宽"的塑封照片，并在底部亲笔签上一句"非同一般"，摆在漫画书封底的分类广告中叫卖。"集齐全套牛棚写真，"广告用大号字体写着，"查阅我们下一条让你跌破眼镜的消息！"

不过没几天，牛棚照片就从漫画中销声匿迹了。

斯坦·李随后接手了《银影侠》的制作。在此之前，漫威曾打算推出其专属的漫画系列，斯坦·李和科比为此曾尝试为这个角色创作一段专属的冒险故事，但后来这个角色还是被塞进了《神奇四侠》年度版。他们两人在这个角色的设计方向上存在分歧。这一次，斯坦·李没有找杰克·科比（虽然银影侠是其个人的创作）帮忙，而是选择了约翰·巴斯马，这个角色也离冷血外星人斯波克（Spock）这个原初的参考模板越来越远。银影侠虽然渴望飞向太空，但由于行星吞噬者的影响而无法离开地球，于是他徒劳地一次次冲撞地球大气层，成为西西弗斯般的坠落天使。最终，他成了一个多愁善感的流浪者，眼神里散发出流浪狗一样的忧伤，滔滔不绝地数落着人类的缺陷（和 X 战警、蜘蛛侠一样，他也受到了普通人的误解和恐惧，只不过他更容易为此落泪）。巴斯马对人物的刻画鲜活而深刻，他时常会画出占据四分之一或三分之一页面的宏伟画面，然而银影侠永远如同"思想者"（Le Penseur）那样耸起肩膀，周身都弥散着悲伤和痛苦的情绪。

斯坦·李当时并不知道，其实科比期望参加《银影侠》系列制作，而且他已经独自为这个角色创作了一个完全不同的原创故事，甚至都开始动笔绘制了。遭受挫折的科比抛开了画稿，开始思索自己的职业之路该走向何方。科比曾经对 DC 公司的编辑杰克·希夫（Jack Schiff）敬而远之，不过当时后者已经离职了，这使科比对漫威的对手已没那么抵制了。DC 公司新任的编辑主管卡迈恩·因凡蒂诺是科比的老相识，他向其抛出了橄榄枝。也许他们俩可以擦出灵感的火花；又或者，科比想，他终于有机会让古德曼提高自己在漫威的待遇了。

无论结果如何，他都不希望到自己 63 岁的时候，成为一个窝在漫威办公室角落里默默无闻的校对员，因为斯坦·李不忍心看自己穷困潦倒，被这个有自己的一份功劳的行业无情排斥，而施舍给他这样一份工作。虽然杰里·西格尔从来没有公开谈到过，但每当他进出办公室时，都能听到别人在悄悄谈论："那是创造超人的家伙。DC 公司已经把他扫地出门了。"科比绝不希望自己落得如此下场。

1968 年的 6 月，身高 1.7 米的马丁·阿卡曼（Martin Ackerman，昵称马蒂）叼着雪茄找上了马丁·古德曼的律师。阿卡曼是一位不苟言笑的律师，运作着位于长岛曼哈西特的完美电影与制药公司（Perfect Film & Chemical Corporation）。伴随 20 世纪 60 年代开始的疯狂兼并大潮，崛起了一批显赫的商界新贵，例如海湾与西方工业公司（Gulf + Western）的查理·布卢多恩（Charlie Bluhdorn）、ITT 的哈罗德·吉宁（Harold Geneen）和肯尼国家的史蒂夫·罗斯（Steve Ross），阿卡曼就像这些人物的迷你版。但即便是这样一个二流大集团也是非常可怕的：完美电影与制药公司本身就是一个集中了照片影印店、药房和其他小型公司的大雪球。阿卡曼很擅长资产收购，通常他会将其分解，取其精华，售其糟粕。《加拉格尔报告》（*The Gallagher Report*）发现他曾是堪萨斯州一系列公墓的大股东，于是给他起了一个外号"送葬师马蒂"（Marty the Mortician）。在 4 月份的时候，柯蒂斯出版公司（Curtis Publishing）已命悬一线，而阿卡曼带着 500 万美元贷款突然出现了，其条件就是自己成为柯蒂斯董事长。在第一次开会与柯蒂斯的员工见面时，他说道："晚上好，我是马丁·阿卡曼，今年 36 岁，是一个富翁。"作为董事长，他将这家出版公司的子公司柯蒂斯发行公司（Curtis Circulation）剥离出来，转移到完美电影与制药公司旗下。当然了，要想让杂志经销商的利益最大化，最好的办法就是拥有更多能派上用场的出版物，而这正是他找到古德曼的杂志管理公司的原因。如果能顺便把漫画买下来，那也没什么坏处。

据其儿子艾登说，马丁·古德曼对于将公司卖掉的想法犹豫不决。"这对我爸来说是一次艰难的决定。我觉得，他始终对自己创造出的这棵摇钱树感到无比自豪。当然将公司卖一个好价钱，能让古德曼家族未来几辈人过上无忧无虑的生活，也不失为一个好选择。公司、高尔夫和家庭，这就是他的生活。是他建立起了这个养活一大批人的集团。"不过，一旦古德曼下定决心，这场收购就迅速完成了。他要求对方完全以现金支付。阿卡曼第二次来的时候，对杂志管理公司给出了将近 1 500 万美元的报价，这几乎等于公司全年的销售额；同时还附送了一部分完美电影与制药公司的债券。古德曼在合同中确保自己将继续以漫威出版商的身份留在董事会。而他的小儿子奇普则签下了一份编辑主管的合同；将来他会接替退休的父亲，成为漫威出版商。"不过，还有一件事，"阿卡曼还提到，"我们要确保斯坦·李这个漫威的门面人物会继续留在公司。"于是，古德曼就与他的明星编辑签下了为期 5 年的合同，同时也给他加了薪。据古德曼法律团队中某位成员的说法，斯坦·李对此非常失望。"所有的员工，包括斯坦·李在内，全都不明白他们为什么只能从销售额中获得可以忽略不计的报酬。但古德曼很快就打消了他们心里的疑惑。这难道不奇怪吗？古德曼承担了出版的一切风险，而一点风险都没有的他们却要求从销售中得利。"不过，就算再怎么失望，斯坦·李又能怎么样呢？他在7月签下了新合同。第二天他应邀前往古德曼家共进晚餐，其间古德曼将手臂勾在这位小舅子的肩上。"斯坦，"他说，"我祝你和乔安妮能早日过上吃喝不愁的日子。"

"我们肯定会在出版业大赚一笔。"阿卡曼预言道。他花150万美元买了一架公司专机，还把办公室搬到了昂贵的派克大道（Park Avenue）延伸区域。在被其称为"市区小屋"的漂亮大楼里，阿卡曼坐在精美的古典办公桌前经营着业务。在这间豪华办公室的门厅里悬挂着一幅阿卡曼手攥《华尔街日报》的油画；然而，位于市区另一头拥挤的漫威办公室里，黄色墙壁上却钉满了脏兮兮的画稿。底层员工和管理层之间的隔阂似乎已越来越大了。弗洛·斯坦伯格在春天就已经离职了，原因是古德曼拒绝为其加薪。"他们根本不想给某些职位加薪，"她说，"因为随时都可以找到顶替的人。"到了5月，科比从杂志管理公司收到的既不是新合同，也不是余款，而是一笔6%利息的贷款。当罗伊·托马斯为了与女友多逍遥一天而延长了假期后，迎接他的是斯坦·李和布罗德斯基的一番训斥以及自己被踢出《奇异博士》团队的消息；他们已经找了阿奇·古德温来接手上述工作。

左右为难，剧烈社会运动中漫画该如何站队

漫威独立自主的公共形象和其商业实际情况之间的矛盾也在其他方面体现出来了。在煞费苦心培养起一批包括高才生在内的大学读者之后，斯坦·李开始对眼前越来越大的代沟深感不安。他的大胡子和索尔·布罗德斯基最近蓄起来的鬓角都无法掩盖他们年岁已大的事实。那些嗑药的奇异博士粉丝们再也不给他们打电话了，取而代之的是更诡异的访客，比如曾有两个"最终审判教会"（Process Church）的信徒敲响了麦迪逊大道635号的门。和往常一样，斯坦·李在他们面前表现得非常亲切，即使

他不认同访客同时信奉耶稣和撒旦的思想，他也没有表露出来。"我们有心理准备，知道我们这副穿着会把他吓到，"最终审判教会的蒂莫西·怀利（Timothy Wylie）还记得那一次登门造访，"而且，如果我没有记错的话，当我们高谈阔论如何调和正邪关系时，他听得很认真。他既聪明又幽默，还好心地同意让我们在自己的杂志里使用一部分漫威的素材。"

　　而在那个时期，读者的来信对越南战争的态度几乎正好是支持和反对对半开。从财政角度上看，漫威最好是在两边下注，但如果让故事完全回避这些社会问题，他们也会遭到非常强烈的批评。对此，斯坦·李以自己的方式坚守中庸自由主义。虽然他并不吝于宣扬容忍的重要性，但也不会公开站在不讨巧的立场上。"我不认为我们会把他送去越南，"在接受电台采访时，斯坦·李对美国队长的后续策划做了这样的解释，"我们对待这些角色的时候都不会太过认真，会常拿来开玩笑，他们也确实给我们带来了不少乐趣。我不清楚根据越南这么严肃的事件创造一个类似美国队长的角色，是否是一种有意义的尝试……如果这样的话我们就得以不同的眼光看待他了，会更严肃地对待这整件事情，我们现在还不希望这样。"当第一期《我不是大牌》的最终稿放在他的桌上时，斯坦·李发现在一个格子里有个角色带着一颗写着"林登·约翰逊万岁"的纽扣，而且旁边还有一朵蘑菇云。斯坦·李立刻把托马斯叫到办公室里，指着这幅画，责备他在最后时刻偷偷往漫画里塞入政治宣传材料。而托马斯不服气，说这部分原本就在那里，白纸黑字的东西自己动不了手脚。斯坦·李坚持说之前不是这样的。"如果你非要说我是在撒谎，那我就不干了。"说完这句话，托马斯就摔门而去了。

　　斯坦·李把他叫了回来，关上门，低声向他道歉。他解释说，20 世纪 50 年代，及时漫画在其所描绘的战争中并未掺杂激进的政治观念，却导致军事基地中的军方福利社对及时漫画下了禁令，并因此让他们丧失了很大一部分利益的来源。斯坦·李想起了上一个 10 年，那个弗雷德里克·沃瑟姆的时代，漫画人不得不在法庭上为自己的生存据理力争，而他自己则不得不在 1957 年实行了一次大裁员。那些痛苦而残酷的日子让斯坦·李心绪难平，他再也不希望重蹈覆辙了。这么多年来，他一直巧妙平衡着自己的中立立场，创作出政治潜台词模棱两可的故事，让极左和极右分子都能接受漫威。保守派"美国年轻人自由协会"（Young Americans for Freedom）的杂志《新卫报》（*New Guard*）曾因"英雄们往往都是资本家那一类人，例如军火商（钢铁侠的真身托尼·史塔克），而反派往往都是无产者（标签贴得很明显，仅次于'免费赠送'）"而夸了漫威一番。罗伊·托马斯模仿着他师父的那种公平无私的口气，对《新卫报》作出了回应，一方面对该文章赞不绝口，另一方面也在强调，具体的反派早就销声匿迹了："我们最近更喜欢采用一种更模糊、更抽象的方法来处理可能从书中读出的隐含'信息'，让我们的读者自己得出结论。"

不过，1968 年把这一切都改变了。在半年时间里，春节攻势（Tet Offensive）的余波、罗伯特·肯尼迪和马丁·路德金的遇刺事件以及全国范围的抗议和暴动浪潮，这一切让这些时髦出版物保持政治中立越来越难。不管银影侠再怎么模仿基督的人道主义说教都已无济于事。即便采取了令人目不暇接的超大型促销活动，并且其推出的"双倍内容，双倍价格"创刊号取得了不俗销量，漫威甚至还在《纽约时报》上宣称在新品的带动下，公司整体情况已经好转；但事实上，其总体销量依然在稳步下降。斯坦·李的信念出现了危机，开始在茫然中迷失了方向。

哥伦比亚大学的学生抗议者占领汉密尔顿厅（Hamilton Hall）几周后，斯坦·李借做客《迪克·卡维特秀》（*The Dick Cavett Show*）的时机，赶紧对最近一期《雷神》中所描绘的长发形象予以澄清："当他在街上遇到嬉皮士时，就有了这样的结果。但这都是在几个月前发生的，已经过去很久了，当时的嬉皮士问题比如今要严重很多。不过，我们也很关心所有退学的年轻人，还让雷神用那套之乎者也的可笑方式给这些孩子们上了一课，指出坚持下去是比退学更好的选择。如果我们遇到了问题，最好的解决方法绝不是视而不见。而我们当时在那小小一页纸上写的这段话就是一场很好的教育。如今，幸运的是，我认为已经没有必要这么做了。如今的年轻人似乎更活跃了，我认为这是一种非常健康的情况。在大多数时候，大家伙都不会再干出退学这档子事儿了。"

在节目例行的问答环节，有一位粉丝向斯坦·李提出质疑，认为漫威对待社会问题的态度不够严肃。"我们的考量是，"斯坦·李回答说，"对各种严肃的社会信息而言，我们的漫画杂志可能并不是理想平台。我们也许想错了。也许我们应该表现得更强势，也许将来我们会这么做。"在此之后没过多久，在将漫画与具体的时下新闻结合方面，漫威总算不那么遮遮掩掩；只不过他们依然不会明确表现出对这些事件所抱持的态度。但是，这种结合有的时候也会出岔子。在第 68 期《超凡蜘蛛侠》的封面上赫然印着几个字："校园危机！"翻到内文后，你会看到帝国大学（Empire State University）的学生彼得·帕克简直像得了精神分裂症一样，竟然抨击起了温和抵抗的观念。和现实中的哥伦比亚一样，校园中爆发了一起冲突，双方为争夺大学名下不动产的使用权大打出手。一开始，帕克在无意中听到反抗活动的计划时，还很有分寸地表现出了一点同情的样子："听起来要有麻烦了！带头的乔希（Josh）手下有一帮火爆小子……我想他们应该是有道理的……可惜我没时间管这么多事情了！"可是再翻几页，他却冲着自己的同学呵斥起来，这让人不禁想起迪特科时代的那个冷面蜘蛛侠："谁都可以写标语，先生！但这并不代表你就是对的！"接着，仿佛刻意为了迎合标题，并为超级英雄找一个对抗对象，蜘蛛侠的敌人金并（Kingpin）一怒之下摧毁了学校设施，顺便还把学生们都弄晕了，在最后一幕中可以看到警察用推车将学生们护送走了。"他们都该趁这个机会冷静一下！"蜘蛛侠在借着蛛丝飞走时甩下了这样一句话。罗米塔绘画中的强势和斯坦·李台词中的消极乐观主义之间发生了明显的脱节，这或许正好暴露出漫威对于该站在什么立场上摇摆不定（如果可以选择的话），从而造成在这些稿子的绘制和填字过程中发生了返工。当斯坦·李制作接下来两期漫画时，在芝加哥美国民主党全国代表大会上发生的暴力对抗进一步改变了国民的态度。这个持续了三期的故事最终以"求共存、求团结"的交心会收场。悔不当初的抗议者们发现，在整个过程当中，ESU 院长一直在幕后帮着他们与学校的理事对抗。对于自己的看法，院长也坦承："我认为学生应该乖乖闭嘴，照我们说的做。"

为了展示出与时俱进的诚意，在漫画中加入更多的黑人角色也许是一种比较简单的办法，而且通常这些角色都是没有超级力量的平民。值得称赞的是，漫威这几年一直都是这方面的先驱者，不时在作品中呈现这样的内容。早在 1963 年，斯坦·李和科比就让一名叫加布·琼斯（Gabe Jones）的黑人士兵加入了弗瑞上校的咆哮突击队，而且当印刷厂想要把他印成白种人的时候，他还提出了抗议。在黑豹于 1966 年初次登场的两个月后，黑人生物物理学家比尔·福斯特（Bill Foster）开始活跃在《复仇者联盟》中；一年之后，黑人报纸编辑乔·罗伯森（Joe Robertson）成为《超凡蜘蛛侠》中《小喇叭日报》的一员。最令人瞩目的是，黑豹在 1968 年年初成为复仇者联盟一员时，其地位也提高了（当时这个名字所拥有的社会联系已经远超斯坦·李和科比开始的设想）。此时，漫威宇宙中的黑人数量开始膨胀起来。不得不承认，某些情节渲染可能有弄巧成拙之嫌：从擦窗工人变成恶棍的霍比·布朗（Hobie Brown）、反战的越南老兵比利·卡佛（Billy Carver）和受难的物理学家阿尔·哈珀（Al B. Harper），这些人的接连登场让白人自由主义显得幼稚天真，但即便如此，我们还是可以看得出来，斯坦·李并不光是在利用时代潮流，而且还抓住了机遇。

当然了，斯坦·李也不会错过在公众面前宣扬自己的机会。当《东村特报》（*East Village Other*）刊载了一篇文章，说 DC 公司和漫威漫画的出版物中缺少黑人角色，并为此感到遗憾时，斯坦·李让助理编辑写了一封信，打出了一套巧妙的躲闪和虚构的连环拳，反驳对方例证不足：

> 你们的意思是黑豹只是一个拿来充数的黑人。当我们意识到在杂志中缺少黑人，并决定将他们带到故事中时，如果一下子就塞进 15 个肤色不同的人物，让他们在整本书中到处溜达，你们不觉得这很可笑吗？事实上，我们已经有了提恰拉（黑豹）、乔·罗伯森和他的儿子、威利·林肯（Willie Lincoln）、猎鹰山姆·威尔逊（Sam Wilson）、加布·琼斯、百夫长诺亚·布莱克博士（Dr. Noah Black），甚至还包括一个超级大坏蛋人猿（The Man-Ape）。总而言之，我们认为自己已经为黑人角色们开了一个好头。

漫威的说法其实并不怎么靠谱：威利·林肯是一个盲眼的越南老兵；百夫长是一个恶棍，他本想把自己变成"超人"，结果却成了"原生质黏液"；至于人猿嘛……呵呵。而且，当时名叫猎鹰的人物甚至都还没问世。斯坦·李赶紧与基恩·科兰临时抱佛脚，按照大学球星辛普森（O. J. Simpson）的模样创作了猎鹰形象，并迅速将他塞进了《美国队长》里面。在《东村特报》的文章发表 3 个月后，美国第一位非裔超级英雄终于出现在了主流漫画中。然而，这个猎鹰依旧被困在黑人住宅区里，收起翅膀成了一只温顺的鸽子，看起来也没有工作，更没有超级力量。虽然这很难称得上是一场改革，或者借用某个学术观察家的话来说，"好比身穿超级战斗服的西德尼·波蒂埃（Sidney Poitier）"，但这毕竟是一个开始。

另一种保持可靠公共形象的方法就是让画师创作能让粉丝们激动起来的东西。尼尔·亚当斯从吉姆·斯特兰科口中听闻漫威正打算让旗下画师自由发挥，于是就约见了斯坦·李。"你可以选择自己喜欢的作品。"斯坦·李将两年前对斯特兰科说过的话又对他说了一遍。亚当斯选择了《X 战警》，心想自己可以完全独立按照自己的想法对公司销量最差的作品来一次大翻新了。对，当然了，他也知道，这要跟这部作品的编剧罗伊·托马斯合作。

当斯坦·李在想方设法驾驭 20 世纪 60 年代的社会和审美潮流时，托马斯则分毫不差地模仿着老板的工作模式，让故事叙述更加丰满，尽量贴近、有时甚至改进他收到的那些原稿。虽然当时他还不满 30 岁，但他不仅像斯坦·李一样热爱经典，而且还认为需要让年轻一代更多了解文化，因此他在笔下的故事中撒满了各式各样的典故，从古希腊悲剧诗人埃斯库罗斯到《非凡的疣猪》（*Wonder Wart Hog*）。托马斯并没有创造新角色，而只是致力于充实原有角色的背景故事。在创作《复仇者联盟》时，斯坦·李要求托马斯添加一个新成员。托马斯本想让及时漫画的角色幻视再度登场，毕竟这个角色从 20 世纪 40 年代初期被科比画出来之后就没被使用过了，但是斯坦·李坚持要求新角色必须是一个机器人。于是，托马斯直接将幻视的旧画稿交给约翰·巴斯马，提议只保留其名字和服装元素，并把他描述成机器人。不仅如此，新版幻视还带有一种特殊电路，正是这种电路产生了神力人的"大脑模式"。后者是斯坦·李和科比创造的角色，不过在第 9 期《复仇者联盟》中死去了。就这样，托马斯一箭双雕地将两个过去的退场角色重组成了复仇者联盟中广受欢迎的"新"成员。

这种旧物再利用的倾向部分源自托马斯对自己童年时期英雄的留恋，部分则源自他对漫画产业运作方式的透彻了解。尤其在看到西格尔、舒斯特、西蒙、博格斯以及迪特科等人，在维护作品所有权时所遭遇的挫折之后，他就明白了不管自己创作出什么角色，都会被漫威收入囊中。"我开始思索，哪天他们拿其中一个角色去拍电影或电视剧，而我很可能既没拿到钱也没任何名分，那我准会发疯的。"因此托马斯反其道而行之，只以漫威已存在的角色为基础让他们顺其自然发展下去。例如，《复仇者联盟》中的英雄开始进一步地巩固他们之间的成人关系，尽管其方式有时会显得非常诡异。先后披过蚁人和巨人战袍的亨利·皮姆在遭遇一场实验室事故后，又成为了黄衫侠（Yellowjacket）。然而，从深层次的角度看，其实是本能冲动让他改变了身份，因为只有通过这种潜意识的变换，他才能舍弃工作狂的性格，换取与黄蜂女之间期许已久的婚姻（托马斯可能在这一情节中加入了自己对"成年人困境"的亲身体会，因为他是在度蜜月时编写的这段故事）。

于是，亚当斯和托马斯联手创作的那几期《X战警》就不能仅用井然有序来形容了；它们看起来很严肃，黑暗的忧伤替代了斯坦·李和科比宏大的哲学探讨。在激光眼和惊奇女孩之间发生了内部矛盾，而激光眼的兄弟哈沃克（Havok）、一头绿发的美人北极星（Polaris）和冰人之间也出现了爱情三角关系。亚当斯画的每一张脸看起来都好像准备大哭一场，或大闹一场；而托马斯的对白也让成年人之间互相指责和拌嘴显得活灵活现。

亚当斯突破传统的页面布局和动感十足的打斗描绘（人物动作可以跨越漫画格子）让《X战警》免于沦为阴郁的音乐剧；而且，即便是在冗长乏味的对话中，他也巧妙运用美术中的"对立式平衡手法"①让人物和角度产生一点新鲜感。当斯坦·李担心读者可能无法理解试验性质如此之强的故事时，托马斯打包票说，最后的成品一定能证明一切。但是，马丁·古德曼当时依然负责审阅每一本漫威出版物的封面，在他过目了亚当斯所画的第一期后，重新制作封面的命令就来了。古德曼实在无法容忍在X战

---

① 雕塑中一种稳定但不对称的姿势。——译者注

警大号书名下面躺着被打得落花流水的英雄们，而也就是在这时，亚当斯很快意识到所谓自由也是有限度的。

当时巴德学院（Bard College）政治理论系学生克里斯·克莱蒙特（Chris Claremont）刚好在漫威实习，他曾亲眼目睹了亚当斯和托马斯团队的遭遇。"当亚当斯和托马斯开始接手《X战警》时，我正好在公司。虽然我个人认为这是很棒的安排，但却不得不处理大量为唐·赫克打抱不平的粉丝来信。"虽然他们很快就得到了更多称赞，但和尼克·弗瑞一样，《X战警》终究也只能吸引一小批信徒而已。在这部系列被腰斩之后不到一年，亚当斯就重新回到了DC公司。

利益纠葛中的"神"，杰克·科比终于离开

漫威与独立新闻公司的发行合同到期后，完美电影与制药公司旗下的柯蒂斯发行公司就填补了空位，并让漫威自1958年以来首次拥有了出版任意数量作品的自由。但颇具讽刺意味的是，这时他们面临的唯一问题却是市场扩张速度已经远逊黄金年代了。

马丁·古德曼面对停滞的漫画销量，开始想尽办法削减成本。虽然他并不希望放弃已经占领的市场份额，但每一个新故事都是要花钱的。于是他取消了《奇异博士》，让牛棚开始筹备再版西部题材的《林戈小子》（Ringo Kid）和儿童漫画，例如《开心鬼荷马》（Homer the Happy Ghost）和《小淘气彼得》（Peter the Little Pest）。斯坦·李已经开始做起了裁员的准备，但他又向罗伊·托马斯说出了自己的疑虑。他不知道是否该解雇手下几个最好的画师，其中包括薪水仅次于科比的巴斯马以及约翰·塞韦林，因为他们每一个人都是不可或缺的。吉姆·斯特兰科想要制作西部题材的漫画，却被拒绝了，原因是他的稿费标准太高，靠此类漫画的销售额无法抵偿。尽管古德曼最终还是打消了裁员的念头，但还是将每一期故事的页数从20减少到了19，这幅度看似不大，但对于依赖稳定薪水过日子的自由职业画师们而言，却有着明显的影响。

　　古德曼接着又发布了一系列规定。经典科幻题材当中的火箭、射线枪和机器人都被列入了禁止名单。每一个故事都必须在当期结束，好让新读者不会迷失在错综复杂的故事线中。"那些跟不上这该死剧情的小孩子被你们抛弃了，"古德曼抱怨道，"我自己有时候看这些作品都一头雾水。"从此以后，漫威告别了英雄谱系，也告别了"欲知后事如何，且听下回分解"。在最后一两年里，斯坦·李曾经教导手下的编剧们说，漫威的故事应该只有"改变的幻觉"，也就是说角色本身应该保持稳定，从而避免其形象与已授权的其他媒体制作项目发生冲突。不过，由于禁止多期连载的大型故事，要维持这样的幻觉也变得难上加难了。每一场"冒险"的最后一页都无一例外会让一切恢复原样，因为大家必须小心翼翼地为下一个月的故事做准备。

　　古德曼坚持不开拓新方向，而托马斯继续拒绝创造全新人物。在翻新过往的漫画时，他简直可以说是如鱼得水，并很快在其作品中以不同的方式诠释起别人拥有所有权和版权的作品。在福西特版本的惊奇队长中，比利·巴特森（Billy Batson）只需要大喊一声"沙赞"，就可以和超级英雄互换身份。托马斯把这一桥段移植到了漫威自己的作品中，绿巨人的老友利克·琼斯通过碰撞两个金属手环，就可以完成互换。在同月的《复仇者联盟》中，他还将超人、蝙蝠侠、绿灯侠和闪电侠重新塑造成了"邪恶中队"（The Squadron Sinister），并分别命名为亥伯龙（Hyperion）、夜鹰（Nighthawk）、光谱博士（Dr. Spectrum）和飞毛腿（Whizzer）。然而，向过去的经典娱乐作品致敬时，知识产权又该如何保护呢？

　　商业的现实塑造着漫威漫画的一切。在《蝙蝠侠》的热潮接近尾声时才开始上映的《蜘蛛侠》和《神奇四侠》动画片，只能用反响平平来形容。为了尽可能榨取公司财产的剩余价值，奇普·古德曼关闭了"欢乐漫威前进会"这样一家给予了最忠实粉丝无限乐趣的俱乐部，并且将漫威周边的授权以一万美元的价格卖给了一个名叫唐·华莱士（Don Wallace）的加利福尼亚邮购业商人。华莱士将企业命名为"漫威狂热"（Marvelmania），而且尽管他将广告刊登在漫画书封底上，但本身却是脱离出版商独立运作的。从卡尔弗市一家邮局的邮筒里，漫威狂热的一系列海报、纽扣、贴纸、文具和画集被销往全国各地，而其中大部分图片都是出自杰克·科比之手，但他本人却分文未得。

尽管如此，科比依然以大局为重。当吉姆·斯特兰科在剧情达到高潮时"杀死"了美国队长后，又赶不上下一期的截稿日期时，斯坦·李慌忙找到了科比。他需要在一个周末的时间内制作出一整期漫画。"你要我把他复活吗？"科比问道。"不用，让他继续死着！"斯坦·李回答说。科比照做了，当他在周一早上出现时，手里已经拿着少了主角英雄的第 12 期《美国队长》了。

在刚迎来 1969 年时，科比将家和画板都搬到了加利福尼亚州欧文（Irvine）市。他最小的女儿患有哮喘，因此欧文温暖的空气是这次搬家的主要原因。不过，科比也很高兴能稍稍远离自己的老板。自从完美电影与制药公司入主以来，他就失去了跟公司交涉的筹码。在加薪请求被漫威无视之后，他开始想办法寻找其他途径来补充自己的收入。在完成一幅特别精彩的绘画后，他会让罗兹将它放在一边卖给别人，然后再草草画一张替代品交给漫威。在自己的一部分原稿被漫威卖给漫威狂热公司后，他也开始自行为该公司提供新画稿。据时任漫威狂热公司助理的马克·艾薇儿（Mark Evanier）所说，华莱士会将科比的原稿当成报酬支付给办公室里的好员工。艾薇儿尽其所能争取到了更多画稿，将它们归还给科比。

与此同时，科比也在等待手制作异人族主题的机会。他从两年前就开始创作他们的专属冒险故事了，可最后却眼睁睁地看着他们被切割成 10 页的片段塞进了《雷神》的末尾。不过复活异人族独立系列的说法一直不绝于耳。斯坦·李几乎在每一期"牛棚公告"里都会提起这个话题吊人胃口，接着又给出让大家再多等等的理由。虽然古德曼一直不肯为《异人族》亮绿灯，但科比依然不断让新角色的画稿在桌角上堆成一座山。他已经这样干了好几个月：除了为美国队长、托尔和其他阿斯加德人创作新配角以外，还有不少全新英雄。这些未被透露的角色，都有成为新银影侠的潜质。当卡迈恩·因凡蒂诺于 4 月份前来做客时，科比和罗兹夫妇请他留下来共享逾越节佳肴，酒足饭饱之后，科比向其展示了这些画稿，同时产生了将这些角色带到 DC 公司以换取 3 年合同的想法。因凡蒂诺对此很感兴趣。

不过，因凡蒂诺没能顺利说服 DC 公司接受上述条件。虽然距《空中霸王》的惨败已 10 年了，但杰克·希夫的朋友们却依然无法释怀。因凡蒂诺得花点时间去做他们的工作。

科比对这些新作品已变得越来越执着，渴望能在这些新故事中自己说了算，而不像在与斯坦·李合作时那样委曲求全。他曾经在漫展上对一群游客描述过自己对漫画未来的展望。"你们这群小伙都从漫画书的角度来看待漫画，但你们错了。我认为应该用毒品、战争、新闻、销售、商业的角度来看待漫画。而如果你站在毒品、战争，或者经济的角度上来看，那么你会发现，用漫画来表现这些比文字更有效果。我看现在没人想到这么做。漫画是个新闻业，可是现在却局限在肥皂剧的圈子里。"

视线转回纽约，斯坦·李也同样不得安宁。"我无法理解那些看漫画的人！要是我有空，没事做的话，我也不会去看漫画。"他在一场鸡尾酒晚宴上对法国电影导演阿伦·雷乃（Alain Resnais）说。他抱怨说自己大部分薪水都缴税了，而更糟糕的是，他的任何创作都不属于本人。"我写过的任何东西，都不属于我。"不过，他在去年夏天签下的 5 年合同轻而易举就作废了，既然古德曼已经退出了，那么就不存在让他留下来的家族忠诚感了。

"直到这个年纪，我才第一次考虑是时候干点别的事情了，"他吐露心声道，"我最近在考虑试着写一部戏剧，或者电影剧本，我认识本国的一些制作人。我甚至还考虑过写诗，就像罗德·麦昆（Rod McKuen）那类人一样，往里面掺点哲学和讽刺。就跟我在漫画里掺的东西一样，比如银影侠，你知道的，还有蜘蛛侠。我认为自己的名气应该足够大了，或许写出来的诗能卖得不错。可唯一的问题是，只要我还在这里，我就挤不出时间动手去做这些事情。但如果我退出的话，我又会失去收入，那样我还怎么过日子啊！所以我得想办法解决这个问题。"

可是画师们怎么办，雷乃问道。杰克·科比和约翰·巴斯马怎么办？

"这个么，我想过了，"斯坦·李说，"是这样的，这些人都是天才，我想如果我去拍电影的话，我会让他们跟我一起干的。杰克很擅长舞台设计之类的事情。而且他们也都是编剧能手。"斯坦·李将他刚刚收到的一个包裹递给雷乃，里头是科比为《尤利乌斯·凯撒》（*Julius Caesar*）搞的舞台设计，这是圣克鲁兹（Santa Cruz）加利福尼亚大学准备上演的一出戏剧。就算是留在漫画行业，科比和巴斯马多半也能过得不错，斯坦·李对雷奈说："但我还是会带上他们。"

面对多宗法律诉讼和失去耐心的债权人，完美电影与制药公司的马丁·阿卡曼放弃了柯蒂斯出版公司董事长的位置。"我退出了，"他在《纽约时报》上讲，"谁受得了这个气？"到了6月份，迫不及待想彻底告别主管生涯的他也退出了完美电影与制药公司的高层，并给自己准备了一份75万美元的顾问合同。接着，他写了一本书，控诉自己在柯蒂斯出版公司任职时所遭受的不公对待。

完美电影与制药公司的董事会任命38岁的前露华浓（Revlon）首席财务官谢尔顿·范伯格（Sheldon Feinberg，昵称谢利）接替阿卡曼。范伯格和阿卡曼一样，是一个急性子的烟鬼。他生于一个贫穷的家庭，自力更生完成了法律学院的夜校课程。随后，他师从露华浓创始人查尔斯·朗佛逊（Charles Revson）学习经营之道：铁拳政策加舍弃罪恶感。范伯格的首要任务就是还清银行贷款，因此他刚上任就宣布剥夺阿卡曼的喷气式飞机、数辆汽车以及保存在市中心办公室的个人财物。由于雇不起富有经验的高管，范伯格给自己找来了一群年轻但有志气的顾问。公司其他人，则深陷范伯格所营造的恐惧氛围当中。"在范伯格面前，只有让你说话的时候你才能说话，"一位前雇员告诉我们，"在我上班的第一个星期，他有事找我，于是打电话让我去他的办公室。因为我所在的房间跟他的大房间只有一墙之隔，所以我就说手上有些事情要做完，5分钟后就到。没过30秒，我的直属上司，也就是市场部副总裁，冲了进来，冲我吼道，你这家伙是混蛋吗？哪怕1秒钟你也不能让他等。在他挂电话的时候你就应该出现在他面前。"另一位老同事这样描述范伯格的管理风格："把高管们都扔到一个坑里，让他们相互争斗，这样一来，他们总能做得更好。另外，要想方设法羞辱你的下属。在工作上他真的是铁面无私。"

范伯格并没有被自己接手的烂摊子吓到。这是一个"糟糕的集团",他曾埋怨过这家公司跟别人告诉他的完全不同。当《纽约时报》问他,如果当初知道这家公司的底细,他是否还会接受这个职位时,他没有给出答复。他开始动手将完美电影与制药公司一点一点卖出去,而漫威也注意到了这一情况。"杂志部门已经快死了,我们估计下一个就是漫画了,而这也不是我们第一次为这种事情心烦意乱了,"约翰·罗米塔说,"他们摧毁了《周六晚邮报》(Saturday Evening Post),不是吗?太可怕了。他们没能力欣赏整个部门。"

正是在这种氛围中,杰克·科比决心要一份新合同。他已经被漫威狂热公司骗走了一大笔钱,斯坦·李又让他大感失望,而古德曼和阿卡曼则对他视而不见;要知道,在漫威与乔·西蒙争夺美国队长的时候,他可是选择了站在漫威这一边。当西蒙在11月20日收到遣散费用时,科比也等着漫威向他支付与之对应的金额(据一份报告称,这个数字只有7 500美元)。这都是事前双方说好的。科比和他的律师在1969年12月坐飞机来到纽约,希望能与完美电影与制药公司坐下来好好聊聊。可是在谢尔顿·范伯格或者他手下的那帮年轻高管眼里,杰克·科比又算哪根葱呢?你要说斯坦·李的话,他们倒还有点印象。尽管如此,要是科比要求得到一份合同,他们也会给他的。

科比最终得到了制作《异人族》系列的许可,但由于斯坦·李已经没空填写对白了,所以科比不仅要绘制,还要完成编剧。他还得到推进另一个新系列的任务,其主角是过去及时漫画的角色卡扎。随着漫画销量下降,古德曼认为眼下并不是大幅拓展产品线的理想时机。实际上,他刚刚才取消了销量低迷的《X战警》,把它扔进了废纸篓里让其跟《奇异博士》和《惊奇队长》做伴了。因此,他为这两个系列设置了一个条件,在20世纪60年代初这场小心翼翼的试验性回归当中,异人族和卡扎将以10页篇幅分别刊登在两本新合集刊物中。异人族会与钢铁侠故事里改邪归正的坏蛋黑寡妇一起出现在《惊奇冒险》(Amazing Adventures)中;卡扎则与毁灭博士会师《惊异故事》(Astonishing Tales)。如果在销量上做出了成绩,那么也许其中一个角色就可以成为独立的系列。

科比打道回府，等着合同到来。当他开始思考如何将已经写好的异人族故事分成两个部分时，斯坦·李打来了一个电话，问他是否愿意参与制作一部让银影侠重出江湖的作品；这一次，这位主角英雄将被重新塑造成一个满腔怒火的复仇者。这部作品被命名为《始源银影侠》（ *The Savage Silver Surfer*。颇具讽刺意味的是，从科比赶在截稿期限之前将其加入第 48 期《神奇四侠》开始，这个角色在他心目中的形象就是这个样子的)。尽管再次操刀这个由自己创造却被他人掌控的角色无异在伤口上撒盐，但科比还是接受了这个邀请。

接着，合同总算来了。科比看着纸上的条款，心头愈发沉重。他的眼前有两条路，接受或是放弃。在第 18 期《银影侠》的最后几页里，弥漫的令人胆寒的紧张感，而这正是科比当时的心情写照。银影侠在战斗结束后腾空而去，冲上一座山顶，双膝跪地，片刻之后，他将脸转过来，用充满怒火的双眼直视着读者。"我已经克制得太久了！太久没有展现过自己真正的力量了，"银影侠咆哮着，"我是经过深思熟虑之后才这样做的。爱或者仁慈充满了我们的内心。人们通常只会动嘴，表达之后就全然忘记了。"

当卡迈恩再次造访加利福尼亚时，身上多了一份合同。科比在因凡蒂诺所住的旅馆房间里签下了与 DC 公司的 3 年期合同。

与此同时，在拥挤的牛棚中所弥散的气氛大体上还是很轻松的。也许它从来都算不上来信栏目中所描绘的理想乡精灵作坊，而且在未上锁的办公室正门上悬挂的"闲人免进"告示，其实只是用来阻挡一小部分行为过激的粉丝。据接替弗洛·斯坦伯格担任漫威秘书的罗宾·格林（Robin Green）说："牛棚已经成了男人的乐园，到处都是裸体女性的图片，有的像《花花公子》里头的那类，还有的则是漫画中的角色，反正是你在《蜘蛛侠》里永远无法看到的景象。其中一些根本就是色情图片，要是碰上（上墨师）托尼·莫尔泰拉罗（Tony Mortellaro），你都不知道该往哪儿看。"他们还把厕所的钥匙称为"屎窝通行证"。

当时由纽约大学学生在漫威办公室拍摄的短片《我们爱你，赫布·特瑞普》(*We Love You Herb Trimpe*)让我们有幸能一睹这个男人的乐园：酷似艾伦·艾尔达(Alan Alda)的特瑞普在自己的隔间张贴了乔治·巴顿将军的海报(在海报上面还悬挂着第二次世界大战的飞机模型)。约翰·福伯尔滕和玛丽·塞韦林一边聊天逗趣，一边头也不抬地工作。房间里的桌子拼得满满当当，如果有人要挤出去，那么所有人都不得不停下手头的活。他们对于读者群体的变化深感可惜，原本主要都是些会激动得瑟瑟发抖的小孩子，而如今却都是越来越死脑筋的青少年。"我觉得粉丝和疯子大概只有一线之隔。"特瑞普这样说道。

玛丽·塞韦林的一双棕色大眼睛上架着厚厚的镜片，还时常穿着罗宾·格林口中"非常时髦"的服装，她不管是对这个男性俱乐部还是粉丝都存在成见，不时把他们都画为了精彩而呛人的讽刺漫画，钉在办公室每个角落。玛丽·塞韦林的这些漫画还曾被刊登在《我不是大牌》上，不过既然这一系列已经被腰斩了，那么她的大部分杰作都只能调侃自己的合作者并在私下流传。不过，在这烟雾缭绕和连篇妙语之中，牛棚也充满了家族式温暖。仓本会在午餐时间画水彩画。不时还会有自由职业画师来办公室，拉开一张椅子就开始埋头绘制。当画师巴里·史密斯(Barry Smith)造访牛棚时，正好亲眼目睹了一场自发性大合唱，他们伴着电台里披头士的《Hey Jude》一个接一个地跟着唱了起来。史密斯说："当这首歌播放到悠长的最后一段副歌时，赫布、约翰·罗米塔、仓本莫里、托尼·莫尔泰拉罗、玛丽以及另外几个人全都撕心裂肺高唱了起来。"

1970年3月6日是个星期五。刚过去的60年代依然余音绕梁。尚未公布解散消息的披头士在这一天的早晨发布了新单曲《Let It Be》。在格林威治村，当12点的钟声刚敲完没几分钟，激进组织"气象员"派(Weathermen)的成员意外引爆了正在制作的炸弹，将他们在镇上的基地夷为平地。位于市中心的漫威办公室此时正在制作第128期《美国队长》，它讲述了，摩托骑士帮派"撒旦的天使"(Satan's Angels)在一个类似阿尔塔蒙特(ALtamont)的摇滚音乐节上当保安的故事。就在斯坦·李拿到杰克·科比的第 102 期《神奇四侠》后画稿后没多久，麦迪逊大道 635 号的电话响了起来。"杰克在 2 号线。"斯坦·李的接待员通报道。

过了几分钟，满脸惊骇的斯坦·李把索尔·布罗德斯基叫了过去，随后罗伊·托马斯也前去报到了。刚刚送到的《神奇四侠》画稿就躺在斯坦·李的桌上，还散发着 Roi-Tan 猎鹰牌雪茄的香气。科比在画画时常抽的雪茄牌子。

王者已弃漫威而去。

当约翰·罗米塔听到这个消息的时候，他立刻走进斯坦·李的办公室，问他是否准备停刊《神奇四侠》。不，斯坦·李说，接下来交给你负责。"你疯了吗？"虽然罗米塔嘴上这么说，但最后还是同意了。"我在这一过程中感到极度郁闷，因为我觉得这非常不对劲，"后来，他回忆道，"感觉就像是尝试抚养别人的孩子一样。"约翰·巴斯马的反应则更强烈。"我觉得我们马上要关张了，"他这样回忆，"在我看来，杰克就是漫威的脊梁骨。"

有人找到了科比最近一次造访牛棚时留下的雪茄屁股。"玛丽·塞韦林用它精心制作了一块牌匾，"特瑞普后来回忆，"贴上了'杰克·科比在漫威的最后一根雪茄'的标签，还配上了精美的漩涡形装饰。"她将这块牌匾挂在墙上，旁边写着"这里曾有科比"的大字。

MAR

THE

UNTOLD

STORY

COM

第二部分

运营之痛

IP 能量的流散与聚集

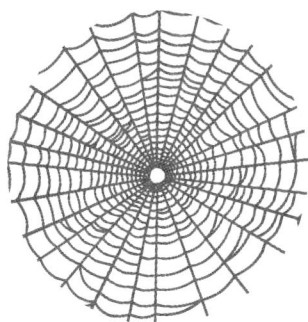

漫威宇宙的核心是超级英雄，所有员工的存在都是为了保证整个宇宙的顺利运行。随着公司的发展，如何维持并开发漫威宇宙的市场能量，成为管理层最为关心的问题。利益分歧引发的人员交替，过分注重短期利益带来的符号价值贬值……青春期的漫威，充满了成长的烦恼。

MARVEL COMICS
THE UNTOLD STORY

04

**市场的裂解力，
"牛棚"元勋纷纷离去**

整个 20 世纪 70 年代斯坦·李都背负着沉重压力，用他在信中向朋友念叨的话来讲，就是"狂怒、狂乱和狂热"。他依然在忙碌着平复科比离去所引发的公司震荡，同时还将一家人从休利特湾搬到了市中心的一栋公寓里。偏偏就在此时，索尔·布罗德斯基向他告别，说自己要去开一家黑白漫画的创业公司。斯坦·李只得无奈祝他好运，随即任命约翰·福伯尔滕为制作组新组长。

公司里一派物是人非的景象，令人怀念起"神奇四侠"，还有"欢乐漫威前进会"

的那些美好日子。每当斯坦·李穿过长廊走进办公室时，都会经过那张多年前挂上的真人大小的蜘蛛侠海报，而其绘制者史蒂夫·迪特科早已另谋高就了。弗洛走了，科比走了，索尔也走了。负责为超级英雄配色，并在 10 年里一直担当《模特米莉》画师的斯坦·戈德堡最近也转投 DC 公司麾下，做出同样决定的还有元老级画师约翰·塞韦林。只有马丁·古德曼从 20 世纪 60 年代初期的盛世开始一直未离开；不过虽然他依然在审阅封面和决定新系列去留，但也已经将一只脚跨出了这个圈子，张罗着让奇普接班，而这个继任者也终究还是更看重杂志业务。就连漫威神龙见首不见尾的老板完美电影与制药公司也改称含糊不清的卡登斯工业（Cadence Industries），并搬到了遥远的新泽西州。最关键的是，漫画销量始终都萎靡不振。

这已经不是斯坦·李第一次看着那些为漫威添砖加瓦的人们离他而去了：1941 年发生过一次，当时乔·西蒙和杰克·科比走了；在 1949 年又发生了一次，当时他被迫解雇了自由职业画师；在 1957 年再次发生，当时他被迫解雇了手下的员工。而眼下的区别在于，他拥有了决定接下来发生什么的权力。在 1970 年一整年里，也即身为漫威漫画公司雇员的第四个 10 年时，他开始更密切地研究起出版战略来，并着力求新求变。他与诗人肯尼斯·科克（Kenneth Koch）计划以"可能有助于尽早结束越南战争而值得为其投票的国会议员"为主题创作一系列漫画。他还跟 DC 公司的卡迈恩·因凡蒂诺筹划建立"漫画艺术学院"（Academy of Comic Book Arts），期望能借此在业内获得更广泛的认可。"我们会在世界知名画廊里举办展览，"他写道，"为本土和海外感兴趣的群体提供名家系列讲座；还有一年一度的颁奖典礼，由我们这样的专业人士来评判和奖励这个行业里的那些最优秀的艺术家和剧作家（至少这个组织的确颁出过几个奖）。"在奇普·古德曼的帮助下，斯坦·李还向"漫画法典委员会"（Comics Code Authority）展开游说攻势，要求放宽对漫画中描绘麻醉剂的禁令。虽然这一提案没能通过表决，可是后来，当美国卫生、教育和福利局来信请他在漫画中宣传滥用药物的害处时，他成功说服了马丁·古德曼，在禁令下暗度陈仓。于是，漫威就出版了一期讲述彼得·帕克的室友哈利·奥斯本嗑药成瘾的故事。各大报纸竞相报道，很快就轻易盖过了"漫画法典委员会"的不满。①

　　漫威赢得了这场战役。在区区几个月时间里，"漫画法典委员会"就意识到自己正在成为历史潮流的障碍，于是他们不仅开始允许在漫画中描绘滥用药物，而且还放开了一部分有关恐怖内容的禁令。漫威马上就行动起来，紧紧抓住新政策商机，创作了《黑夜狼人》（*Werewolf by Night*）、《德拉库拉的墓穴》（*The Tomb of Dracula*）和差点成真（斯坦·李后来被说服，放弃了这部讲述魔鬼本人冒险故事的作品）的一部被称为《撒旦的标记》（*The Mark of Satan*）的作品。

　　不过，斯坦·李之所以不辞辛苦地从事这些活动，并非希望振兴粗制滥造的怪物漫画。这个行业已经几次三番处于灭绝的边缘。虽然他努力改善世人对漫画的普遍看法，但却并不愿意当这艘破船的陪葬品。有传闻称，斯坦·李正在巴望着合同到期的那一天，不过，当他的挫折感被众人所知时，这样的推测反倒引来了更多的关注。"对地球上富有创造性的人才而言，漫画市场是最糟糕的市场，其中的原因多如牛毛、数不胜数。"他曾在一次业内聚会中这样说道。

　　　　有许多有才华的人问过我，如何进入漫画业。如果他们确实很有才，那么我给他们的第一回答是："你为什么会想要进入漫画业呢？"即便你在漫画界登上了所谓的成就巅峰，你所得到的成就感、安全感和收益都是不高的，远比不上在电视、广播、电影或者其他任何合适行业里的普通从业者。在这个行业里，创作者……对自己的作品没有一丁点所有权。拥有它的是出版商……这个行业

①　斯坦·李还得到了马丁·古德曼的允许，出版一本不带"漫画法典"认证的黑白杂志，名为《原始传说》（*Savage Tales*，封面上还公然写着："面向成年读者的成人级漫画！"）。封面明星是野蛮人柯南，这是漫威以每期 200 美元价钱从罗伯特·霍华德手中买下版权许可的一个来自廉价漫画的老角色；不过，从前那些漫画月刊的冒险故事中，是禁止出现裸体或斩首画面的。这本杂志还收录了《女性化的狂怒》（*The Fury of the Femizons*），一个带有女权主义色彩的恐怖科幻故事，"邪恶的酒色之徒"成了 23 世纪所有男性的统治者；《黑人兄弟》（*Black Brother*），一个关于某个非洲国家统治者的政治闹剧；一部卡扎的冒险故事；《类人体》，里头有一个浑身污浊，在沼泽中生活的怪物。这部杂志才刚出版第一期，就被古德曼叫停了。

中的创作者在进入另一个更好的行业之前，永远只能当学徒时，这难道不是一件可悲的事情吗？为什么不在一开始就选择其他行业呢？

"对于任何有想法的画师，我想说的是，"斯坦·李最后总结道，"在将作品交给出版商之前，请三思。"

他想方设法让自己的生活从古德曼的规定中摆脱出来，并且与整个漫画世界渐行渐远。他与导演阿伦·雷乃的交情已经很深了。后者曾拍摄过《广岛之恋》（*Hiroshima Mon Amour*）、《去年在马里昂巴德》（*Last Year at Marienbad*）等大受好评的文艺电影。和费里尼一样，他曾公开承认自己是漫威漫画的忠实粉丝。和费里尼不同的是，雷乃并不是简单地表达自己的敬意，他还想在银幕上与漫威合作。

"《怪物制造者》（*The Monster Maker*）是一部具有现实情怀的奇幻作品，讲述了一位失意的电影制作人通过解决污染问题，最终克服挫折感的故事。"斯坦·李在《纽约时报》上这样介绍这部关注生态的电影，"其中会出现大量象征主义手法，当然还有大量垃圾。"当你看见电影中那个埋首于三流文化产品的主人公在妻子鞭策下向更高目标前进时，很难不会将《怪物制造者》看成是一部斯坦·李的自传。这或许也是斯坦·李对自己人生历程的看法，他从炮制廉价产品的卑微小人物起步，最终成为备受瞩目的文化领袖并受到全世界范围内的众人敬仰。现在，他可以抨击社会弊病，从而引发人们对此问题的关注。为了专心致志地拍摄《怪物制造者》，斯坦·李请了人生中的第一次假期，暂停了漫画编剧工作。

一开始，斯坦·李还对放手那些旗舰级作品感到不安，毕竟此前他还从未这样做过。就如同似乎没有谁的画作能像杰克·科比那样令其满意一样，似乎也没有谁的剧本能像他自己的那样令其认可。然而其倾尽全力的《银影侠》系列，到头来不是依旧被腰斩。还有比这更糟的结局吗？于是他就把钢笔传递给了那几个最透彻吸收了他的风格，并能最天衣无缝延续过往辉煌的人：《超凡蜘蛛侠》交给了罗伊·托马斯，《神奇四侠》给了阿奇·古德温，《美国队长》给了加里·弗里德里克，而最令漫威粉丝意外的是，

《雷神》竟到了一个名叫格里·康威（Gerry Conway）的小伙子手里。

当第一期《神奇四侠》登陆报亭时，出生于布鲁克林的康威才刚 8 岁。16 岁时，他开始为 DC 公司编写剧本；不久之后，他认识了罗伊·托马斯，后者为其安排了一次漫威的编剧测试。不过，斯坦·李一如既往地对别人处理自己笔下角色的方式不甚满意。

"对于一个 17 岁孩子而言，他写得真心不错。"托马斯劝说道。

其实斯坦·李本人也是在这个年纪走进漫威办公室的。他思索片刻后说道："那么，我们为什么不找一个'对于 25 岁而言，写得真心不错'的孩子呢？"

不过，在编写了《惊奇故事》中卡扎的一段故事后，康威就赢得了临时为《夜魔侠》编写剧本的机会。他很快就成了漫威的新骨干。正如托马斯需要随时捡起斯坦·李无暇顾及的系列一样，康威也迅速担负起了《钢铁侠》、《海王纳摩王子》和《无敌浩克》的工作。康威给夜魔侠找来了一个同伴，从而改变了这部作品的架构；那就是在基恩·科兰笔下如杂技演员版安玛格丽特（Ann-Margret）的黑寡妇，她拥有赤色长发、喜欢身穿紧身衣。"这两人之间似乎存在某种天然的化学反应，"康威说，"我认为基恩的黑寡妇是漫画史上第一个货真价实的性感尤物。"

然而，尽管画师约翰·巴斯马和他弟弟沙尔（Sal）的绘制风格与科比极为类似，但是康威的《雷神》却与托马斯的《超凡蜘蛛侠》和古德温的《神奇四侠》一样，都面临着难以逾越的障碍。他们不仅要走出斯坦·李和科比的巨大阴影，而且还得受命保持原有作品的格局；角色的发展变得裹足不前，有的只是以公众关注热点为素材创造的戏剧化故事。销量低迷的《美国队长》变成了《美国队长与猎鹰》（*Captain America and the Falcon*）；而且新加入的这位非裔联袂主角开始了和脾气暴躁的好战派黑人女孩蕾拉（Leila）的恋情，他们时而小心翼翼地约会，时而怒气冲天地吵一架。复仇者联盟掺了妇女解放运动，海王开始为保护生态奔走忙碌，而绿巨人、托尔和异人族则造访了犹太人区。这样的漫画还有什么乐趣可言？

漫威已经有一两年时间没推出过超级英雄的新系列作品了，登上报亭货架的新面孔只剩下一些用来试水其他类型的低成本作品，例如《西部枪手》（*Western Gunfighters*）、《小鬼》（*Lil'Kids*）、《我们的爱情故事》（*Our Love Story*）、《愚弄》（*Spoof*）、《哈维》（*Harvey*）和《恐惧》（*Fear*）。来信的读者和同人志出版商开始越发感受到，漫威已经彻底走上了自我抄袭的路子。某期《神奇四侠》就干脆照搬了一个科比未发表的故事。为了鼓励漫威的编剧和画师在他离开后能继续创造新角色，斯坦·李提议创办全新选集系列，于是就有了《漫威特色》（*Marvel Feature*）、《漫威精选》（*Marvel Spotlight*）和《漫威处女作》（*Marvel Premiere*）。但是，《漫威特色》推出的捍卫者（Defenders），8 年来首个超级团队当中竟没有一个新角色，无非只是将奇异博士、海王和绿巨人放在一块儿罢了。尽管《漫威处女作》推出了新角色亚当术士（Adam Warlock），但他也只是一个改名换姓的老人而已。科比在 1967 年设计了他的原型，后经罗伊·托马斯和吉尔·凯恩之手使其成了一个仿佛从《耶稣基督万世巨星》（*Jesus Christ Superstar*）中走出来的宇宙级和平运动者；他披着滑稽的长发与各行各业的权威人物展开较量。1971 年漫威最激动人心的作品当属《复仇者联盟》中一段名为"克里—斯克鲁之战"的宏大故事，这得到了粉丝的一致公认。在这个故事中，托马斯和尼尔·亚当斯再次联手回归传统，为读者带来了期盼已久、连载数期的宇宙史诗故事。这是一场恢弘壮阔、时而令人兴奋到发抖的旅行，各式各样的漫威神话也得到了一一呈现；它不仅展示了两个外星种族之间的战斗，还囊括了反物质世界、惊奇队长和异人族，更有许多及时漫画时代的英雄重出江湖，例如天使、炙焰骷髅（Blazing Skull）、鱼人（Fin）、爱国者（Patriot）和原版的幻视。在"克里—斯克鲁之战"中，托马斯就像带着纸篓和胶水游历了漫威宇宙的各个不同角落，挑选出斯坦·李和科比用剩下的零碎材料，然后组合在一起，从而拼凑出了这样一个主题。你可以认为它在多部作品融合方面达到了一个新高度；也可以认为这或许是过往辉煌的一次宏大绝唱，是业已焚尽的香炉中最后一丝令人陶醉的芳香。

古德曼的阴招，漫威勇夺行业第一

眼见漫画事业在没了斯坦·李和科比之后依然在稳步前进，马丁·古德曼就谋划了一记阴招，想要一了百了地彻底征服 DC 公司。当漫威和 DC 公司就提高漫画售价达成共识后（在 1962 年曾经从 10 美分上涨到 12 美分，在 1969 年又涨到了 15 美分），握手言和的双方同意将每本漫画的容量从 36 页扩充到 52 页，并提升单价到 25 美分。可仅过了一个月，古德曼就开始减少页数，价格也降到了 20 美分。同时他还向报亭经营者提供了更丰厚的利润分成，从而确保漫威能在货架上占据好位置。与此同时，DC 公司还在尝试推销自己价钱更高、页数更多的漫画，彻底中了古德曼的计策，而等他们反应过来匆忙回到 20 美分的价位时，这场战役乃至整场战争都输掉了。漫威终于历史性地首次登上了世界第一漫画公司的宝座。古德曼得知这个消息后，立刻就带着漫威的员工来到了 DC 公司街对面的餐厅里开起了庆功宴。他知道 DC 公司的员工在下班后常去这家店聚会，因此不想错过这个炫耀的好机会。

不幸的是，成为漫画产业领头羊并不意味着会带来什么实质变化。漫威和 DC 公司都努力使自己的作品与社会问题关联以吸引主流媒体注意，例如某一期《纽约》（*New York*）杂志的封面故事就略带误导性地将这一现象奉为"超级英雄的激进化"，但是这一切对于公司的盈亏而言没有任何作用。漫威反倒是把自己"奋斗的失败者"的形象给抹杀了。在业内，迪特科和沃利·伍德的抱怨曾在一段时间内广为流传，也有不少人对 DC 公司和漫威所提供的有限创作控制权唱起了反调。随着科比离去，同时也随着有组织的粉丝群体网络的发展和愈加丰富的同人志和漫展，这些流言和指责也如野火般变得势不可挡了。

那些雇员非常希望被拉开的帷幕以最快的速度再拉回去，毕竟他们已经得到了一个展现才华的平台。但当时负责 DC 公司《绿灯侠》和漫威《复仇者联盟》的尼尔·亚当斯却是一个罕见的异类，作为一个极负盛名的画师，他有权拒绝专门为任何一家公司工作。在一场纽约漫展上，他在观众面前坦率表达了自己对两家雇主商业策略的看法。他说："DC 公司的目标，可能更多是想要将价钱再抬得高一点，试图建立一个 50 美分的漫画书市场。而漫威却想用大量 20 美分的漫画书冲击市场，从而称霸整个战局，这种做法或许也是对的。他们是两家非常庞大的公司，相互之间的竞争也很激烈。不过，我希望他们谁都赢不了谁。"

虽然最终未能登陆银幕，但斯坦·李和雷乃的《怪物制造者》剧本还是卖出了 25 000 美元的价钱。休假归来的斯坦·李发现漫威竟成了行业领头羊，《滚石》杂志还专门对此进行了评述，并让绿巨人的形象登上了当期封面。斯坦·李的前任秘书罗宾·格林负责执笔这则报道，她在与斯坦·李交流时发现其有点神经质。他对罗宾说，即使你想做一个友善的人，但也丝毫不能改变这个充满敌意的世界。有传言说他对漫威心存不满，甚至还准备在合同到期后接受 DC 公司的邀请。"斯坦独自一人坐在角落里，虽然依然目不斜视地微笑，但有时候却会突然表露出郁郁寡欢的神情。"罗宾写道。他变得暴躁、紧张。"我询问他想要坐在哪里，"她接着写道，"而他就说，你爱怎样就怎样！来一粒糖吧！你是我的客人嘛！我们在讨论了一会儿后，他会重新播放一遍录音，避免出现什么疏漏。这个时候斯坦说，你知道吗，这声音听起来真讨厌。要是有另一个我，用这种声音对我说话，我肯定不会喜欢他的。我要试着更加抑扬顿挫一点。"斯坦·李还聊起了写作时的孤独感，他还谈到妻子和女儿对漫画都不感兴趣，中途还把假发给换了。

加盟 DC 公司之后，科比的新作品，也就是组成所谓的第四世界（Fourth World）神话的《新神》（*The New Gods*）、《奇迹先生》（*Mister Miracle*）和《永恒之人》（*The Forever People*）开始陆续登场。这些都是 5 年前科比计划在诸神黄昏故事之后替代托尔及其他"旧神"的新一代英雄，然而这一故事走向最终被斯坦·李否决了。在许多读者看来，科比的新作品显得力不从心：人物的僵硬程度比过去更严重，台词设计也显得矫揉造作。尽管如此，比起漫威，他至少在尝试新东西。

漫威的员工都屏息凝神地等待着科比在 DC 公司的作品。虽然他们都爱戴科比，但还是不怀好意地祈盼着他的新计划遭遇滑铁卢。如果 DC 公司能像漫威那样利用好科比这棵摇钱树，那么……好吧，结局一定不堪设想。漫威肯定抵挡不住这样的竞争。上墨师文斯·科莱塔（Vince Colletta，昵称文尼）在 DC 公司的办公室里弄到了科比画稿的复印件，立刻运回了漫威，还把它们挂在墙上。漫威自己的封面画师被召集起来，对着科比的作品推敲了起来。

科比毫不忌讳地拿新雇主与老东家做起了比较。"和漫威不同，在 DC 公司我没有受压迫的感觉，"他在接受采访时表示，"在我从前编写的故事中，我得不到一丁点赞扬。在漫威，大部分编剧工作其实都是由画师按照大纲完成的。例如《神奇四侠》，源自我的创意。它诞生于我的想法；它将如何发展也取决于我的想法。我并不是说斯坦与此毫无关系。他当然有所贡献。我们在一起讨论。不过后来，我开始在家办公，不再出现在办公室里了。我在家里面创造了这一切，然后就把它们寄给公司。为了保持销量，我不得不策划新想法。在绞尽脑汁想出新点子之后任其被他人掠走，这样的事情让我感到灰心丧气。"

不过，最尖锐的讽刺还在后头。在第 6 期《奇迹先生》中，科比带来了方齐·弗拉什曼（Funky Flashman，意为搞怪的浮夸之徒）这个角色。这个口若悬河、雷厉风行的推销员与斯坦·李的相似程度绝非巧合。谢顶的方齐·弗拉什曼很喜欢把胡子剃得干干净净，他每天起床干的第一件事就是戴好"假发加胡须"面具，然后逢人就说一些押韵的俏皮话、许下根本没打算兑现的承诺。"不管是什么名言警句、陈词滥调，我都信手拈来！即使我只是随便说说，那些渺小的人们也会奉为圣旨！怀着惊奇之心！敬畏之心！崇拜之心！向着他们的方齐！"他的助手豪斯罗伊（Houseroy）总是紧紧尾随其身后，并皮笑肉不笑地喊着："方齐老板！我的领路人！"这个人物的形象令人不禁联想起罗伊·托马斯。在故事的尾声部分，方齐·弗拉什曼面对一群蜂拥而来的愤怒战士，阴笑着抛下豪斯罗伊，独自拍着屁股溜之大吉了。

罗伊·托马斯针对这段描绘做出了反击，并认为科比"自称独自创作了所有漫威英雄，甚至包括剧本"是偏执狂的幻觉。斯坦·李虽然没有公开对方齐·弗拉什曼这一角色做出任何回应，但私下里却颇受打击且愤恨难平。也许是为了与这则讽刺漫画的主角拉开形象上的差距，他剃掉了自己的胡子。

银影侠可以回归了，斯坦·李荣登董事长和发行人

　　这段时期中的漫威最不愿看到的就是在公共关系上出什么岔子。经历过漫威狂热的那次惨败后，奇普·古德曼在 1971 年将漫威角色授权给了史蒂夫·兰博格（Steve Lemberg）。他是一位顶着爆炸头的音乐会主办商，他计划将这些冒险故事变成舞台音乐剧、电台节目和电影。兰博格的第一波营销措施就是将斯坦·李塑造成一位诚实可靠的名人。他很快就在卡内基音乐厅里组织了一场以之为主题的活动。"在这个新文化的博学之夜，与你可爱的牛棚小伙伴们见面吧！"在《纽约时报》的广告上蜘蛛侠为 1972 年 1 月 5 日的这场活动摇旗呐喊。对于高达 2.5 万美元的巨额成本，即使全场满座也不可能让兰博格收回成本。不过，这场表演只是一笔经过精心计算的前期投资而已，其目的就是要让斯坦·李的名声能跨出漫画圈子。以小胡子加墨镜形象登场（他终究还是收敛不住自己搞怪、浮夸的本色）的"大明星"斯坦也算是拼尽了全力。但是，这次活动却最终沦为了一场不知所云、杂乱无章的表演；即兴创作漏洞百出，超级英雄的服装也都是用魔术记号笔和合成弹力纤维制造的廉价破烂。受邀为戏剧配音或演唱副歌的明星嘉宾也完全是胡乱挑选的：阿伦·雷乃、演员雷内·奥博诺伊斯（René Auberjonois）、彼得·博伊尔（Peter Boyle）、查克·麦卡恩（Chuck McCann）、作家汤姆·沃尔夫（Tom Wolfe）、沙滩男孩丹尼斯·威尔逊（Dennis Wilson）、爵士鼓手奇科·汉密尔顿（Chico Hamilton）以及《吉尼斯世界纪录》中拥有世界上最高男人头衔的埃迪·卡梅尔（Eddie Carmel）。斯坦·李的妻子和女儿朗诵了一首斯坦·李写的诗《神醒了》（*God Woke*）。在舞台左右两侧的大屏幕上播放着粗制滥造的幻灯片，与卡内基音乐厅里的华丽幕帷形成了鲜明反差；列侬的歌曲《Be-Bop-A-Lula》成了罗伊·托马斯、赫布·特瑞普和巴里·史密斯的摇滚三重唱。还有报道称，感到无聊透顶的观众不断撕开手中的漫画，折成纸飞机朝台上扔去。整台活动结束后，格里·康威来到后台想向斯坦·李表示祝贺，却发现老板的脸色异常惨白。康威说："他看起来，

就像在车头灯照射下的小鹿一般惊慌失措。"

此后不久，斯坦·李就请了一个假。他拜访了马丁·古德曼位于佛罗里达州棕榈滩的那栋铺着绿松石色地毯的私人公寓。二人坐在露台上一边俯瞰大西洋的美景，一边跟一位记者聊起他们每年向 100 多个国家销售 5 000 万册漫画的优秀业绩。不过，斯坦·李想讨论的话题并非这些，而是为什么他没能让科比创造的角色走上成功之路。

> "虽然在我们的高校调查中，银影侠的分数是最高的，但是小孩子却对他没有丝毫兴趣。也许是因为他的动作不够多，或者不够夸张；也许原因在于银影侠是纯白色的，没有帅气的制服；也可能是因为他是个光头，或者他原本就不是普通人，没有双重身份。"

> "我觉得从心理学上讲，潜在读者对冲浪①根本就不感兴趣，"古德曼挖苦似地补充了一句，"所以我们才不受人待见。"

> "银影侠会回来的，"斯坦·李的态度很坚决，"也许会有所改变。我们已经在考虑这方面了。但是我们已经收到了好几千封读者来信抱怨他的离去，所以我现在可以非常明确地说，银影侠会回来的。"

言毕，二人继续将目光投向浩瀚海洋。这名来自棕榈滩的记者当时还不知道，64 岁的马丁·古德曼再过几周就要退休了。

在其父离开一手创建的公司后没过多久，奇普就带着妻子罗伯塔（Roberta）参加卡登斯工业公司 CEO 谢尔顿·范伯格的荣誉晚宴。"他说在他离任之前我们都不能走，"罗伯塔回忆道，"而那时我们第一次意识到公司将迎来大变革。"

即便对漫画行业一窍不通的范伯格也意识到了，如果斯坦·李跳槽到 DC 公司会带来多么可怕的威胁。范伯格做出了一个惊人决定，让斯坦·李连升两级，成为漫威漫画的董事长和发行人。斯坦·李的双手终于从古德曼家族的束缚中解脱出来。他可以发行黑白漫画了；他可以对封面说了算了；他可以让银影侠回归了。

---

① 银影侠又名银色冲浪手。——译者注

在斯坦·李得到这个消息的那天，有一位老朋友正巧也在漫威办公室。

"可是谁来当编辑呢？"这位朋友问道。

斯坦·李耸了耸肩说："噢，总有人当吧。"

"斯坦将这份工作交给我的时候，并非完全心甘情愿，"在多年之后，罗伊·托马斯回忆道，"他很难彻底放弃自己赖以成名的主要身份，这指的自然是在漫威漫画背后的创作主力。"刚开始，斯坦·李想要将自己过去的工作分摊给制作经理约翰·福伯尔滕、弗兰克·贾科亚（Frank Giacoia，时任助理艺术总监）和只有"故事编剧"头衔的托马斯。等斯坦·李意识到这种模糊不清的三角结构层级只会带来更多的烦恼时，他终于决定将主编的位子交给托马斯。

自 20 世纪 60 年代中期奇普·古德曼从自学校毕业后就开始准备接父亲班，现在则被安置在了僻静的男性杂志部门。这种安排倒是给斯坦·李提供了一个眼不见心不烦的环境。

当然了，奇普也在漫威留下了自己的"礼物"，他已经将几乎所有的电影版权都卖掉了。和之前的罗伯特·劳伦斯（《漫威超级英雄》）和唐·华莱士（漫威狂热公司）一样，史蒂夫·兰博格也为能以如此低廉成本获得如此丰富回报而感到惊喜不已。"我拥有的版权比漫威自己的还多。"兰博格曾这样打趣道。在交完 2 500 美元的首付之后，他就能以独家且完整的创作控制权来随意改变所有的角色了。"奇普所做的唯一决定就是将漫画的所有权利都交给我。他们给了我一份 20 页合同，里头包含了相互关联的权利和选择，于是，我就可以为所欲为了。我可以制作电影、唱片和其他任何东西。这真是赚大了。"兰博格计划推出《雷神》的广播连续剧，每集 5 分钟、总共 65 集；还有耗资 250 万美元以多个角色为主体的舞台摇滚演出；另外就是一部银影侠的电影，主演是沙滩男孩丹尼斯·威尔逊。然而，兰博格录制完由亚骑士（Archies）乐队前任主唱带来的名为《蜘蛛侠：忧郁之声》（*Spider-Man: From Beyond the Grave*）的摇滚音乐唱片之后，就把上述计划都抛诸脑后了。漫威称霸世界的日子看来又得推迟一会儿了。

"是时候进入第二阶段了，"斯坦·李在"牛棚公告"栏目中放出话来，"没有任何人、任何群体、任何一家出版公司能够坐吃山不空——而且漫威还依然很年轻，充满活力、热忱和专注。我们不可能就此止步，躺在昨日成功的余温之中……如果你认为我们曾经带给你激情，那么接下来还有更棒的。等着吧，你会知道厉害的！放轻松！朝前看！漫威又开始前进了！"一直被古德曼所压抑的创作热情终于得到了彻底释放，斯坦·李迅速开始构思全新的、更为错综复杂的冒险故事。他开始组织像安东尼·伯吉斯（Anthony Burgess）、库尔特·冯内古特（Kurt Vonnegut）和瓦茨拉夫·哈维尔（Vaclav Havel）这样的人才着手创作一系列面向成人的漫画。汤姆·斯托帕德（Tom Stoppard）也对此很感兴趣。斯坦·李让《疯狂》前编辑（同时也是地下主题漫画的开创者之一）哈维·库兹曼（Harvey Kurtzman）负责一本叫作《疯人院》（*Bedlam*）的讽刺杂志。斯坦·李还找到了传奇人物威尔·艾斯纳，后者向一些潜在撰稿人写信说他正准备发行一本"既不呆板守旧，也不满口脏话缺乏品位"的杂志，该刊物将由漫威投资。斯坦·李邀请了地下出版商丹尼斯·基钦（Denis Kitchen）到纽约来讨论一本左倾艺术家选集的制作事宜，它将囊括金·戴奇（Kim Deitch）、阿特·施皮格尔曼（Art Spiegelman）和巴泽尔·沃尔夫顿（Basil Wolverton）等人的作品。基钦提出要求，说艺术家们应保留其角色和原稿的商标权。

斯坦·李认定，如果漫威想在嬉皮士读者中占有主导地位，就必须接受基钦的要求。"漫威的一大主要资产，"在他们的一份内部营销备忘录中有这样一句话，"一直都是阅读我们出版物的大量高中生和大学生。然而，每天都会有新公司，利用色情电影、猥琐的地下漫画以及越发猖獗的裸照杂志与我们争夺这些浮躁的受众。"这本备忘录还接着建议说公司的产品应该遍布加油站、录像店、书店以及"青年人爱去的小店"。可是，漫威早已经摒弃了自己的优势，而且它并没有意识到，其实地下主题也已经达到了饱和。

在斯坦·李接近"老练"受众的所有尝试中，只有基钦的项目真正实现了。可是，当第一期《地下漫画》（*Comix Book*）终于发行的时候，却并没有盖上漫威的商标。这个刊物虽然允许出现半裸和有限程度的亵渎内容，但它依旧陷入了左右为难的境地；那些艺术家习以为常有关性与毒品的黑色幽默和相对纯良的漫威风格之间始终存在着冲突。由于销量低迷，斯坦·李在数期之后就将其腰斩了，然而基钦隐隐觉得这个刊物可能会给这家公司带来很大的动荡。有一位造访漫威办公室的地下画师听见有员工质疑"嬉皮士"得到的特殊待遇。"其他为漫威工作的人，不管是牛棚里的还是自由职业者，全都开始对他连番炮轰，"丹尼斯·基钦说，"因为这些新来者的待遇比他们更好，这让他们怀恨在心。"

　　和其他出版商一样，漫威的漫画发行量依然在慢慢走低。尽管销量不佳，但漫威仍在不断扩张作品数量，占据更多报亭货架，尽一切可能排挤 DC 公司。它必须利用这种消耗战保住自己行业龙头的地位。斯坦·李计划让黑白漫画重出江湖，而这个想法其实早在古德曼取消《始源故事》（*Savage Tales*）时就开始酝酿了。由于漫画法典的最新修订解除了对吸血鬼和狼人的禁令，所以《德拉库拉永生》（*Dracula Lives*）、《怪物大暴走》（*Monsters Unleashed*）、《僵尸传说》（*Tales of the Zombie*）和《吸血鬼传说》（*Vampire Tales*）开始接踵而至。它们的内容均为 76 页且都采取了月刊的形式。

　　除了用重印斯坦·李和科比 1960 年代的作品来扩充产品线之外，许多新超级英雄也开始令人目不暇接地出现了，其中大部分都是由斯坦·李策划的；至此，持续多年的新英雄荒终于告一段落。但是，这些新作品明显属于时下潮流和商业策略的产物（包括应对漫画法典不断宽松的趋势），这与《雷神》《钢铁侠》之类经典作品的产生原因很不同。"只要出现了一股潮流，"在一份营销目标计划上写着，"只要在新生代读者群体中有一种阅读需求未被满足，漫威就要全力以赴抓住潮流、满足这种需求。"公众眼中的恶人被改头换面，成为标志性的超级坏蛋和大反派（《德拉库拉的墓穴》和《黑夜狼人》）；就连过去的 X 战警成员"野兽"也被赋予了浑身长毛的怪物形象。在埃维尔·克尼维尔（Evel Knievel）宣布飞越蛇河峡谷（Snake River Canyon）的计划后，加里·弗里德里克、罗伊·托马斯和画师迈克·普鲁格（Mike Ploog）就立马创作了恶灵骑士（Ghost Rider）这样一个顶着燃烧骷髅头的邪灵摩托车手。《雇佣兵英雄卢克·凯奇》（*Luke Cage, Hero for Hire*）讲述了一个满嘴花言巧语的前罪犯收钱办好事的故事，他同黑街神探一样出生在黑人住宅区。

当时漫威每月发行的作品已经达到了40部左右。"只要我们讨论出了一本书的点子，"托马斯说，"它肯定会立刻被放上日程表，几个月内就会面市。"漫威很快就搬到了麦迪逊大道575号的一间更大的办公室里。在新办公室装修时，有人恰巧路过。他这样描述那里的环境："等待室里到处是最酷、最现代的华丽丝绒家具，一点都看不出是制作漫画的地方。这个创造了蜘蛛侠、托尔和神奇四侠的地方简直就像是一家会计师事务所。"

但是，公司的生产力并没有多大变化：这里再次建立起了一个真正的牛棚，它有足够的空间让产品团队伸展自己的身体，并有足够的墙壁和书架来展示漫画。约翰·罗米塔被正式任命为艺术总监，而在此之前，这个职位一直都被斯坦·李牢牢攥在手中。在牛棚中，围绕着罗米塔和约翰·福伯尔滕的公司员工和自由职业者，即弗兰克·贾科亚、迈克·埃斯波西托（Mike Esposito）、杰克·阿贝尔（Jack Abel）、丹尼·克雷斯皮（Danny Crespi）、仓本莫里、文斯·科莱塔、乔治·鲁索，他们的漫画经验加起来已经超过了200年，其中不少人是从1950年代的巨神漫画时代干起的。这些人是漫画产业的历史活化石，他们始终保持着老派漫画人的生活方式，比如长红烟（Pall Malls）、领带、腌牛肉三明治和用收音机听棒球比赛。他们的桌上不断地会出现来自资深自由职业画师的稿件；后者应感谢漫威，正是它的扩张使自由职业画师变得前所未有地重要。

不过，漫画越来越变成了年轻人的游戏。斯坦·李在休假结束后重新开始执笔《超凡蜘蛛侠》和《神奇四侠》的剧本，但在升任发行人和董事长之后，他又一次离开了这两部作品，而且这一次将是永别。尚不足20岁的格里·康威接管了漫威人气最旺的作品《蜘蛛侠》。在罗伊·托马斯经手几个月后，《神奇四侠》也落入了康威之手。

新鲜血液，托马斯的揽人术

托马斯四处搜索同人志并频繁出入各类漫展，希望从中挖崛出新人才。他认识一群从小就受斯坦·李风格熏陶的人，如今他们已从大学毕业并开始找工作。让这群人来尝试一下，看看能否扭转销量颓势，这对于漫威来说又有何损失呢？从比较保守的角度来讲，这就是在模仿好莱坞多年来的实践经验。当年，大手笔投资频遭失败，而《逍遥骑士》（*Easy Rider*）与《雌雄大盗》（*Bonnie and Clyde*）之类小成本作品却经常成功逆袭；这让电影工作室意识到，把钱投资给初生牛犊不怕虎的电影学院毕业生，期待他们一鸣惊人也是个不错的方法。尽管全国各地都有狂热的漫画读者，但有几个特殊的地区存在着大量有组织的粉丝团体，这能最有效率地培养漫画迷，例如圣路易斯、印第安纳波利斯、底特律。罗伊·托马斯每个月都会在家中举办一场"第一个周五"行业集会，邀请相关人士来纽约。比尔·艾弗特可能也会前来，此外还有尼尔·亚当斯、丹尼·奥尼尔或阿奇·古德温，这些漫画界元老会向大家提供建议和指导。

这种人际网络持续了几年时间，而其成果也开始在吉姆·沃伦的黑白恐怖杂志和DC公司的彩色恐怖漫画之中呈现出来。到 1972 年时，这种汇集开始催生出有显著分量的事物。画师杰夫·琼斯已经成了"第一个周五"聚会的主持人，并将其规模继续扩大；尼尔·亚当斯和迪克·乔达诺则创立了自己的工作室"Continuity"（意为连续），它为许多有抱负的专业人士提供了积累早期经验的机会。羽翼未丰的斯凯瓦尔德（Skywald）黑白漫画也开始为其出版物雇用人才。漫威揭去了人事部大门上的封条，开始吸纳新鲜血液。斯特兰科和亚当斯加入后的 5 年间，几乎没有任何人能够闯入漫威这座"思维之屋"，而那些成功挤进去的人也都是在苦苦挣扎。巴里·史密斯从英格兰远道而来，因为没有住所，他只能拎着手提箱四处游荡；里奇·巴克勒（Rich Buckler）来自底特律，每天就靠咸饼干和烤奶酪三明治度日。不过，在罗伊·托马斯升任主编后的几个月，漫威产品线开始大幅扩张。为此，它新雇用了十几个画师来完成绘制工作。这些新鲜血液也将先驱们所创造的经典形象与更复杂的艺术风格融合在了一起。

编剧队伍也同样壮大起来，其中有许多人都是从其他职位调换过来的。来自印第安纳波利斯的史蒂夫·恩格尔哈特（Steve Englehart）是一位留大胡子、戴眼镜的理性反战者；在他接任加里·弗里德里克的助理编辑职位后，就成了《捍卫者》的编剧，随后还接管了徘徊在生死线上的《美国队长》。在他肩负起《复仇者联盟》的编剧重担后，恩格尔哈特说服托马斯让他在这部作品和《捍卫者》之间展开一段连续 8 期的交叉故事；这也是漫威的第一部交叉故事。恩格尔哈特自此决定成为一名专业编剧。

史蒂夫·格伯（Steve Gerber）接替了恩格尔哈特在人事方面的工作。伯格在密苏里州认识了罗伊·托马斯。他是一个思维敏捷的人，很喜欢吸烟和阅读加缪的作品。格伯曾经在其叔叔位于圣路易斯的二手汽车店里当过销售员，不过据他所说，他绝不退让的诚实性格断送了这条道路。他和他刚组建的家庭一开始靠着食品券维生，后来他做过 DJ，接着又成了一家广告商的职员，整日伏在荧光灯下抄写存款和贷款的广告。"你一定得帮帮我。我快饿死了。"他写信给托马斯说。6 个月后，他来到纽约，成为一名月薪 125 美元的漫威员工。他还通过为《恐怖之旅》（*Adventure into Fear*）写剧本赚些外快。这个系列的主角是被《始源故事》排除在外的类人体（Man-Thing）。

随后加入漫威的是纽约本地人玛尔夫·沃夫曼（Marv Wolfman）。沃夫曼和自己的童年挚友莱恩·韦恩（Len Wein）不仅形影不离，而且颇为相似，被部分粉丝合称为"莱恩玛尔夫"。他们曾约定共同踏入漫画行业，并从初中开始就不曾错过任何一个从粉丝变成职业人士的机会。他们曾拜访过 DC 公司的办公室、组织过漫展、制作油印的同人志。史蒂芬·金的处女作就出现在沃夫曼编辑的一本民间杂志里头。他们甚至还在放学后登门拜访过杰克·科比；这两个小粉丝就在一旁看着科比画画，而罗兹还用三明治和牛奶招待了他们。当他们到漫威毛遂自荐时，弗洛·斯坦伯格说道："我就祝他们成功，并劝说他们先安心完成高中学业。"毕业后，他们在 DC 公司打了一段时间零工，不过他们创作的黑人超级英雄还被编辑卡迈恩·因凡蒂诺在最后时刻撤掉了。现在，二人决定分头行动：韦恩跟随格里·康威，为 DC 公司编写恐怖漫画；而在沃伦手下的沃夫曼则成为漫威的员工，帮助他们打理黑白杂志。

身板矮小的唐·麦格雷戈（Don McGregor）是一位说话像连珠炮似的野心勃勃的电影人。来自罗德岛的他曾有许多篇评论被刊登在漫威的读者来信栏目中，而沃伦的杂志上也出现过他写的故事。加盟漫威后他就把房子卖了，带着妻女一块儿搬到了布朗克斯。他先从校对工作干起，同时等待着成为编剧的时机来临。

托尼·伊莎贝拉（Tony Isabella）是一位虔诚的天主教徒，曾在克里夫兰平原经销社（Cleveland Plain Dealer）当过送稿工，后来搬到了纽约成为索尔·布罗德斯基的助手；后者当时已经回到漫威并负责监督面向英国市场的漫画再版工作。伊莎贝拉同时还在怪物题材杂志方面出了一份力。

"我感觉就好比在看一部 30 年前的老电影，" 1972 年只有 15 岁的吉姆·萨里克鲁普（Jim Salicrup）成了漫威的非正式实习生，他后来回忆道，"这部电影里有一位几十年前的大明星，而那些担当配角的新人在几年后将会成为新一代明星。做为粉丝，我现在还记得自己见到比尔·艾弗特时的激动之情，他当时为了与史蒂夫·格伯合作《海王》而经常回办公室，不过那几期给人的感觉却很奇怪。当时在公司里进进出出的组合都很奇怪。"

很遗憾的是，因多年酗酒，比尔·艾弗特当时的身体状况已经恶化了。尽管他已经 3 年滴酒未沾了，但还是在 1972 年年底出现了心脏病的症状；次年 2 月他就去世了，时年只有 55 岁。距那以后没多久，59 岁的赛德·肖尔斯也因心肌梗死而辞世了。当斯坦·李步入知天命之年时，负责招牌超级英雄作品的画师，包括《超凡蜘蛛侠》《复仇者联盟》《美国队长》《夜魔侠》《神奇四侠》《无敌浩克》《钢铁侠》《海王》《托尔》等系列，他们的平均年龄已经达到了 43 岁。同期，漫威编剧的平均年龄则只有 23 岁。

显然，漫威漫画改头换面的日子就快到了。

MARVEL COMICS
THE UNTOLD STORY

05 内容营销的秘方，
漫威日渐"杀人"上瘾

斯坦·李每周都会留几天时间待在办公室，一如既往地审阅封面。各种让人眼花缭乱的收支报表、图线和年度报告占据了他的大部分时间；除此之外他还需要不断在数千美元的漫威角色授权书上签字，或者出席与老板谢尔顿·范伯格的会议。尽管如此，他还是会抽出时间去大学校园做演讲，或者与制片人讨论如何能将蜘蛛侠和绿巨人搬上大银幕。很快，他就厌倦了董事会议的沉闷气氛，意识到自己并不想当这个董事长。

就在这个时候，阿尔伯特·爱因斯坦·兰道（Albert Einstein Landau，昵称阿尔）出现了。兰道的父亲雅各布·兰道是犹太通讯社（Jewish Telegraphic Agency）的创始人，他自已则经营着一家图片版权代理和新闻财团环球特写（Transworld Features）；后者多年来一直在为马丁·古德曼的杂志提供素材。有一段时间，他与奇普走得很近，二人是火焰岛（Fire Island）的邻居。当奇普把他引荐给范伯格后，他立刻就与后者套起了近乎。兰道邀请范伯格到他家打网球，借机向其展示了自己的实力，并阐述自己对未来的规划。也许范伯格在这个身材矮小、不拘小节又颇有进取心的兰道身上看到了自己的影子；因此当奇普听说斯坦·李放弃了董事长的职位时，才发现范伯格早已把兰道请来了。通过制造既成事实，范伯格把奇普从指挥台踢得更远了。

"奇普对此感到非常担心，就像马丁和琼一样，"奇普的妻子罗伯塔回忆说，"他们觉得兰道根本就是一个只会说大话的家伙。他根本不懂得做生意且完全没有这方面的经验。他只是利用奇普来接近范伯格，然后挑拨这两人之间的关系罢了。"

奇普的合同很快就到期了。当他后来与兰道发生矛盾时，后者毫不犹豫使出了杀手锏。

"你是想被炒鱿鱼呢，还是自己辞职？"他问奇普。

吸血鬼猎人，吸引"少数人"的刀锋战士

尽管已卸任董事长一职，但斯坦·李依然是漫威漫画的发行人；当奇普离开之后，他还成了杂志部门的发行人。随着漫威的商业运作和编辑业务之间的鸿沟不断扩大，如何能保持二者之间的有效连接逐渐成为罗伊·托马斯的重要职责。不过，托马斯作为新任主编的首要工作还是为漫威宇宙带来更丰富的多样性。面对平庸的销量，在公司为了挖掘黑人读者的潜力而发动第一波尝试（猎鹰、卢克·凯奇）的同时，他们也针对女性读者采取了类似的笨办法，发布了三本明显带有女权主义色彩的漫画。为了

增强可信程度（你也可以带着嘲讽的心态将其看作机关算尽的手段），这 3 部新作品的编剧也全都是女性。不幸的是，在漫威当时的编剧阵容中，清一色都是男人，于是托马斯采取了临时抱佛脚的策略。他勉为其难地找来了自己的妻子琼、《无敌浩克》画师赫布·特瑞普的娇妻琳达·菲特和漫展主办者菲尔·佐伊林（Phil Seuling）的妻子卡萝尔（Carole）。斯坦·李在一天中构思了 3 部作品的主题，并给它们起了非常直白的名字：《黑夜护士》（*Night Nurse*）、《猫之爪》（*The Claws of the Cat*）和《女魔头夏娜》（*Shanna the She-Devel*）。比起同年问世的海伦·雷迪（Helen Reddy）的新歌《我是女人》（*I Am Woman*）和粉墨登场的《Ms.》杂志，漫威的这些讲述糖果舞姬①、性感猫女和丛林女王的故事丝毫算不上什么革命性创作。斯坦·李事后透露，《黑夜护士》这部作品是他老东家留下的最后一点遗产："马丁·古德曼一直认为护士身上有一种天生性感。但我始终都无法理解他的这一想法。"从一开始，这套女性作者加女性故事的阵容就没能起到预期效果。对于前任漫威秘书，也是 3 人中唯一有编剧经验的菲特而言，问题首先出在她所负责的这一系列的名字上。"主人公为什么叫'猫'呢，罗伊，"她问道，"难道她只会口舌之争吗？"

和卢克·凯奇一样，"猫"也因医学实验而获得了超级力量。不过，那位曾经温顺的家庭主妇格里尔·格兰特（Greer Grant）得到的并不是超人一等的蛮力，而是强化的"女性直觉"。两年后，这个角色又受到了一次辐射，从而变身为一只长着条纹绒毛的大猫。泰格拉（Tigra）成了她的新名字，而其制服就是一件比基尼而已。糟糕的是，这一女权主义的特点在沃利·伍德的手里就消失不见了，后者被斯坦·李雇来负责第一期《猫之爪》的封面。在伍德将玛丽·塞韦林的铅笔稿送回时，这位女英雄的服装就被完全剥掉了。于是，多年来已经习惯男孩俱乐部恶作剧行为的塞韦林，不得不对"猫"的形象重新修饰。

卡萝尔·佐依林在接手《女魔头夏娜》仅仅几个月后就放弃了，托马斯转而让史蒂夫·格伯执笔。在之后的最新一期中，格伯仿佛将这部漫画当成了一个平台，对她

---

① 指在医院帮忙的义工。——译者注

自身的存在意义提出了种种质疑。只见夏娜四仰八叉地躺在床上，穿着豹纹比基尼。她一边看着加缪写的《局外人》，一边在脑子里思索着："我在这儿做什么呢！像 20 世纪 40 年代 B 级片里的女神一样在丛林中昂首阔步？我来这儿是为了避开城市，避开它的暴力，避开它的人工环境。结果我在干什么？搭一间媲美宫殿的树屋，跟帕特里克（Patrick）像冰激凌店里的小年轻一样谈恋爱！人类文明的痕迹太深了。我应该是要远离它，试着生活在自然之中。我应该考验一下自己的极限，这样我至少能知道自己是否真是他们口中的那个女魔头！"

《黑夜护士》也受制于自身的一系列问题：在 10 月末的时候，琼从周末的佛蒙特州之旅中归来后，告诉托马斯她准备离婚。从琼自亨特学院（Hunter College）毕业开始找工作起，这对夫妻之间的关系就开始变得紧张起来。斯坦·李原本说好了给她一份秘书工作，但却又反悔了。"漫威里有些人，我还没完全搞清楚是谁，认为她是我在家里写作时留在公司里的'间谍'，所以就想方设法排挤她，"托马斯说，"琼认为我应该退出。但是我希望在结束这段'扮演英雄'的时期之前跟她好好谈谈，以后再做决定。我猜想，在她看来，我没有站在她这一边，所以就给了我一个不及格。"在托马斯这边看来，他的同事也在忠诚度考验中落榜了。美好的日子已经过去，漫威给他留下的伤疤将永远无法完全愈合。

在 9 个月时间内，这 3 部女性角色作品全都惨遭腰斩。"这实属遗憾，"托马斯悔恨地说道，"虽然你可以让黑人去买有关白人的漫画，但却很难让白人去买主角是黑人的漫画；而让男孩子去购买有关女性的漫画就更难了。"最初的尝试遭遇滑铁卢，而在其他作品中登场的女性角色似乎都不太可能成为榜样人物，比如《神奇四侠》中愤怒的女战士桑德拉（Thundra）、《复仇者联盟》中的娼妓"螳螂"（Mantis）以及《漫威团队》（*Marvel Team-Up*）中的女反派"杀人狂"（Man-Killer）。

尽管如此，但上级的命令就是要吸引"少数人"。因此，在 1973 年夏天，当《黑夜护士》和《猫之爪》的最后一期悄无声息告别报亭时，很快就被一股更加猛烈的黑人浪潮替代了。卢克·凯奇在《超凡蜘蛛侠》中成了高调出场的客串明星；同时在他自己的系列中，漫威也小心翼翼地发表声明："凯奇的油腔滑调将大幅减少。"非裔美国女孩"夜影"（Nightshade）在《美国队长与猎鹰》中大闹了一番；吉姆·威尔逊也重回《无敌浩克》中。在《德拉库拉的墓穴》里，玛尔夫·沃尔曼将他在 20 世纪 60 年代的构思从多年尘封中请了出来，这就是头戴黑色护目镜、身缠子弹带的黑人吸血鬼猎人"刀锋战士"（Blade）。《雷诺·琼斯和卡西迪小子：神鹰枪手》（*Reno Jones and Kid Cassidy: Gunhawks*）是描写不同肤色组合的西部题材漫画，在当中的白人角色被谋杀后，该漫画更名为《神鹰枪手雷诺·琼斯》（*Reno Jones, Gunhawk*）。《女魔头夏娜》在最后一期中带来了变异白化病患者尼克拉（Nekra），她是一位美籍非裔清洁女工的女儿，其犯下的罪行毫不意外地都与特殊的种族身份密切相关。其他黑人角色也纷纷带着各种各样的国际化标签出场了：在《超自然惊悚故事》（*Supernatural Thrillers*）中，史蒂夫·格伯和里奇·巴克勒创作了活着的木乃伊恩坎图（N'Kantu）；莱恩·韦恩和约翰·罗米塔的海地巫医"巫毒兄弟"（Brother Voodoo）开始成为《奇异故事》的主角；唐·麦格雷戈和里奇·巴克勒则在《丛林动作故事》（*Jungle Action*）中让黑豹回到了家乡瓦坎达，这本杂志自 20 世纪 50 年代以来，一直热衷登载充满白人帝国主义意味的奇幻故事。

虽然麦格雷戈坐上校对的位子已经有好几个月了，但他一直在等待有机会为某部作品写剧本。当时在他的办公桌上，有本刊物总让他头疼不已。"那时候，"他说，"《丛林动作故事》基本上讲的就是金发碧眼的丛林之神如何从各种各样的威胁之中拯救自己的人民。这是一个种族主义色彩非常浓的刊物，我都不敢相信漫威正在出版这玩意儿。"接着，突然有消息说这个以伟大的萨恩洛萨（Lo-Zar, Tharn the Magnificent）和丛林女神简（Jann of the Jungle）为主角、有 20 年历史的蹩脚刊物将会有颠覆性变化。《丛林动作故事》将刊载黑豹在非洲的祖国瓦坎达的全新冒险故事，而且，为之执笔的将是麦格雷戈。"丛林主题漫画的销量并不好。我猜他们的想法是，好吧，我们给唐一本丛林漫画吧，反正它气数已尽，但至少我们给了唐一个机会。"

可是，不被看好的《丛林动作故事》，却成了麦格雷戈充满个人气质想象力的完美舞台。由于这是一个低级别刊物，所以在出版之前没有任何高层人士留意过它；等到他们发现不对时，截稿期限已迫在眉睫，任何大幅改动都来不及了。在画师里奇·巴克勒和非裔美国人比利·格雷厄姆（Billy Graham）的合作下，麦格雷戈立刻展开了一个名为《黑豹之怒》（*Panther's Rage*）的传奇故事，它节奏紧凑，长达 13 个章节。黑豹将以提恰拉的身份回到故乡，随后一部分民众将他参与复仇者联盟的行为视为背叛，并对其倒戈相向。

　　就在距此两年前的一期《神奇四侠》中，漫威还曾试图让黑豹与跟其同名的政治犯拉开距离，将他的名字改为了"黑美洲豹"。"对于那些占用我名号的人，我既不会责备他们，也不会宽恕他们。"在一段设计巧妙的对话中，提恰拉对石头人说了这句话。现在，麦格雷戈却让这个角色以前所未有的尺度进一步踏入政治世界，还涉及了诸如男性至上主义和爱国主义等各类问题。提恰拉有时戴着黄金锁链招摇过市，这让人想起黑人歌手伊萨克·海斯（Isaac Hayes）在电影《Wattstax》中的扮相。不过，与其说这表明《丛林动作故事》正变成掠夺黑人文化元素的闹剧，倒不如说它源自 20 世纪 70 年代早期美国黑人复古非洲传统风格的潮流。麦格雷戈对角色的刻画可谓不遗余力；他对这部漫画所持有的庄重态度（和极度的啰嗦），从他对黑豹的美国女友莫妮卡·林恩（Monica Lynne）的描述中就可见一斑。"她曾经是位女歌手……堪称二线的艾瑞沙·富兰克林（Aretha Franklin）……而在最近，她开始做起了社工……直到听了这个男人温和而雄辩的言语，她开始相信在丛林的天堂中可以了解更多不同的生活方式，也更深入地了解她自己。"不过，麦格雷戈也是一个很有幽默感的人：在牛棚那些乐于助人的志愿者帮助下，他在这部作品的后面加入了地图、美女图集和文字说明。他也明白，如果不这样做，这部分空间又将被古老的丛林传说霸占了。

　　不过，麦格雷戈拒绝在《丛林动作故事》中加入白人配角，甚至不允许出现客串的超级英雄。正是这点，让黑豹成了鹤立鸡群的人物。"我的想法是这样的，你画的是一个孤立的、隐蔽的非洲文化。那么这些白人怎么可能出现呢？"它成为唯一全是黑人人物的主流美国漫画。不过，由于这部作品的销量依然不见起色，所以漫威也不可能利用这个赞誉来做什么。在这段时间内，麦格雷戈的职位让编辑工作变得更加顺利，可谓"近水楼台先得月"。他甚至跟做校对的同事史蒂夫·格伯立下了约定。"你别改我的书，"麦格雷戈说，"我也不会改你的。"

史蒂夫·格伯非常乐意接受这个条件。他很高兴能有自由发挥的机会，因为若按照固定模式，这对他而言简直比登天还难。"噢，太棒了，"在他给漫威写的第一个故事中，有这样一句小混混的台词："就是那些家伙在大麻店里挑衅我们！"像这样的台词是决不可能出现在《蜘蛛侠》中。格伯一开始画的是恐怖类型的漫画，虽然他觉得"无聊得让人崩溃"，但通过创作这种非超级英雄的边缘作品，使他积累了尝试各种风格的经验。"任何知晓恐惧为何物的东西……都将在类人体的触碰下化为灰烬！"《恐怖之旅》的脚注已经概括了其主人公单纯的动机。这个没有感情的怪物总在佛罗里达州希特勒斯维尔的沼泽周围不断徘徊，给担惊受怕的人们带来无穷痛苦。于是，当这部作品被交给格伯时，他就不得不从其他方面来挖掘这个角色的特点了。在将希特勒斯维尔沼泽设定为"宇宙的十字路口"后，他就着手建立了一个愈发庞大、愈发光怪陆离的配角系统：年轻人珍妮弗（Jennifer）和安德鲁·卡尔（Andrew Kale）；他们的祖父约书亚（Joshua），他也是兹里德尚（Zhered-Na）这个亚特兰蒂斯崇拜组织的成员；名叫达吉（Dakimh）的术士；一群愤怒的建筑工人；克里克（Korrek）则是一个从花生黄油罐头中出现的野蛮人。故事中还有山寨超人旺达尔（Wundarr），这个角色由于太过相似而受到 DC 漫画的起诉威胁，因此而烦恼不已的斯坦·李差一点就把格伯从这份刊物的制作团队中除名。此外，还有一只会说话的鸭子霍华德；格伯后来说这是他在位于布鲁克林的家中敲打字机时，听到了邻居公寓中传来的萨尔萨音乐，而突然在脑中形成的想法。

令人惊奇的是，这一切构思都是在没有迷幻剂的帮助下创作的。"他属于那些竭力主张保持清醒意识的人，"史蒂夫·恩格尔哈特说，"格伯的奇思妙想全都来源于他的本能。"在 20 岁出头的年纪，生活在圣路易斯的格伯就是一个与嬉皮文化泾渭分明的旁观者。"我一直都太过学术、太过理智了，无法全身心投入其中。我感觉里头的哲学过分肤浅了，而且更深入地来说，那种文化甚至还与暴力存在密切联系。"这种旁观者视角意味着没有任何一种意识形态能逃过他的口诛笔伐，无论左派、右派还是中立者。手握"净化射线"枪，有着狂热宗教崇拜的义务警员"愚者杀手"（Foolkiller）；

令人厌恶、满口空话的学生激进分子霍尔顿·克雷因（Holden Crane）；敛财无数的实业家歇斯特（F. A. Schist）；他们在格伯笔下都活不了多久。虽然麦格雷戈的剧本给人以一种激情四溢的严肃感，但格伯却是一个天生的讽刺家，他总是情不息禁地嘲弄着每一类人。在一期《美国队长》中，他创作了蝮蛇（Viper），这个坏蛋在明面上是一个广告商，而这份职业也让他变得加倍险恶。"这么多年来，"蝮蛇大声喊道，"我默默无闻地劳动，帮别人销售产品，帮别人赚钱；躲在办公室里肆意破坏一个国家的价值和环境……现在我已经彻底告别那个灰暗世界了！"在听了好几年持续的、热情洋溢的公民素质讲座后，读者对格伯别具一格的社会批判总禁不住会多读几遍——这该不会是真的吧？

不久以后，他就开始在《钢铁侠》《海王》以及之后的《夜魔侠》中大展身手。在其中一条故事线上，主角是《滚石》编辑简·温纳（Jann Wenner）和一个名叫安加尔（Angar）的愤怒嬉皮士，后者总是利用毒品和摇滚音乐让人们丧失理智。在《漫威二合一》（*Marvel Two-in-One*）这个让石头人与各种各样客串明星共同登场的系列中，格伯用实际行动在漫威宇宙中开辟了属于他的一个新角落，连夜魔侠与旺达尔都能在其中共存。当公司对他所精选的人物无限制的时候，他总能做到最好。

格伯显然更适合做自由编剧，而非全职员工；睡眠窒息症搅得他夜里不得安眠，因此他白天经常坐在办公桌旁打瞌睡。这种新安排使麦格雷戈开始迎来如走马灯一般的校对搭档：首先是托尼·伊莎贝拉，随后是芝加哥人道格·芒什（Doug Moench），接着是来自乔治亚州、年仅17岁的大卫·安东尼·克拉夫特（David Anthony Kraft）。这些人也同时具有编剧身份，因此他们达成了一种共识：你别乱动我的东西，我也不会乱动你的。

格温·史黛西的尸体，死亡旋风席卷漫威宇宙

罗伊·托马斯的放羊式、碰运气的管理方法，引领漫威进入了最不安定的时期，

它开始显露出越来越强的颠覆性。不断涌现出的年轻创作者，都迫切地想在超级英雄世界中展现出最流行的价值观。"那环境一点都不像一家公司，"偶尔会造访漫威办公室的一名卡登斯的前任律师表示："我还记得自己经过大厅时，必须小心翼翼跨过那些坐在地上叼着烟斗'找寻灵感'的人。"

画师吉姆·斯大林（Jim Starlin）曾在底特律当过小混混，还在越南当过兵；他后来从西西里岛直升机坠机以及东南亚一系列爆炸中存活了下来，斯大林为了突显情绪管理的重要性，创作了许多不苟言笑、用拳头说话的超级英雄；他总会在自己的画作中设计许多困难，让超级英雄身陷其中。史蒂夫·恩格尔哈特在基础训练时曾痛失挚友，因此他的故事总充斥着左翼政治的格调。当斯大林、恩格尔哈特以及他们的同僚都无法克制地对社会问题表现出愈发强烈的愤怒时，擅长作壁上观的斯坦·李却总能摸索出一块安全的中间地带。

当然了，这些新来的家伙们是不可能接触《超凡蜘蛛侠》、《神奇四侠》、《无敌浩克》或者《雷神》的，因为这些最热销的作品不是托马斯的保留节目，就是奇迹小子格里·康威的。这些漫画都得严格遵守他们的公式，以近乎单调的规则准确执行；而且他们都相信，这正是斯坦所希望的。康威吃了很大苦头才认识到这一点。

为了振兴《超凡蜘蛛侠》，托马斯和康威曾经讨论出一个方案，那就是杀死一个配角。年事已高、总是和蔼可亲的梅姨妈，看起来总像一只脚已经踏进了死亡之门，所以她就成了最合理的提名。然而，当约翰·罗米塔嗅到这一计划的蛛丝马迹后，提出了替代人选：彼得·帕克的女朋友、令人怜爱的格温·史黛西。康威觉得这可谓是神来之笔。

"她本来就是一个'花瓶'，有一张漂亮的脸蛋，"康威说，"她对这个故事并没有什么影响。我认为彼得·帕克根本不应该与这样一个毫无污点的美丽尤物在一起。只有受过伤的人才能与彼得·帕克这种心灵有阴影的家伙在一起，而格温·史黛西太完美了！她本质上只是斯坦为满足自己的幻想而创造的人物。斯坦娶了相当美丽的琼·李，她是位非常有吸引力的金发美女，显然算得上是斯坦心目中的理想女性。我觉得格温根本就是斯坦妻子的复制品，就跟苏·斯托姆一样。显然，这就是他的盲点所在。斯坦·李最出彩的地方应该是他创造的玛丽·简·华生，她或许是这部漫画中最有意思的女性了，可是他却从来没有让她发挥出应有的作用。他没有让她成为彼得·帕克的女朋友，反倒变成了彼得·帕克挚友的女朋友。这真是大错特错，愚昧至极，暴殄天物。所以，杀死格温是一个完全合理的，甚至不可避免的选择。"

随后，托马斯将这个计划向斯坦·李和盘托出。"他并不怎么关心这种外延，随口就答应了，"康威说，"当时有很多事让他操心，他的注意力主要放在扩展产品线上。这一方面可以在那些高高在上的幕后老板面前强化自己作为发行人的权威，一方面能增加自己的声望和职业资历。当他搁置某部漫画的编剧工作后，他就不再会考虑这部作品了。所以，当他不再为《蜘蛛侠》编剧时，虽然是他创造了这个人物，但他还是会说，好，随便你们怎么做。"

康威、罗米塔和吉尔·凯恩创作了一个故事，让绿魔绑架了格温·史黛西，然后将她从乔治·华盛顿大桥的顶端推了下去；其中不知是谁唯恐天下不乱，还在蜘蛛侠的蛛网抓到格温的那一格中加了一块"咔嚓！"的音效，暗示让格温扭断脖子的原因并非从桥上坠落，而是蛛网的拉力，也就是说，蜘蛛侠对格温的死也负有责任。

这一期漫画刚刚被送至各大报亭，读者当中就炸开锅了。

"直到在一所大学校园里被粉丝们喝倒彩，斯坦才开始意识到发生了什么，"康威说，"但他并没有担负起应有的责任，而是说，噢，他们一定是趁我不在搞的这玩意儿，自己是绝对不会这么做的！粉丝们的强烈不满给我带来了很大压力，而斯坦却推卸责任，说我们是背着他干的，这对我的精神状态造成了极大的冲击。他根本就是把我往狼群里推。这是第一次有受人喜爱的漫画角色被杀死。我已经无法回头了。"

"我们三个人一起，或者分别，在没有斯坦同意的情况下，偷偷把格温·史黛西之死塞进漫画里。这种说法实在是太荒谬了，"罗伊·托马斯说，"再说了，他一直都盯着我们，从没怎么离开过。"这让罗伊·托马斯想起了多年前斯坦对他说过的话：他并不想把已经坏掉的东西修好，他只想要"改变的幻觉"。

在宾夕法尼亚州立大学的一次演讲活动中，另一个角色的死亡再次让斯坦·李大惊失色；这一次，莱恩·韦恩杀死了《无敌浩克》里头的一个配角。"我跟他们说别死太多人。"斯坦·李信誓旦旦地对大家说道，并且承诺格温·史黛西会回来的。

就在康威对改变漫威的知识产权死心的时候，他又接到上级要求，说要加快商品化的合作。玩具公司阿兹拉克哈姆维（Azrak-Hamway）向漫威洽谈蜘蛛侠汽车特许经销权后，斯坦·李就下达了一条命令，要创作一个叫"蜘蛛车"的东西。康威觉得这个想法简直是无稽之谈。一个可以利用蛛丝在城市中飞檐走壁的英雄何苦要被困在纽约市拥堵的交通中呢？在第 126 期《超凡蜘蛛侠》中，恼怒的康威让两个穿着劣质西装的家伙找到蜘蛛侠，请他骑上他们的概念车打打广告。这两个人不仅看起来和斯坦·李与托马斯有点像，而且在递给蜘蛛侠的名片上赫然写着麦迪逊大道 575 号，这正是漫威的地址。

不过，康威可绝对算不上叛逆的漫画人。当吉姆·斯大林和史蒂夫·恩格尔哈特在尝试将服用迷幻剂时的感受转变成四色冒险故事时，康威就将诺曼·奥斯本重拾绿魔身份（以及之后对格温·史黛西的谋杀）的原因归咎于其子哈利吸食迷幻药。不过，康威的作品也开始悄悄透露出他自己的政治倾向。他从唐·彭德尔顿（Don Pendleton）的畅销小说《刽子手》（Executioner）中找到了灵感，创作了一个名叫惩罚者（Punisher）的新角色。和彭德尔顿笔下的麦克·伯兰（Mack Bolan）一样，惩罚者是一名越战的老兵，因暴徒杀害了他的家人而走上了复仇的道路。不过，伯兰这个精力充沛、毫不悔过、乏味无趣的角色被塑造成了英雄，而康威却给惩罚者赋予了偏执和危险的特点，这使后者成了有点可悲的反派人物。这是一段引人警醒的"惩恶扬善"的冒险故事。

康威最蔑视的角色并不是章鱼博士（Doctor Octopus）或者金并，而是他新创作的那些出卖左翼同胞的恶棍。比如埃塞俄比亚的大恶棍摩西·马格南（Moses Magnum），有一段说明文字透露其曾与墨索里尼有过交易；一度是南美洲改革者的"狼蛛"，他将起义军同志出卖给了独裁者的军队；法国恶棍"龙卷风"（Cyclone），他是个暗中研发武器的北大西洋公约组织的工程师。

虽然以上各种举措已经在《蜘蛛侠》的青春期读者群体中引发了轰动，但是就在斯坦·李一边用手指敲着桌子，一边通过了格温·史黛西之死的剧本时，20 岁的康威马上就想到了蹂躏那些 20 岁读者心灵的新办法。这一次，他的目标是《神奇四侠》，里德和苏·斯托姆的婚姻正走向尽头。几十年后，小说家里克·穆迪（Rick Moody）在其作品《冰风暴》（*The Ice Storm*）中引用了这一桥段，以影射家庭离异。"苏·理查兹，父家姓斯托姆，一个能隐形的女性。她已经离开了其丈夫里德·理查兹。苏带着神秘莫测的儿子富兰克林隐居在郊区；除非里德能够学会理解家庭的责任，理解她为照顾家庭甘愿从事的琐碎工作有神圣意义，否则她决不会回去。"（他们后来还是和好了。）

正当格温·史黛西之死所引发的众怒逐渐平息之际，罗伊·托马斯注意到格伯和画师瓦尔·梅尔里克（Val Mayerik）在《恐怖之旅》中加入了一只会说话的鸭子霍华德（Howard）。他认为这只可笑的鸭子把这本书原本令人胆寒的氛围给毁了。"赶紧把它弄走。"他向格伯发出了命令。于是，在再次登场时，这只鸭子就失足从石头上掉了下去，从此不见了踪影。

这一变故让粉丝们立刻做出了反应。"办公室被淹没在了读者来信的海洋里，"格伯回忆道，"里头还有一个加拿大的疯子，把一只鸭子的尸体寄了过来，附信写道，谋杀者们啊，你们怎么敢把这只鸭子给杀了？在圣迭戈的漫展上，有人站出来质问罗伊·托马斯，霍华德是否还有机会回归，结果所有观众都站起来鼓掌叫好。斯坦在巡游校园时，所到之处也从没少过这个问题。"

这一次，粉丝和编剧站在了一边。于是漫威只好宣布霍华德会回来的。

回到时间起点成神，斯大林与《奇异博士》

"我挤不出时间做编辑工作了，"罗伊在让史蒂夫·恩格尔哈特接班时说道，"所以我们要雇你来为这本书写故事。如果你能够按时上交，并保持销量的话，就能继续做下去。如果不行，那么我们就会开除你，找别人来做。"

在这种"要么成功，要么滚蛋"的精神下，吉姆·斯大林被派去给《钢铁侠》构图和上色，而他的室友迈克·弗里德里克正好从 6 个月前开始担任这部漫画的编剧。期大林担心错过这个千载难逢的机会，于是他开始说服弗里德里克在漫画中加入自己构思的角色。这些角色是斯大林结束海军服役后在底特律社区大学的心理学课程中想到的。托马斯对此很满意，并让史蒂夫·格伯与斯大林组队负责下一期的内容。不过，这个故事不巧让斯坦·李撞见了，他将其视为拙作，并立刻就让斯大林退出了制作团队。接着，斯大林和艾伦·韦斯（Alan Weiss）接到了《猫之爪》最后一期的临时绘制任务。在两天的时间里，斯大林的女友从没有让他的酒瓶空过，二人借着这股欢乐的节庆氛围，在页边上填满了活跃气氛的注解和少数人才看得懂的内部笑话。不过，在截稿日期的前夜，这对筋疲力尽的难兄难弟不得已招募了第三位画师，而这家伙自说自话地写下了这样的说明文字："'猫'的卵巢囊肿啦！"当琳达·菲特接到画稿准备填写对白时，二话不说就找斯坦·李投诉去了。第二天，斯大林就接到了来自公司的一通愤怒的电话。

不过，托马斯却觉得斯大林大有可为，所以给他提供了一次机会，让其负责《惊奇队长》。在还没有完全摆脱编辑工作的职责时，这部作品一直由托马斯自己负责。不过，它的销量一直不温不火。这个被随意地叫作"马维尔"（Mar-Vell）的战士来自外星克里种族，他为了保护地球而与自己的同胞反目；他的搭档是绿巨人少年时的死党利克·琼斯，后者是一心想成为摇滚巨星的烦人精。虽然这些角色基本没在读者的脑海中留下印象，但这反而成了斯大林求之不得的一块白板。一开始，为了站稳脚跟，他在这部漫画中加入了大量的客串明星和宏大的战斗场景，目的就是能确保一定的销量，得到继续发展的机会。随后，他就开始大显身手了。

"我们的观点不同、态度不同，想要表达的东西也不同，而且当时正好处于一个动荡的时代，所以当我们得到这些角色时，就告别了循规蹈矩的路子。"爱说俏皮话、自诩为"无畏小子"的阿尔·米尔格罗姆（Al Milgrom）说。他和斯大林一起在底特律长大，现在则合作《惊奇队长》。事实就是这样：斯大林决定"通过纪律和训练来寻求启蒙"，尽管他自己的军旅经验很难支撑这个观点，但仍无法动摇他对此的信仰。在斯大林手里，《惊奇队长》所围绕的主题不是英雄拥有多么强大的力量和魄力了，而是他有多少局限性。于是，读者看到了一个被疑问困扰的郁郁寡欢的人他不知道该如何才能完全发挥自身潜力。而在几期之后，惊奇队长就拥有了"宇宙识"，而在这场顿悟中，掺杂着疑似出自《法句经》的教诲，还使用了大量激情的惊叹号："这个男人胜利了！他击败了自负与骄傲，看到了世界万物的真正面目！他知道必须做什么，并且付诸实现，而在这其中也带着巨大的悲伤！因为这个男人知晓了真理与和平！"斯大林将他原本为《钢铁侠》创作的角色，即"灭霸"萨诺斯（Thanos）、"毁灭者"德雷克斯（Drax the Destroyer）、蒙托（Mentor）、克洛诺斯（Kronos）、厄洛斯（Eros），都移植了过来，还另外增加了新成员，从而让这部作品成为一部跨时代的宏大宇宙歌剧，还让乔治·卢卡斯（George Lucas）借着这股东风成了一位有钱人。当然了，若论这一概念的开创和发展，《星球大战》也只能在他们面前甘拜下风。

"我只是跟所有经历过水门事件、经历过越战的人们一样疯狂而已，"爱好摩托、象棋和迷幻药的斯大林说，"这些故事全部源自早已存在的素材，然后试着用自己的观点把它们重新组合起来。马维尔是一个决定要成为神的战士，而这就是他的宿命。"翻开《惊奇队长》，你会在一期故事中发现存在本身可能会发生好几次变化。"每时每刻都在改变，'真实'永远是过去的一部分！"邪恶的统治者萨诺斯嚎叫着，随后一切都开始变形、扭曲。而与之势不两立的德雷克斯回应道："我的精神和我的灵魂是统一的……我的灵魂……是不朽的无形之物，是无物也是万物！无法死亡的东西无法被束缚，因为没有恐惧就没有束缚！"而在下一页里，他们用 35 格扭曲的脸孔、头骨、眼睛、恒星和蜥蜴表现出了在德雷克斯控制下不断变换的现实。《惊奇队长》在实质上成为带有对白的荧光海报。其销量蒸蒸日上。很快，那些大开眼界、心悦诚服的粉丝开始给斯大林寄来充满溢美之词的信件。

与此同时，恩格尔哈特则以较为理智的方式忙碌着。他已经在几期《惊奇冒险》中改造了被人遗忘的"野兽"，还染指了《捍卫者》、《雇佣英雄卢克·凯奇》和《美国队长》；这些英雄虽然已经有 30 年的历史了，但几乎卖不出去。"在越南战争期间，这股潮流就过去了，"恩格尔哈特不无嘲讽地说，"现在当人们看到把国旗穿在身上的家伙时，都会感到怪怪的。"恩格尔哈特抛弃了偏向叛逆的语言风格，添加了一些自由人文主义的元素。然而，美国队长在第二次世界大战结束时已经被封入冰块中，那么 20 世纪 50 年代再次开始连载的漫画为什么讲的是他与新对手的战斗？恩格尔哈特负责的第一期对这个谜团做出了解释：50 年代的队长其实是替身，是一个因为超级士兵血清的副作用而发疯的极端爱国者。这种反溯式的故事线虽然没能得约翰·罗米塔的完全认可，后者负责执笔 20 世纪 50 年代的那段冒险故事，但在读者之中取得了很大的反响。《美国队长》连续 6 个月的销售都在增加，而恩格尔哈特也得到了另一部大作《复仇者联盟》。这些年轻而固执的煽动家正一步步地接近顶尖画师的行列。

就在此左右逢源之际，恩格尔哈特遇到了弗兰克·布伦纳（Frank Brunner），这个留着金色长发、身穿鹿皮夹克的布鲁克林画师收藏了许多卡洛斯·卡斯塔涅达（Carlos Castaneda）和洛夫克拉夫特（H. P. Lovecraft）作品的平装本。布伦纳当时刚退出漫威标志性的超自然力量英雄漫画《奇异博士》的制作团队，原因是他不喜欢加德纳·福克斯（Gardner Fox）的剧本。福克斯已经 60 多岁了，而且曾是 DC 公司的元老。对于福克斯层出不穷地引入非人类反派的构思风格，他还轻蔑地问："这个月的怪物是个啥啊？"不过现在福克斯也不再接手这部作品了，于是罗伊想把布伦纳请回来。当罗伊问他希望找谁当编剧时，布伦纳想起了在卡巴拉 ①、占星术和巫术派对上经常跟他聊天的一个人。恩格尔哈特也立刻抓住了这个机会，希望能让《奇异博士》重现斯坦·李和迪特科时代的辉煌。他们旋即开始了行动。

"我们每过两个月就会聚在一起吃饭，一直喝到 10 点左右，然后再聊到三四点，"恩格尔哈特说道，"他会在那儿思索什么东西看上去会非常酷，而我就谈论怎么拿奇异博士的意识来做文章，我们两个人的想法综合起来就起到了'一加一大于二'的效果。"

除了到对方的家里放纵自我之外，他们还会跟斯大林、阿尔·米尔格罗姆和画师艾伦·韦斯一起疯狂。要知道，混迹拉斯维加斯的花花公子艾伦当时可是跟 5 个女服务员一起在皇后区的一间公寓里同居呢。他们在那个《猛龙怪客》(Death Wish) 热映的时代，不分昼夜地在曼哈顿街头漫步。"我们差不多把纽约当成了一个巨大的舞台，"韦斯说，"我们会跑去一些从未到过的地方，寻找新乐子，不管是白天还是黑夜。"他们有一次绕过了警卫，溜进了还在建造当中的世贸大厦。在 7 月的一个夜晚，他们跑到林肯中心观看了迪士尼的《爱丽丝漫游仙境》(Alice in Wonderland)，从而想到了在《奇异博士》中创作一只抽着水烟的毛毛虫。后来他们还到过曼哈顿下城区的汉密尔顿海关大楼 (U.S. Customs House)，爬到了丹尼尔·切斯特·弗伦奇 (Daniel Chester French) 的四大洲雕塑上面。受此启发，在《捍卫者》中，他们让奇异博士将一座座雕塑变成数千名活生生的士兵，与亚特兰蒂斯侵略者的大军交战。

在佛蒙特州的拉特兰 (Rutland)，由漫画爱好者汤姆·费根 (Tom Fagan) 组织的年度万圣节游行吸引了大量的业界专业人士，而斯大林、韦斯和恩格尔哈特也趁此机会坐在瀑布下面，放开思维，像石器时代的原始人一样讨论起了那个古老的话题：神。在之后的几个月里，通过钻研圣殿骑士 (Knights Templar)、亚特兰蒂斯 (Atlantis)、光明会 (Illuminati)、德鲁伊教 (Druidry) 和大魔法师阿莱斯特·克劳利 (Aleister Crowley) 等种种神秘学的标志性人物，他们形成了各自的观点，并将其融入了同期出

---

① 出自犹太教，生命之树的符号。——译者注

版的《惊奇队长》和《奇异博士》当中。邪恶而自大的萨诺斯抢走了拥有无穷力量的宇宙魔方，将自己变成了神，结果却败给了一个特殊规定（没人崇拜萨诺斯，这是英雄们在最后适时地作出的解释，因为神需要崇拜者）。在《奇异博士》中，31世纪的魔法师赛斯‐内格（Sise‐Neg）发现借助时间倒流，他可以从卡廖斯特罗（Cagliostro）①、梅林（Merlin）②和所多玛与蛾摩拉（Sodom and Gomorrah）③的牧师身上吸收能量，在积累了无穷的力量之后就能抵达时间的起点，并成为上帝。

"当这本书问世的时候，"布伦纳说，"斯坦马上就得到了消息，他给我们写了一封信，上面说道，我们不能拿神开玩笑。你们得赶紧出面，在读者来信栏目发表声明，撤回之前的说法，澄清这不是上帝，而只是一个普通的神。史蒂夫和我的意见是，噢，拜托！这才是这个故事的精髓啊！如果我们撤回这是上帝的说法，那么就没意义了！于是，我们就想了这样一个办法——我们捏造了一个名叫比林斯利（Reverend Billingsley）的得克萨斯牧师，以他的名义写信说在教区里有个孩子送了他这本书，让他深受震惊和着迷，还写了，哇，这是我看过的最棒的漫画了。"圣诞期间恩格尔哈特在达拉斯逗留了一会儿，顺便就从那里把这封信寄了出去，确保信封上的邮戳没有问题。"我们后来就接到了托马斯的电话，他说，嘿，关于之前的撤回，我等会儿拿封信给你们看看，而且你们也不用刊登撤回公告了，把这封信登出去吧。结果我们就把我们的信给发表了！后来我们才知道，吉姆·斯大林当时正在纽约的漫威办公室里，读着《奇异博士》的粉丝来信。当他发现这封信时，立即信以为真，并拿给了托马斯，后者又接着呈给了斯坦。"

每到周五的夜晚，恩格尔哈特和斯大林都会熬夜看电视。他们已经成了美国广播公司《功夫》（Kung Fu）节目的狂热粉丝。在这部电视剧中，主演大卫·卡拉丁（David Carradine）扮演的是"古老西部"的一位少林和尚，文能大谈东方哲学，武能打得别人落花流水。他们找罗伊·托马斯商量，本来是希望漫威能与《功夫》合作推出衍生作品，但是后来发现这部电视剧的制作方是华纳兄弟，亦即DC公司的母公司。

---

① 传说中的炼金术士。——译者注

② 亚瑟王传说中的巫师。——译者注

③《圣经》创世纪中的城市。——译者注

因此，他们就推出了自己的《功夫之王上气》（*Shang-Chi, Master of Kung Fu*）。"我已经在创作代表西方神秘哲学的《奇异博士》了，"恩格尔哈特回忆道，"因此《上气》对我而言确实是一次尝试东方神秘哲学的机会，只不过和奇异博士比起来，这位英雄的动作戏份比较多。"本着这一想法，他和艾伦·韦斯找来了一本《易经》，在各种各样的鬼画符里拼拼凑凑，最终将主人公的名字敲定为上气，取"向上升腾的精气"之意。接着，托马斯从萨克斯·罗默（Sax Rohmer）手中得到了其大众小说角色傅满洲的版权，坚持要将这个角色融入到漫画中去。于是，上气就变成了傅满洲的儿子。他知晓了父亲的邪恶秘密后决心与之势不两立。在这样一个流行《小路》（*Passages*）和《威震八方》（*Walking Tall*）的时代，这种哲学与打斗的结合可谓正逢其时。

故事的构思并不是什么烦心事，因为他们做的无非就是疯狂地玩上一整天，睡个觉，然后继续更加疯狂地玩。"我们看了一场电影，出来的时候大概是 9 点多了，还一点都不感觉困。我们就开始漫无目的地走着，从市中心一路走到了南码头（South Ferry）。大概在凌晨 2 点的时候，我们来到了 AT&T 长线大厦前面。那可是一个庞然大物，它密切监控着通往欧洲的海底电缆，而且整幢楼都没有窗户，就好像是耸立在 20 世纪 40 年代仓库区的一尊高大的纪念碑。在街对面有一片施工工地，那些工人手里的乙炔喷头发出的火光让 6 层高楼的影子来来回回地晃动着。"这个时候，他们已经找到了傅满洲老窝的模型了。当他们转身看到废弃的施工车辆时，脑中就浮现出高潮迭起的武打场景。这部漫画的的确确是自然成形的。

不过，等到真正动笔绘制的时候，事情又变得没这么顺利了。斯大林创作了数十张上气的草稿，个个都带着一副中国人的面孔，只不过在设计不同的制服时就没这么讲究了。"我当时在草稿上面随手画了一张普通的脸，结果斯坦说了句'你就按照这个脸来画'。"虽然斯大林试着想解释其中的误解，但斯坦·李却毫不退让。祸不单行的是，斯大林读了萨克斯·罗默的原著后才大惊失色地发现其中充斥着种族主义色彩。"等到我们都完工了，"斯大林说，"有个来自东方的朋友拿去看了看。看完后，他坦白地告诉我，整部作品都充满了侮辱的意味。那个时候我就知道了。"当第一期杂志发布时，粉丝就来信抱怨傅满洲亮黄色的皮肤，而他们只能用很牵强的理由来解释，说是彩色印刷工艺出了问题。在这个时候，斯大林就选择了退出。

恩格尔哈特很快也将步其后尘。"我已经画了5期了，结果他们突然打电话给我说，斯坦今天坐电梯的时候听到了两个家伙聊天。一个人说，最近有啥热门的电影啊？另一个则回答，功夫电影啊，因为那可是拳拳到肉的暴力。斯坦下了电梯、走进漫威办公室后就宣布，我们来制作一部拳拳到肉的暴力漫画吧。他们就打电话给我，说不再需要哲学了，读者只想看到功夫打斗。"在他走后，这个系列依然在继续连载，封面上开始尽出现一些幸运饼干式短语："去死吧！"

恩格尔哈特将注意力集中在了《美国队长》上，而伴随着当时的水门事件丑闻，这部作品一夜之间似乎成了漫威最有希望的摇钱树。他构思了一个阴谋故事，里头的元素与现实事件有着微妙的联系：支持总统连任委员会（Committee to Reelect the President，C.R.E.E.P.）成了美国原则复兴委员会（Committee to Regain America's Principles，C.R.A.P.）；现实世界中曾当过广告商的白宫幕僚长哈德曼（H. R. Haldeman）在漫画中改头换面，成了前广告商昆汀·哈德曼（Quentin Harderman）。美国队长一路追踪在黑暗中活动的"秘密帝国"（Secret Empire），来到了总统办公室，结果却看到了身负丑闻的最高指挥官吞枪自尽，这构成了整个故事的高潮。

虽然恩格尔哈特从来没让这个总统的脸露出来，但在收到原稿后，漫威就给他打了电话，要求他保证这指代的不是尼克松。"我反反复复地发誓说不是这样的，"他说，"不过等到漫画被印出来，我再翻脸说是，他们也拿我没办法了。"

而在另一方面，斯大林却感觉自己落入了人生的低谷。在经历了上气的失败后，他开始将作品留到最后时刻才上交，以此避免编辑插手。被授予艺术总监职务的约翰·罗米塔让斯大林成为招牌作品《神奇四侠》的专职画师，结果却发现这位年轻的超级巨星已经不愿意参加团队合作了。"斯大林拒绝了《神奇四侠》。这还是我第一次听说有职业画师会拒绝成为某一部漫画的专职画师，因为他们过去都非常高兴能够拥有一部稳定的作品来施展自己的才华。他给出的理由是他不希望被它束缚。"

　　曾以编剧身份与斯大林合作《钢铁侠》的迈克·弗雷德里希后来搬到了加利福尼亚州的海沃德（Hayward），并开始独立发行他自己的选集漫画；斯大林立刻抓住了这个帮忙的机会。第一期《追★星》（Star*Reach）的开卷便是斯大林创作的一个 7 页长的故事，讲述了一位艺术家来到了一幢漂亮的"死亡大厦"里。他一边坐着电梯，一边大言不惭地说自己是"想象力的存在"，一刀砍下了披着斗篷的"死神"的头颅。可后来这位艺术家自己却被杀死了。在故事的尾声，另一位艺术家走进了大厦，对白中写道："我的名字是斯大林，吉姆·斯大林！"显然，他也将成为一只待宰的羔羊。事后再看看画面中所描绘的这幢漂亮的办公大厦，门牌号码写的正是 55 的数字和麦迪逊的字样，也就是漫威公司的地址。就在"死亡大厦"即将发表之时，斯大林为《惊奇队长》找来了一个负责上墨的接班人，同时向漫威宣布自己要离职，接着便前往加利福尼亚了。

复仇者公司，古德曼父子重出江湖

　　当《奇异博士》增长的销量让漫威决定将它从双月刊改为单月刊时，布伦纳也因为工作节奏过度紧迫而选择了退出。"这完全就是奥斯卡和菲利克斯①的翻版，"对于和布伦纳的合作，恩格尔哈特这样说道，"我总能按时赶上截稿期限。他到最后总是赶不上进度。他总是说，我们可以做这个，我们可以做那个。我就告诉他，没错，但是我们必须把它做进 17 页以内。"布伦纳最终无法挽回地失去了兴趣。他更关注和格伯合作的另一个新项目，那是让霍华鸭回归的一个短篇故事。

　　1974 年的夏天，有条消息不胫而走：古德曼父子正打算杀回漫画界，而且他们的目的很明确：向漫威和阿尔·兰道复仇。在他们看来，奇普遭到排挤无疑是一次无法

---

① 《天生冤家》（The Odd Couple）中两位性格完全相反的主角。——译者注

饶恕的背叛行为。他们所创作的漫画封面堂而皇之地模仿起了漫威的风格，甚至连每本杂志顶部的一条窄小的水平横幅也照抄了过来。虽然他们自称为巨神漫画公司（Atlas Comics），但圈子里的人几乎从第一天开始就将他们称作"复仇者公司"。

古德曼父子放出消息，说巨神会支付比漫威或 DC 公司更高的稿费；它还会归还原始画稿，甚至让创作者拥有其角色的所有权。有一位画师在漫威位于麦迪逊大道的办公室外头开了一家店，不遗余力地劝说自由职业画师掉头到一个街区外的巨神总部看看。没过多久，许多重量级的漫威元老，包括约翰·塞韦林、沃利·伍德、加里·弗里德里克、格里·康威和史蒂夫·迪特科，都报了名；甚至就连斯坦·李的亲弟弟拉里·利伯也受聘成了他们的编辑。

被逼上绝路的斯坦·李埋头写了一封给自由职业画师们的信。"最近，有一些已经建立了或还在筹备中的小型公司认为，要想跟漫威一样成功，唯一的方法就是尽可能地挖走我们的人。"接着，他就在信中尽情挥洒着他的激情。

> 这就好比第二次世界大战中的纳粹德国和盟军。希特勒，这样一个独裁者，一个唯我独尊的人，能够随着性子做任何想做的事情，能够对那些狂热的国民许下最狂妄的诺言，但却完全不在乎会带来什么样的后果。然而，美国则必须步步为营，按照固若金汤的法律和政府的原则来办事。漫威就像是盟军，我们根本不可能拿出天上掉馅饼的谎言和承诺来予以反击。
>
> 意识到这一情况的部分竞争对手正在越发疯狂地挖漫威的墙脚，他们在几乎任何一个懂得用铅笔、笔刷或打字机的人面前兜售越来越多此类虚妄的诺言。尽管这些诺言最终都会成为一团过眼云烟，但即便如此，他们的目的也已经达到了。

斯坦·李强调，漫威是自由职业画师的最大雇主，其稿费在过去 15 年内保持着上升的步调，而且独自还创立了面向自由职业画师的医疗和人身保险计划。他强调，正是他本人为漫画界带来了丰厚的回报，而马丁·古德曼却是拒绝退还原稿的始作俑者。"漫威从来不曾欺骗你们，"他在结尾写道，"漫威也永远不会欺骗你们。和我们在一起。你不会后悔的。"

斯坦·李威胁当时在漫威担任编剧的阿奇·古德温，要是敢去巨神干活，就别想再回来。托马斯则劝诫那些自由职业画师，如果他们有了二心，那么就不会保证漫威将来会找他们合作。不过当年 8 月份，托马斯自己也跟奇普共进了一顿晚餐，讨论了一些事情。当时，他只是想了解一下情况而已。他在漫威已经忙得筋疲力尽了；每天下了班后，他仍要从事编剧工作，要到深夜才能睡。虽然珍妮已经回到了身边（尽管只是暂时的），但他感觉两人之间的关系已变得苍白无力、无法挽回了，而且工作压力让他离这个家庭越来越远。他正维护着自己都不认可的公司政策，总是在创作和管理之间左右为难。据罗米塔说，许多老一辈牛棚成员对托马斯都没有什么好印象，也对他毫不尊重。"当你习惯了在斯坦手下干活时，往往就很难听从罗伊的指示了。他们认为这个小子根本就不该统领大局。"当上墨老将文斯·科莱塔听说罗伊计划让他离开《雷神》时，就径直冲进了罗伊的办公室。"我觉得你在插手我的事，"他对编辑说道，"我要把你从窗户里扔出去。"

当时，托马斯也开始感觉到来自上级的危险压力，具体到个人就是阿尔·兰道。他们的合作一开始就不理想。托马斯飞往菲律宾寻访自由画手的行程遭到否决，原因是兰道认为"度假的嫌疑过大"。但事实上，当时在马尼拉附近正爆发着一场武装革命，根本没有一丁点可供度假的气氛。当自己提出以折扣价直接将漫画卖给书店时，托马斯称："兰道像面对白痴一样看着我，对我说这么做只能让批发商和零售商大唱反调，拒绝与我们合作。"而在四分之一个世纪过后，托马斯能记得起来与兰道达成共识的次数也只有一两次而已。

就连斯坦·李也开始逐渐疏远他了。尽管他曾鼓励托马斯推行各种各样的政策，比如将原始画稿返还给自由职业画师，或者向作者支付再版的版税，或者直接向专门的漫画店分销，但只要兰道不同意，斯坦·李也就无话可说了。"在当上发行人后，"托马斯说，"他就离开了创作的中坚力量，彻底成了一个公司人，这就是他所希望的。可是我依然和从前一样，不愿意跟着他走上这条路。"而另一方的斯坦·李则向大家表示，他跟托马斯从此以后分道扬镳了。

不过至少漫威的漫画本身总算是达到了自科比离开后的最高水准。事实上，托马斯还曾邀请科比从 DC 公司重返漫威。"罗伊对于新想法非常开放，会允许你去做几乎任何事情。他有一套本事，能让你在不知不觉中已经在为漫威工作了，"玛尔夫·沃夫曼说，"莱恩从来没有来漫威的想法，却慢慢地发现自己已经在为漫威进行全职创作……托马斯知道该如何管理人。"与此同时，托马斯也在找斯大林讨论回归的可能，考虑可以让他负责《术士》(Warlock)，这是一个神一般的超级英雄。在这些超凡脱俗的故事面前，《美国队长》简直就成了《大丹麦狗马默杜克》(Marmaduke)①。史蒂夫·恩格尔哈特继在《美国队长》中借鉴水门事件后，又根据共生解放军（Symbionese Liberation Army）攻打洛杉矶和人民革命军（People's Revolutionary Army）在阿根廷绑架埃克森公司高层的事件创作了新的冒险；而在《复仇者联盟》中，他则翻开了一部奇异的史诗级篇章，读者将在其中看到时间旅行和有心灵感应的树。

不过，托马斯却没能撑到这些故事开花结果的那一天。因为没过多久，压垮他的最后一根稻草出现了：一位自由职业画师被发现试图通过谎报其在 DC 公司的稿酬来提高自己在漫威的收入。怒火中烧的斯坦·李找 DC 公司的总裁卡迈恩·因凡蒂诺共进午餐，并敲定了一份协议，双方共享每一位自由职业编剧或画师的稿酬信息。②

当托马斯听说这个消息时，他震惊了。他不想成为其中的同谋。从斯坦取消了说好的工作机会以来，珍妮就催促着他一走了之。该死的，他的确退出过一次，在电话里，斯坦又用花言巧语把他骗回来了。这样的事情绝不能再发生了。那天晚上，在离开办公室之前，他坐了下来，抽出一张纸，写了一小段通知。他斥责斯坦·李和因凡蒂诺的计划是"违背伦理、违背道德，而且很可能是违背法律的"。他决不会执行这一计划。第二天，托马斯没有来公司上班，而当他在次日回到漫威时，斯坦·李就把他叫去了办公室。"我想这应该就是你的辞呈吧！"斯坦·李说完还想解释他对自由职业画师稿费的立场。"不用麻烦了，"托马斯说，"也许我离开漫威才是最好的选择。"

---

① 一部自 1954 年起就开始连载的漫画。——译者注

② 斯坦·李就是这样将会议的细节传达给托马斯的。因凡蒂诺后来对这种说法予以否认，称自己断然地拒绝了透露自由职业者稿费标准的要求。——译者注

MARVEL COMICS
THE UNTOLD STORY

06 被撕碎的同一律，
漫威宇宙的解体危机

这一天，漫威的员工齐聚一堂。当获知在漫威的任期长度位列第二的员工托马斯即将离开的消息后，所有人都惊呆了，现场鸦雀无声。"罗伊也在场，坐在那儿一言不发。斯坦似乎对他的反应也不太高兴，"当时 17 岁，在漫威当信使的吉姆·萨里克鲁普回忆道，"我认为大家心里并没有深仇大恨。斯坦可能并没有意识到，从他不得不接手管理整个漫画产品线的那天起，漫威增加了多少麻烦事。他可能只是认为罗伊头脑发热了，要不然就是贪得无厌了。我觉得罗伊想要构造一种能更好地适应愈发繁重的工作量的工作结构，但斯坦并没有意识到这不是一个人能完成的工作。

你必须得有一定数量的编辑才能处理对应数量的作品。"

　　私下里，托马斯和斯坦·李就自己离职后的去向达成了一致。虽然卡迈恩·因凡蒂诺已经向托马斯提供了在 DC 公司担任《超人》编剧的机会，但是斯坦·李显然不愿看到自己的爱将为竞争对手工作。于是，他跟托马斯签了一份合同，允许后者继续在家中写作，自行负责编辑，并直接向斯坦·李报告。托马斯会继续在办公室里待上几周，照看好工作的交接，随后就以类似送别礼物的形式得到名叫《入侵者》(*The Invaders*) 的新系列；他最爱的黄金时代的角色们将会在其中上演第二次世界大战时期的各种冒险。他还会接着负责成为黑马的《野蛮人科南》(*Conan the Barbarian*)，及其续集黑白杂志《野人之剑》(*Savage Sword of Conan*)。斯坦·李和托马斯决定将未来的编辑团队一分为二，其中刚被聘为托马斯助手的莱恩·韦恩将接管彩色漫画，而玛尔夫·沃夫曼负责黑白漫画。有了形影不离的"莱恩玛尔夫"双管齐下，漫威终于能让这两个部门的管理完美地协同起来了。托马斯和韦恩在华盛顿特区的科幻展上碰了头，在那里达成了共识。

《X 战警》回归，拓展国际市场的初步尝试

　　一开始，韦恩还有些犹豫不决。"我才刚当了 3 个月的助理编辑，现在你居然要我管理全公司？"他问道。不过急于促成此事的托马斯反复劝说，让韦恩相信自己是合格的继任者。"他想要退出，"韦恩回忆道，"我花了一年时间才明白他想离开的原因：这是一份不可能完成的工作。而且，只要我们还继续做着这份不可能的工作，他们就永远不会相信这是不可能完成的。"

　　24 岁的克里斯·克莱蒙特（Chris Claremont）曾经是兼职编剧和校对，梦想着能踏入演艺圈，现在则被任命为韦恩的副主编。同为 19 岁的斯科特·埃德尔曼（Scott Edelman）和罗杰·斯莱弗（Roger Slifer）则当上了助理编辑。当每一个人都在适应自己的新职务时，有 54 部彩色漫画月刊还在等待着与读者见面呢。韦恩别无选择，只

能减少自己在编剧方面的工作。不过，由于他不想放弃《无敌浩克》，所以就不得不找别人来充当全新《X战警》系列的编剧了。这个系列经历了数个月的筹备后，终于进入了生产阶段。

《X战警》的回归是在罗伊·托马斯的任内规划的。漫威总裁阿尔·兰道依然在环球特写集团里呼风唤雨，当时他们已经开始面向海外市场重新包装漫威漫画了。当兰道意识到欧洲和亚洲的角色具有更高的国际价值时，就立刻建议漫威设计一支非美国人组成的超级团队。托马斯从几年前就开始日思夜想着让漫威的变种人团队复活，这次正好可以利用这部被腰斩的作品来满足兰道的要求。

托马斯、迈克·弗里德里克和画师戴夫·科克勒姆（Dave Cockrum）在午餐时间来到了"汽车吧"（Autopub）。在这家被通用汽车公司的大楼环绕起来的汽车主题餐馆里，他们展开了一场头脑风暴。这三剑客坐在用汽车底盘制成的餐桌旁，在组装流水生产线纪念碑的围绕下，讨论起了如何将老X战警成员替换成不同人种的变异英雄团队。科克勒姆堪称一台角色制造机，他在笔记本上画满了原始服装的设计草稿和概念，以便随时调用。回到家后，他就仔细翻阅了自己的文件，选出了自己这些年来在大学、兵营以及为DC公司《超级男孩和超级英雄军团》（*Superboy and the Legion of Superheroes*）所设计的角色：台风（Typhoon）、黑猫（Black Cat）、钢铁先生（Mr. Steel）、雷鸟（Thunderbird）以及夜行者（Nightcrawler）。不过，这个计划在几个月内都一直未能正式敲定，而等到这部作品终于在1974年年末被排上日程时，弗里德里克已经被换成了韦恩。台风和黑猫被合并成了"风暴女"（Storm），钢铁先生成了"钢人"（Colossus），夜行者则从一个真正的恶魔变成了长着一条尖尾巴的变异德国杂技演员。

在X战警的阵容里，还出现了一个加拿大的变种人金刚狼（Wolverine）。这个人物出自托马斯的创意并由他命名，因为他发现有必要挖掘加拿大市场，而莱恩·韦恩和约翰·罗米塔则绘制出了这个人物。金刚狼在《无敌浩克》的故事中出场过一次后，就很快成了这场新角色潮流的一个代表。此外还有康威和罗米塔的惩罚者以及里奇·巴克勒的死亡战士（Deathlok），它们都是以愤怒、暴力和武器为卖点。

第一期《X 战警增量版》（*Giant-Size X-Men*）在开篇就轮流介绍了 5 个角色，让他们展示了各自的能力。库尔特·瓦格纳（Kurt Wagner，夜行者）遭到了一群巴伐利亚暴徒的追杀，在城市的楼宇间跳跃穿梭；加拿大秘密特工金刚狼在军营里与指挥官对峙时亮出了他的金属利爪；而在肯尼亚，门罗（Munroe，风暴女）被奉为控制风雨的女神；西伯利亚的农夫彼得·拉斯普廷（Peter Rasputin，钢人）为了在失控的拖拉机前救下妹妹，变身成了强大的钢铁之躯；阿帕奇·约翰·傲星（Apache John Proudstar，雷鸟）在亚利桑那自然保护区里与一头水牛打得不可开交。X 教授一个接一个地找到了他们，包括上个时代与 X 战警有关系的海妖（Banshee）和太阳火（Sunfire），他以慷慨激昂的陈词令他们领悟了自己的力量和责任。他将他们聚集在位于威郡的一座公寓里，并分发了各自的战袍。接着一个毕恭毕敬的独眼龙告诉他们上一代的 X 战警，即冰人、天使、惊奇女孩、哈沃克和北极星，都在位于南太平洋的克拉考阿岛（Krakoa）失踪了。

伴随着不断发生的争吵和冲突，这 8 名成员来到了克拉考阿岛，结果发现它其实本身就是一个有感觉的生物。（"克拉考阿岛……一座像人类一样行走的岛屿！"）这场救援行动本身并没有多少可圈可点之处，因为当 X 战警们脱困后（他们被这座岛屿本身给俘虏了），他们就立刻战胜对手并逃了出去。那几个新来的队员实际上没起什么作用。第一期《X 战警增量版》的主旋律几乎和第一期《神奇四侠》一模一样：七蛟龙凑成了一支队伍，他们之间充斥着不和谐的争吵；有座神秘岛屿召唤他们前来，而在他们坐飞机逃走之后，岛屿也在爆炸中灰飞烟灭了。

"我们这 13 个 X 战警接下来该怎么做？"飞机上有人问道。随着在这一期最后出现的一句对白中抛出这个问题，变化就开始了。上一代 X 战警会隐于幕后，而新一代 X 战警将竭尽全力吸引更年轻的读者。

在这一期漫画完工后没过多久，由于任务负担过重，韦恩不得不放弃这一作品了。不过，这一决定并没有给他带来多少悲伤。"这只不过是一本书罢了，"他说，"对于我来说，它跟'巫毒兄弟'或者我曾经参与过的其他一些新作品没什么区别。"但是，对于克里斯·克莱蒙特来说，这却是一个千载难逢的良机。他的工位就在韦恩的办公室门口，因此克莱蒙特能听到他们开故事讨论会，并不时插话，提出自己的想法。他热情主动地接下编剧的任务。"我当时真是心里暗爽，太棒了！不过这只是一部刚刚能维持收支平衡的系列，所以公司计划在推出 6 期后就完结。"但是，这部作品到最后却改变了他的一生。

钢铁侠的鼻子，制作流程接近失控

斯坦·李和兰道推陈出新的命令总前后矛盾，这使得韦恩有点疲于奔命。铁拳（Iron Fist）的原型主要提炼自比尔·艾弗特在进入及时漫画以前的一部老作品，而这位功夫英雄现在也迎来了自己的漫画系列。同样获此殊荣的还有黑歌利亚（Black Goliath），这是面向非裔美国读者的又一次尝试……此外还有红发索尼娅（Red Sonja）、稻草人（Scarecrow）、骷髅屠夫（Skull the Slayer）和血石（Bloodstone）等。"哪天你走进办公室就可能会发现，"一位助理这样说道，"上周刚编辑好的 30 本书全都被取消了。不管它们已经进展到了哪个阶段，都已经不可能抵达发行的终点了，而等待着你去处理的则是 30 本全新的书。"

运气不好的话，也会碰到斯坦·李突然查岗。他随便抓起一页画稿，接着就会留下一句令整个办公室猝不及防、不知所措的评论。在罗伊·托马斯的任期接近尾声之时，斯坦·李审阅了一期《钢铁侠》的稿子，他觉得这个英雄的头盔太平整了，不像是能把托尼·史塔克高挺的鼻子塞进去的样子。"他是不是应该有个鼻子？"斯坦·李问托马斯。尽管自其诞生以来的 10 年间，钢铁侠的头盔就从未有过鼻子，但斯坦·李毕竟是老板。在下一期中，史塔克就重新设计了自己的头盔，在正面加上了一个金属大三角。几个月后，迈克·埃斯波西托的《钢铁侠》原稿出现在了比尔·曼特罗（Bill Mantlo）的桌上，后者是制作经理约翰·福伯尔滕初来乍到的助手。"我当时看着这部漫画，心里就在想，上帝啊，我一定是眼花了，"曼特罗说，"钢铁侠怎么会有鼻子！于是我只能非常无辜地坐在那里，拿出一支涂改液，将所有的鼻子都擦掉了。大概过了一个小时，我听到了有人大叫起来。埃斯波西托，你是疯了吗！他的鼻子怎么了……然后迈克就跑了进来，愤怒地吼着，该死的，这鼻子就在这个位置！每个鼻子上面都被涂白了，你看到了这些白点没！"曼特罗只好认错，并主动将每一个格子里的涂白全都刮掉。

　　为了帮助编剧们能及时知晓新推出的角色和老角色的变化，托马斯准备了一个塑料盒子，里头放着许多索引卡片，写着每个角色最近一次登场的地点以及他们所拥有的能力。不过现在这个盒子已经派不上用场了。他们有了一个庞大的数据库，用总计重量达两千克的打孔计算机纸带，按字母顺序罗列了所有的信息。

　　在不同作品之间维持体系的一致性，逐渐开始变成了一种负担。漫威宇宙的一大特征就是它是一个完整的叙事舞台，在一部作品中发生的所有事情都会对其他作品带来潜在的影响。当斯坦·李还在每月亲自监督 8 部漫画时，这种一致性还能维持下去。然而，当 20 多岁精力旺盛的年轻骨干们放任自己的想象力天马行空，或者故事走向不可避免地出现重大转折时，这就几乎成了不可能完成的任务。蜘蛛侠怎么可能同时出现在所有的地点呢？"漫威的问题，"韦恩说，"就是我们这家公司突然拥有了一大堆准备连载好几年的作品，而我认为这并不是斯坦的本意。"角色使用权之争使这一状况火上浇油。"格伯想要让浩克在《捍卫者》中做这件事，"克莱蒙特说，"可是恩格尔哈特却说，我已经在《复仇者联盟》里让他去做别的事情了。谁该说了算呢？"

　　"这其中有一种明确的阶级关系。"比尔·曼特罗说，在一次赶工的救火行动中，他从制作办公室被调到了编剧组，后来就开始定期地接到编剧任务了。"在当时，若要在漫威成为一名成功的编剧，关键就在于你得为两家公司工作过。凭这一点，你就可以胜过像我、克莱蒙特和芒什，谁让我们是从漫威开始、陪漫威一路走来并忠实于漫威的员工呢。实际上，从经济的角度上讲，如果你离开漫威去了 DC 公司，那么等你回到漫威的时候，稿费就会比那些留在漫威的人高。所以，对公司不屑一顾，去别的地方发展，然后再回来，就成了一种成功的标志，而当时的我、克莱蒙特和芒什，或许还包括托尼，就只能给这些人擦屁股，而且还得不到一声感谢或者半点报酬。这种情况持续了很久。当时还有一种说法，就是如果你是编剧，那么就应该去写《无敌浩克》《蜘蛛侠》《托尔》。《神奇四侠》也许也行。具体会有些区别，取决于你在 15 岁时最喜欢的角色是谁。这才是漫威对'编剧'的标准。没人管你是不是爱管闲事，没人管你是不是很有效率、管理有方或者自己拥有高超的编剧技巧；在漫威当编剧，就意味着你现在应该能包揽所有被视为顶级漫画的作品，而其他人都只配啃那些所谓的糟粕。"

好多年下来，斯坦·李以及后来的罗伊·托马斯，都已经学会了放松对一部分内容的监督。斯坦·李的政策，据克莱蒙特所说，就是："如果他们错过了最后期限，那么你就给他们一次警告，下一次就开除他们。如果漫画卖得不好，你就想办法扭转局势，要不然就取消这部漫画，开除他们。如果卖得好，你就闭上嘴，让开道。不存在什么精细化管理。咱没这个时间。要做的事情实在太多了。"

对于韦恩和沃夫曼来说，这真是站着说话不腰疼。"我并不是认为韦恩和沃夫曼想特立独行，只不过他们似乎更想要自己包办，"托马斯说，"他们或许害怕不怎么成功的漫画编剧会给他们的作品带来无法弥补的伤害。过分放任他们的话就会让作品变得面目全非。"托尼·伊莎贝拉曾提议，在新系列《冠军》（The Champions）中，让已经退居幕后的 X 战警成员天使和冰人发挥余热；整个故事讲述的是《66 号公路》（Route 66）式的结伴旅行。不过据伊莎贝拉称，韦恩生搬硬套了一系列的标准规则，对这部作品大加改造：必须有一支 5 名角色的团队；必须包括一个女人；必须包括一个已经有独立系列的角色；必须有人具备超级力量。《冠军》到最后就成了一部傻得可笑的漫画，让从头到尾都不搭调的天使、冰人、黑寡妇、恶灵骑士和大力神（Hercules）组队对抗恶棍，例如由洛杉矶破产者们组成的"萧条掠夺者"（Recession Raiders）。

这些烦恼让韦恩与制作经理约翰·福伯尔滕之间发生了冲突，因为后者觉得这些改动都可有可无。如果一本书有错过排印期限的危险（并因此而带来数百美元的拖延费），福伯尔滕 2 米高的硕大身躯就会将你的办公桌笼罩在一片黑暗之中。而对于校对员的抗议，他也充耳不闻。他会大声呵斥道："等它印出来了你再检查吧。"然后一把抓走桌上的画稿。

也许这也是解释某些作品能得到自由管理的最好方法。只要销量没有下降的话，就算这部漫画有点放肆，有点不守规矩，那又有什么必要让斯坦知道呢？何必浪费时间去打报告呢？

校对员可以是编剧最好的朋友。"格伯会构思一个很棒的故事，悬念迭起、扣人心弦，而且让你永远猜不透他会在下一期里画出些什么鬼东西来，"大卫·安东尼·克拉夫特说，"而如果快要截稿了还没有好构思，大家就会心急如焚；你会看到他们一个个翻起了白眼。在这个时候，我们就会一起出去吃午饭，讨论各种想法。有好几期《霍华鸭》和《捍卫者》都是这么来的。这样可以创作出有意思的故事；如果你自己都不知道在把故事往哪儿引，那么读者就更不可能猜出你的想法了。但在另一方面，你也可能会整出一副烂摊子，再也没法自圆其说，从而使整个故事变得支离破碎。这一招并不是百试百灵的。尽管如此，我还是很喜欢这招。一切都是跟着感觉走。"

由于监督力度的减弱，大家就有更多的机会进行新尝试。格伯、恩格尔哈特和斯大林开始追逐起各自的奇思妙想，标新立异的尺度比从前更大了。他们将过去漫威漫画中零零碎碎的有趣想法与当下的新闻热点和流行心理学有机地结合在了一起，糅合出让青春期少年每个月都为之惊叹的作品，堪称漫画界的达达派。他们曾拿性政治做文章、悄悄地让主人公做出些反文化的举动，甚至还拿漫威漫画来自嘲。

格伯的《捍卫者》最初包括奇异博士、绿巨人以及女武神（Valkyrie）；后者占据了 20 岁左右、天真无邪的神秘学者芭芭拉·诺里斯（Barbara Norriss）的身体，成为以剑为武器的半神半人。此外，还有夜鹰，即凯尔·里奇曼（Kyle Richmond），他从花花公子变成罪犯又变成英雄，拥有可与蝙蝠侠比肩的高级装备。但是，格伯显然对超级英雄式的行为不感兴趣。和在《类人体》中一样，这些英雄人物都拥有各种各样的缺点，而且他们的形象与富有同情心的黎民百姓别无二致。他们还很容易陷入自卑。因此，冰山美人女武神就注定得时时被凯尔·里奇曼和傻里傻气的杰克·诺里斯的热烈追求所困扰，后者是芭芭拉·诺里斯业已分居的丈夫。

在 1975 年年初时，通过引入新出场的角色"智囊团"（Headmen），格伯开始真正地将《捍卫者》推到了荒谬到极致的程度。构成"智囊团"的 3 个卑鄙家伙分别在 20 世纪 50 年代那些早就被遗忘的巨神短篇漫画故事中出现过。外科医生亚瑟·纳甘博士（Dr. Authur Nagan）专门收集大猩猩器官的行为招致了几只大猩猩的报复，后者将他的脑袋移植到了一具猴子的身体上；神秘者崇度（Chondu the Mystic）是一位推崇瑜伽的法师；杰罗尔德·摩根博士（Dr. Jerold Morgan）曾通过细胞压缩方面的实验使其自身的骨骼不断收缩，全身的皮肤也变得如生面团一般松散。他们相聚在康涅狄格州的郊外，酝酿出了一个征服世界的计划……就在这条支线剧情一触即发的时候，格伯又加入了一场对抗"毒蛇后代"（Sons of Serpent）的战斗。这支队伍的领导者原来就是凯尔·里奇曼的管家，一个自我厌恶的中年非裔美国人潘妮沃斯（Pennyworth），而其资金也都是从里奇曼的百万资产中窃取的。

伴随这几条故事线同时展开，没过几期就会出现一场毫无规律的谋杀事件，受害者都是普通人，常常也是可悲的普通人，谋杀者则是持枪的无名人士。在这些谋杀案和漫画的其余部分之间找不到任何明显的联系……事实上，它们跟整个漫威宇宙都毫不相关。

这些年轻的编剧们就这样不断地生产着毫无章法的作品。

在《复仇者联盟》中，史蒂夫·恩格尔哈特创作了一个长达 20 期的故事，主角是已成为"圣母"（Celestial Madonna）的越南妓女螳螂。她与曾加入过复仇者联盟的情人剑客（Swordsman）出现在了复仇者联盟的基地里，并成功地加入了他们。这下可好，她用势不可挡的性感攻势（她施展招式"死亡之钳"时会将双腿缠绕在男性对手的身上）让一切都乱了套。"基本上，螳螂就是要成为一个打入复仇者联盟内部的妓女，在轮流勾引每一个男性成员的过程中让他们发生内部矛盾，"恩格尔哈特说道，"她是以一个荡妇的身份出现的。我向来都特别喜欢性这个主题，所以想要看看这些能将大坏蛋打得屁滚尿流的超级英雄在碰到了一个女人时面红耳赤、结结巴巴的模样。他们就像是大男孩一样，这一直让我觉得无法理解，因为既然我现在将他们当作成年男性来对待，那么他们怎么能不做出成年男性的举动呢？"虽然恩格尔哈特最后放弃了这个美人计的方案，但还是在绯红女巫、幻视、螳螂和剑客的爱情四角关系中带来了一场赚人热泪的剧情，直到剑客在行动中阵亡之后才稍稍得以平息。

在几个月的时间内，读者终于逐渐了解了螳螂和幻视不为人知的过去。螳螂是由具有心灵感应能力的外星十字花类植物种族寇塔提（Cotari）抚养长大的，后来被一个克里族的和平主义特工带到了地球上。在螳螂重获这段记忆之后，剑客的坟墓旁边耸立着的寇塔提之树幻化成了他的模样，并请求螳螂为他生一个孩子。"到最后，由于这是一个宇宙时代的故事，"恩格尔哈特说，"所以她通过某种方法化身成了圣母，还和一棵树结婚了！而要想与一棵树结婚，你就必须对宇宙的历史有所了解，不是么？"

相比之下，恩格尔哈特为幻视重新设计的背景故事就没这么夸张了，不过却与其他作品有着更复杂的关系。在他的描述中，幻视的人造人身体是利用原版霹雳火（因为公司与其创作者卡尔·博格斯的版权之战而于1966年突然阵亡，从此就再也没在漫威宇宙中登场）改造的。一段前情提要让读者知道，反派机器人奥创（Ultron）绑架了霹雳火的发明者菲尼斯·霍顿，强迫他让其发明重获新生。借霍顿之口，恩格尔哈特说出了痛苦的博格斯本人对霹雳火的悔恨之情："我曾经以为他会是我赖以成名的最高成就，也是我的金饭碗；但是我的同事们都惧怕他，他们逼迫我将其摧毁。然而，当他逃走的时候，我也被大家疏远了……而他也再也没有回到我身边……别再让我看到他了！至少现在别，我已经太老了！"奥创杀害了霍顿。当他在幻视的怀抱中死去时，缓缓地说出了最后的遗言："我希望属于我的某个东西、某个创造、某个部分能继续留存下去……"就在这一刻，现实与艺术发生了重合，虽然博格斯本人之死并没有在漫威漫画的作品中有所表现，但幻视，即"属于我的某个东西"，却将继续留存下去。

恩格尔哈特接着将注意力转向了野兽。这位原版 X 战警的前任成员自从几年前被恩格尔哈特变成了身披蓝色毛皮的怪物后就几乎没怎么出场了。野兽加入了复仇者联盟，并成了漫威的首个瘾君子。"在这部作品中得到第二次生命的野兽是我在加利福尼亚州生活的一个产物，"恩格尔哈特说道，"他的年龄在增长，开始听起了摇滚音乐，而且，说实话，他开始吸毒，只不过我们不可能在漫画里明着说。"他能做的就是让读者看到野兽在读卡洛斯·卡斯塔尼达的著作、听史蒂维·旺达（Stevie Wonder）的唱片，强调"他是一个走嬉皮路线的年轻知识分子"。

惊奇队长的好友、一直在成为音乐家的路上跌跌撞撞的里克·琼斯也玩起了嬉皮风格。在恩格尔哈特的第 37 期《惊奇队长》中，琼斯的旅伴丹迪（Dandy）送给他一粒胶囊，还隐晦地把它说成是维生素 C："这是一份礼物，如果你的'个人问题'碰到麻烦时可以用它！"此时，里克·琼斯的"个人问题"就是每当他用力敲击手腕上的金属"黑鬼腕带"时，就会与惊奇队长互换身份。由于这两个人中必须始终有一个人留在负界里，所以就意味着琼斯也在负界中待了很长一段时间。当琼斯又一次在负界中百无聊赖地漂浮时，他吞下了那粒胶囊，于是，在郊区度过的童年记忆开始在他脑中浮现；与此同时，惊奇队长咬紧了牙关，忍受着一阵阵的头痛，而他周围的一切也仿佛成了一幅埃舍尔（Escher）的思维版画。当现身的观察者对惊奇队长发动攻击时，我们的英雄才在一身冷汗中惊醒。幸好到了下一期，他和里克都恢复了理智。惊奇队长也对里克在精神上的成长大加赞赏。这一事件让他们的"宇宙意识"增强了，这样的结局真是可喜可贺。

不过，比起格伯和恩格尔哈特所有的颠覆式再创作，吉姆·斯大林的《术士》则是一次有意的挑衅行为，试探着漫威公司对低销量作品放任自流态度的底线。罗伊·托马斯原本将这个角色塑造成救世主的形象；但重归天主教的斯大林现在却利用这个角色来表达自己对有组织宗教的批评，同时抗议那些对百家争鸣进行系统化扼杀的行为。

亚当术士在宇宙中徘徊时遇到了一名遭到武装士兵追杀的"无信仰者"，尽管他想要救她，但最后还是没能成功。利用神秘的灵魂宝石（Soul Gem）的"恐惧之力"，他将这个女子短暂复活了一段时间，得知这些杀手来自于宇宙真理教堂（Universal Church of Truth）。那是一支奉行铁拳政策的跨星系组织，其领袖被称为法师（Magus）。最让术士震惊不已的是，此人就是未来的自己。

在术士前往寻找法师的旅途中，他结交了几个不怎么可靠的盟友，比如出言不逊的巨魔皮普（Pip）、身披网纹绿皮肤的外星杀手加美拉（Gamora）。他也遇到了更多的敌人，比如惊奇队长的老对手萨诺斯。不过，对他的生命，乃至他的理智，威胁最大的却是他额前拥有强大力量的水晶。他逐渐地意识到，这颗吸血鬼般的灵魂宝石正在饥渴地吸收敌人的灵魂。

亚当术士的冒险成了一个完美的载体，让斯大林借此表达了自己对于力量代价的深刻思考以及对"用严格的制度优越论来解决问题"所持的怀疑态度。斯大林一个人包揽了构思、编剧、铅笔稿、上墨和上色。在某种意义上说，斯大林是继斯特兰科早期的全权委托工作方式之后，首个将"电影导演作者论"①表现得淋漓尽致的漫威人。即便编辑的改动多么微不足道，都会触动斯大林内心的反叛情绪，于是没过多久，被他犀利质疑的权威就不再仅限于教堂了。

"斯坦对于我做的事情一直有想法，"斯大林指着"无限公式"（The Inifinity Formula）说道，这是他在创作《术士》时顺手写的一段有关尼克·弗瑞的故事，"我让弗瑞通过盗用资金的方式获取了这个公式，并延长了他的寿命。斯坦对这个故事很不放心，说永远不会在漫威的整体架构中加入这段故事，并且也不会再版它。"

一开始，《术士》只是暗藏了一些不易被人察觉的小玩笑，例如将某期漫画封面上的漫画法典印章写成"宇宙条款"②，或者安排皮普去酒吧点一杯"粪便鸡尾酒"。后来，他的赌注变得越来越大了。在斯大林负责的第四期中，术士被两个小丑洗脑了，成了对他们唯命是从的傀儡。"现在放轻松吧，真正的信徒啊，"第一个小丑莱恩·庭

---

① 一种电影理论，主张导演即电影的作者。——译者注

② Comics 和 Cosmic 非常相似。——译者注

斯（Len Teans）说道，"此刻你将摆脱你的黑暗面，与你的小丑伙伴们团聚！"第二个小丑简·哈特罗米（Jan Hatroomi）给术士画了一张小丑脸，接着他们就带着他去见一个正被人用馅饼猛砸的"叛徒"。"他曾经是我们当中的佼佼者，"庭斯说，"但他却妄图反抗这个体系！他开始认为人类要比东西更重要！"如果有一个小孩子在家门口的药店里买了这本漫画，那么他也会理所当然地觉得这故事非常荒诞滑稽。若读者能注意到"Len Teans"和"Jan Hatroomi"其实是把"Stan Lee"和"John Romita"的字母调换了顺序，而且看出那个被痛揍的小丑很像罗伊·托马斯，那就能领悟到更多东西了。

亚当术士被带到了一座摇摇欲坠的垃圾塔边，看见许多小丑正马不停蹄地用手推车将垃圾往里头堆。当这座塔倒下的时候，他发现在废墟中有一颗钻石。"噢，那玩意儿啊！"莱恩·庭斯说，"它总是会被埋在垃圾里头！总有人会趁我们不注意把它塞进去！"吉姆·斯大林将漫威漫画公司描绘成了一个疯狂的垃圾承包商。

在下一期的《术士》中，莱恩·韦恩在制作名单中的职务从编辑变成了"牢骚"。不过，所有人都懒得去更正了。

在加利福尼亚州的杰克·科比显得颇为凄凉。尽管一开始似乎前途光明，但他与DC公司的合作很快就变味了。就在他跟DC公司签约没多久，漫画界销量第一的宝座就被漫威给抢去了，而且偏偏是在这个产业正走下坡路的时候。构成科比虚构的"第四世界"的漫画，即《新神》（*The New Gods*）、《永恒之人》（*The Forever People*）和《奇迹先生》（*Mister Miracle*），都惨遭腰斩。科比矫揉造作的对白未能获得人们的赞赏；他所表现的超人形象也一直因为不符合DC公司的传统风格而遭到反复修改；他构想的非超级英雄的概念也没能吸引编辑的青睐。科比积累了大量资料准备创作新系列，例如《独行者》（*Omac*）、《卡曼迪》（*Kamandi*）和《恶魔》（*The Demon*），可是似乎都不太可能成为燎原之火。科比知道，漫威一直给他留着一个位置，因为斯坦·李在接受采访时就声明过这一点了。"我们从没有什么不愉快，"斯坦·李对一位记者说，"我们合作得非常顺利。我对他的能力怀着最崇高的敬意，也希望他能回来。"经过了短暂试探和互通电话之后，斯坦·李和科比又开始了面对面地交流了。

1975 年 3 月 22 日至 24 日，超级漫威大会（Mighty Marvel Convention）正在将军酒店（Hotel Commodore）中举行。在这个周末发表的公告令人兴奋，它表明漫威可能会朝新的读者群体进发。漫威与 DC 公司合作发行的豪华版《超人大战蜘蛛侠》（Superman vs. Spider-Man）将会成为这两个招牌角色的首次会面。此外，一部实地拍摄的《蜘蛛侠》电影也在最后时刻敲定了。不过，真正的重磅消息将会在此次展会的最后一天揭晓。

科比低调地带着样稿飞抵了纽约，在周一悄悄来到了斯坦的办公室，随后准备前往这次展会。玛丽·塞韦林撞见了他。"我来到办公室，看到了杰克，"她说，"斯坦将一张纸扔到了我脸上说，你啥都没看见！然后我就跑到了大厅里高喊，科比回来啦！"

科比的三年期合同规定他每周要创作 13 页的内容，报酬是每周 1 100 美元；也即每年 57 200 美元，每页 85 美元。他拒绝重新执笔《神奇四侠》、《雷神》以及他与斯坦·李一起创作的任何作品。相反，他想要收回《美国队长》，一人担纲编剧、画师和编辑。他想改编电影《2001 太空漫游》，为此他将带来一个新角色"永恒者"（The Eternals），核心线索也是外星访客的古老秘密。

在周日下午的《神奇四侠》的讨论会上，斯坦·李向大家介绍了这位出人意料的嘉宾，人群中爆发出了狂喜的掌声。当科比经过走道、步上讲台时，人们都站起身来热烈欢迎。尽管漫威没有宣布科比将会负责哪些漫画，不过在问答环节，科比向其中一位听众承诺："不管我在漫威做什么，我都保证会让你的大脑接受电刑（electrocute）！"

一如既往地，斯坦·李毫不犹豫地站出来，改写了科比的台词。"是震撼（electrify），杰克，"他纠正道，"震撼！"

1974 年，韦恩和沃夫曼升职的消息，让格里·康威很不怎么高兴。事实上，他可以说是为之震怒了。康威在漫威工作的时间比那两个人都要久，当他在创作超级明星角色、以编辑的身份接棒时，托马斯还不知道在哪儿呢。而且在好几个月前公司高层就许诺过，下一个就轮到他了。"斯坦告诉过我，'好吧，小格'，用他那种友善到做作的语气，'假如有朝一日托马斯离开公司了，我们就会让你接替编辑的职位。'"可是看起来，这场过去的对话很快就被遗忘了。康威感觉遭到了背叛。他心想，如果这个职位的主要标准是对漫威宇宙的熟悉和理解程度，那么为什么要聘用那两个去年才进公司的DC人呢？他早就已经厌倦了这种不被重视的遭遇，现在更开始怀疑韦恩和沃夫曼在玩政治游戏。显然他的成就对于斯坦·李，对于漫威来说什么都不是。

这个时候，康威接到斯坦·李的命令，要求让格温·史黛西复活，无论用什么方法，即使只出现一期也行。史蒂夫·格伯曾主动请缨，想在《僵尸故事》中让她的尸体复活，变成"墓地格温"（Graveyard Gwen）。尽管上级的人事安排让他忿忿不平，但康威还是写了一个分成6部分的故事：格温复活了，彼得·帕克（和他的新女友玛丽·简·华生）因其现身而再度受到精神上的创伤。直到后来才发现，她实际上只是由狐狼（Jackal）制造的格温·史黛西克隆体。狐狼的真身其实是他们过去的生物学教授沃伦，他对帕克与格温的关系怀着一股疯狂的嫉妒之情。沃伦发现自己手上还拥有格温的DNA样本，那是在过去的科学项目中采取的（让事情变得更为复杂的是，沃伦还克隆了彼得·帕克，这将成为多年后出现在漫威世界中的一段微不足道的支线故事）。

在这长篇故事的结尾，克隆人格温，一个拥有本体记忆的悲伤而无辜的天真女孩，眼泪汪汪地向自己一生挚爱的彼得·帕克道了别，提着一只行李箱消失在夕阳下。尽管创作动机着实可笑，但康威和画师罗斯·安德鲁（Ross Andru）还是带来了一个感人肺腑、发人深省的故事。

但是，当斯坦·李最终看到他强迫康威写的故事时，却只是耸了耸肩。"这故事好像没达到我的要求吧，你说呢？"这下，康威终于爆发了。

"你得多关注一下格里。"托马斯警告过斯坦·李，当时他已经注意到，康威觉得自己理应得到公司更多的尊重。显然，康威越来越觉得自己被当成了一个三流文人。他只能对如胶似漆的韦恩玛尔夫组合唯命是从；在他看来，这两个人"一点都没有两权分立的意思"。因为康威笔下的《蜘蛛侠》反派惩罚者愈发受人欢迎，因此公司决定以该角色为主打推出一部黑白杂志。康威认为应该由自己来担任编辑，因为托马斯曾经许诺过。然而，该杂志却成了玛尔夫·沃夫曼天下。康威又一次被局限在了编剧的圈子里。被惹毛了的他开始接受来自古德曼父子的活儿，后来又接受了 DC 公司的编剧兼编辑的职位。他的第一个任务是处理科比在突然离职之前上交的最新一期《卡曼迪》。不过，没过多久，康威就发现自己塑造的人物都被砍掉了。

漫威和 DC 合作的《超人大战蜘蛛侠》容量极其丰富，价格更是一般漫画的 8 倍，宣传力度也非常到位；总而言之，这是一次板上钉钉的大成功。对于编剧格里·康威和画师罗斯·安德鲁而言，它意味着一个美妙的发薪日。而对于莱恩·韦恩来说，它意味着一次突破。在斯坦·李的办公室里开会时，大家围坐在咖啡桌旁，韦恩对于阿尔·兰道提出了质疑，完全没必要让安德鲁离开原本负责的《超凡蜘蛛侠》，转而参与这一项目。说到底，《超凡蜘蛛侠》可是漫威的头号招牌。

"我是主编，"韦恩说，"这件事你为什么不先跟我讨论一下？"

兰道瞅了他一眼，恶狠狠地说道："因为这跟你没关系。"

韦恩顿时就冲向了兰道。当时坐在两人当中的玛尔夫·沃夫曼赶紧插了进去，想把韦恩推开。当斯坦嘻皮笑脸地做和事佬的时候，韦恩意识到这些压力最后全被抛到了他的身上。他越是把时间花在商务方面，就越是厌恶这份工作。"我并不是特别擅长管理，"韦恩说，"我一直在 9 楼跟会计们争取提高大家的工钱，或者不要取消哪一本漫画，或者让我们分到更多的页数……让漫画能不受干扰地自行发展。"由于时常要去医院检查肾脏的毛病，所以他一直都在狂热地补课，试图跟上新作品如泉涌般的创作速度（"韦恩在那几天里大量地使用镇定剂。"戴夫·科克勒姆回忆道）。

1975 年 4 月 9 日，漫威宣布了韦恩调职的消息。玛尔夫·沃夫曼将会接替主编的职责，而阿奇·古德温则会填补沃夫曼的空缺，监督黑白杂志。"我的决定和托马斯的基本差不多，"韦恩说，"接下我自己的作品，并且只负责这部分的编辑工作。"最后，在这些书中也包含了《超凡蜘蛛侠》和《雷神》，这都是格里·康威因为无法兼顾编辑和编剧的职务而刚放弃的系列。

"我们目前正在经历一段变动非常大的时期。"沃夫曼在 1975 年的一次采访中承认，不过他也坚定地认为自己不会像韦恩那样被压力击垮。尽管这两个老朋友之间有诸多相似之处，但是沃夫曼对于当官更感兴趣，也更具备大局观。照他看来，漫威最大的问题就是超出最后期限的作品数量太多了。"我刚才在跟我们的印刷商联系，"约翰·福伯尔滕有一次召集编辑部门宣布说，"他在怀疑我们是不是已经关门大吉了。"我们可以打个比方来说明这一情况所造成的结果，一名读者买了最新一期的《复仇者联盟》，等他翻开全新的封面，却发现里头都是从前故事的再版。然而，编辑又能做什么呢？如果把所有犯错的人都开除，就没剩下几个优秀的人才了。于是沃夫曼挽起袖管，让约翰·福伯尔滕在日程表上加了一个新系列：《漫威替补》（*Marvel Fill-In Comics*）。比尔·曼特罗将负责该系列的编剧；之前有一部漫画在接近截稿期限时找不到空闲的人手，曼特罗自告奋勇写起了剧本，从此他的编剧生涯就开始了。这一次，曼特罗有幸进入了首发阵容，而任劳任怨的沙尔·巴斯马将负责《漫威替补》的绘制工作。该系列每期会呈现两三位角色，均来自最有可能赶不上截稿期限的作品。一旦不可避免的"恐惧底线恶魔"降临，这个系列中的内容就会被直接插到平常连载这些角色的作品中去。

就在这一招开始奏效的时候，沃夫曼迎来了一个好消息：古德曼父子的巨神漫画（他们刚开始行动时，正赶上韦恩的混乱时期）已经土崩瓦解了。巨神漫画因大量二流作品和糟糕的组织排版而碰了一鼻子灰，就连他们最优秀的作品也都碰上了发行上的麻烦。据一份报告称，该出版商在洛杉矶的发行商很快就从其订购的 2 500 本中退还了 2 200 本，甚至全都没有拆封。跟着巨神公司干就像是中了一注小奖，一开始报酬还挺不错的，但接着就再也没影子了。画师杰克·阿贝尔递交了作品《伍尔夫》（*Wulf*），随后就拿着稿费去佛罗里达州度假了，等他回来的时候就发现他们已经倒闭了。大卫·安东尼·克拉夫特为了加薪 50% 而离开漫威到巨神漫画担任编剧；他骑着摩托车开始了横穿美国的旅行，并在海滩上为巨神公司构思了一期又一期《恶魔猎手》（*Demon Hunter*）的故事。然而，等他抵达西海岸的时候，巨神漫画早就完蛋了。

春天的时候，阿尔·兰道还曾发出过一份备忘录，要求找人看一遍巨神的漫画，记录下可能涉嫌剽窃的部分。此举显然已经失去了意义，而巨神所遗留的东西全都直接融入了漫威帝国。克拉夫特和里奇·巴克勒将"恶魔猎手"重新打造成了"猎魔侠"（Devil-Slayer），并将其带进了《惊异故事》。霍华德·柴金（Howard Chaykin）出了巨神办公室的大门就直接来到漫威，并把改版后的"毒蝎"（Scorpion）变成了"多米尼克·福琼"（Dominic Fortune）。

虚构的繁荣，漫威步入生死关口

当然了，这些都无法解决整个行业里没有一家公司的漫画能够热卖的问题。"我们只不过是在杂志管理公司的幕后干活的一群朋克小子罢了，"克里斯·克莱蒙特说道，"已经没人买漫画了。这是一个行将就木的行业，而我们也都非常清楚。但没有人在意。我们只是在工作中寻找乐趣而已。我们心里都计划着到 1980 年出去找一个正经的行当。"

在整个国家，超市都在取代个体经营的小卖部，而那些摆满了低毛利漫画的旋转货架根本入不了他们的法眼。更糟糕的是，漫画行业通行的经销商代销模式让出版商极容易受到不公平的损害。有传闻说那些躺在仓库里的滞销漫画会被撕去封面，这些封面会被退给出版商，换取部分费用；而那些没了封面的漫画则会以折扣价再卖出去。这种行为所产生的利润最终都落入了经销商的口袋里。

1973 年，大嗓门的高中英语教师兼漫展组织者菲尔·佐依林（Phil Seuling）找到了漫威和 DC 公司，要求得到与批发商相同的 60% 的折扣。作为回报，佐依林同意为所有滞销的漫画买单。反正无论如何，他都有办法把滞销的商品卖给收藏家。对于出版商而言，比起过去印刷两三本只能卖出去一本的商业模式，这显然是一种改善；但这并不是一种可持续的替代方法，至少当时还不行。1974 年，漫威通过这种"包销"的方式获得的销量只有 30 万美元。报亭沦陷的问题已经生命攸关。

阿尔·兰道暂时还能制造出他已经让漫威起死回生的假象，从而安抚卡登斯工业。由于漫画的代销制度，利润报告都是基于每月估计的"完成销售"数量，而不是出货的数量。"他要了一个小的庞氏骗局，"一位卡登斯工业的高管解释说，"你发行了 10 万本，大概销售了 50%。下个月你发行了两部作品，印刷了 20 万本，如果也按 50% 的比率估算销量，你只有 10 万册库存，但其实你的真实库存可能已达到 15 万册。他每个月都在增加发行量，从而掩盖了虚报预计销量的事实。他一手让公司坠入了悬崖。"

后来，谢尔顿·范伯格开始对兰道的数字起了疑心，他从新泽西州派遣了两名员工安插到了漫威内部。会计部门巴里·卡普兰（Barry Kaplan）被任命为漫威的首席财务官；最近聘用的柯蒂斯发行公司的顾问吉姆·高尔顿（Jim Galton），则成了漫威的副总裁。他们看过收支账目后都感到非常失望。

当兰道度完假回来的时候，发现高尔顿正坐在他办公室的椅子上。

"你在这里干什么？"兰道问。

"谢尔顿没告诉你吗？"高尔顿反问了一句。

高尔顿和卡普兰带着兰道去玩家俱乐部（Players Club）一起吃午饭。在席间，高尔顿宣布了他将以个人身份代替兰道成为漫威和杂志管理公司的总裁。就在高尔顿和卡普兰的注视之下，兰道捂着胸口从椅子上跌了下去。

如果高尔顿没能在一两年内让事情峰回路转，现在早就没有漫威漫画了。实际上，谢尔顿·范伯格一直在谋划着将卡登斯工业的整个出版部门都解散掉。"我估计在我上任那年的 6 月 30 日，漫威已经亏损了 200 万美元，"高尔顿说，"我首先不得不做的事情就是好好整顿这个组织，停止流血，漫威当时真的是处于大出血的状态。这个过程耗费了 6 个月的时间，我们清理了许多杂志，也裁了员。之前，他们根本就是在毫无缘由地扩充员工数量。"在兰道离开后不久，高尔顿就把兰道的二把手伊万·斯奈德（Ivan Snyder）辞退了，不过还让他带上了一份独特的离职礼物：价值 39 000 美元的漫威玩具和服装，都以成本价卖给了他。"伊万耗费了大量时间试图在公司内部建立一个邮购公司，"卡普兰说，"有一间房间专门陈列漫威从合作方那里得到的授权产品，他们还在漫画中给这些东西打广告。"卡普兰向高尔顿指出，斯奈德的这个小项目占据了大量的办公室空间，并动用了 3 名全职员工处理送货和接单的服务，但却没有给公司带来一分钱利益。在与斯奈德达成交易后，漫威既可以摆脱这些库存，又能得到更多的广告收益。斯奈德同意以最优惠的价格购买这些广告空间。

斯奈德的家在位于新泽西州伦道夫市（Randolph），其地下室里摆满了整架整架的产品。他给自己的新公司起名为超级英雄企业（Superhero Enterprises）。只用了 3 年，他就在 3 座城市有了自己的店铺，而且拥有了极其成功的邮购生意。他很快又会与漫威有交集了。

与此同时，斯坦·李在奇普·古德曼走后就一直忙碌于杂志部门中，而这让那儿的编辑们头疼不已。斯坦·李在他们的眼中就是一个爱管闲事的人，突然插手要求做出一些毫无必要的改变，还大吵大闹地问封面上那些年轻名流都是谁。

为了出席杂志管理公司的《国际电影》（Film International，第一期封面是艳星的裸照；杂志中还刊登了几篇 X 级电影的影评）的发布派对，斯坦和乔安妮专门飞抵洛杉矶，在灰石城堡（Greystone Mansion）与一群三线演员亲切交谈，例如阿特·约翰逊（Arte Johnson）、维多利亚·普林西帕尔（Victoria Principal）以及金·维多（King Vidor）和文森特·明奈利（Vicente Minnelli）等退休导演。虽然不能和在办公室里与费里尼和阿伦·雷乃见面相提并论，但毕竟这是好莱坞。

斯坦·李的名字也出现在了《名流》（Celebrity）报头的顶端，从而让他登上了公众舞台。这份山寨《人物》（*People*）的出版物，主要是刊登照片和故事。各种过气的明星，比如梅·韦斯特（Mae West）、米奇·科恩（Mickey Cohen）、罗伯特·瓦格纳（Robert Wagner）、露西尔·鲍尔（Lucille Ball）、李·贝里（F. Lee Bailey），营造出了一种电视剧《爱之船》（*Love Boat*）的氛围；杂志里头的文章更是对这些人拍足了马屁。"如果说《名流》对于当红演员的态度有所保留的话，"一位观察家写道，"其原因可能是它的发行人是漫威传奇人物斯坦·李。显然，这本杂志存在的目的就是为了称颂斯坦·李，他是成为名流的第一位漫画作者。"

现在，斯坦·李拥有了一间装饰精美的办公室：5 扇俯瞰着麦迪逊大道的窗户、一张月牙形玻璃台面的咖啡桌；还有足够宽敞的空间，能放下 3 张金属皮革椅子和两张长毛绒沙发。他依然每月会在"斯坦的临时演讲台"专栏发表一篇文章，只不过心思早就飞去好莱坞了。那里不仅有可以套近乎的电影明星，而且还有一个看起来朝气蓬勃的产业。"不管这一切变得多么成功，"一位编剧曾说，"他一直都惴惴不安地害怕有一天所有人都消失不见，留他一个人硬着头皮再次独挑大梁。"

在这种情况下，他已经几乎不管漫画了。时隔一年多，当他抽空翻了翻最新的《钢铁侠》时，突然注意到了在头盔上多了一个三角形鼻子；那是按他本人的命令添加的。他疑惑地问了一句："这是什么东西，它怎么会在这儿？"

"你不喜欢它吗？"

"嗯，这看起来有点奇怪，不是吗？"说着，斯坦·李就将它放到了一边，开始忙别的事情了。

一切都开始转向宏观的方向：多方协作、人口统计学、合伙项目。斯坦在开会时一再提醒编剧们，不要对角色做太大的改动，以免这些改变影响到与授权合作伙伴之间的交易。史蒂夫·恩格尔哈特还说，当时的斯坦·李"并不是以创作人员老大的身份，而是以商业人士喽啰的身份进行决策的。他的全部精力都投入到了商业活动，而不是基层的创作工作。"

　　不过，到了这个时候，即便斯坦·李已经不再接触创作流程，他也意识到了粉丝们希望更多地看到霍华鸭的强烈意愿。尽管霍华鸭只是在大张旗鼓的《类人体增量版》的末尾偶尔亮了个相，但却收到了排山倒海般的读者来信。斯坦·李让史蒂夫·格伯去一趟他的办公室，他让后者负责以霍华鸭为主角的全新系列。与格伯合作的人是玛丽·斯凯雷内斯（Mary Skrenes），她是艾伦·韦斯在大学里认识的朋友，在搬到纽约后就自然而然地成了自由职业漫画编剧。虽然斯凯雷内斯自认为热爱漫画，但也花了一段时间才习惯周围的那些老男孩般的漫画职业人。不过，她有一次造访漫威办公室时却发现格伯很与众不同。"我走进来的时候，"她说，"所有人都围到了我的身边。其中一些人并不习惯跟女孩子打交道。所以他们就这样围着我，说着各种各样的话，比如'我最近有这方面的烦恼啊……我不想睡觉啊……我不想起床什么的'。当我抬起头的时候，就看到了一个大脑袋从房间的另一头朝我快步走来。那就是史蒂夫·格伯。他拉起我的手，带我走出了房间。其他人当时都目瞪口呆地愣住了。"

　　她很快就成了格伯的女神兼编剧伙伴，也成了贝弗莉·斯威策（Beverly Switzler）的灵感来源，后者就是霍华鸭的那位跳着"go-go"舞的女友。他们开始约会，并迅速同居了。她也和格伯一样拥有别具一格的创作想法。当接到任务设计一位名为惊奇女士（Ms. Marvel）的女性超级英雄时，她构思出了洛蕾塔·佩塔（Loretta Petta）；这是一个从贫民区来到大城市的小个子女服务生，几乎不认字。"当她被惹毛的时候，比如第一期，有人打劫了她的客人，她就会像注射了大量肾上腺素一样获得强大的力量。不过，公司管理层不喜欢这个矮小的文盲女孩的设定，他们想要一个美女。这个角色根本入不了斯坦的法眼。"

　　不过，当她和格伯在一起时，情况就好多了。在《霍华鸭》的讨论会上，他们还提出了另一部漫画的想法，主角的名字叫詹姆斯－迈克尔（James-Michael）。"这是一个真正的12岁少年，"格伯指出，"一个处在青春期门槛上的普通人，面临着青春期将带来的一切巨大（和看似巨大）的问题。"换句话说，这并不是什么见怪不怪的超级英雄的少年玩伴。

当然了，这只是表象。在第一期中，詹姆斯－迈克尔的父母就在一场可怕的车祸中丧生，随后被复活成了机器人。詹姆斯－迈克尔聪慧过人但举止冷淡得如同孤独症患者，最后他被一位好心的护士和她的嬉皮室友收养了，三人一起住在曼哈顿"地狱厨房"（Hell's Kitchen）区。他开始做噩梦，梦见一个披着斗篷的外星人一言不发地从掌心射出激光，而当他醒来的时候，发现梦中激光留下的破坏痕迹都赫然在目。不过话说回来，这部作品该叫什么名字呢？

"未知的 Omega！"斯坦·李大声回答道，说完就将两部作品都提上了日程安排。

克里斯·克莱蒙特也迎来了好日子，因为新版《X 战警》系列的前几期和他同时负责编剧的《铁拳》在粉丝当中都颇受欢迎。在这两部作品中，他都迫不及待地在英雄身边设置了一系列普通人的配角，与那些为青春期和青年粉丝所熟知的退场老角色攀上一点亲戚关系。这两部作品的绘画也很有特色：在《X 战警》中，戴夫·科克勒姆带来了色彩丰富的服装设计和科幻风格的润色；而在《铁拳》中，年轻的加拿大画师约翰·伯恩（John Byrne）呈现了灵动的活力和连续曝光一般的动感。伯恩立刻就受到了粉丝的热捧。他的角色无一例外地都很生动活泼，他的画面中充满了留给读者猜测的小细节，而他的页面布局也如行云流水般引人入胜。他和克莱蒙特立刻就谋划起了其他作品的合作。

在 1975 年年底，克莱蒙特也离开了编辑的岗位，和之前的恩格尔哈特、格伯和麦格雷戈一样，全身心投入到编剧的任务中去。为了接替克莱蒙特的副主编职位，沃夫曼将一名拥有 10 年行业经验的前 DC 公司编剧请到了自己的麾下。

他的名字叫作吉姆·舒特（Jim Shooter）。当时他才刚满 24 岁。

MARVEL COMICS
THE UNTOLD STORY

07 爆品自我湮灭效应，
竞选总统的鸭子

预校对，舒特时代到来

1964 年的夏天，12 岁的吉姆·舒特在匹兹堡仁慈医院（Mercy Hospital）的儿科病房里度过了一个星期，他需要接受小手术后的康复治疗。病床边上堆放着漫画书，他伸手翻了翻。

"DC 公司的都很新，而漫威的漫画却都被翻得破破烂烂的了，"舒特说，

"于是我就看了几本 DC 公司，看了几本漫威，发现了为什么大家都喜欢读漫威：因为它们比前者好得太多了。"

这让小男孩产生了一个想法。"我家里很穷，他们又不允许 12 岁的小孩在炼钢厂干活。我想如果自己学会编剧，就像那个叫斯坦·李的家伙一样，那么我就能把东西卖给 DC 公司的人，因为他们显然亟需帮助。"

在接下来的一年时间里，年幼的舒特研究了到手的每一本漫画，试图弄清楚其中好的部分和坏的部分；更重要的是，他想要找到平衡好坏的公式。"我想我还是挺聪明的，知道如果我只是写一本漫画出来，或者把我想在漫画中实现的东西都拿出来，那么他们是不会买账的。因为他们不会愿意买下区别太大的东西。"

在 1965 年的夏天，他倾尽全力创作了《超级男孩和超级英雄军团》的故事，并让他妈妈将其寄给 DC 公司。对方给他回了封信。没过几个月，舒特就接到了来自莫特·韦辛格的电话，没错，就是逼迫罗伊·托马斯转投漫威的"恶毒的癞蛤蟆"。韦辛格邀请他到 DC 公司办公室见一下面，当时 14 岁的舒特在母亲的陪同下应邀前往了。

他得到了一份签约合同，并且刚好帮了家里一个大忙。"我父亲有一台老爷车，引擎正好坏了，"他说，"这第一张支票就给他的车子换来了一台改造好的引擎，这下他就再也不用走路去上班了。"

在 4 年时间里，舒特在韦辛格手下创作过各种各样的超人翻版，例如超级男孩、超级女孩（Supergirl）等。他不仅负责编写剧本，而且还能提供封面设计。他在每一页上留下的人物轮廓草稿也深得画师吉尔·凯恩和沃利·伍德的欢心。不过，随着高中学业的压力增大，这份工钱的诱惑力也开始淡去了，毕竟这笔钱无论如何都不足以满足家里的开销。这个时候，能得到赞赏才是最重要的。

不幸的是，他只能在匹兹堡的报纸或者本地电视台新闻的零星片段中听到这样的赞美声。"在我的整个成长过程中，父亲大概只对我说过四五句话，"舒特说道，"他是地球上最伟大的人之一，但不擅长跟他人交往。他从没有发表过任何形式的评论。"

而韦辛格不仅停止了赞美，而且开始无情地斥责这位少年员工。每到周四晚上，等《蝙蝠侠》电视剧结束后，韦辛格就会从纽约打电话过来，滔滔不绝地抱怨起来：你拖稿了。你超过页数限制了。这样的封面你让我们怎么用？你为什么不能像从前那样写故事了？他将舒特当成了一个"帮困对象"。"他让我对电话产生了病态的恐惧，"舒特曾经对一位采访者说，"我感到自己的能力越来越差，而且我正在失去成为普通小孩的最后机会。"

坚持着一份成年人工作的舒特，除了脸上泛滥的青春痘之外，几乎找不到一点青少年的地方；就连他的个子也已经长到了 2 米，在同班同学中鹤立鸡群。他想让生活统统回到正轨，"考个好成绩，拿下奖学金，然后稍稍放松一下，比如踢足球、跳舞、参加派对之类的。可是这一切太难了，给我的只有痛苦。"他在高三一年里旷课 60 天，成绩节节下降，而且在韦辛格手下的生产力也降低了。

尽管如此，他还是争取到了一份纽约大学的奖学金。1969 年，他坐上了前往纽约的飞机。在这之前没几天，他刚与韦辛格决裂。于是，他心血来潮地决定用机场公用电话给心中的榜样斯坦·李打一个电话。令人惊奇的是，这通电话为他带来了一次面试机会，后来更是变成了工作机会。不过，漫威当时能给他的只有一个全职的助理职位。跟 DC 公司那种外套加领带的保险公司范儿比起来，漫威的环境简直就是一个令人难以置信的新世界。他想也许能在这里找到那种久违的乐趣。

他毅然放弃了奖学金。

入职第一天，身无分文的舒特只能寄居在附近的一家基督教青年会里，后来又到漫威的接待员阿林·布罗德斯基（Allyn Brodsky）家中睡起了地板。在故事讨论会上开始出现了他的身影。仓本莫里教他如何在画稿上贴补丁。索尔·布罗德斯基给了他一些科比和基恩·科兰的样稿，用于练习上墨。斯坦·李则让他提交一些构思方案出来，只不过全都如石沉大海。当了 4 年小神童的他突然成了一个幽灵，而且是一个穷得叮当响的幽灵。"我当真有两个星期没有吃过一点东西。我没有钱。当我拿到第一张工资支票时，看着被扣掉的税，再看看房子租金的账单……我活不下去了。这样下去就完了。"

被现实吓傻了的舒特举手投降，回到了匹兹堡。

他试着在广告业谋求一份职业，最后也揽到了一些兼职的活儿，但是没有人愿意聘用一个高中毕业生。当两个《超级英雄军团》的粉丝在 1974 年找到并采访他时，这位天才少年已经 21 岁了。这位一度用超人风格的"S"字母装点自己签名的小名人，已经在一家肯德基里当了一年的经理。

当漫威的助理达菲·福兰（Duffy Vohland）听说这个情况后，就打电话联系了舒特，并且顶着一个编辑的名号说服了他来办公室一趟，讨论回归漫画界的可能性。

在舒特眼里，漫威更新、更大的办公室看起来要比 1969 年的那个小窝更加拥挤和破落。"那儿有一尊超大的纸板雷神，这是一些粉丝们送来的，用绳子吊在制作部门的天花板上。到处都堆满了东西，旧的漫画、信封、垃圾、图书。还有两个人在大厅里用码尺在比试剑术。"这几十号员工，他暗自心想，都"年轻、古怪，打扮得像是准备去公园里玩飞盘一样"。福兰还把一旁的睡袋指给他看，临时工都用它们直接睡在办公桌底下。

面对全新的漫威，舒特在混乱和陌生之中不知所措。于是，他掉头冲向了韦辛格已经退休后的 DC 公司，并开始再次执笔《超级英雄军团》；在匹兹堡的家中就这样写了一年。然而到最后，DC 公司的风格又开始令他处处碰壁，这使他再度生起了抛弃漫画的念头。后来，在 1975 年 12 月份，玛尔夫·沃夫曼给他打了一个电话，问他是否愿意来漫威办公室，谈谈全职雇员的事情？

当舒特在第二天早上飞抵市中心时，却哪儿都找不到沃夫曼的影子。不过，在主编办公室门口倒是颇为热闹。在秘书的座位旁边，克莱蒙特的女友正坐在他的大腿上。助理编辑罗杰·斯特恩（Roger Stern）、罗杰·斯莱弗、斯科特·埃德尔曼则风风火火地跑来跑去。有人将最新一期《惊奇队长》的 19 页画稿塞到了舒特手里，于是他就找位子坐下来，一边动笔干活儿，一边等待着面试的开始。

等到中午时分，沃夫曼如一阵风般冲了进来。"玛尔夫大步流星地穿过大房间，钻进了他的办公室，然后合上了门。接着他打开门，莱恩走了进去，接着玛尔夫就说，我们去吃午饭吧。"于是，编辑助理们就一窝蜂地出门喝咖啡去了。

午餐结束后，沃夫曼对他讲解了工作的内容，也就是所谓的"预校对"。有太多的构思，他说，都是直接从编剧那里传给了画师，当中没有编辑的监督。等到将它们画出来、上完墨了以后，才能发现其中有许许多多的错误。"这就是为什么这些家伙这么忙碌，"沃夫曼说道，"太多的东西都是这么出来的。为了避免在最后关头弥补，你得赶在铅笔稿的阶段就把问题解决了。只要反复阅读构思就行了。"这下，沃夫曼找到了一个解决工作流程效率低下的秘密武器。

这个秘密武器甚至还有一个昵称："麻烦射手"（Trouble Shooter）①。

扯不清的毛线团，康威选择撒手而去

身在加利福尼亚州的吉姆·斯大林和史蒂夫·恩格尔哈特此时正忙着摧毁和重建各种各样的星系。这话可一点都不夸张。正如科比在《雷神》中呈现的诸神黄昏和斯特兰科在《尼克·弗瑞》中讲述的奇迹棱镜（Prism of Miracles），《巫师》和《奇异博士》各自在年末展开的最终决战也留下了难以磨灭的创伤。亚当术士击败了未来的那个走上邪路的自己，即马格斯，但代价却是让整个宇宙从头再来，他将永远被"时间爆炸性重构"的记忆所纠缠。与此同时，奇异博士也与宿敌莫多展开了决定世界命运的激战，并最终落败。当然了，这个世界还是被复原了，只是唯独奇异博士怀着永恒的沉痛，知道这一切都是重新创造出来的，是已死亡世界的活生生的复制品。

---

① Shooter 在英语中就是"射手"的意思。——译者注

部分读者也开始对漫威公司产生了非常类似的看法。"我们的准则是，"格里·康威说道，"你身处在一个循环里，每过 3 年你都会换来下一批读者。一旦男孩子进入青春期，就不会再看漫画了，这时你就得培养下一代的 10 岁读者。所以我们的目标就是写出适合这个年龄层次的内容。"

如果你能拿得出手的只剩下改变的幻觉，那么自然也只能把希望寄托在新一代的 10 岁小孩身上了。

1976 年年初，有一则重磅消息，那就是《霍华鸭》的第一期。格伯这部别具一格的作品看起来很有升值空间，里面包括大量机智的幽默笑话，外加画师弗兰克·布伦纳的人气，足以在漫画收藏界刮起一股淘金热。他们纷纷冲向报摊，将这一期漫画全部买走，有时候甚至赶在上架之前就动手了。到处有传闻说，漫威故意不让粉丝们入手这一期漫画；还有的说由于电脑操作的失误，一半的发行量都被运到加拿大去了，而那些没有卖出去的都在当地被迅速销毁了。

"我当时觉得，这鸭子算是什么？他只不过是个山寨迪士尼的角色罢了。这是不可能成功的，"漫威的发行总监埃德·舒金（Ed Shukin）在《纽约客》上表示，"所以我们就只印了 27.5 万本。当时我其实根本就没读过《霍华鸭》。这是一次失误。我低估了这只鸭子。"

投机商人可不会错过这个机会。短短几周内，这本漫画的价钱就被炒到了原价的近 10 倍，而且更多的情况是有钱都没人肯卖给你。有许多漫画店老板（当时全国已经有几百家漫画店了）都在仓库里堆放着这些漫画，就是不拿出来卖，坐等着它们的价格节节高升。很快，《霍华鸭》就成了继公然挑衅"漫画法典"的蜘蛛侠之后，第一部出现在主流媒体头条新闻中的漫威漫画。《乡音》把霍华德的形象刊登在了它的封面上（称其为"代表美国的最后一只愤怒的鸭子"），而格伯也跟着那这家报社开起了玩笑。"在它的身上有一种性感的品质，"格伯在《花花公子》上说，"如果你让霍华鸭与超人并排站在一起，就能毫不犹豫地看出跟哪一个上床会比较有意思。"再过几天，漫威就要宣布霍华鸭将要参加 1976 年的总统竞选了。

虽然格伯的《类人体》已经颇有分寸表达了他对社会的讽刺，但是《霍华鸭》才真正让这位编剧心中的某种东西爆发出来了。他有许多话都闷在心里，比如有关美国人的唯物主义、有关武打电影里面的花拳绣腿、有关团体迷失、有关文鲜明（Sun Myung Moon）[①]和统一教（Unification Church）。这股激情也影响了他在《捍卫者》中的创作：外星人星云使（Nebulon）试图征服地球，不过他并没有燃起宇宙大战，而是以类似沃纳·艾哈德（Werner Erhard）的形象创立了一个自我促进互助会，入会者都要戴上一副小丑面具，并自称为"小恶霸"（Bozos）。还有一期描绘了电影《浪费》（*Waste*）的抗议者在片场外活动的场面，而这显然是在影射 1976 年的黑马电影《严惩》（*Snuff*）。

玛尔夫·沃夫曼对格伯的作品非常尊重，而且他也是《霍华鸭》的早期支持者之一。但是，他觉得这些比较黑暗的故事（包括被斯坦·李称为"好到让我感到嫉妒的漫画之一"的那一部作品）有点"阴森"和"令人恶心"。沃夫曼甚至重新拿出了小时候创作的角色新星（Nova），希望能重新找回 20 世纪 60 年代老漫威那种深受孩子喜爱的灵魂，但漫威漫画的格调现在正越来越背离他的想法。显然，他的声音没有带来任何改变。

> "就在那个时候，我所面对的都是情绪非常高涨的人，"沃夫曼说道，"也许找个更强势的编辑才能做到。反正我很难指挥史蒂夫·恩格尔哈特去做什么事情，或者史蒂夫·格伯，或者唐，或者……当时 90% 的员工都像打了鸡血一样。"

唐·麦格雷戈已经不再是漫威的正式员工（因此也再也没法肆无忌惮地推销他自己的漫画了），他变成了一个主张创作自由的传教士，在这场战斗中，他常常会对种族问题（尽管会引起编辑的反感，但他还是创造了主流漫画中首个跨人种的吻）和冗词赘句发起攻击。恩格尔哈特曾经在一期《复仇者联盟》里拿麦格雷戈不苟言笑、洋洋洒洒的文章开起了玩笑。在漫画格子边角上的一段独白中，黑豹拒绝了加入复仇者联盟的提议：

> "托尔，在我们骄傲地称之为瓦坎达的半休眠的隐秘国度中，天鹅绒般的

[①] 韩国人，国际邪教组织统一教创始人。——译者注

黄铜色晨光，照亮了交织着欲望和灾难的色彩斑驳的毛毯，上面描述着我和我的人民的生命传奇。然而，当痛苦的紫色阴影不断在全世界蔓延时，真理的琥珀色双瞳已经睁开了，它正在此刻热切地呼唤着黑豹的出现。"

"不行啊！"在不耐烦的托尔头上冒出的思维气泡中暗自心想。

就在几乎同时，沃夫曼自己也写了一页近乎恶毒的打油诗"瓦坎达下隐藏的和谐因素综合征"，刊登在漫威粉丝俱乐部的杂志《FOOM》上，对麦格雷戈进行了全方位的嘲讽。不过后来他跟麦格雷戈道歉了，说自己已经后悔了。

"我和唐一直都是朋友，直到我成了他的老板，"沃夫曼说道，"有一次别人还让我解雇他，但我没这么做，因为我许诺过，只要我担任黑白杂志编辑时，他就能一直得到自己想要的活儿。但令我懊恼的是，他从来都不想办法去拯救漫画的颓势。我已经千方百计地恳求、请求他了，因为这些漫画已经快完蛋了。"

麦格雷戈的第 20 期《丛林动作故事》在 12 月中旬开始在报摊上架，其中有一段长达 17 个格子的独白，表达了对于理想主义的坚定信念。做出此番演讲的角色名叫凯文·特鲁布拉德（Kevin Trublood），这位记者写的有关科兰人（Klan）的故事被叫停了。很显然，他就是麦格雷戈本人的替身，拥有着坚定不移的信仰（"我相信童话故事……以及我在学校里学到的神话传说"）和遭遇编辑阻碍的麻烦事儿。"我被操纵了，"特鲁布拉德大喊，"因为当我说准备做这个故事——让其曝光时，这个角色遭到了质疑……我意识到我害怕写出这个故事。我的朋友、我的亲人、我的同事。他们让我对自己写的这个故事感到害怕，而且他们自己也感到害怕。"

在经历了一次糟糕的离婚、一场抚养权大战以及一场大病之后，麦格雷戈拒绝在这个为之投入了大量精力的故事上妥协。"他们对我施加压力，要求让复仇者联盟出场，"他说，"但是这个黑人英雄绝对不会让白人英雄插手来解决问题。"

沃夫曼无法接受。"当在我上任前有两个，上任后有三个不同的编辑专门提到——可能多达 40 次，某个编剧的东西没有销路时，你就不得不做出点改变。如果这个编剧又拒绝改变，那么这其中就有问题了。永远要记住那一句话：你不是完全为你自己一个人工作。只要你还在领别人发的工资，那么就必须能够妥协。"这种拒绝满足员工个人意愿的做法在沃夫曼看来，已经正变成行业内的一则通病。

不过，这还只不过是许多问题中之一罢了。沃夫曼已身心俱疲，感觉已经无法应付这么大的工作量了。"由于助理都是新来的，所以你根本不可能把大量的累活交给他们去做；你也不可能要求他们去编辑些什么，但是53部作品的编辑工作根本不是一个人能完成的。"最后他决定，自己真正能够做到的，就是"偶尔把大家朝正确的方向上赶一赶。我的一位秘书有一串名单，就是用来打电话的。我能想到的唯一让漫威每一个人都听到自己声音的办法，就是让这个秘书约好电话交流的时间，并且全都记在日程表上。我每个月都要跟每一个人通一次电话"。他会与制作经理约翰·福伯尔滕争论放宽最后期限，他会抵制卡登斯工业考虑不周的降低成本的方案（例如，漫威的母公司想要将漫画的封面改为单色印刷），他还在与妻子闹离婚。沃夫曼还在公开场合预言，这个已经在苟延残喘的漫画产业如果再没有起色的话，将会遭遇一次更严重的滑坡。实际上，他和莱恩·韦恩早就已经在寻找写电影剧本的活儿了，以此作为一种可能的改行策略。"这份工作根本就是不可能完成的，"沃夫曼说道，"我觉得它到最后会杀死所有干这行的人。"

福伯尔滕问过罗伊·托马斯，既然兰道已经离开了，他是否有回归过去职位的想法。当时，托马斯的婚姻已经彻底一拍两散了，生活也乱了套；也许这一次是重新开始的好机会。于是，他就与高尔顿见了面，又跟索尔·布罗德斯基谈妥了薪水，并且跟编辑部和制作部的员工们分别进行了一对一的会面。

"我算是二把手，"吉姆·舒特告诉他，"如果你需要找别人来当助手的话，我也表示完全理解。"

不，不，托马斯耸了耸肩，你就行了。"接着，"舒特说道，"他就递给我一份密密麻麻的名单，写着要解雇的人。"

　　唐·麦格雷戈担心自己是否会成为其中之一，因为他已经被调离了《力量人》（*Power Man*）的团队，而且还有人提醒他，托马斯对他写的剧本"彻头彻尾地反感"。不过，当他与托马斯面谈时，却得知自己并不在名单里。事实上，托马斯还告诉麦格雷戈，将分配给他更多的任务，而调离的原因其实是沃夫曼想主导《力量人》。"这就感觉像是被卷进了一场政治阴谋，"麦格雷戈说，"你能相信谁呢？这些人都是认识了好多年的朋友，但其中有人没说实话。"

　　就在麦格雷戈想要弄清事实真相的时候，托马斯给自己安排了一次洛杉矶的假期，权当是在重回忙碌的日常工作之前，最后呼吸一口自由的空气。当时，托马斯将回归的消息已经出现在了粉丝中。

　　沃夫曼此时则焦急地等待着。

　　发生变化的并不仅仅是办公室里的员工。对于必须按照格伯写好的完整故事一五一十地绘画，《霍华鸭》的画师弗兰克·布伦纳已经感到厌倦了，而且他也无法接受自己提高稿费的诉求被漫威反复驳回。于是，他退出了这部作品的创作，开始借助一家小型邮购公司，销售名为"刀疤鸭"（Scarface Duck）的海报。这个坏蛋鸭子看起来与霍华德实在太像了……不过话又说回来，霍华德不也跟唐老鸭非常相似吗？"我只是在填补进展缓慢的漫威所遗留的一个空缺罢了，"布伦纳为自己正名时说，"他们没有及时发现粉丝市场的潜力——包括这只鸭子的潜力。"

　　这些海报的销路非常好。格伯对此感到很不高兴。他向布伦纳要求，分享其合作创作角色的部分收益。

　　"在这海报中，"布伦纳反问格伯，"你写了什么，画了什么？在这笔生意当中，你安排过什么吗？"接着他就与迈克·弗里德里克走在一起，孵化出了一个让《追★星》在这波霍华德热潮中大赚一笔的计划。他们准备发行另一个冒险故事，其主角是与霍华鸭非常类似的"The Duckateer"。这部漫画的名字叫《嘎！》（*Quack!*）

与此同时，玛丽·斯凯雷内斯已经在纽约的一家漫画店里预售了大量的霍华德徽章，而且订单数量已经可以弥补整个周期的制作成本了。尽管她和格伯都没能说服漫威加强《霍华鸭》周边商品的开发行动，但却得到自行销售徽章的许可。"我们甚至不需要支付授权费用，"斯凯雷内斯说道，"因为他们根本不相信能卖得这么好。"

由于早已与布伦纳失去了联系，他们就招募了广受好评的恐怖漫画画师贝尼·赖特森（Berni Wrightson）来绘制徽章，随后便以 1 美元加 25 美分运费的售价打起了广告。在疯狂天才公司（Mad Genius）的办公室里，吉姆·萨т克鲁普、玛丽·斯凯雷内斯和大卫·安东尼·克拉夫特一边看着电视里的《玛丽·哈特曼，玛丽·哈特曼》（*Mary Hartman, Mary Hartman*），一边往信封里装徽章。新订单仍在源源不断地涌进来。

"你为什么又重新捡起了这份工作？"格里·康威问老朋友罗伊·托马斯。当托马斯在西海岸时，这个问题也一直萦绕在他的耳际。他发现自己真的很喜欢生活在加利福尼亚州。实际上，他是如此喜欢这个地方，甚至在托卢卡湖（Toluca Lake）租了一间单身公寓。没过多久他告诉斯坦·李，他决定不回来了。不过，他说他想到了一个解决方法：在 1974 年不欢而散，转投 DC 公司的康威应该成为新任的主编。

"格里突然出现掌控了大权，"吉姆·舒特说，"大家有的感到恐惧，有的掉下了热泪，有的在哀叹，有的则咬牙切齿。到处都充满了恐慌气氛。"康威对在麦迪逊 575 号的所见所闻很不满意。"少数编剧都好像有了自己的封地一样。他们如兼任编辑一样全权管理着手上的五六部作品。结果你得到的就是这样一个不正常、不正式的环境，而且没有任何监督。由于没有人在告诉别人该做什么，所以许多人都任由他们的自我意识到处乱窜。"

"莱恩和玛尔夫还是更想当创作者，而不是管理者。当基础团队中的主要编剧是我、罗伊、玛尔夫、莱恩、恩格尔哈特和格伯时，这是啥问题都没有的。然而，一旦公司开始扩张到 40 或 50 部作品，你就不得不雇用一些需要更多指导的人，而他们又得不到必要的指导。因此，当我回来的时候，漫威一片混乱。到处都是错过截稿期限的作品，光是印刷厂的罚款，已经严重到接近边际利润的程度了。而且还没有人能为此负责。”

康威准备让一切重新振作起来，彻底根除那些赶不上最后期限的自由职业画师。他当机立断地找到那些预计会出状况的编剧，其中就包括史蒂夫·恩格尔哈特、韦恩和沃夫曼，跟他们立下规矩。由于已经无法再享受沃夫曼承诺的庇护，因此唐·麦格雷戈立刻就被请出了《丛林动作故事》中黑豹漫画的制作团队。康威坚称这些决定都是纯粹从经济层面上得出的，因为正是低迷销量加上赶不上截稿期限（以及因此而被印刷厂收取的额外延迟费用）造成了目前亏损的现状。“如果采取小批量黑白印刷策略的话，黑豹也许能达到赢亏相抵，”康威说道，“但那并不是我们的出版物风格，而唐也根本不懂得如何让黑豹这样的漫画卖得更好。”于是《丛林动作故事》就被腰斩了，而黑豹则获得了一部独立的系列，科比将负责编剧和绘画。

不过，针对负责校对的剧本，舒特自己也跟这些编剧发生了一些矛盾，毕竟其中有许多人都已经自由自在好多年了。在他看来，这些作品只有 5% 是精品，其余 95% 都是垃圾。他觉得格伯、麦格雷戈和恩格尔哈特的故事过于随意了。“我试着找出其中‘好’的方面，”他说，“可是它既复杂又费解，而且毫无逻辑，就像天书一样。”

他让托尼·伊莎贝拉将《恶灵骑士》近两年迎来的故事高潮重写一遍；原本的剧情是这位英雄被耶稣基督拯救了，而这可能被读者当成是宗教宣传。舒特曾指责恩格尔哈特的终稿没有忠实于原始构思，结果两方不欢而散时，最后恩格尔哈特寄来了剧本原稿的复印件，指出他从一开始就没做错。虽然康威和舒特后来都向恩格尔哈特道歉了，但他们之间的关系已经不可避免地出现了裂痕。

　　“这就是个政治问题和个人问题的粪坑，”康威说道，“我还没做好准备。我当时才 23 岁，就这样猛地扎进了这个从去年开始形成的沼泽中，至少有一半的事情都是一团糟。”

在当年 3 月 12 日的一份全公司备忘录中，康威提出了这样的协议：“在编剧和编辑这两部分员工之间的交流中，过去存在着很大的问题。大家应该理解，所有的助理编辑都是编辑的代理人，而我的权威也在一天一天地让渡给他们……请将他们的决定视为我的决定。"

你要这样说就这样说呗。反正最后还是舒特说了算。

在大部分员工的眼里，康威是局外人，是突然闯入他们的俱乐部、试图订立新规矩的 DC 人。这些人以他们怪异的方式团结了起来。当一位年轻的编剧被调离原本负责的漫画时，制作团队当中就有人找上康威，坚持要求不要挪动这位编剧。

"你在说些什么呢，"康威很强硬，"为什么不行？"

"因为他是我们的兄弟！"

可这位编剧还是没能返回自己的职位，而从此以后，康威与制作部门的关系也发生了变化。

与此同时，沃夫曼留给康威的秘书也只愿意答复粉丝的来信，而拒绝做其他任何事情。康威要求她转变态度，要不然就滚蛋。随后，他手下最优秀的一位编剧就找上门来了，原来这家伙正好在跟该秘书谈恋爱。

"小格，"这个编剧用慎重的口吻说道，"我女朋友真的生气了。我真心希望你能让她留下来……"

这个秘书就留了下来。

史蒂夫·恩格尔哈特最新为《奇异博士》构思的点子可谓叫人跌破眼镜：奇异博士和他的情人 / 学徒柯莉（Clea）要一跃回到过去，探索"美国的超自然历史"。在这场冒险中，他们会遇上许多传说中赫赫有名的共济会成员，例如弗朗西斯·培根、乔治·华盛顿和托马斯·杰弗逊。柯莉和本杰明·富兰克林之间将发生一场炙热的情事，这不仅给奇异博士戴上了一顶绿帽子，而且还让他们坐船离开英国，目睹了在《独立宣言》起草时牵涉到的超自然事件。最后，他们会回到现在，碰见如吸血鬼般从美国人的爱国心中汲取能量的邪恶巫师斯泰格罗（Stygro）。"这像是在 200 周年纪念版里出现的特别故事。"恩格尔哈特说。

但他只坚持做了两期。因为错过了一期《复仇者联盟》的最后期限，康威就下令免除了他手头的任务，这个消息让他爆发了。"我真的像是进入了精神分裂状态一样，"恩格尔哈特说道，"一个我像是坐在位子上，正在朝他说，好啊，我不干了。而另一个我就在想，你知道自己在做什么吗？"

恩格尔哈特用 5 分钟时间将这期漫画拖稿的最后 8 页写了下来。"我当时说着，我要离开这鬼地方，然后写了一堆狗屎。那根本称不上真正的《复仇者联盟》漫画，而是纯粹为了完成对白而写的对白。"当漫威办公室收到这些《复仇者联盟》的剧本时，最后一格中赫然写着，"亲爱的牛棚：给我好好记着。——史蒂夫"。

在为漫威工作了 5 年后，恩格尔哈特开始帮 DC 公司公司编写剧本，而他在漫威的作品则被分摊给了康威、沃夫曼和克莱蒙特。不过，这 3 部作品都因恩格尔哈特的离去而受到了不良影响。

接着，吉姆·斯大林也提出了意见，他担心有一期《术士》需要艺术修正，要求能给他一次修改的机会。康威拒绝了他，原因是修正会造成延期并带来惩罚。于是，斯大林也选择了退出。

斯大林、恩格尔哈特和亚伦·韦斯一起从加利福尼亚打电话给斯坦·李，坚持希望他对康威做点什么。不过，斯坦·李一如既往地站在他的编辑这一边，好在这几个编剧也是早有心理准备，所以并没有感到有多么意外。

然而，康威也已经筋疲力尽了。"这就像是最混乱的高中生活，"康威说道，"画师们都很不高兴，而我这边又有一群愤怒的编辑。每一个决定都会牵扯到其中一方。我从头到尾都是吃力不讨好。除了把所有人都开除以外，我找不到任何出路。我曾经真动过这个念头。干脆摆脱这整个团队，重新来过好了。"

但他并没有开除他们，反而开除了自己。他递交辞呈时，距离上任才过了不到一个月而已。"我从没想到过，"康威事后说道，"这事情会变得如此可怕。"

MARVEL COMICS
THE UNTOLD STORY

08 打造高势能角色，
挽救漫威的跨界合作

在萧条的市场和纷纷道别的人才之中，漫威黑白杂志的编辑阿奇·古德温被提拔成了主编；这是自 20 个月前罗伊·托马斯离任后的第四任主编了。38 岁的古德温经验丰富、受人尊重，而且受到圈内几乎每一个人的喜爱。不幸的是，他其实并不想得到这个职位。他原本在杂志部门过得极其快乐，而据他事后说，之所以接受，只不过是因为他不舍得拒绝升职。

"阿奇从来都不擅长当执行官，"他的一位助理回忆道，"写作是他最喜爱的事情，编辑图书也是他的爱好，但是商业方面的事情就不是他的菜了。每一个得到这个职位的人都以为这意味着他们可以制作自己想要的漫画了。但他们并没有认识到，这其中还包含了广告空间、印刷厂的账单以及让公司背后的大老板们满意。你不得不应付人事方面的问题。"

人事管理已经变成了烫手的山芋。作为新官上任的首要任务，古德温帮助斯坦·李与格里·康威协商安排好了其更自由的工作方式。现在，康威就可以在家里编写和编辑相当数量的漫画了：除了强调内容健康的新项目《神奇蜘蛛侠彼得·帕克》（*Peter Parker, The Spectacular Spider-Man*）和《惊奇女士》以外，还有《复仇者联盟》与《惊奇队长》（这两部都是史蒂夫·恩格尔哈特怒而弃之的）、《恶灵骑士》（这是托尼·伊莎贝拉怒而弃之的）、《钢铁侠》（古德温抛弃的）和《捍卫者》。

仅仅是为了给康威凑齐目标数量的作品，格伯被踢出了《捍卫者》团队；他对此感到很气愤。甚至有粉丝杂志传出消息，他准备离开《霍华鸭》。不过，在获得了一部由他自行负责编剧和编辑的作品后，他与漫威之间的矛盾也就平缓了下来，而在第12期《漫威珍藏版》（*Marvel Treasury Edition*）中，他为捍卫者写了最后一场冒险故事。在这次谢幕中，霍华德也参与了进来。格伯在其中埋下了许多值得咀嚼的潜台词：在这个故事中，出现了一群二流小混混（"我们太没创意了、太老套了，都不好意思说自己是超级坏蛋"）。他们最大的动机就是"登上下个月《名流》的封面"，这显然是在影射已在好莱坞乐不思蜀的斯坦·李。

打入高端市场，与 Kiss 乐队和《星球大战》合作

在斯大林、恩格尔哈特和麦格雷戈全都离去的情况下，格伯成了唯一还在坚持着的变节者。"我认为在大多数情况下，"余怒未消的麦格雷戈在接受采访时表示，"他们已经把所有敢说不的人消灭掉了。"或许真是这样。当摇滚乐队经理比尔·奥库安（Bill Aucoin）找漫威商量制作一部以 Kiss 乐队为主角的漫画时，斯坦·李选择了格伯。

Kiss 乐队的主唱基恩·西蒙斯（Gene Simmons）是一位忠实的漫威粉丝。他很早就通过粉丝杂志的圈子认识了玛尔夫·沃夫曼，一部分舞台装束的灵感也来源于杰克·科比的黑蝠王。通过运用烟花装置、仿真的溅血效果和口吐火焰，他们所举办的大型现场演出大获成功。Kiss 经过 3 年努力后终于攀上了唱片排行榜。现在，他们还想成为漫画明星。

格伯并不了解他们的音乐，不过在陪着不知所措地捂着耳朵的斯坦·李听完他们的一场演唱会后，就同意为他们编写冒险故事了。然而，这绝对是一条坎坷的道路。在某天清晨，奥库安的副总裁在看到 Kiss 仅仅是被描绘成了音乐家，而不是超级英雄时，大发雷霆。"这是什么？"他怒吼着将画稿撕成了两半，"既然你们是在编故事，那他们就不能是音乐家，而得是超级英雄！"

在后面几个月摩擦不断的协商中，格伯发现自己与 Kiss 的管理层有一个共同点：追求更高质量的产品，而不是那种烂糟糟的普通新闻纸小册子。他们要求这部作品必须采用 1.50 的杂志格式和手工调配的着色标准；格伯还要求对封面商标采用金属墨水，还让漫威与例如《滚石》这样的摇滚音乐杂志进行广告交换。他亲自参与到了设计、印刷、纸板制作和照片选择的工作中。在他看来，高品质的彩色漫画杂志是让这个产业走出自由落体困境的一种方法；也就是说，他想要让漫威走出海猴子（Sea Monkeys）[1]、X–Ray Spex[2] 和《你也能画乌龟提米》（*You Too Can Draw Timmy the Turtle*）这样的低端广告，转而像有名气的期刊那样吸引麦迪逊大道的真正广告商。为了吸引并不熟悉漫威作品的 Kiss 粉丝，他为内封写了一段广告词，热情地呼唤着："欢迎来到漫威宇宙！"后来他骄傲地指出，这是"这家公司在公众面前为自身打出的第一则有模有样的广告"。

斯坦·李也对广告很感兴趣。在当年 3 月底，他为伯舒纳（Personna）的 Double II 双刃剃须刀拍摄了一则 30 秒的电视广告。"这里是漫威，我要忙蜘蛛侠、忙其他所有

① 一种食品。——译者注

② 一支英国朋克乐队。——译者注

角色，比如毁灭博士这样的大坏蛋……我不可能把时间浪费在刮胡子这样的事情上！"他对于这则广告的效果非常满意，于是立马给漫威的授权许可部门写了一封信。"我不知道目前有没有计划将授权对象扩展到其他拥有足够多资金、能够带来真正丰厚回报的赞助商，"斯坦·李写道，"另外，我想说说我们牛棚公告栏目的广告，这个位置每年都会出现在 7 500 万本漫威漫画里。长话短说，我个人很愿意尽己所能来推广这一产品……鉴于我和漫威在如今所谓的'青年市场'中有着巨大影响力和吸引力，如果不好好利用除了漫画本身销售之外其他方面的巨大资产，似乎实在太可惜了。"

到这个时候，斯坦·李所担负的编辑工作大都是在最后时刻做一些事后反省。他收集了一大堆完成制作、等待印刷的稿子，找了阿奇·古德温跟他一起审稿。凭借十多年的编辑经验，古德温几乎从不会进行漫长而乏味的逐页审核，去找出哪一个对话气泡的框线歪了。"你知道，"古德温到最后不得不坦白，"吉姆·舒特其实才是那个真正负责编辑的人。你应该去找他。"虽然在古德温被任命为康威的继任者后，当了一辈子老二的舒特曾短暂地退出过一段时间，但还是在辞呈生效之前就反悔了。

古德温发现这个职位在其他方面的报酬已经不再优越了。找上司交流也总是达不到任何效果。在一次会议上，这些商人讨论了如何留住漫威的自由职业编剧和画师，因为有越来越多的人都转投了 DC 公司阵营（就连康威也在转为自由职业身份仅仅 6 个月后，迅速加入了竞争对手的麾下）。古德温提出了利润分成、医疗保险和返还画稿的建议。然而，在 3 个小时有关这一主题的会议后，他所得到的答复却毫不乐观。

"我们为什么要考虑把利润和版税分给这些人？"有一个高管对古德温发问道，"他们又不是图书的员工；他们是我们雇来做计件工作的。他们对我们没有忠心。"对于如此可笑的想法，古德温快被气疯了，他只得无奈地举起双手。经过后来编辑部门与卡登斯工业方面的多次讨论会，漫威也只能做到为自由职业者提供再版作品的版税而已，而 DC 公司在几个月前就已经实行相同的措施了。

卡登斯工业并不打算增加更多的资金投入来满足自由职业者的需求。谢尔顿·范伯格在给股东的报告中引证了零售价格的提高和产品的低回报率，同时有意地忽略了报亭的销量数字，这让高尔顿决定关闭公司的男性杂志产品线。从他上任之初开始，越来越像《花花公子》的杂志就已经被高尔顿盯上了，虽然他一开始就以"我不是色情文学作家"的言论表明了态度，但是真正让事态进一步发展的则是来自杂志工会的威胁。《名流》停刊了。《女性禁区》和《男性》则被卖给了奇普·古德曼。经历了半个世纪的岁月，杂志管理公司终于成了一个徒具虚名的空壳。

漫威在与 Kiss 的谈判桌上的表现成了另一个令人泄气的信号。斯凯雷内斯还记得有一天晚上，格伯回到家时看起来很沮丧，原因就是公司对这支乐队商标的态度。"Kiss 本身看起来就像是狂野、疯狂的超级英雄。于是漫威就准备自行出版以 Kiss 成员这样的人物为主角的作品。他们的意思差不多就是，我们才是长相怪异的角色的所有者，乐队成员只是剽窃了我们的想法，他们往脸上涂些东西，把自己打扮成了现在的样子。我们还不如自己干。这真是太可笑了。"

格伯对漫威的做法感到羞耻，于是他将这个计划透露给了 Kiss 的人。这支乐队就向漫威发出了威胁，如果这部作品不能按计划进行，那么就在法庭上见；而且格伯必须参与制作。当这件事情尘埃落定时，格伯为自己争取到了一样在漫威闻所未闻的东西，一样就连杰克·科比，甚至斯坦·李都从没弄到手的东西：版税。

当然了，格伯并没有从《霍华鸭》的后续销量或商业活动中获得一分一毫的利益。"我创造了世界上最著名的鸭子，但我却濒临破产。"格伯在接受一本杂志采访时说。这位采访者还指出，如果你投资购买了 20 本第一期《霍华鸭》，那么就能赚到 400 美元，这个数字已经超过了格伯（"居住在曼哈顿糟糕的地狱厨房区，在市中心一幢沉闷的大楼里工作，他在那里有一间设施简陋的转租办公室"）在其编剧工作中获取的报酬。

这一份版税对于格伯而言，不仅仅是一场有象征意义的胜利，而且还让他的头脑变得更清醒了。他难以相信漫威居然会傻到试图复制 Kiss 乐队的形象，而放弃这个全国最流行组合的市场价值。更糟糕的是他现在对老板斯坦·李的英雄崇拜已经幻灭了。"我不知道斯坦知不知道这些事情，或者他也是被逼的，"斯凯雷内斯说，"但我知道，史蒂夫的生活从此就不同了。"

当格伯给 Kiss 的合作项目画下句号时，斯坦·李和这支乐队乘坐了一架 DC9 飞机前往布法罗，并在警察的护送下来到一家印刷厂。当双方的血样融入到墨水池中时，斯坦·李冲着闪光灯露出了一个大大的微笑。比尔·奥库安后来表示，这些带血的墨水被错误地用在了某一期《体育画报》（*Sports Illustrated*）上。

在同一时期，格伯不仅要参与报纸合作的《霍华鸭》连环画项目，还要想办法赶上《霍华鸭》月刊和一部《霍华鸭》年度版的截稿日期。此外，他还得收拾位于地狱厨房区的房间，准备搬到斯凯雷内斯的故乡拉斯维加斯去。事实证明这样的负担对他而言还是太重了。在驱车横跨全国的路途中，他匆匆构思了第 16 期《霍华鸭》，来自其他画师笔下的霍华鸭和格伯自己有关难以赶上截稿日期的万语千言填满了这 17 页纸张。里面有几段格伯和霍华德的模拟对话、一个有关家庭生活的消极故事（还附上了关于该故事的一段负面的自我批评），还有一段"盛怒的漫威人"强行把霍华鸭和格伯塞进一台滚筒机器里的场景，后者能生产出"格伯绞脑汁"罐头。制作经理和负责监督截稿期限的约翰·福伯尔滕的形象也在这些书页中出现了好几次。最后还有一篇打印出来的本期评论，为这一切做了总结："我不喜欢的是你在整个故事当中的妄自尊大和妄自菲薄。"第三段这样写道："好吧，或许你永远不可能成长为第二个汤姆·罗宾斯（Tom Robbins）或者托马斯·品钦（Thomas Pynchon）[①]……你的作品除了谩骂（invective）之外，根本没什么创意（inventiveness）可言……好了，格伯！承认吧！"

这封信的署名是："史蒂夫·格伯"。

在离开纽约前往洛杉矶之前，罗伊·托马斯接见了一位市场营销顾问。此人本想说服斯坦·李和漫威公司与一部即将上映的科幻电影合作，当时该片正在突尼斯拍摄，

[①] 二人皆为美国作家。——译者注

结果碰了一鼻子灰。在看过了预制作计划后，托马斯同意再找斯坦·李谈谈。

发行总监埃德·舒金对此持怀疑态度。这部电影的演员大都没什么名气，而且这笔交易要求持续 6 期篇幅的合作；按照日程，还没等电影上映，这部漫画的第三期就必须登陆报摊了。他认为，在漫威的销量处于自由落体的时候，这是一次不必要的冒险之举。不过，当时公司刚好有了一次战略上的变化，给托马斯带来了一定的有利条件：斯坦·李和吉姆·高尔顿眼下最感兴趣的事情似乎就是加强版权与标识合作。因此他们推出了蜘蛛女侠（Spider-Woman）和惊奇女士，并跟好莱坞建立了合作关系。在几个月的时间内，漫威就获了多项许可，包括：汉纳 - 巴伯拉（Hanna-Barbera）公司的多部动画；科幻电影，比如《我不能死》（*Logan's Run*）、《2001 太空漫游》;《哥斯拉》（*Godzilla*）；埃德加·赖斯·巴勒斯（Edgar Rice Burroughs）的多名角色，比如《泰山》和《火星战神约翰·卡特》（*John Carter, Warlord of Mars*）；来自蒙特利尔的一位化装真人秀的特技演员，最终以《飞人》（*The Human Fly*）形式面市。也许他们也可以搭上这一趟快车。毕竟，托马斯的《野蛮人科南》就曾大获成功。

托马斯成功说服了漫威，《星球大战》的合作开始进入了筹备工作。

与此同时，那些主打原创角色的系列，例如《铁拳》《异人族》《黑歌利亚》《未知的 Omega》都被取消了。格伯和斯凯雷内斯早就计划好了《未知的 Omega》在接下来两年内的内容，这位天外来客的英雄将会经历种种人类的弱点，即酗酒、赌博和女人，并从中透露出他与詹姆斯 - 迈克尔·斯大林（James-Michael Starling）之间的联系。在被腰斩之前的最后一期中，Omega 来到了拉斯维加斯。尽管这一期的结尾宣布这段故事将会在某期《捍卫者》中延续下去，但这一天终究还是没能到来。"他们嘴上说想要新想法，"斯凯雷内斯回忆道，"但当你把新想法给他们的时候，得到的回答却是，这是个啥玩意儿？"

杰克·科比意识到他在"第四宇宙"中创造的东西，比如马克·月行者（Mark Moonrider）、达克赛德（Darkseid）和始源（the Source）等，与《星球大战》中的元素非常相似，因此产生了一些想法。他与漫威所签订的合同让他能基本独立地完成整部漫画，他可以自由选择由谁来负责上墨，并且不受纽约办公室的任何干涉。"一说到杰克，"格里·康威说，"斯坦的态度就是，如果杰克想要自己做自己的老板，那他就是。让他自由自在的就好。所以杰克就有了一个属于自己的世界。"

科比创造的《永恒者》以及《神奇四侠》中的克里人都和他在DC公司创作的新神一样，主要基于"外星人曾在古代访问过地球"这一主题。不过，漫威更希望科比在其原有的想法上继续精进，同时编辑部门也对科比有所施压，要求故事能牵涉到神盾局（S.H.I.E.L.D.）、石头人和绿巨人。"我们认为，或许是斯坦认为，它应该与其他的漫画有更多的联系，"阿奇·古德温在谈论科比的《美国队长》时说道，"我们希望杰克能使用一些目前出现在其他漫画中的坏蛋，这样读了这本书的小孩子就会去读《复仇者联盟》，而读了《复仇者联盟》的也会读这一本……我想这是唯一能促进销量的办法了。但是杰克却说他不想这么做。"科比强硬地撇开了那些与自己的想法相悖的故事走向。事实上，他几乎没有引用在漫威历史上发生过的任何事情。

科比试图在自己与漫威宇宙的其他部分之间形成鸿沟，这显然会造成一些问题。在《美国队长》中，科比将一只飞碟称为"访问地球的第一艘外星宇宙飞行器"，这样的描述会影响到漫威的许多部冒险故事和大量角色，于是助理编辑罗杰·斯特恩就将其重写了。还有传闻说，由纽约办公室编辑的《美国队长》来信栏目，存在故意刊登负面反馈的倾向，甚至还说其中一部分是这些员工自己编造的。

搞音乐的企业家史蒂夫·兰博格取得漫威角色独家电视和电影授权后，除了那场卡内基大厅的演出和蜘蛛侠的摇滚唱片，就没了动作。虽然加利福尼亚州摩城（Motown）公司的贝里·戈蒂（Berry Gordy）对兰博格的计划很感兴趣，并找了多家电影工作室商谈，但是每一个人都被同一个问题困住了：预算。"他们的制作技术达不到我们想要的电影效果，"兰博格说道，"那要花上很大一笔钱。"

卡登斯工业的法律团队最终让漫威从兰博格毫无头绪的计划中脱身而出了。"还有许多公司……拥有优先拒绝权，"一份战略备忘录写道，"但我们不会再让它们阻碍我们了。"漫威将蜘蛛侠和绿巨人的电影版权卖给了史蒂夫·克兰茨（Steve Krantz），而前好莱坞高管丹·古德曼（Dan Goodman）则在 1976 年买下了《蜘蛛侠》的电视版权。当独立制作人查克·弗里斯（Chuck Fries）在为哥伦比亚广播公司（CBS）准备一个低成本的试验项目时，斯坦·李发现没人肯听他的话了。"我本应是顾问，"他说，"但他们根本没把我当回事儿。"

不久之后，环球（Universal）电视部门的新负责人弗兰克·普莱斯（Frank Price）注意到了儿子汗衫上印着的绿色怪物，他认为绿巨人可以拍摄成一部优秀的电视剧。他以 12 500 美元的价钱买下了他所挑选的 12 个漫威角色的电视剧版权。和丹·古德曼和查克·弗里斯一样，普莱斯也找上了 CBS，还准备了真人大小的角色形象纸板剪影，布置在会议室内，其中包括奇异博士、美国队长、霹雳火、惊奇女士和海王。CBS 同意出资为其中 8 个角色制作长度为两个小时的试播片，于是，不出几个月，《无敌浩克》就和《蜘蛛侠》一样登上了制作名单。时隔 10 年，漫威终于又要走进美国人的客厅了。如果不出所料的话，这些坐在客厅里的小孩子都会去买一些漫画来看。

就在这一关键时刻，漫威抓到了一根救命稻草。现象级电影《星球大战》的成功带动了相关漫画的销量暴涨，随着印刷次数不断刷新，公司总算从经济危机的悬崖边被救了回来。紧接着这则喜讯，Kiss 特刊的销量也超过了 50 万本，这个数字对于 1.50 美元的漫画出版物而言是史无前例的。"有一段时间，"格伯说，"他们准备了一个抽屉专门用来存放有关 Kiss 的邮件，而所有关于其他漫威作品的粉丝来信则放在另一个抽屉里。"

《X 战警》也收到了许多来信，这可是好几年来都没发生过的事情了。克莱蒙特和科克勒姆在漫威宇宙中找到了一个最适合大动荡时代的角落，创造了许多坠机、撞船和火箭爆炸的事件，并且在《星球大战》的热潮方兴未艾时描绘了许多高科技、长距离宇宙旅行的故事。不过除了壮阔的大场面之外，《X 战警》还具有一个特点：男女之情。在两年来的合作中，克莱蒙特和科克勒姆已经精心地为各角色赋予了人们耳熟能详的标语、昵称和音效，并最终转变成粉丝之间的某种暗号："Mein Gott"① "人肉接力"② "小家伙""变种人""精灵""邦呼"③ "唏嘶"④！尽管 X 战警的成员都是一些背景迥异的顽固的个人主义者，但其中有不少人深受美国文化的影响，互相之间成了一种类似家人的关系。如果照格伯的说法，将捍卫者比作心理治疗小组的话，那么克莱蒙特和科克勒姆的 X 战警就是教习所的成员，大家都在尝试学会如何与他人亲近，避免被情感上的包袱所阻碍。

　　几乎每一期《X 战警》都会发生明显的变化：死亡、分离、重聚、新的战袍。不过其中最大的转变当属琴·葛蕾，也就是惊奇女孩。在斯坦·李和托马斯的笔下，她只是一个具有少女气质的傻瓜，在团队中的存在感非常薄弱。"我并不是要说斯坦的坏话，"科克勒姆说道，"但是当他在 20 世纪 60 年代初创作这些角色时，所有的女性角色无一例外都是笨蛋，与家庭主妇差不多……大多数情况下，她们都是受照顾、受拯救的一方。"

　　于是克莱蒙特和科克勒姆就着手将惊奇女孩变成了凤凰（Phoenix），这是漫画界最强大的一位女性超级英雄。当大家都认为琴·葛蕾在一次坠机事故中丧生时，她却带着一股强大到令她不知所措的力量再度登场了。她获得了"凤凰之力……一种宇宙原始力量的体现，来源于宇宙间一切生物的灵魂，因此这股力量是无穷无尽的"。接下来，她就要上演好戏了，她一击就将对手轰飞到几十公里之外，并打开了通往其他世界的传送门。

　　克莱蒙特开始在绘画中发挥自己对于超自然和宗教的兴趣：当一个疯狂的宇宙帝王试图利用"M'Kraan 水晶"摧毁整个宇宙时，凤凰借助宇宙卡巴拉生命之树的仪式击败了他。尽管只过去了一年，但漫威显然更重视儿童了，它新推出的《新星》、《哥

① 德语，我的天啊。——译者注
② 拥有超级力量的英雄将伙伴投掷出去的一种常见配合。——译者注
③ 一种爆炸的音效。——译者注
④ 一种吸鼻涕的音效。——译者注

斯拉》和《超级无敌机械狗和蓝色猎鹰侠》(*Dynomutt*)，与恩格尔哈特充满奇思妙想的《奇异博士》和斯大林的《术士》比起来，已经是天壤之别了。在这种情况下，《X战警》就成了最接近过去风格的作品。

虽然科克勒姆非常喜欢为这本漫画效力（尤其是其中爱摆架子的夜行者，他将其视为自己的第二人格），但是当他以封面设计师的身份正式加入漫威后，双月刊的《X战警》也开始出现拖延的情况。当漫威认为这部作品的销量不错，决定将其改为月刊时，克莱蒙特的好友约翰·伯恩就蠢蠢欲动了。"我在漫威内部营造了这样的观念，"他说，"如果科克勒姆退出的话，这一切就完蛋了，但如果交给我的话，就没有这样的问题。"

吉姆·舒特已经见识过伯恩与克莱蒙特之间的默契，于是让他们二人合作一本叫《漫威客串》的漫画，每个月找一位客串嘉宾与蜘蛛侠并肩作战。当停刊了的《铁拳》与《力量人》（其实只是黑人坏蛋卢克·凯奇换了个名字罢了）合并成黑白漫画《力量人和铁拳》时，伯恩和克莱蒙特也担起了画师的重任。

效率奇高的伯恩还给自己的任务单（《漫威客串》和《力量人》）加上了《冠军》和几期《复仇者联盟》，同时不断挑衅科克勒姆；后者已察觉到了他的意图并非常恼怒。"约翰是这本书当仁不让的继承者，而他也在通过绘画的方式将其收归己有，"科克勒姆说，"但是，每次他来到漫威办公室，对所有人都不屑一顾。于是我就为了让他不爽而略微推迟了退出的计划。"即便退出了这本书的制作团队，科克勒姆依然继续负责绘制《X战警》的封面；他这么做的目的无非就是想给伯恩一点颜色看看。

在让希阿（Shi'ar）族卫队和星际海盗阻星者（Starjammers）登场之后（他事后估计自己在最后一期中画了超过 50 个不同的角色），错过截稿日期的科克勒姆已经筋疲力尽，他终于在 1977 年年中正式退出了。约翰·伯恩心满意足地接替了他。

作为漫威四大王牌《超凡蜘蛛侠》《无敌浩克》《神奇四侠》和《雷神》的编剧和编辑，按理说莱恩·韦恩应该感觉自己是世界上最伟大的人。不过，他却总是与约翰·福伯尔滕争执不休，为了种种细枝末节而大动肝火，比方说应该聘请哪个码字员。对于克里斯·克莱蒙特和托尼·伊莎贝拉借用他作品中的角色，他也要唱反调。"我全身心地投入到了这些漫画中，"韦恩回忆道，"我将自己的作品看得太透彻了，因此对这一切都失去了想法。"他已经谈妥了给 DC 公司《侦探漫画》（*Detective Comics*）编剧的事宜。尽管这一做法并没有违反他的合同，但是当阿奇·古德温和斯坦·李发现这件事时，还是要求他在《侦探漫画》的编剧工作中使用笔名。DC 公司虽心有不甘，但还是同意了。不过在周末深谋远虑地想过之后，韦恩决定："与其坐以待毙地为两家公司干活，两边都讨不了欢心，不如彻底了结，重新开始其实更简单干脆。但我的决心并不坚定，说不准什么时候就反悔了。所以我第二天就跑去漫威，告诉阿奇我要退出的消息。"

这个消息让斯坦·李勃然大怒。他告诉韦恩再也别想回漫威了。

既然 Kiss 卖得这么好，大卫·安东尼·克拉夫特心想，那么披头士凭什么不行呢？"每个人都支持这个计划，"克拉夫特说，"除了吉姆·高尔顿，但他又不得不批准。因为这是一个非常高调、昂贵的计划，可他并不明白披头士已经不仅仅是一支乐队这么简单了。"

斯坦·李把克拉夫特叫到了高尔顿的办公室里，让他做了一番演讲。"我当时还留着长发，穿着一件黑色的摩托皮夹克，"克拉夫特回忆道，"膝盖还露在牛仔裤外面。尽管这是一场 3 个人的会议，但是高尔顿只是朝着斯坦说，披头士跟门基（Monkees）不是差不多吗？然后斯坦就转过来对我说，小戴，解释一下。我就解释给他听，然后斯坦再解释给高尔顿听，而高尔顿再针对我向斯坦说的话作出评论，从头到尾都没有看过我一眼，也没有提到过我。"

事后，克拉夫特走进了斯坦·李的办公室，宣布要重新整理自己的形象，试试能否让高尔顿刮目相看。到了星期一，他宣称要穿标准的 3 件套，并且换一个发型。斯坦·李对此表现出了他标志性的热情，兴高采烈地指点克拉夫特该去哪里买衣服：萨克斯（Saks）、巴尼斯（Barneys）、布鲁明戴尔（Bloomingdale's）。"说来也奇怪，从此之后，我在开会的时候就跟高尔顿说上话了，甚至都不需要斯坦的协助，他也能理解我的全部意思。这引发了一场轰动。我还记得玛丽·塞韦林在办公室里一直跟着我，喜悦之情溢于言表，要是能有更多人像你这样……"

权力的游戏，舒特替代阿奇

吉姆·舒特作为副主编会定期跟斯坦·李一起审阅完成稿，他也开始注意起自己的形象了。短袖衬衫加上从下面露出来的 T 恤组合已不复存在，取而代之的是长袖和领带。尽管斯坦·李对其在服装上的用心感到很满意，但他与舒特之间的关系一开始却状况不断，这都怪漫画中层出不穷的毛病。

"在大概第四五次的时候，"舒特说，"这些毛病依然没有被改掉，这个时候他就开始把我当成傻瓜了，冲着我一字一顿地解释起来：别，让，他，们，这，么，干。而我就说，斯坦，我只能做到这个程度了。我已经尽力了。而且我也没有想出卖阿奇的意思，因为他是不可能解雇这些人的。"

当斯坦·李要求舒特给报纸上的《蜘蛛侠》连环画出主意的时候，他会事无巨细地把整个过程解释一遍："你看啊，每天，这儿都要刊登一则连环画……"简直就把舒特当成一个小孩子看待。不过，当收到第一批构思时，斯坦·李吃了一惊。

"这些很不错啊。"
"谢谢。"
在一段可怕的沉寂之后。
"怎么你的漫画就做不到这么好？"

"吉姆·舒特一心一意地想得到这份工作，"古德温的助手乔·达菲（Jo Duffy）说道，"他是阿奇的左膀右臂，但心里想的却是取代阿奇。从某种意义上说，他在阿奇手下干了这么久，纯粹就是为了能先在这个职位上锻炼一下。我认为要不是有一个非常需要这个职位的人站在身边，不停地说，如果他走了，我，选我，拜托了，拜托，我我我我我，阿奇是不会离开的。所以我觉得阿奇从他身上感受到的烦扰要多过支持。每个人心里都清楚，吉姆想要这份工作。"

"我根本就没有出卖过阿奇，"舒特说，"斯坦自己开始意识到，阿奇是不会采取行动炒别人鱿鱼的；他也知道阿奇并不是管理型的人才。于是他就开始产生了这样的想法，觉得也许我才应该担任主编。也许可以让阿奇去做别的事情。所以，他就想到了让阿奇去负责一些特殊项目，又开始策划符合这个条件的、高端大气的终身合约。谁都不愿意把阿奇放跑了。"

在与朋友一起坐公交车离开匹兹堡的时候，舒特就曾大谈特谈了他对编辑分工的重新规划，让多名编辑分别负责特定的作品，并向主编报告。DC 公司数十年来都是按照这种方式工作的，难道放在漫威就行不通了吗？至于那些个人担当编剧和编辑的自治型作品，即罗伊·托马斯、玛尔夫·沃夫曼、史蒂夫·格伯和杰克·科比的漫画，则应该被尽数摒弃。是时候有人站出来主掌大权了。这家公司里不允许存在山大王。

即使身处洛杉矶，罗伊·托马斯也察觉到古德温的位子坐不久了。托马斯很清楚，舒特很可能成为继任者，而且到时候他就会拿他们这些编剧兼编辑的人开刀。于是他就给斯坦·李写了封信，表达了对于舒特当主编的警惕。"不说别的，"托马斯后来回忆道，"我在信里说吉姆想要独掌大权，而我无法、也不会容忍这样的局面，而且我感觉他很可能有把我们赶走的想法。"

在听说斯坦·李在计划让舒特取代他时，阿奇·古德温终于爆发了。斯坦·李带着舒特去一家中国餐馆共进午餐，告诉了他古德温已经辞职的消息。"对于此事，他认为我在背后捅了他一刀，"舒特说，"即使公司准备给他加薪升职，他还是对我破口大骂。"古德温签下了编剧兼编辑的合同，开始为每个月 3 部漫画而忙碌起来。

斯坦·李本来打算在圣诞节前一个星期宣布吉姆·舒特成为新任主编，然而，在

周五带病下班后，约翰·福伯尔滕坐在阁楼卧室的躺椅上与世长辞了。1977 年 12 月
19 日的星期一，漫威的接待员玛丽·麦克菲伦（Mary McPherran）在大楼管理员的陪
同下走进了约翰·福伯尔滕的复式公寓；他养的猫蜷缩在房间角落里。"他一直让我
发誓，如果发现他没来上班，那就得弄清楚他发生了什么，"麦克菲伦说道，"他一直
害怕会死在自己的公寓里。"这个五大三粗、壮似海盗的男人虽然表面上对创作者和
编辑的超期毫不留情，但内心却有着不为人知的温柔：谁都不知道，他每次放假都会
去迪士尼乐园，也不知道他收藏了一卷又一卷的老动画胶片。而且，大多数人也都不
知道，他还经营着一项复杂、紧张，而又无私的"预担保"计划，让生活困难的画师
们能在找到工作之前获得一点生活费。"这是他不为人知的小秘密，"麦克菲伦说道，
"我认为这就是他去世的原因。"福伯尔滕享年 37 岁。

"我帮忙整理了他的办公室，"丹尼·克雷斯皮在几年后说道，"我把他的打火机留
了下来，算是一个纪念。我现在已经戒烟了，但依然会把这个打火机揣在口袋里。有
人还把他的米老鼠袖扣送给了我。虽然戴起来显得太大了，但我还是把它保存了起来。
我的办公室里还贴着他的照片。"

听说福伯尔滕逝世的消息后，斯坦·李认为最好还是等假期结束再公布舒特升迁
的消息。不过在那周五办公室楼下酒吧里举行的圣诞派对上，他违背了自己的计划。
"斯坦和琼是参加了别的圣诞派对后再过来的，"舒特说，"我估计他们可能是喝过酒
了。结果斯坦就这样脱口而出：嘿，大家！吉姆要成为新主编了。当时在场的阿奇和
他夫人用刀子般的眼神看着我。全场一下子变得鸦雀无声。没有一个人鼓掌。只有
两个人向我表示了祝贺，他们是丹尼·克雷斯皮和上墨员约翰·塔尔塔里奥尼（John
Tartaglione）。其他人则一声不吭。"

第二天早上 7 点，舒特家的电话响了起来。"我接起电话，"他回忆道，"传
来了玛尔夫·沃夫曼的声音。他没有寒暄。他说，你接下来打算怎么办？"

MAR

THE

UNTOLD

STORY

COM

第三部分

极限

漫威宇宙的熵寂

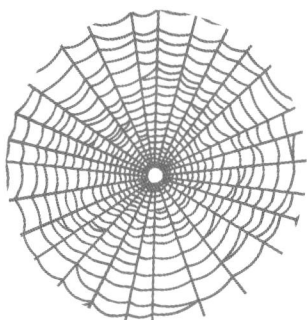

漫威宇宙以其系统化和整体化，从一种意识形态角度规划了一个宏大的"幻觉"场景。不过，随着时间延续和内容的扩展，宇宙整体变得越来越重，漫威想推动它前进已经越来越困难。吉姆·舒特在意识到这个问题后，决定按下重启键，来一场摧毁一切的大爆炸……

MARVEL COMICS
THE UNTOLD STORY

09 粉丝引擎，
推动产业扩张的垂直销售

斯坦想让我来管理漫威，我的回绝让他很失望。他不想被这些事情烦扰。他打的算盘无非就是让我应付这些人，而他只需要应付我一个就行了。

——吉姆·舒特，1978 年 2 月 16 日

在过去几年里，高层总是用"瞧，我的孩子，吃根棒棒糖吧"的态度来对待我们。就像家长管教不懂事的孩子一样。但我们不是小孩子！我们是成年人！我们是创作者！是时候站出来让他们意识到这个事实了。

——克里斯·克莱蒙特，1978 年 3 月 7 日

虽然《星球大战》和 Kiss 合作的特刊在商业上取得了胜利，但不幸的是，这只不过是特例而已。在开头几期过后，《霍华鸭》的人气开始急剧下滑。尽管 CBS 播出的《蜘蛛侠》和《绿巨人》电视剧，增加了两部作品的曝光率，从而提高了它们的人气（《无敌浩克》漫画的销量大涨 35%），但漫威所有作品在总体上依然处于一蹶不振的状态。接着，一场史无前例的暴风雪袭击了美国东北部。它对所有报刊杂志的运输和销售都造成了巨大冲击。漫威办公室内部的混乱更是使这种局面雪上加霜。1978 年 1 月，即吉姆·舒特上任主编的第一个月里，漫威计划发行 45 部漫画。可是其中按时完成的只有 26 部，而且某些作品更是拖延了 4 个月之久。前制作经理约翰·福伯尔滕的助手伦尼·格罗（Lenny Grow）临危受命，他想方设法挽回局面。眼看着约翰·罗米塔为赶上《蜘蛛侠》报纸连环画的截稿期限而抽不开身，布罗德斯基将艺术总监的头衔交给了玛丽·塞韦林。与此同时，舒特根本挤不出时间关注漫威眼下所印制的漫画，因为他正忙着对不断扩张的编辑部门进行结构上的大调整。

他雇用了一支年轻而多样的队伍。有两位编辑共同负责管理彩色漫画。一位是前副主编罗杰·斯特恩，他对于漫威的各个角色如数家珍；另一位则是鲍勃·霍尔（Bob Hall），这位画师师从约翰·巴斯马，而且还是位兼职剧作家。里克·马绍尔（Rick Marschall）将担任杂志产品的编辑，他曾是报业联盟的编辑和漫画史学者；他的助手拉尔夫·玛基奥（Ralph Macchio）则是一个多次来信的唐·麦格雷戈的著名粉丝，曾多次给漫威写信。在当年 2 月份，舒特自己也雇用了一位助手。马克·格伦瓦尔德（Mark Gruenwald）不仅长相与比尔·穆雷（Bill Murray）相仿，而且幽默感也能与之比肩，他对于漫画的痴迷不逊于罗伊·托马斯。在《全能世界》（Omniverse）这份学术性杂志上，充满着对超级英雄虚构世界种种细节的透彻分析，舒特对他发表的作品印象深刻。格伦瓦尔德将会成为漫威与那些编剧兼编辑之间的纽带，直到这种特权消失的那一天。

史蒂夫·格伯最后一个签下编剧兼编辑合同，然而却一而再、再而三地赶不上最后期限，最终他也成了第一个失败者。在 2 月份，他被解除了《霍华鸭》报纸连环画的编剧职务。格伯的律师通知漫威，这种做法违反了合同，他正在考虑采取法律手段保护其对霍华鸭角色的所有权。但此后没多久，漫威就干脆彻底解除了格伯的合同。当《漫画日报》（*Comics Journal*）询问是否是习惯性拖延行为促成公司作出了这一决定时，舒特回应道："我只能说，我们认为摆脱这份合同对公司是有利的。"格伯则坚称他和基恩·科兰没有按时收到预付款。

霍华鸭的管理权被拆分了：玛尔夫·沃夫曼负责报纸连环画，而比尔·曼特罗则负责漫画。当连环画后来在同一年内停止连载时，格伯公开地抱怨了沃夫曼的作品，称其品质"绝对得糟糕"。"我刚走，"他在《乡音》上说，"霍华鸭就成了傻蛋，变得毫无内涵，成了一部头脑简单的讽刺漫画。所以，停刊也算是给他这段悲惨的时光画上了个句号。"

在来信栏目中，由格伯和斯凯雷内斯创作的《未知的 Omega》反复说要停刊，又反复说要恢复；最终在没经过与其创作者商议的情况下，这部作品走到了终点。"到这个时候，我们已经无法与舒特继续合作了，"斯凯雷内斯说，"他一直在干扰我们，惩罚我们，还试图找别人来创作，就像他们对《霍华鸭》所做的那样。"Omega 最后在一期《捍卫者》中殒命。格伯和斯凯雷内斯相互立誓，要将他们原本为该角色设计的剧情带进坟墓里。"我很多年前就听说了，"斯凯雷内斯这样评价舒特，"莫特·韦辛格给这家伙留下了一块痛苦的伤疤。而等他们让他做编辑时，他就把痛苦忘得干干净净，就好像他从不知道该让创作者在漫画中自由发挥一样。"

杰克·科比的合同到 1978 年 4 月就到期了。在西弗吉尼亚州的一场漫展上，斯坦·李宣布科比已经签下了一份长期合同，而且这次他将仅担任画师；尽管他说科比的剧本"虽然很有想象力，但缺乏章法"。斯坦·李相信，等到科比与其他编剧合作时，其作品就能恢复从前的水准。

但是，这份新合同终究还是落了空。事实上，科比的职业生涯已经临近终点。他最近的一次回归不管是对自己还是对漫威而言，都只能说是非常令人失望的。他的作品全都没能达到预期销量，读者的反应也没有想象中的热情，就连他本应享受的自治权也打了折扣。"漫威的编辑部员工对他的作品并没有一丝敬意，"吉姆·斯大林说，"每一位编辑的墙上都挂着些嘲笑杰克作品的玩意儿。他们还送给他'年度最傻漫画'的称号……这间编辑办公室里充斥着各种各样的嘲笑之言，没有人在乎他是这家公司的创始人之一。没有人在乎是他创造了他们手头所编辑的角色。"

比起 60 年代，这种紧张气氛有过之而无不及。科比称收到了用漫威信纸写的恐吓信，而且还在办公室里接到过威胁电话。当罗伊·托马斯请他画一期名为《如果？》（*What If?*）①的幻想故事系列作品时，科比拒绝让托马斯参与编剧，还把托马斯的角色换成了一个类似索尔·布罗德斯基的人。当稿子被送到漫威时，一位编辑从头到尾地将科比写的"斯坦利"改成了"斯坦"，并修正了对白中的所有语法错误，除了那个杰克·科比角色的部分。

"我从来都没有得到过实权，"科比事后在评价其 20 世纪 70 年代的漫威作品时，将矛头直指同行的嫉妒，"一个人创作出一本漫画，另一个人就在他的漫画中极力贬损他——等这个人离开了 5 个月，或者只要 3 个月，另一个人就掌握了权力……在我看来，这就是个蛇窝。在蛇窝里，谁都活不下去。到头来，所有的蛇都会同归于尽。最终，他们也会将造就他们的人杀死。"

到最后，科比选择摆脱漫画产业的挫败和局限，他走上了与斯坦·李相同的道路：好莱坞。科比应汉纳－巴伯拉公司之邀，为 NBC 全新的《神奇四侠》动画片绘制故事板②，而该剧的编剧则是斯坦·李和托马斯。由于霹雳火的版权已经被环球公司买断，所以科比不得不创作一个名叫赫比（H.E.R.B.I.E.）的可爱机器人充当神奇四侠的第四名成员。尽管依然受到种种制约，但这份工作的薪水更丰厚，而且在地位上也更受尊敬。

---

① 这是一部全名为"如果……神奇四侠就是漫威牛棚？"的自我反省的故事系列，领衔主角是斯坦·李、科比、托马斯、弗洛·斯坦伯格。

② 附剧本和技术注解的插图板，显示了影片的建议画面。——译者注

从此以后，杰克·科比再也没有回到漫威公司。

《新版权法》来了，"行业末日"时期的群体分裂

1978 年的春天，漫威的律师团面临着即将生效的新版权法的挑战，他们认为公司需要一些证据来证明其出版物是按照雇佣方式生产的。在此之前，每一张薪水支票的背面都会用橡皮印章留下一份在法律上存在不确定性的"合约"，也就是说，如果你签下了这张支票，同时也就签下了这份合约。但是现在，吉姆·舒特开始向雇员提供篇幅仅有一页的标准合同，上面声明了漫威将被授予"在作品中以及关于作品的任何类型和性质的无限期的所有权利"。自由职业者一看到这份合同就造反了。随后，他们试着联合起来。

> 不要签这份
>
> 合同！
>
> 你将会舍弃
>
> 自己的声明！
>
> 漫画合约讨论会
>
> 周日，5 月 7 日，东 48 号街 9 号
>
> 三楼，下午 4 点

尼尔·亚当斯此时成了为创作者权利而战的实质上的领袖，因为他最近刚刚在报纸的头版头条上表明立场，要求 DC 公司对《超人》的创作者杰里·西格尔和乔·舒斯特提供补偿。而眼下，他又主导了第一届漫画创作者协会的讨论。他的主张可谓狮子大开口：卖给漫画公司的只是北美版权，画作依然是作者的财产，一切争议都应由仲裁决定，而且最猛的一招是画师的报酬提高 3 倍。

但是，专业的漫画人士却没能在此刻达成共识。史蒂夫·恩格尔哈特、弗兰克·布

伦纳和史蒂夫·格伯都毫无悬念地加入了准备反抗的一方。然而，罗伊·托马斯和马克·格伦瓦尔德这些人则担心亚当斯的个人成功让他忘记了普通自由职业者的经济现状；有的人认为他的主张更优待铅笔画师，而不是编剧、上墨员和其他工种。许多人都害怕这一行业已经走到了崩溃的边缘。"行情很差，整个行业都在走下坡路，现在并不是推动工会的最佳时机。"罗斯·安德鲁说道。

比尔·曼特罗希望能更进一步。"协会还不够强大，"他在《漫画日报》上说，"我们需要组成工会。"不过，杂志管理公司就曾险些因为一次工会化的尝试而彻底崩盘，当时幸亏有高尔顿插手。那些一辈子都在为漫威公司效力的人，看着自己的生活随着不安的市场潮起潮落，心中总是充满了恐惧。基恩·科兰的话就很有代表性，他说："他们待我还是挺不错的，所以我并不想走钢丝。在这个节骨眼上这种做法有点危险，我不希望看到什么大风大浪。"

"如果真的要拿约翰·伯恩说事，将我当作一个普遍现象的话，那就得从《X战警》说起了。"约翰·伯恩在接受采访时曾说。他表示，受到如此多的关注让他感到心神不宁。在漫展的座谈会上充斥着大吵大嚷的粉丝，只有少数有礼貌的人会对他的英雄表示赞赏。然而，克莱蒙特和伯恩的《X战警》毋庸置疑很有特殊性；这是继斯坦·李和迪特科的蜘蛛侠之后，漫威所拥有的最令人担忧又最令人欣喜的作品。它精美的画面并不仅仅是伯恩的功劳，还应该归功于与之协作的固定团队。上墨员特里·奥斯汀（Terry Austin）的流畅轮廓，配色员格莉妮斯·韦恩（Glynis Wein）所选择的高对比度色彩以及码字员汤姆·奥热霍夫斯基（Tom Orzechowski）有条有理的 Art Deco 风格的文字，都为这部作品流畅的阅读体验做出了贡献；让它与超级英雄漫画当中盛行的阴郁画面形成了鲜明对比。从某种意义上说，《X战警》的画面是向漫威全盛时期创造的"流行艺术品"理念的回归。

克莱蒙特和伯恩精湛的故事节奏感（加上实属罕见的按时交稿的能力），让他们有机会将"大思想"，即对于腐败、死亡、神秘和政治的沉思，全部放进了这些难登大雅之堂的休闲读物中，从而以较为圆滑的形式将漫画和时代思潮结合在一起；这以前只有斯大林和恩格尔哈特能做到。他们所编织的支线情节甚至比斯坦·李和科比的《神奇四侠》还丰富，而且对于个体角色的渲染也更加饱满；伯恩笔下富有魅力的人物形象，无论是脸颊、嘴唇、酒窝和杏仁形状的眼睛，都是表现这些内容的绝妙载体。

它也是创意之屋出品的最像肥皂剧的英雄故事，里头充满了爱情的痛苦、自信的危机、道德的训教、灵魂的伤疤和无尽的忧虑。在克莱蒙特和伯恩合作构思的第一个故事中，琴·葛蕾和野兽与其余 X 战警分隔两地，两边都认为另一边的人已经死了。琴飞到了苏格兰，想让自己静一静。而在地球的另一边，激光眼则正坐在一个池塘边，心想："琴和汉克都死了……我该怎么跟教授交代？他会心碎的。奇怪的是我竟然没有心碎的感觉。太奇怪了……甚至有点可怕"。在与斯托姆会合后，他又接着说："我为汉克哀悼，可是对于琴却丝毫没有什么感觉。在最初的那次太空之旅后，我们之间什么都没变，但也什么都变了。她已经再也不是我曾爱过的那个人了。"

这些场景还有一些幕后故事。当编辑罗杰·斯特恩带着一期完成的稿件，造访伯恩位于加拿大艾伯塔省卡尔加里的居所时，伯恩并不满意克莱蒙特对激光眼这段独白的渲染手法。"我简直想把它从阳台上扔下去，"他说，"我们当时就坐在阳台上看稿子，结果我的大吵大闹把邻居都引了出来，他们问，楼下发生什么了？"他找了一支蓝色钢笔，开始在页边写起了注释，这样一来，如果克莱蒙特修改过什么，伯恩就能用原稿来证明他违背了自己的本意。

伯恩毫无保留地对他所谓的"克里斯风格"表达了不满，说克莱蒙特明显存在一些改不掉的坏习惯：在对白中毫无节制地用斜体来表示强调、到处都是自信的女人、心灵感应，而且角色一度假总是会去英国，再加上永无止境的反思气泡和沉闷独白。"克里斯眼中完美的《X 战警》，"伯恩有一次这样说道，"就是在整整 22 页里面让他们在小镇上或者斯科特的公寓或者其他类似的地方到处闲逛，然后这些脱去制服、穿着牛仔裤和 T 恤衫的超级英雄们就围坐在一起，拉一整期的家常。"而对于这一指责，克莱蒙特表示，他只关注角色之间的情感关系。"在我看来，"他在接受采访时说，"打斗才是毫无意义的部分。"不过，在这样一个有太多超级英雄漫画都缺乏人格表现的时代，大家对于这个在人际互动方面如此执着的人也自然不会过于苛刻。

琴·葛蕾强大的凤凰化身成了诸多分歧的集合点。伯恩想方设法要让她从这部漫画中消失，希望能让他最喜欢的角色金刚狼更加活跃一些。但是，尽管这一对编剧和画师的组合似乎常常背道而驰，可等到两人的合作进展到印刷制作的环节时，却呈现出了一份令人着迷的答卷，将科幻的夸张想象和人性的催人落泪融合成了一个统一体。销量的攀升也予以了佐证。

追随格伯的脚步，大卫·安东尼·克拉夫特，也开始为《披头士》漫画的版税与公司展开了协商。他很快就接到了索尔·布罗德斯基的传唤。尽管头衔已经换成了副总裁，但布罗德斯基还是无法摆脱刽子手的沉重负担，因为斯坦·李把自己无法或者不愿传达的坏消息都甩给了他。

"他们决定了，不会为披头士漫画支付任何版税。"他把这个消息告诉了克拉夫特。说完，他就把办公室的门关上了。"明面上我要拒绝你，"布罗德斯基说，"但是我私下告诉你，只有傻瓜会在这个时候放弃。"

克拉夫特找到了斯坦·李。"如果这是一个漫威角色，是你创作的，"他对老板说，"那我这样就算是无理取闹了，对吧？但是披头士并不属于你，我也不属于你，所以我准备把这个企划带到别的出版商那儿。"随后，他就回到了他和舒特的办公室里，拿起了电话，找滚石公司聊了聊，又找 Circus 公司聊了聊，逼得斯坦·李只得又把他叫回办公室去。

斯坦·李表达了他的理解。他说，毕竟自己创作的这么多漫威的财产也全都没有给他留下任何版税。他让克拉夫特找高尔顿谈谈。"不如你自己去说服高尔顿吧！"他说。

"那是一个周五的下午，"克拉夫特回忆道，"高尔顿正急着下班去打高尔夫，或者别的什么周末计划。问题的关键在于，他与那些顶尖的创作者签了合同，里面的条款规定他们的稿费会随着最高标准的变化而跟着上涨。所以他的顾虑在于，如果他向我支付了版税，那么就得向漫威的每一位创作者支付版税了。"但是，如果克拉夫特和画师乔治·佩雷斯（George Perez）以一家公司实体的身份来交易的话，给他支付版税就不会违反其他创作者的合同了。克拉夫特拾起了已被格伯弃置的公司名称"疯狂天才工作室"（Mad Genius Studios），利用这一漏洞达成了这笔版税交易。

不过，对于克拉夫特同样正负责编剧的《捍卫者》（而且这个摇滚爱好者还在其中加入了大量的与 Rush 乐队和 Blue Oyster Cult 乐队相关的典故），因为完全归属漫威公司所有的，所以这样的做法就行不通了。因此，当签订雇佣合约的日子到来时，克拉夫特就主动退出了《捍卫者》的队伍。

在当时的大环境下，这样的勇气已经越来越难能可贵。6 月 22 日，DC 公司宣布了裁员的消息，它刚刚在一场野心勃勃的扩张行动中铩羽而归；同时被裁去的还有其40% 的产品线。据舒特回忆，在消息公布的第二天，漫威办公室的门口就排起了长龙；他自己则从早到晚都在不停地给这些刚离职的人签订雇佣合约。在此之后，他很快就雇了阿尔·米尔格龙和拉里·哈马（Larry Hama）这两位前 DC 公司编辑，让他们加入了漫威持续扩大的编辑团队。DC 公司的艺术总监甚至都开始将比较年轻的人才转给舒特了。不过，当时也并没有多少新人等待着进入这个行将就木的行业；留下的都是对这种艺术形式最为看重、最为热爱的人，渴望着能负责几部漫画，并随意左右其未来的走向。舒特安排 21 岁的佛蒙特人弗兰克·米勒（Frank Miller）写一个《神奇蜘蛛侠》的故事。20 岁的宾夕法尼亚人比尔·显克维奇（Bill Sienkiewicz）则负责起了月光骑士；这个山寨蝙蝠侠的角色会被刊登在《无敌浩克》系列的后面。

在过去几个时代中最具影响力、最重要的编剧和画师里，有不少人都因为这个行业家长式管理制度以及不公平的政策，转而追逐起了别的目标：制作周六晨间的动画片、撰写小说和电影剧本、为广告代理商画插画，甚至为特殊的收藏家市场制作平板画。20世纪50年代的人才大规模出逃似乎马上就要重演了。在一两年前，有一位少年粉丝在漫展上找到了玛尔夫·沃夫曼，向他请教一些职业建议，但沃夫曼坦率的回答令他大吃一惊。"私下里，做这一行的每一个人都在寻找出路，所以我给你的建议是……去做别的事情吧，"沃夫曼告诉他，"在5年以内，漫画就会彻底消亡。"

那些依然坚守岗位的人则不得不忍受体系的非难、放弃自己的版税，同时驾驭住他们越发神秘莫测的奇幻旅程。吉姆·舒特开始亲自为《复仇者联盟》创作故事，并由乔治·佩雷斯绘制。这或许还具有示范作用，能展示他理想中的漫威商业漫画究竟是什么样的。充斥着戏谑的对白，加上利用小漫画格子来凸显彩色制服的中距离镜头，这一切共同演绎了一段交织着冒险和无常的断奏曲。

漫威所拥有的也并非只是冷冰冰的形式：在舒特创作的各种故事中，背后总隐藏着受迫害的神灵这个主题，它会给读者带来浓浓的无助感。其中最著名的就是在《复仇者联盟》里，连载了一年的"迈克尔"（Michael）的故事；这是一个住在皇后区森林山中的中学生，身穿一套高尔夫衬衫和短裤。舒特透露说，迈克尔其实就是《捍卫者》中的小恶棍科瓦克（Korvac，科瓦克的双腿被替换成了一台大型计算机，整个人看起来就像是机械半人马一样）。他轮回转生了。他将自己变成了一位睿智的神明。原本的金发普通人的形象化作了闪闪发光、硕大无朋、掺杂着紫色和黄色的灵魂体。

科瓦克进入了漫威的封神榜，成为最强大、最奇幻的角色之一，就像科比的观察者和迪特科的永恒者一样；这两位神灵也都从浮雕中现身，注视着他的一举一动，仿佛是在认可他的地位。"他的位置是独一无二的，"第175期《复仇者联盟》中的字幕让读者了解了其中的真相，"他能自由地在现实的纤维层面不断制造微小的变化，从而最终控制它；这能保证在这个被文明摧残的宇宙中纠正混沌、平复不公。"

然而，心存怀疑的复仇者对科瓦克发起了攻击，并悲剧性地阻止了他消除世间一切野蛮的计划。"我身负特殊的使命，要改变世界，将万事万物都归于我理性而仁慈的规则之下，"他对这群超级英雄说道，"我是神！我将成为你们的救世主！"虽然在别人眼里，他或许有些妄自尊大，但对于吉姆·舒特来说，他却是一心想要为宇宙带来秩序，却被群起而攻之的英雄。

毁灭迪斯克之夜，斯坦·李再度夭折的影视梦

到 20 世纪 70 年代末，斯坦·李在漫威出版人的位置上已经赚到了超过 150 000 美元，并与哈珀与罗出版社（Harper & Row）签下了一份报酬丰厚的合约，后者将出版一本他的自传，此外，他还通过演讲活动和电视访谈节目得到了不少额外的收入。《人物》杂志曾登载了一篇文章，专门描述了斯坦·李自我标榜的工作狂性格以及他的奢侈品位，文中写道："他的手腕上戴着一只非常粗的银手镯，脚上穿着正宗的古琦（Gucci）鞋子。他的那双目光锐利的灰绿色眼睛被藏在了帽子下的阴影中，而保守的保罗·斯图尔特（Paul Stuart）人字纹夹克衫和鞣质宽松长裤也适当地掩盖了他的嬉皮气质。"

如今，在斯坦·李大大咧咧的笑容周围又多了一圈银白色的胡子和鬓角，而其精心准备的趣闻逸事也越来越频繁地出现在电视脱口秀和报纸上。他可从来不会错过任何一个公开的机会，去强调自己所从事的行业有多么值得注意和尊敬。"电视机正在让我们的下一代人成为不读书的人，漫画就像是可以对抗这一快速蔓延风潮的最后武器，"斯坦·李在许多观众面前这样说道，"要不是有漫画，大部分孩子就根本不知道什么是书了。"但事实上，他最希望看到的却是漫威能在好莱坞顺风顺水，脱离出版业，朝着他预想的影视业进发。

在与曾制作过《粉红豹》（Pink Panther）动画片的德帕提 - 弗莱林（DePatie-Freleng）动画工作室结为合作伙伴后，漫威开始发力周六晨间节目；蜘蛛女侠和银影侠成了最活跃的主角。与此同时，汉纳 - 巴伯拉公司则将神奇四侠中的一位成员拉进了反响并不怎样的《当弗雷德和巴尼遇见石头人》（Fred and Barney Meet the Thing）。然而，

当斯坦·李准备根据目前的 X 战警设定来制作一部动画片时，才发现自己已经完全不认识这支队伍了（"我没想到我们居然还有俄罗斯的超级英雄。"他在一次采访中说）。于是，他不得不向吉姆·舒特求助。

"索尔·布罗德斯基手头有所有 X 战警的图片，不管是新的还是旧的，"舒特说，"他们两个当时就坐在斯坦的办公室里看这些图片，但发现上头都没写名字。他还有一份清单，写了他们的名字和能力，可是没办法和图片对起来。于是他就把我叫去了，对我说，好了，事情是这样的。我认识旧 X 战警，那么这些家伙都是谁？"

"我本应在 20 年前就退出这个行当的，"1978 年斯坦·李在《Circus》杂志上说，"我会去拍电影，当个导演或者编剧家，成为像诺姆·利尔（Norm Lear，即 Norman Lear）或弗雷迪·西尔弗曼（Freddie Silverman，即 Fred Silverman）那样的人。我想做的事情还是跟现在一样，只不过舞台越大越好。"

在相关节目开始播出之前，购买了漫威角色版权的 CBS 总裁就已经被辞退了。这是 CBS 的 CEO 做出的决定，他表示不希望"CBS 变成动画片的网络"。尽管《绿巨人》的观众口碑很不错，但是其他人物的影视制作计划却搁浅了。在《大西洋底来的人》（Man from Atlantis）遭遇惨败后，《海王》系列因为看起来与之太过相似而惨遭废弃。《霹雳火》的节目也被取消了，因为 CBS 害怕它会让小孩子自焚。《奇异博士》在试映时正好碰上了大红大紫的《根》，于是也一败涂地。斯坦·李还公开抱怨过《蜘蛛侠》节目的剧本，说那些漠不关心的制作人对他写的注解视而不见。

斯坦·李和高尔顿感觉漫画产业末日已经为时不远了，于是想寻找一条安全的出路。他们说服卡登斯工业研究了收购一家小型影视工作室的可行性，但得到的答复却是成本太高。最后，在华纳兄弟的《超人》电影一鸣惊人之后，斯坦·李被派往加利福尼亚州，寻求与德帕提 – 弗莱林达成永久合作关系。1979 年，他基本上都是在洛杉矶度过的，并由此产生了永久定居的想法。在那段时期里，他四处兜售《银影侠》的剧本，而这个故事就是基于他与和科比一起创作的漫画改编的。最后，制片人李·克雷默看中了这一剧本，不过条件是他的女友奥利维亚·牛顿－约翰要领衔主演。这部电影的预算为 2 500 万美元。

漫威开始在《综艺》（*Variety*）杂志上整页整页地刊登系列广告，试图帮他们的角色拉到出价最高的人……但事实上，能有人出价就已经不错了。其中一则广告给出了夜魔侠的头部特写："夜魔侠和其他 100 位激动人心的漫威角色都正等着在你的下一部动作电影或电视作品中大放异彩，"广告词写道，"所有的漫威角色都拥有独到之处，他们的个人故事都很精彩，并具备成为超级巨星的潜力。"可惜这些都成了无用功。

身在纽约的高尔顿和舒特正在讨论推出一部名为《史诗》（*Epic*）的科幻漫画杂志，它将以欧洲最受欢迎重的重金属乐队为基础。这很可能会再次掀起由 Kiss 开创的优质彩色印刷品的风潮，而更妙的地方在于，创作者是有版税拿的。即使他们没能力挽狂澜地阻止普通 35 美分的漫画销量下跌，但还是有机会利用更高品位的杂志，从那些吃穿不愁、对自身鉴赏力又颇为自负的读者群体中取得成功。

针对粉丝市场可以推出一系列较高品质的产品，这个想法其实已经酝酿许久了。"通过这种新的发行方式，"阿奇·古德温在 3 年前就仔细思量过，"你就能以一种全新方式来思考。为特定的受众进行量身定制，而不是为更大范围的大规模销售服务，这样你就有可能让漫画走进正经的书店。"即使新漫画的总体销量已经开始萎缩，但粉丝／收藏家的市场却在增长，这一点非常明显。漫威以包销方式出售的作品数量在短短 5 年内就提高了 20 倍，显然有些人已经找到了从中获利的门道。因为能以 60% 的折扣直接从漫威和 DC 公司进货，前高中教师菲尔·佐依林只用了几年时间就积累了一笔不小的财富。当时，他已是超过 300 家漫画书店的供应商，而且这个数字依然在飞速增长。虽然其他经销商也尝试以较低的价钱从出版商那里直接购买，但谁都没能获得像他那样的优惠折扣。于是，在 1978 年的 11 月，有一家发行商就将佐依林的海门发行公司（Sea Gate Distribution）告上法庭，同样成为被告的还有漫威、DC 公司以及其他出版商，前者指控他们已经形成了一种垄断性发行组织。

当双方律师在这起诉讼中达成调解时，丹佛一家书店的店主查克·罗赞斯基（Chuck Rozanski）给漫威写来了一封言辞犀利的信件。罗赞斯基说道，你们正在错失一次巨大的商业机会，因为你们拒绝向其他销售商提供与佐依林相同的折扣，所以来自漫画店店主的预付款要求就妨碍了大批量的订单。罗赞斯基指出，从整个行业来看，漫画销量在过去 20 年里已经下降了一半以上，因此不稳定的报亭发行量也让这个行业的读者蒙受了额外的成本，而漫画零售商此时就应该是出版商最亲密的盟友。他还将这封信的复印件发放给了 300 位同行。

罗赞斯基的信来得可真是恰到好处。他受邀前往纽约，与高尔顿、舒特以及发行总监埃德·舒金见面，他们考虑了他的建议，准备建立一份可信任伙伴名单，提供直销、合作广告以及新产品的信息共享。舒金与一位直销经理拟定了一则广告，此人将会出席所有的大型漫展，而且"有能力建立、引导和辅助新漫画店的开张和运营"。同年夏天，舒金、舒特和首席运营官巴里·卡普兰一同赶往圣迭戈漫展，他们与大约 50 家零售商会了面。只用了几个月的时间，漫威就号称有大量采用精美纸张和精装封面的"体面的"计划正在实施中，后来，这些作品被称为"图像小说"。

舒特对漫威造成了很大的影响，他不仅扩充了编辑员工的队伍，而且还从牛棚中夺回了一部分权力，这一点毋庸置疑。"在其他人做主编时，"他说，"他们往往就像是盲肠一样，是必须存在的唱黑脸的人。约翰·福伯尔滕其实才是真正掌管公司的人……理论上，福伯尔滕要向主编汇报，但他事实上却是拿主意的人。"

那样的日子已成往昔。舒特解雇了制作经理。他剥夺了玛丽·塞韦林的艺术总监头衔，还把她调到了索尔·布罗德斯基的特殊项目部分。

不久以后，时任封面设计师的戴夫·科克勒姆就给斯坦·李写了一封措辞激烈的信件。当复仇者联盟的忠诚管家贾维斯（Jarvis）在一期《钢铁侠》中辞职而去时，编辑吉姆·萨里克鲁普就把科克勒姆的信拿了过来，改头换面，插在了漫画当中。

致安东尼·史塔克：

　　谨以此信向你提出我的辞职申请。这一决定将立即生效。

　　我不得不离开，因为我曾经热爱且为之效力的具有团队精神的"快乐大家庭"已经一去不复返了。在过去差不多一年里，我看着复仇者联盟当中的氛围在逐渐崩溃；现在已经不再是一支团队或者一个家庭，而成了一大群闷闷不乐的人。大家各个都压抑着自己的愤怒、怨恨和挫折，全都处于爆发的边缘。我已经看见许多朋友一声不吭地忍受了不公、恶毒或报复。

　　尽管和某些人相比，我个人所怀的不满并不足道，但是我不愿意沉默地忍受这一切。我曾看到复仇者联盟被拆散、被斩除、被搅得一团糟。我非常确信，这都是"让佣人知道谁才是老板"的思想给害的。

　　我不愿意留下来目睹很快就会发生的事情。

诚挚的，

贾维斯

抄送：复仇者联盟

　　到了这个时候，没人会认为漫威是一个欢乐的大家庭了。舒特将漫威杂志部门的编辑里克·马绍尔换成了根本没有漫画从业经验的琳恩·格雷姆（Lynne Graeme），而且还让她监督《德拉库拉的墓穴》的文字内容；在此之前，这部漫画一直都是玛尔夫·沃夫曼的领地。"我再也不要跟这群猩猩一起干活了。"沃夫曼在表达了不满后立刻跳槽去了 DC 公司，而他的挚友莱恩·韦恩也正好刚被 DC 公司聘为编辑。在《霍华鸭》的某份稿件遭到退回后，舒特和基恩·科兰之间就爆发了激烈的争执。若不是斯坦·李介入平缓了矛盾，科兰肯定也离开漫威了，他已在这里干了 14 年了。还有一位漫威员工说，他一直做梦梦见自己把舒特从飞机上推了下去。

　　与此同时，在所有漫画作品中，创作人员的调动就像是一场无趣的打地鼠游戏。不过，每一次人员更换都无法改变漫画作品平淡而无味的鸡肋感觉，这在 20 世纪 70 年代的许多系列里都显得异常根深蒂固。比尔·曼特罗的《神奇四侠》、大卫·米歇里尼（David Michelinie）的《超凡蜘蛛侠》与沃夫曼精心雕琢的表现手法相比几乎毫无二致；曼特罗的《无敌浩克》也跟罗杰·斯特恩的一样像无头的苍蝇；而每一期的《美国队长》也只是让不同的编剧和画师来证明自己乏善可陈而已。显然，我们已经看不到任何新东西了，只有一支熟练工队伍将标准公式般的打斗场景和废话连篇的文字说明一页又一页填满。事实上，这样的做法略微提高了漫威所有作品的最低水准，但与此相对的，经历了人事方面的种种冲突之后，最高水准却发生了显著的下降。

到了 1979 年 10 月，漫威低落的士气甚至吸引了《纽约时报》的关注，该报引用了一位匿名员工的抱怨之词，主要是针对高不成低不就的漫画品质以及公司过度关注那些授权的玩具、冷饮杯和浴巾。就连硕果仅存的编剧兼编辑罗伊·托马斯也表达了不乐观的看法。"在我认识的大部分人之间都有一种感觉，"他说，"认为漫威已经变得越来越麻木和没有人性了。"大多数时间都待在洛杉矶的斯坦·李不得不召开会议，向员工保证说漫威的关注焦点依然是出版漫画。"我感觉他想要成为华特·迪士尼，"斯坦·李手下的一名编剧说道，"漫画已经入不了他的法眼了。"

舒特将这个说法斥为"无稽之谈"，并且否认他们的商品化战略降低了漫画的重要性。事实上，直销市场已经显露出了光明前景的曙光。1979 年，尽管约 750 家漫画书店的销量大概只占了漫威总销量的 6%，但比起 1974 年的 30 万美元和 1976 年的 150 万美元，其销售额已经达到了 350 万美元。即使报亭的销量还在持续走低，经销商退货率维持在 60%~80% 的高位，但漫画书店的巨额包销依旧能抬升边际利润。

漫威还首次雇用了全职的广告专员，并将授权许可的操作放在公司内部，由高尔顿监督执行；这意味着漫威开始在周边商品上投入更多精力了。他们现在要做的只有一件事：让人们来买他们的产品。"过去的漫威要靠漫画书的热卖才能从中获利，"业内专栏作家乔·布兰卡泰利（Joe Brancatelli）写道，"有了新想法的漫威则是靠漫画书的热卖来确保书中角色的赢利潜力。这就意味着新漫威和老漫威都需要解决一个大问题：如何才能把漫画书卖出去呢？"

漫威的员工队伍无时无刻不在变化。当舒特将丹尼斯·奥尼尔重新从 DC 公司挖回来接替沃夫曼时，奥尼尔就注意到漫威已不同往日了。"14 年前，"他在接受采访时说，"只有 3 个人当政。他们是斯坦·李、弗洛·斯坦伯格和罗伊·托马斯。不管发生了什么事情，你都能每天、甚至每分钟地跟踪其发展动态；这是一个小得恰到好处的系统。而如今，漫威有了四五位编辑，一个杂志部门、《史诗》杂志、周边商品……"罗杰·斯特恩告别了全职工作，成为自由职业编剧，并与约翰·伯恩在《美国队长》中开始了一段令人难忘的合作；吉姆·萨里克鲁普则得到了晋升，接替了斯特恩。几个月后，舒特又雇来了沃伦杂志公司（Warren Magazines）深受爱戴的编辑，外号"黑妞"的路易斯·琼斯（Louise "Weezie" Jones）。

公司间的合作也左右着出版内容的决策。在漫画书店里，第一期《Rom》成了漫威最受欢迎的作品；它是根据帕克兄弟公司（Parker Brothers）的玩具创作的。另外，在销量超过《美国队长》的数部作品中，我们可以看到基于一系列日本玩具创作的《微星小超人》（*The Micronauts*）、基于美泰（Mattel）玩具的《将军战士》（*Shogun Warriors*）① 以及合作作品《星球大战》与《太空堡垒卡拉狄加》（*Battlestar Galactica*）。

斯坦·李很担心环球公司可能会在其电视节目中创作一位女版绿巨人，从而拥有其版权。于是，他就连忙想出了一个先下手为强的对策。在第一期《野性的女浩克》（*Savage She-Hulk*）中，布鲁斯·班纳前往洛杉矶，找到了此前从未提到过的一个当刑事辩护律师的表妹珍妮佛·沃尔特斯（Jennifer Walters）。当沃尔特斯遭到歹徒枪击时，班纳将自己受过伽玛射线影响的血液输给了她。于是，得救后的沃尔特斯也拥有了在愤怒时变成绿巨人的能力。说时迟，那时快，版权保住了。"这部漫画是被逼出来的，"负责该系列编剧的大卫·安东尼·克拉夫特说道，"感觉就像是，我们需要创作一个叫女浩克的角色，而且 30 秒钟之后就要完成。如果你仔细研究斯坦所创作的第一期，会发现它完全没什么内涵：布鲁斯·班纳把自己的血输给了表妹，然后就轮到这个

① 原作应为永井豪的魔神系列。——译者注

表妹咆哮着到处乱跑了，故事基本就是这样。我从年轻时就开始在漫威工作，还记得斯坦曾嘲笑 DC 公司无穷无尽地迭代相同角色的做法：超级猴子（Super-Monkey）、超级马（Super-Horse），还有超级猫史崔克（Streaky the Super-Cat），等等。然而，当漫威也到了不得不创作女浩克的这一天时，我们个个都感到焦虑、悲哀和痛心。"

尽管惊奇女士的创作也同样来源于商标战略（同时也是对女权主义的空洞支持），但克里斯·克莱蒙特却通过描绘她与父母的关系以及她在职业上的努力，将其转变成了一个鲜活饱满的人物。"我们在尝试吸引女性受众，试着让她变成一个嬉皮而现实的、靠自己双手打拼的 70 年代女性，"克莱蒙特回忆道，"我们对画师说……而且我们希望她看起来很性感。结果，他对性感的诠释都是 40 年代的风格，于是我们得到的就成了一个下三路的系列作品。"在克莱蒙特的反复恳求下，他在旧版《X 战警》中的搭档戴夫·科克勒姆被调到了这一作品，二人对数十件服装进行了重新设计，想方设法地让其走上正轨。在此之前，从来没人将如此多的精力花费在一个女性超级英雄身上；而且正如科克勒姆发现的那样，其他人也根本不在乎这种事。"当我将最终通过的稿子交给斯坦时，他说，你怎么不一开始就把这个给我？这就是我想要的……瞧这丰乳肥臀。"可惜的是，这并不是读者想要的。就在克莱蒙特找到感觉的时候，惊奇女士却在第 23 期之后无疾而终了。

与此同时，漫威正在酝酿再度与 Kiss 的老板卡萨布兰卡唱片公司（Casablanca Records）合作，进行一场野心勃勃的跨领域传播实验：漫威将会创作一部漫画，讲述一位迪斯科女王（Disco Queen）的全新冒险故事；而卡萨布兰卡则发行一张唱片，让一位歌手扮演这个角色献声。更重要的是，卡萨布兰卡公司新成立的电影部门还会制作一部迪斯科女王的动画电影。

由于约翰·罗米塔的儿子小约翰是迪斯科舞厅的常客，所以他就接到了这个设计任务；后来这个角色被改名为迪斯科炫目（Disco Dazzler）。"他们说，我们来做一个融合了夜总会女孩、舞娘和迪斯科女王的角色吧，"小罗米塔说道，"而我脑子里想到的都是格蕾丝·琼斯（Grace Jones）这样一位长相标致、符合国际审美的短发模特。"

他为这个角色抹上了蓝色妆容，看起来就像 Kiss 成员的那种面具式图案。

　　他们建立了一个员工委员会，其中包括斯坦·李、吉姆·舒特以及卡登斯工业的律师爱丽丝·多宁菲尔德（Alice Donenfeld）；大家纷纷为这个角色出谋划策，而唱片公司也反馈了不少意见。"卡萨布兰卡曾经决定要让她以'放克黑人式'①的风格说话。"汤姆·德法尔科（Tom DeFalco）说，他是前馆藏漫画编剧、负责第一期《炫目》（Dazzler）的剧本。当女演员宝黛丽（Bo Derek）表示有兴趣在银幕上饰演这一角色时，小罗米塔计划的穿溜冰鞋的长腿黑人，就被转变成了一个梦想成为大明星的白人女孩艾莉森（Alison）。她的超级力量是将声波的能量转变成强劲光束，不仅能制作精彩的舞台效果，而且也能对付罪犯。

　　可是，就在这个项目开始落实的时候，迪斯科的热潮却消退了。1979 年的夏天，芝加哥康明斯基公园举办了"迪斯科毁灭之夜"活动，吸引了将近 10 万人的参与。苦于经济困难的卡萨布兰卡很快就从《炫目》项目中退出了。漫威苦苦挣扎着寻找新合作伙伴来制作《炫目》电影，期间总共经历了数次剧本重写和 5 次取消与再启动。"我对天发誓，要不是在报亭里看到，我绝不会相信它会有出版的一天。"德法尔科这样说道。尽管要想在市面上看到第一期《炫目》还得再等上一年时间，但这个角色很快就在《X 战警》和《超凡蜘蛛侠》中成了高调登场的客座嘉宾。

　　漫威的创作人员对这些暴发户恨之入骨。《神奇四侠》的动画片刚刚上映，比尔·曼特罗和约翰·伯恩就欢天喜地地在漫画中让 NBC 授权的机器人赫比爆炸了，这与当初格里·康威和罗斯·安德鲁破坏蜘蛛车的做法别无二致。不过，在这场保证最低限度创作纯净度的胜利背后，却隐藏着极大代价。就在同一期漫画中，约翰尼·斯托姆到一家名叫"无限世界"的迪斯科舞厅里闲逛，却正碰上了一位特别的客串明星：炫目。

　　并不是所有漫威漫画都会给别的东西打广告。舒特在一开始对创作员工进行改组时，就雇用了被 DC 公司解雇的鲍勃·雷顿（Bob Layton）和大卫·米歇里尼来负责

---

① 放克（funky）是黑人布鲁斯音乐的一种流派。——译者注

《钢铁侠》的编剧。他们为托尼·史塔克的个人生活增加了深度，通过揭露其可能存在的卑鄙下流和自我厌恶，他们让这个嗜酒如命、喜爱迪斯科的工业领袖以及在全球各地拈花惹草的花花公子表现得更真实了。除了被威士忌和苏格兰杏仁酒围绕之外，他们的钢铁侠还会在飞行时用耳机听 Poco 乐队 ① 的音乐，并用花言巧语哄骗美女。《钢铁侠》新任的铅笔画师小约翰·罗米塔在接下这个任务时年仅 21 岁，不过他却已经具备了如约翰·伯恩一般敏锐的叙事风格。雷顿亲自为这部漫画上墨，并尤其注重金属的闪光、酒瓶及镀铬家具的反射。他还翻看了《智族》(*GQ*)、《花花公子》以及其他电子类杂志，以便搞清楚消费主义方方面面的细节，让漫威的超级英雄们能跟上《美国舞男》(*American Gigolo*) 的时代。

《夜魔侠》也在多年沉寂后找到了适合自己的发展空间。按计划，元老级画师弗兰克·罗宾斯 (Frank Robbins) 原本应该负责这一作品，但他在最后时刻退休回墨西哥去了。于是，助理编辑乔·达菲就推荐了弗兰克·米勒，而后者以其对黑色电影和芭蕾舞的兴趣创作出了一段黑暗而优雅的犯罪传奇。不久以后，米勒就开始为编剧罗杰·麦肯齐 (Roger McKenzie) 提供构思建议，并为成为编剧而做起了准备。

不过，在漫威的皇冠上，最灿烂的珠宝却是《非凡 X 战警》(*The Uncanny X-Men*)。在漫展上，粉丝们不吝溢美之词；在漫画书店里，他们也没少掏钱。在这部作品中，烟酒不离身的金刚狼是无可争议最具吸引力的明星。他那坏脾气的独行侠形象很对内向读者的口味，后者能将自己孤独的存在映射到这个浪漫的角色身上。而在幕后，克莱蒙特和伯恩为这个角色设计了一段错综复杂的过去，若是放在银幕上，恐怕只有最专业的演技派演员才能将其诠释出来：他们决定，金刚狼的年纪很大，曾经在第二次世界大战时与美国队长并肩作战，而他的父亲是曾在《铁拳》中出过场的反派剑齿虎 (Sabretooth)。不过，他们并没有将这些细节公之于众，而是慢慢地透露出一个又一个的线索，让读者们在种种谜团中痛并快乐着：为什么金刚狼能说一口流利的日语？"罗根"是他的名还是他的姓？

---

① 一支摇滚乐队。——译者注

从斯坦·李和科比的《神奇四侠》开始，就没有一部作品能容纳如此大量的相互关联的角色和繁多的小神话。在好几个月的时间里，克莱蒙特和伯恩不断地透露出各种情节，捉弄着他们的读者：X教授在朝鲜战争后去了趟埃及，星际海盗克赛尔（Corsair）其实是激光眼失散已久的父亲。在某一期中，伯恩一下子推出了一整支具有超级力量的加拿大团队，看那色彩缤纷、神貌各异的模样，就算立刻为他们开设一部新系列也不足为奇。这支被称为阿尔法战士（Alpha Flight）的队伍成了一个线索，引导读者发现，是加拿大政府进行的某种实验让金刚狼得到了利爪……但究竟发生了什么样的事件呢，读者们依然还被蒙在鼓里。

X战警最受赞誉的冒险故事就是琴·葛蕾的回归，真可谓异常的交错复杂。葛蕾以为X战警已经都死了，因此她独自一人在苏格兰徘徊，谁知却中了杰森·温德迦德（Jason Wyndgarde）的法术。后者是一个大胡子帅哥，平时总是一身维多利亚时代的派头。其实他是操控大师（Mastermind），这是斯坦·李和科比在早些时候创造的一个反派。在反派魔女埃玛·弗罗斯特（Emma Frost）的帮助下，温德迦德潜入了葛蕾的意识深处。于是，很快葛蕾就开始幻想自己是一位18世纪的贵族、温德迦德的妻子以及古怪而邪恶的地狱火俱乐部（Hellfire Club）成员。

当琴·葛蕾与X战警重聚时，温德迦德也跟着她回到了美国，并诱发出了她内心最黑暗的欲望。弗罗斯特是一所变种人学校的女校长，她与泽维尔围绕两位候补生在美国展开了一场竞争。第一位名叫幻影猫（Kitty Pryde），她能够将自己的身体化为无形，并通过"相位移动"实现穿墙。事实证明，只要给一个女孩加上勇气过人、犹太人、学习芭蕾舞、13岁和数学天才的标签，再给她的房间贴上几张雷夫·加勒特（Leif Garrett）和米老鼠的海报，就能让《X战警》抓住年轻读者的心，因为他们已经开始写信问如何让她做自己的女朋友了。另一个变种人则是炫目，这是她首次登场，也是对克莱蒙特和伯恩的一次考验。公司的人都在关注他们，等着看他们两个是否有能力将这个奉命创作的跨媒体宣传材料转为己用，将过气的迪斯科舞蹈的破败感与地狱火俱乐部的享乐主义糅合在一起。在曼哈顿闹市区的一间俱乐部里，激光眼惊恐地看见琴与温德迦德在闪烁不定的玻璃球下面激吻。

接着，葛蕾又被灌输了地狱火俱乐部核心集团的黑色女王人格。葛蕾开始身穿女王式紧身衣，并帮温德迦德将 X 战警抓了起来。之后，她终于解除了法术。可是，那些原本被压抑的欲望已经肆无忌惮地发泄出来了，这让她陷入了永久性的堕落，让她的人格淹没了凤凰之力的黑暗中。她对温德迦德实施了愤怒的复仇。"你在我最脆弱的时候接近我，"她一边发动攻击，一边咬牙切齿地说道，"你让我充满了情感的虚空。你让我信任你、甚至或许还爱上了你，而这一切都是你在利用我！"接着，温德迦德的神志开始不断膨胀，最终突破了大脑容量，变成了植物人；这些其实都是葛蕾制造的幻觉。不过，温德迦德信以为真了，结果他就这样被逼疯了。这算是漫威漫画有史以来最黑暗的举动了，而且事情到这里还远远没有结束。

宇宙级强暴，舒特强行修改惊奇女士

斯坦·李终于得到了移居加利福尼亚州的许可，开始为洛杉矶的新家置办东西。既然是卡登斯工业报销这笔搬家费用，斯坦·李就把谢尔顿·范伯格请到了新泽西州西考德维尔的办公室，并向他宣布了这个好消息。

"我找到莫的房子了，我准备买下来！"
这个价钱超过了范伯格的预期。"莫？"范伯格问道，"谁是莫？"
"你忘了吗，莫呀！《三个臭皮匠》（*Three Stooges*）里的！"

虽然罗伊·托马斯也跑去了洛杉矶，并开始为美国广播公司的《塑料人》动画片和《三人行》（*Three's Complany*）写剧本，但是他在漫威这边的情况却并不明朗。在那年春天的时候他就准备好要续签编剧兼编辑的合同了，可结果却让他大跌眼镜。"不能也不会"保证给他编剧兼编辑的地位，舒特在信中写道：

　　我很愿意跟你合作，让你继续负责那些作品的编剧、封面设计、封底设计等，并向你支付相应的报酬。我很愿意在你负责了编辑工作的漫画上给你冠以编辑或者合作编辑的头衔，而且通常而言，我也不想干扰你的独立创作。但是，我希望一切作品都能在每一个阶段到公司走一遍流程，而且所有的任务分配也都应该在办公室里完成。我希望所有的凭证和记录工作都完全在办公室里进行，这就需要一个固定的全职编辑来汇报工作，并对我们出版的每一本书担负起最终责任。

　　托马斯事后抱怨说，他几个月来一直都很守规矩，而且在得知此事之前从没听说过自己将无法延续编辑合同。托马斯与舒特进行了一次短暂的通话，当托马斯用一句"我想我们之间已经没什么可说了"挂断电话后，就转而打给了 DC 公司，商量跳槽的事情。在当年 4 月 10 日，高尔顿收到了他的辞职信。"我愿意承认他身为主编的权威，"托马斯在信中这样评论舒特，"但是如果要我在他过去几年招募的那些缺乏灵感、也无法赋予他人灵感的编辑手下干活，我实在看不出什么前途。"随后，深感痛心的斯坦·李给他打了电话（他告诉托马斯，漫威正在修补这份合同），接着舒特也再次联系了他，可双方依然僵持不下，最后，高尔顿也打电话过来了。斯坦·李下周会回公司，高尔顿说："请来谈一谈，这是我个人的请求。"

　　在 4 月 22 日星期二，托马斯、舒特、高尔顿和斯坦·李展开了一场激烈的会谈，他们再次告知托马斯，合同上既不会保证他继续保留自己的头衔，也不允许他为 DC 公司工作；关于这一点，DC 公司已经表示能够接受了。他们让托马斯决定是否签下之前收到的合同，要么走，要么留。"这 15 年来我过得很好！"托马斯给斯坦·李甩下了这句话，就转身走出了办公室，他的女朋友正等在外头。"我感觉很不舒服，"他对女友说，"我们离开这鬼地方吧。"他径直走进了 DC 公司的办公室，直接呈上了一份签好的合同。他很可能会为 DC 公司创作一些角色，他在接受采访时说。因为和漫威不同，他们是给版税的。

　　在最后一期《野蛮人科南》中，托马斯发表了一封给读者的告别信，上面写道：

"这15年是一段欢乐的时光。"不过,舒特却拒绝刊登这封信。"这就是最后的致命一击,"托马斯说,"打破了漫威给人的幻觉。其实这家公司跟别的公司没有丝毫区别。"

当斯坦·李为新家四处购物,而托马斯和舒特正在电话的两头相互较劲时,第135 期《X 战警》的完成稿已经被送到了办公室里。琴·葛蕾开始称呼自己为黑暗凤凰。原本绿色的服装已经变成了暗红色,而她以前幽深的瞳孔也变成了白色。她在宇宙中到处游荡,渴求着能量来填补体内的凤凰之力。其中一格尤其令舒特侧目:琴·葛蕾将一个遥远星系的恒星吸收到了自己体内,同时将附近行星上的生命全部给摧毁了(另外,在几页之后,她还谋杀了一艘星际飞船上的所有船员,而这艘飞船隶属于莉兰德拉公主的希阿族舰队)。在女主人牌(Hostess)水果派、波波洋泡泡糖(Bubble Yum)和黛西牌(Daisy)塑料子弹枪的广告之间,斯坦·李和杰克·科比创作的超级英雄堂而皇之地完成了一场种族灭绝。

舒特要求《X 战警》的编辑吉姆·萨里克鲁普了解一下接下来几期都会发生些什么。在即将上市的第 136 期中,黑暗凤凰回到了地球,与 X 战警展开了战斗。最后,琴·葛蕾恢复了理智。就在这个时候,莉兰德拉和希阿族将他们召集在一起,要求葛蕾为其罪行接受审判。在第 137 期中,泽维尔要求进行"荣耀的决斗",于是 X 战警就在月球上与希阿族的皇家卫队展开了战斗。X 战警战败后,琴·葛蕾被切除了部分大脑额叶,以杜绝她有再次接触凤凰之力的可能。葛蕾因失去了力量而变得温顺了许多,接着她跟着其余的 X 战警一起回到了地球。

第 137 期《X 战警》的页码增加了一倍,这是自漫威决定将注意力集中在铁杆粉丝的直销市场上以来,最早引起轰动的出版物之一。正是这些漫画书店让这本杂志的预售数量达到了 10 万之巨。但是,舒特对萨里克鲁普说,这个故事的结局还不够完美。"当一个人摧毁了一个拥有数十亿人口的世界,又扫荡了一艘旗舰,结果只是被剥夺能力后就被放回了地球……这在我看来就好比你在第二次世界大战结束时活捉了希特勒,结果只是剥夺了其德国军队的指挥权,然后,让他去长岛生活一样。"

琴·葛蕾必须为她的罪行付出代价，舒特坚持己见。她必须死。

克莱蒙特花了几乎 4 年的时间来构思这个凤凰传奇的结局，而且第 137 期全部 35 页画稿也都已经完工了。然而现在他和伯恩不得不在几天时间内将它推倒重来一遍。舒特说，这是他第一次下令，对某人的故事加以干涉。

不过，这并不是最后一次。就在他处理完第 137 期《X 战警》后，舒特又卷起了袖管，开始对付另一部宣传力度极大的双倍容量漫画：第 200 期《复仇者联盟》，这一期将迎来惊奇女士卡萝尔·丹弗斯（Carol Danvers）的诞生。在原来的构思中，丹弗斯是最高至尊（Supreme Intelligence）的女儿，后者是领导克里族的一台胖乎乎的生物计算机；它总令人联想起《绿野仙踪》（*Wizard of Oz*）里的生物计算机。不过，舒特并不是因为它对普通人而言难以接受才拒绝了这一构思，而是它与漫威最近出版的另一部漫画太过相似了。于是，舒特与编剧大卫·米歇利尼和画师乔治·佩雷斯开始了一场马拉松的最后冲刺。在最后的故事中，出现了漂泊不定的时间旅行者马库斯（Marcus），他将丹弗斯从我们所在的时间线中拽了出来，带到了自己的身边。"我可以将我的精华移植到你的体内，"马库斯说的东西令人毛骨悚然，"产生一种类似怀孕的结果。"等她被传送回地球，并生下这个孩子时，发现他以一天相当于几年的速度飞速成长起来，并最终变成了……马库斯本人。当复仇者联盟将马库斯认定为危险对象，并强迫他回到时空缝隙时，却被他斥为笨蛋。"我本可以生活在你们之间，利用我有关时间和历史的知识来改善人类这个种族。"和舒特写的有关科瓦克的故事一样，在这里想要称赞的品德就是信任的力量。在故事结尾，惊奇女士自愿追随马库斯，并因此牺牲了她在地球上的生命，转变成了她亲生儿子的爱人。

这其中的政治暗示并没有逃过读者的眼睛。爱好者杂志《LoC》发表了一篇题为《惊奇女士被强暴》的文章，对马库斯的一段台词进行了炮轰，在其中他承认使用了某种电子设备的"微妙的增强效果"来引诱丹弗斯。克里斯·克莱蒙特花了两年时间，在与编辑们的辛酸和疲倦的战斗中，一直想将惊奇女士塑造成一个值得尊敬的角色；可结果却看到她遭到了一场宇宙级强暴，最后还消失在了真正的虚空世界之中。他震惊了。

同样震惊的还有佩雷斯。这一期完工后，玛尔夫·沃夫曼找到了这个大受打击的《复仇者联盟》画师，问他是否有兴趣跟他一起让 DC 公司的少年伙伴团队《少年泰坦》（ *The Teen Titans* ）复活。佩雷斯当机立断离开了《复仇者联盟》，而由这两位前漫威创作者负责的这部作品，很快就成为 DC 公司最畅销的漫画。

MARVEL COMICS
THE UNTOLD STORY

10

王牌创作者发财了，
IP 分配机制的变革

第137 期《X 战警》在 1980 年 6 月 17 日开始发货。一大批热情的读者不等报亭上架就涌入了漫画书店里抢购。他们回到家后就立刻从头看到了尾，等回过神来才发现自己在止不住地颤抖。在最后时刻，当已堕入黑暗的凤凰之力不断占据她的神智时，琴·葛蕾的意识就像微弱的无线电信号一样忽隐忽现。"我好害怕，斯科特（Scott Summers），"她向激光眼哭喊着，随后就踏入了古老的克里族武器的射击范围内，"我随时可能会崩溃。我能感觉凤凰就在我的身体里，慢慢占据我。而我的一部分……在欢迎它。"而在下一秒，激光眼就突然跪倒在地，对着冒着浓烟的火山口痛哭流涕。

这在粉丝的圈子里炸开了锅。"这是一部有缺陷的悲剧。一方面创作者让人物的灭亡看起来是咎由自取，另一方面却又在强调这是一位在一系列不幸事件中无助、无辜的女性受害者。这就好比将麦克白夫人（Lady Macbeth）^①和苔斯狄蒙娜（Desdemona）^②组合在一起。"彼得·桑德森（Peter Sanderson）在《漫画粉丝世界》（*Comics Fandom*）中评论道。数量空前的反对信件涌向了麦迪逊大道 575 号。"《X 战警》曾经是我最喜欢的漫画，但是在看了这可怕的一期之后，我真怀疑自己再也不会触碰任何一期《X 战警》了！"

克莱蒙特承认舒特的命令对这段故事有所助益，只不过心里觉得其长期结果，即琴·葛蕾之死，是一个错误的决定。"不幸的是，"他圆滑地说道，"你要明白，不同的态度和不同的漫画反映了不同的编剧和画师所拥有的不同品格和哲学观念。"尽管如此，还是有不少粉丝对他横加指责，骂他是杀人凶手。他还收到过多封含有死亡威胁的信件。不过，从漫画书店的收银机来看，《X 战警》的销售额比起同月的其他任何漫画都至少超出了一倍。舒特甚至还问吉姆·斯大林，不如试试把惊奇队长也杀了。

转战洛杉矶，漫威制片公司成立

不过，斯坦·李的心思却在其他事情上面。在那周的周四，《好莱坞报道》（*Hollywod Reporter*）宣布了漫威制片公司（Marvel Productions）的成立，并称其正计划"为周六晨间动画、黄金时间特别节目和试映节目制作 20 部演示片段"。虽然漫威原定的合作伙伴迪帕蒂 – 福利兰工作室已经解散了，但大卫·迪帕蒂和李·冈瑟（Lee Gunther）已经被任命为漫威制片的总裁和副总裁，并且接管了老工作室所废弃的项目。斯坦·李则处理掉纽约的住所，搬往贝弗利山庄的奢华公寓，他最终被任命为新公司的创意总

---

① 莎士比亚的悲剧《麦克白》中人物，怂恿丈夫夺权篡位而最终走上绝路。——译者注
② 莎士比亚的悲剧《奥赛罗》中人物，遭陷害而被丈夫掐死。——译者注

监。虽然他依然保留着漫威漫画发行人的头衔，但这是 40 年来，他头一次彻底摆脱了漫画产品线。

史蒂夫·格伯注意到了这则声明。他当时正在为洛杉矶鲁比－斯皮尔斯制片公司（Ruby-Spears Productions）的周六晨间动画片效力，忍辱负重地受命制作一部基于漫威角色的系列作品，让例如黑豹、托尔、机械侠（Machine Man）、绯红女巫、惊奇女士和奇异博士这样的角色与狗狗朋友搭档；令格伯欣慰的是，这一系列并没有上映。不久之后，他公开表达了对于这位老英雄的看法。"斯坦是 20 年前为这一行业注入极大创意的功臣，"他在给《漫画日报》的一封信中写道，"但是他也在相同的 20 年里，在漫威公司政策的保护伞下，剥夺了杰克·科比、史蒂夫·迪特科和其他人本应得到的创作者的名分。"

在当年 8 月份，格伯对卡登斯工业公司、漫威制片公司和赛璐璐制片公司（Selluloid Productions）提出了版权侵害的诉讼。[①] 对于漫威未经格伯允许，也未对其提供补偿的情况下，创作"衍生的媒体作品"所造成的损害，他要求得到 100 多万美元的赔偿。在格伯的控诉中，最核心的部分就是他创作这些角色的时间要早于雇佣合同的签订，而且，实际上，也早于 1976 年生效的版权法。

当漫威的律师团准备反击时，格伯则在制作《野蛮人桑达尔》（*Thundarr the Barbarian*）；这是他为鲁比－斯皮尔斯创作的一部周六晨间动画片。在那个秋季档，《蜘蛛侠》和《夜魔侠》都与《野蛮人桑达尔》竞争过美国广播公司的同一个播放时段，因此也让格伯的这次成功显得更加底气十足。此外，《野蛮人桑达尔》与老漫威还有另一层关系：该剧中的角色都是由杰克·科比设计的，他当时在动画产业已站稳了脚跟。

在庆祝动画方面的成功时，格伯也开始推销他为日蚀漫画公司（Eclipse Comics）创作的平装版漫画。该公司不仅提供版税和版权保留的政策，而且也成了唐·麦格雷戈和史蒂夫·恩格尔哈特这些漫威出逃者的实质归宿。格伯所构思的《老鼠斯图尔特》

---

① 赛璐璐制片公司制作了吉姆·贝勒西（Jim Belushi）。

（*Stewart the Rat*）在一方面来说是对漫威和迪士尼的一次还击，因为他们曾经强迫他改变霍华鸭的样貌，降低它与唐老鸭的相似度。"对我而言，这几乎就像对两家公司的一次复仇，"他说，"好呀，如果你不让我画这只鸭子，那我就画一只老鼠，我就是要看看你们会怎么应对！"

那年夏天新项目如潮水般汹涌而来，《老鼠斯图尔特》只不过是其中令人激动的作品之一。各大出版商们也在全国各地的漫展上拉拢铁杆粉丝，让明星编剧和画师在芝加哥、洛杉矶、休斯顿和纽约等地来回奔波。这样的漫展巡回秀让许多人都备受追捧，例如，约翰·伯恩就说过："我有许多粉丝，我说的是那种一听到我的名字就发疯的粉丝。"不过，尽管如此，漫画依然在很大程度上是一种异类、不被重视的次文化。漫画世界中的巨星并没像真正的明星那样拥有正儿八经的追随者。成为"粉丝最爱"不过是意味着"你得跟那些花大把钞票来买原画的青春痘小鬼混在一起"。比尔·曼特罗抱怨道，他的《微星小超人》就遇到过这样的局面。克里斯·克莱蒙特对此的态度则略微大度一些。"你很少能在粉丝当中，不管是漫画粉还是科幻粉，找到长得一表人才的人，"他发现，"因为如果你的心理和生理都没什么问题，那就不会需要幻想了，因为现实已经够好的了。只有需要幻想的人才会沉溺于此，而需要幻想的人通常都有某种缺陷。他们通常要么有点太过聪明了，要么就没有拉克尔·韦尔奇（Raquel Welch）或者多莉·帕顿（Dolly Parton）那样的美貌。总之，不是你在电视上看到的那种千篇一律的可爱姑娘。"

不管有没有漂亮姑娘，大家在见面会和签售会上总能找到许多可以讨论的话题。当时的粉丝都在热议《新少年泰坦》（*The New Teen Titans*）。它被视为"DC 公司的 X 战警"，因为它同样也是将 20 世纪 60 年代的少年角色重新请出来，与来自遥远地区的新成员组队，并且挖掘他们之间戏剧性的文化冲突。不过不可否认，这的确是一部优秀的漫画，也成了很长一段时间内第一个能威胁漫威压倒性垄断地位的作品。在第 300 期《雷神》中，马克·格伦瓦尔德和拉尔夫·玛奇奥接下了罗伊·托马斯未竟的事业，开始续写这部传奇故事。道格·芒什和比尔·显克维奇的第一期《月光骑士》在当年 8 月初上市，它机智地玩了一把《魅影奇侠》（*Shadow*）和 20 世纪 70 年代初期尼尔·亚当斯的《蝙蝠侠》怀旧风。漫威还宣布了将推出加量版平装本的《漫威图像小说》（*Marvel Graphic Novels*）系列：这些厚达 64 页、用高品质纸张制作的画册不仅将以 5 或 6 美元的价格在漫画书店里销售，而且还有可能出现在道尔顿书店（B. Dalton）和沃尔顿书局（Waldenbooks）这样的普通书店里。对了，漫威曾承诺专门提供给直销零售商的漫画也总算是要出炉了：第一期《炫目》终于要跟大家见面了。

由于粉丝们纠缠着问那个挥散不去的问题："琴·葛蕾真的就这样死了吗？"约翰·伯恩在参加活动时就干脆穿起了一件写着"她死了，她不会复活了"的衬衫。接下来的第 138 期《X 战警》满载着激光眼对琴的痛苦追忆，对于浪漫过头的漫威粉来说，很像《安妮·霍尔》（*Annie Hall*）的最后 5 分钟，总让伍迪·艾伦（Woody Allen）的粉丝伤心欲绝。这一期的销量甚至胜过了上一期。仿佛是嫌这样还不够一样，伯恩又与罗杰·斯特恩一起让《美国队长》重新流行了起来。他们让这位英雄回到了最初与纳粹战斗的主旋律中，并且隐隐约约地给他的另一重身份史蒂夫·罗杰斯赋予了具体的个性。

不过，另一位漫威画师正在迅速崛起，并逐渐成为粉丝关注度的有力竞争者。弗兰克·米勒在《夜魔侠》中的表现主义画风让这部作品在其 15 年的历史中首度获得了"读者最爱"的荣誉。在漫展的见面会上，米勒坐到伯恩的附近，并在他耳边威胁道："我要追上你了，约翰。"

《夜魔侠》重生，天才弗兰克·米勒的特权

1977 年，弗兰克·米勒搬到了纽约的 Soho 区，他是一个情迷纽约的高高大大的乡村男孩。除了做些广告代理和木工活计来凑房租之外，他就在 DC 公司和漫威的大厅里到处游逛，要么纠缠着哪个编辑，要么就是找尼尔·亚当斯 Countinuity 工作室里的画师讨教经验。"尼尔跟我聊的时间特别多，而且为人也很慷慨，"米勒说道，"只不过到了每次见面的最后，他都会建议我回佛蒙特去。"

米勒并没有回乡，而是争取到了为《夜魔侠》创作的机会。他与编辑罗杰·麦肯齐合作，将自己对黑色电影和描绘城市景色的兴趣融入其中。《夜魔侠》是漫威最有私家侦探风格的作品，同时也让米勒找到了一个抒发自己对纽约热爱之情的地方。继亚当斯之后，几乎所有人气画师都喜欢现实主义，然而米勒却完全不同，他更喜欢表现主义。他的灵感来源于威尔·艾斯纳的动画片以及哈维·库兹曼、伯尼·克里斯坦（Bernie Krigstein）这样的 EC 画师的作品。在他的画作中，高架铁路、水塔、玻璃摩天大楼和酒吧被挤成狭窄逼仄的一个个长方形。

米勒会找吉姆·舒特讨教讲故事的技巧，二人会在喝酒的时候聊起马特·默多克的角色和动机。当丹尼·奥尼尔接管《夜魔侠》的编辑职权时，也同样将米勒引入麾下。"他是我教过的最好的学生之一，"奥尼尔说道，"我们常在周日下午一起打排球，当大家打完都去内森（Nathan's）买热狗吃的时候，他会请教我关于作品的问题。他就像我的第二个孩子一样。"他们每周会一起吃两三次饭，将各种各样的故事拆开分析，讨论各自的构思。奥尼尔雇了米勒来画《超凡蜘蛛侠》年度版，两人共同构思了一个故事，蜘蛛侠为寻找奇异博士而来到包厘街的 C.B.G.B. 酒吧，那里正在举办一场朋克摇滚演出。这是弗兰克·米勒的审美大显身手的好时机：当其他漫威英雄都还抓着过时的迪斯科不放时，米勒却用最精简的词汇和再现 20 世纪 50 年代初期那种粗野、暴力和威胁的风格，将这一切推倒重来。

与此同时，《夜魔侠》也得到了改进，用奥尼尔的话说，就是"从平淡版的《蜘蛛侠》变成了一颗耀眼的明星"。米勒开始更多地参与到构思工作中，而当他和麦肯齐开始在漫画的走向上出现分歧时，这位编辑毫不犹豫地选择了让米勒说了算。"我认为这部作品最引人注目的地方是绘画，而不是剧本，"奥尼尔说道，"所以我就选择了弗兰克。"

"每个人都喜欢弗兰克在《夜魔侠》中的绘画，"乔·达菲说道，"但是，当他在与罗杰合作时，我估计没人会想到他会成为这么大的一匹黑马。在他当了两个月的编剧之后，大家才发现，噢，我的老天爷啊，他下凡来了——我们得救了！"

　　米勒编写了一个故事，带来了一个新角色"青女"（Indigo）。她是马特·默多克失散已久的大学女友，也是一位希腊外交官的女儿。当父亲遭到暗杀时，她离开了默多克，也离开了美国。后来，她失去了天真无邪的性格，被训练成了一流的雇佣兵。如今她回来了，而身为夜魔侠的马特·默多克不得不阻止这个曾经深爱过的女人。青女很大程度上源自桑德·萨里夫（Sand Saref），他是威尔·艾斯纳在《闪灵侠》中创造的国际间谍，一个"红颜祸水"老故事的主角；不过，米勒对日本武术的着迷（青女使用的武器是一对钗，类似于迷你版的干草叉）让这个故事立刻就得到了一种全新的、具有视觉冲击力的转变。接着，他又决定深挖这个故事的神话潜力，将青女的名字改成了艾丽卡（Elektra）。第 168 期《夜魔侠》中，弗兰克·米勒首次在"作者栏"署了自己的名字，结果一鸣惊人。整个漫画界终于开始把这个年轻的佛蒙特人当一回事儿了。

　　全权负责一部漫画的模式对于约翰·伯恩来说似乎也挺合适的。在当年 8 月初的圣迭戈漫展上，当舒特告诉他道格·芒什准备退出《神奇四侠》时，他就自告奋勇地接手了该系列的编剧工作。几周后，由于对《X 战警》中克莱蒙特编写的一页内容感到不太满意，他决定从此抵制这种两权分立的做法。他已经不想再跟克莱蒙特白费口舌了，激光眼的性格，金刚狼该不该继续戴面具，或者万磁王的恶行能否算得上高尚，一切都见鬼去吧。他在一个周六给《X 战警》的编辑路易斯·琼斯（Louise Jones）打了个电话，宣布放弃自己的职务。接着，他又打给了吉姆·舒特，说想要负责《神奇四侠》的绘制和编剧。这样的要求何乐而不为呢？于是他就开始为自己的铅笔稿上墨了。

　　说来也怪，尽管漫威大部分最优秀的作品往往都是出自自己写故事的画师之手，但是漫威历史上从来不曾同时存在两位编剧兼绘制的人。尽管有批评家认为漫威和DC 公司喜欢在劳动分工方面玩弄阴险手段，目的就是防止创作过度中心化，但实际情况却是漫威的兴盛要归功于两位多才多艺的超级明星（即米勒和伯恩）之间相互较劲。"吉姆·舒特对这种竞争关系是非常鼓励的，因为他想要最优秀的漫画。"米勒说。而且，这其实也算不上触犯了底线，尤其是在主要由粉丝推动的直销市场上，在那年秋天，该市场占据了漫威 30% 的销量。

在分道扬镳之前，克莱蒙特和伯恩还给《X 战警》留下了最后一段精彩故事：在分成两部分的"未来的过去"章节中，他们借用了《神秘博士》（*Dr. Who*）和《外星界限》（*The Outer Limits*）两部老电视剧里的精巧设计，让读者瞥见了如同黑暗反乌托邦世界一般的未来漫威宇宙，届时，变种人将会被巨型机器人"哨兵"（Sentinel）追杀。40 多岁的幻影猫（她自称凯特）从如同噩梦般的 2013 年回到了过去，向当时的 X 战警解释说，如果杀死支持《变种人控制法》的罗伯特·凯利（Robert Kelly）参议员，就会爆发大范围的变种人恐慌，最终让世界走上黑暗的未来道路。她帮助 X 战警阻止了邪恶变种人兄弟会暗杀凯利的行动。从这些故事开始，大范围的"变种人恐慌"逐渐成了一个概念，而从《X 战警》诞生之初就存在的民权隐喻也变得越来越明显了。

不过，剩下的这些事情就得留给克莱蒙特和戴夫·科克勒姆处理了；后者在伯恩离开后立刻回归了《X 战警》。这对于漫威及零售商而言是一件大好事：他们不仅能因为伯恩而卖出更多的《神奇四侠》，而且《X 战警》的销量也能继续保持下去。有如此前期铺垫，谁能不对后续内容动心呢？

被涂抹掉的科比，伯恩执掌《神奇四侠》

直销市场正在改变整个产业。专供直销的第一期《炫目》在那年秋天的预订数量达到了 25 万册；而等到那一年 12 月上市的时候，运输卡车开始将 40 万册原来被认为毫无疑问会大败而归的作品销往全国各地。这一切都没有借助任何一家报亭的销售。DC 公司很快也创立了自己的直销部门。另外，由于已经有了一个能高效处理小规模印刷品的完整发行体系，有些经销商甚至都开始推广自己的漫画了。

漫威的高官们终于意识到，公司必须提供更好的条件才能吸引或留住人才。舒特和弗里德里克从后续图像小说的合同开始动手了。虽然他们仔细研究了从西蒙与舒斯特（Simon & Schuster）和格罗塞与邓拉普（Grosset & Dunlap）出版公司那里弄到的合同的样本，还征求了尼尔·亚当斯和吉姆·斯大林的意见，试着弄清楚在"现实"世界中作家是如何获取版税的，但是，在与卡登斯工业的律师团商讨细节时还是陷入了僵局。由于斯坦·李在张罗美国西海岸动画片的制作，每个月大概都能去纽约访问一次，而吉姆·舒特又在监督越来越多试验性质的漫画形式，所以人手非常短缺。吉姆·高尔顿雇用了威廉·莫里斯（William Morris）的前代理人迈克尔·霍布森（Michael Hobson，昵称迈克）来担任出版部门的副总裁，后者在 20 世纪 70 年代一直就职于学院出版公司（Scholasitc）。霍布森留着大胡子、戴着眼镜、顶着光头，看起来就像现实版的"大富翁"。他也知道自己该做些什么。"他们根本没有真正的发行人，"霍布森说，"斯坦是发行人，但是我的天哪，他不是商人的料。漫画人根本就不明白他们这门生意跟图书业比起来有什么区别。"霍布森搬进了斯坦·李在 575 号（和在 11楼深居简出的高尔顿不同，他喜欢跟编辑们混在一起）的办公室，里面早就空空如也了。接着，他开始了被其称为"安抚野兽"的漫长行动。直到一年后，他们才起草出了第一份令人满意的合同。斯大林在版税协商过程中屡次怒而退出，但都被舒特软磨硬泡地哄了回来。到最后，斯大林终于同意在第一期《漫威图像小说》中杀死他赖以成名的角色惊奇队长，条件就是他能够制作另一部以恐惧之星（Dreadstar）为主角的图像小说。这个角色他将保留各项权利。

与此同时，舒特给漫威漫画带来的变化从未停歇过。由于担心新读者的接受能力，他立下了一条规矩，禁止将同一个故事延展到两期以上的长度（当《美国队长》的编辑吉姆·萨里克鲁普想要实施这一规定时，罗杰·斯特恩和约翰·伯恩都退出了这本书以示抗议）。他还雇用了最早负责《炫目》的前馆藏漫画编辑汤姆·德法尔科，让他负责所有 3 部蜘蛛侠作品的编辑工作（"蜘蛛侠是个青少年，"舒特告诉他，"所以它跟馆藏漫画的作品没什么两样，只不过是多了超级英雄而已"）。舒特亲自执笔了《炫目》的剧本，甚至还画了两期《神奇蜘蛛侠彼得·帕克》，就是想向大家示范他希望看到什么样的漫画（往往就是以中距离镜头表现横平竖直、整整齐齐的 6 个或 9 个漫画格，为了达到绝对的清晰明了而牺牲了一切动感）。他还开始为《复仇者联盟》写剧本，结果与负责绘制的基恩·科兰在艺术表现手法上意见不合，出现了分歧；后者从1965年开始就一直担任漫威的画师，与舒特的方格子风格是完全相反的类型。自然而然地，科兰选择了跳槽DC公司，并很快开始担任《蝙蝠侠》的画师。这些小故事被越来越多地被与漫画相关的杂志竞相报道，成为漫画粉丝之间闲谈的话题。

为了让《神奇四侠》回归最早20期斯坦·李和科比时代的氛围和风格，对自己的驾驭力胸有成竹的约翰·伯恩首先就让两个反派再度登场了，他们是破坏神（Diablo，从1964年之后就几乎不曾露过面，连合作创作者斯坦·李都对这个角色没什么好感）和威严却又可笑的活行星自我（Ego, the Living Planet）。接着，他又请出了毁灭博士、异人族和行星吞噬者。他还将美女照片重新带回了这部作品中，还用章节的形式来划分每一期漫画，这与斯坦·李和科比当时所做的如出一辙。里德·理查兹、苏·斯托姆、约翰尼·斯托姆和本·格里姆又开始有了阔别多年的家的氛围。伯恩让他们失去了超级英雄的健美身材，服装看起来也显得松松垮垮。但是，在对其中的神话故事进行改动时，伯恩的小动作（例如，将异人族从安第斯山脉搬到了月球上，或者计划杀死神奇先生和隐形女的小儿子富兰克林·理查兹）遭到了过去编剧的反对，莱恩·韦恩和玛尔夫·沃夫曼都对伯恩发起了公开的批评。

而且，新版《神奇四侠》也激怒了杰克·科比，只不过原因比较特殊。这部作品在庆祝20周年时推出了3倍厚度的第236期。当时舒特要求伯恩编写一段宏大的冒险故事，让它有一种《神奇四侠大电影》的感觉。为了突出这期作品的特殊性，斯坦·李另辟蹊径：他将一些科比创作的故事板（这本身就是取自于第5期《神奇四侠》）重写成了一段14页长的备用故事，而这些东西本来是为迪帕蒂－福利兰的《神奇四侠》系列动画片准备的。

不过，这次重制没有经过科比许可，也未曾向他支付报酬。"约翰·伯恩的某个朋友给我打电话，"他这样叙述当时的情况，"问我是否想在20周年特刊上画点什么。我说不。于是他们就挪用了我给迪帕蒂写的东西，找了6个上墨员搞了一个故事出来。直到这该死的东西发表我才知道发生了什么。"

不过，他的律师知道发生了什么，并要求漫威不得将科比的名字与这个项目联系起来。当这一期漫画发表时，封面上还写着这是斯坦（凡人）和杰克·科比（王者）的全新《神奇四侠》重磅炸弹！插画上是被将近 40 位五颜六色的漫威角色围起来的神奇四侠，而其中还有斯坦·李的身影。在斯坦·李和银影侠之间，有一处空白，伯恩原本画在那儿的杰克·科比已经被擦去了。

科比在鲁比－斯皮尔斯的同事史蒂夫·格伯找到了这位元老级画师，告诉他自己也跟漫威有法律上的纠纷。在针对他们过去东家种种不公行径而互倒苦水之后，格伯告诉科比他正在筹划一部作品，希望借此为霍华鸭的法律诉讼募集资金。这部作品的名字叫做《毁灭鸭》（*Destroyer Duck*）。他惴惴不安地询问科比是否愿意无偿为这部漫画绘制。科比摩擦着脸颊，想了一分钟。接着，他微微地笑了一下。

"好啊，"他说，"听起来挺有意思的。"

MARVEL COMICS
THE UNTOLD STORY

11 炒、炒、炒，
金钱迷雾中的收藏狂欢

接手《夜魔侠》时，弗兰克·米勒在采访中曾表示，他的演绎风格将会比罗杰·麦肯齐的更轻松愉快一些。但是，当"红颜祸水"艾丽卡成为一个固定角色后，这种看法就不可避免地发生了变化。"她的出场让整个系列走上了一条黑暗的道路，"米勒在多年后这样说道，"因为那时我只是一个20岁的小伙子，所以在塑造这样一个性感女杀手的时候，毫无疑问会表现得非常残酷。"在开始创作这一系列之后，米勒还遭受过两次街头打劫，这样的经历也给这部作品带来了更冷酷的现实感。"我从来都不曾失去对这座城市的热爱。但是如果有把刀架在你的脖子上，那你一天的心情都不可能好起来。这样的经历让我心中充满了怒火，并转而流入了我的漫画中。"《夜魔侠》开始将焦点和重头戏都放在暴力上。当米勒听说有个女人会跑到电影院里，将冰锥刺入前排顾客的后颈时，艾丽卡也很快就采取了类似方式的暗杀行动。"我喜欢将身边的恐怖事件融入到作品中，"他说，"这与其他人喜欢写地铁里发生的故事是一个道理。"

在《夜魔侠》中，肮脏的纽约市里有两股嗜血成性的敌对派别，局势一触即发；故事中的死伤人数也是所有漫画中最高的。故事里头有一次暴动，煽动者是《蜘蛛侠》中古老的反派角色金并（而且这是他首次以一种令人生畏的形象出场），还有一段随艾丽卡出场而发生的忍者事件。米勒将大量时间花在了时代广场的各家喧闹的剧院里，他观看了大量武术电影，还将这种体验比作"参加一场信仰复兴会"。他将自己的想象与忍者的传说融合到了漫画之中，也进一步推动了刚刚萌发的日本武术热潮。在艾丽卡出场之前，双截棍（用锁链连接起来的两根棍子）就已在20世纪70年代早期的功夫电影中出现了；而艾瑞克·范·勒斯贝德（Eric Van Lustbader）的小说《忍者》（*The Ninja*）和查克·诺里斯（Chuck Norris）的电影《忍者黑帮》（*The Octagon*）也早就成了黑马。不过，要论是谁让全国各地的高中一年级学生偷偷把手里剑（星形的投掷武器）和钗藏在衣橱里，那么米勒的名字绝不会落于人后。

米勒很快就发现了如果一部作品没有周边商品，高层就不会放在眼里，这带来好处就是：他可以在很大程度上随意发挥。一旦其销量开始接近《X战警》时，就没有人能够阻止他了，包括《夜魔侠》的那位口口声声自称和平主义者的编辑丹尼·奥尼尔在内。于是，夜魔侠就能思考是否该眼睁睁看着凶残的靶眼（Bullseye）被地铁活活碾死；他还四处泡吧，像大眼睛道尔（Popeye Doyle）①一样教训地下世界里那些倒霉的人渣；他甚至跟踪一个强奸犯，进入了一家S&M俱乐部，让几个穿着皮衣的受虐狂痛并快乐了一把。他与改过自新的超级反派角斗士（Gladiator）合作过，最后却发现丧失杀手本能对于角斗士而言其实是一种损失。而在另一方面，在米勒看来夜魔侠

---

① 电影《霹雳神探》中的角色。——译者注

"可能是最像基督徒的英雄"，他总是会对受害者怀有怜悯之情，而马特·默多克也是法律体系的坚定支持者。如果说这部漫画对义务警员行为的立场有些飘忽不定的话，那么米勒正好巧妙地利用了一系列卑鄙配角来充当衬托，从而让夜魔侠拳打脚踢的行为在这两方面都显得合理了。有精神病的靶眼和可怜的富家小姐艾丽卡都是死不悔改的杀手；而金并则是一个体重 250 千克的衣冠禽兽，这个戴着领巾的秃头喜欢坐在摩天大楼的顶层策划他的犯罪计划。超级反派惩罚者多年来一直是各式各样漫画中的常客，米勒通过描绘其心狠手辣的行为，最终使《夜魔侠》的整体风格看起来更有分寸了。

米勒让马特·默多克的法务伙伴福吉·纳尔逊（Foggy Nelson）扮演起了笨蛋型的喜剧角色，还将默多克的女友希瑟·格伦（Heather Glenn）描绘成了一个精神略显失常的派对女孩。要说这部漫画中的道德楷模，那就当属《小喇叭日报》的犯罪调查记者本·乌里希（Ben Urich）了；他知道马特·默多克就是夜魔侠，不过在城市守护者和普利策奖获得者之间，他还是选择了前者。嗜好咖啡和烟的乌里希是一个胆小怕事的胖子，戴着一副大大的方框眼镜，给人一种拉里·金（Larry King）①的感觉。在其中一个场景中，他亲昵地依偎在穿着随意的妻子身上，挠着她的痒，此时的他完全可以入选漫威历史上最怪异的角色了。

不过，《夜魔侠》中赢得读者芳心的人却是艾丽卡。米勒在创作艾丽卡时，曾以职业健美运动员丽莎·利昂（Lisa Lyon）和罗伯特·马普尔索普（Robert Mapplethorpe）的人像摄影为模特，因此，和其灵感来源一样，艾丽卡以一种年轻人无法抗拒的方式将运动和性感融合在了一起。米勒知道艾丽卡的人气有多么旺，也知道如果在她身上发生些什么，肯定会在读者中掀起可怕的波澜。

"当我告诉丹尼，艾丽卡会被杀死时，"米勒说，"他的反应是，啊，我不知道吉姆会对此作何感想。她现在比夜魔侠还要受欢迎呢。于是我就跑到吉姆的办公室。当时他正在处理一些文件，我就对他说，我这有个故事，但得把艾丽卡杀了。他一听就用手托起了脸，说，跟我讲讲这个故事，弗兰克。接着我就把脑子里想的东西告诉他了，

---

① 美国知名电视节目主持人。——译者注

他的回答是，这故事很棒。去做吧！"

当圣迭戈漫展在 1981 年 7 月份最后一个星期开幕时，米勒才刚刚完成这一期的画稿。他用了整整 4 页来描绘艾丽卡和靶眼在第六大道上的激战，其间几乎没有一句台词。在二人的交战中，艾丽卡被靶眼用她自己的武器刺伤了。当她爬到马特·默多克的身边时已经奄奄一息了，最终她死在了默多克的怀里。

那些对此毫不知情的读者们还在漫展上欢天喜地地庆祝艾丽卡在最近一期《夜魔侠》的忍者大战中大获全胜，还在为《复仇者联盟》中黄衫侠和黄蜂女的武打招数叫好，并热切关注着万磁王在新近一期双倍厚度的《X 战警》中回归；他们浑然不知在漫画店里等待着自己的是什么样的噩耗。

在新一期《X 战警》中将揭示一个惊人内幕，X 战警的银发死敌曾经是奥斯维辛集中营里的少年囚犯；这个变化强化了这一系列长期维持的"盲从和迫害"主题，并为《X 战警》指明了一条今后几十年都不曾动摇的道路，那就是毫不隐晦地让人们对变种人的歧视上升到了种族主义和反同性恋的高度。在漫威宇宙中，"变种"成了他们的通用称呼，并很快在盲听盲信的人群之中传播开来，而 X 战警们也对自己在世界上的存在意义越来越怀疑。

总体上，在"黑暗凤凰传奇"之后的一年里，《X 战警》的各种故事与其辉煌时期相比都显得相形见绌。当时那些不负责《X 战警》编剧的老员工都开始幸灾乐祸了，他们认为这部作品的销量已经与其美学成就不相匹配了，它之所以依然流行，只是因为缺少其他更激动人心的选择罢了。史蒂夫·恩格尔哈特在接受采访时坚持认为，如果《X 战警》在 20 世纪 70 年代中期才推出，那么它就不可能取得这种现象级的成功。"在盲人的国度中，独眼龙就成了国王。"罗伊·托马斯这样嘲笑它。不过，这依然是一个让人沉迷的国度。戴安娜·舒茨（Diana Schutz）曾是漫画与漫集（Comics & Comix）商店 ① 的经理，她说："人们整箱整箱地抢购《X 战警》，一次买两三百本。有

————————
① 这家位于加利福尼亚伯克利的商店现已倒闭了。

的人一次就买两箱，专门用于投资。"随着类人体、蜘蛛女侠、炫目和毁灭博士的出场，X 战警与漫威宇宙之间再次建立起了联系。不过，也有人对此持批评态度，他们认为这些客串都只是为了帮人气较低的角色促进销量的手段。当然，也有可能他们正在谋划着大动作。戴夫·科克勒姆创作了一位水陆两栖的女英雄希尔基，但由于在后来的谈判中不能保证部分所有权，他又将这个角色收回了。他号称自己手上捏了一大把新角色，只不过这些目前都是属于他自己的秘密。

在那个周末结束的时候，米勒和克莱蒙特在从圣迭戈返回洛杉矶的路上塞了 2 个小时的车。他们一开始在聊金刚狼（米勒之前曾表示对这个角色不感兴趣），后来就谈论起了双方都喜欢的武士电影和漫画。等他们抵达目的地的时候，两人已经构思出了一个可以在《金刚狼》中连载 4 期的故事了。

回到纽约后不久，克莱蒙特就听说有人想要使用闲置的《X 战警》角色。汤姆·德法尔科注意到蜘蛛侠的多部作品都维持着强劲的销售势头，于是他找舒特谈起了自己所设想的西海岸版本《X 战警》，其中将会包含像天使、冰人和野兽这样的原班人马。克莱蒙特和路易斯·琼斯当即做起了拦路虎。"我想要由我来处理它。我不希望其他任何人插手，"克莱蒙特说，"（我们）表达的意思差不多就是，去你的，我们会自己创作 X 系列。"这部新作品将回归斯坦·李和科比的时代，将年轻变种人所在的学校作为主舞台。他们半开玩笑地说，这部作品的名字会叫作《X 宝贝》（*The X-Babies*）。

至此，克莱蒙特可以说已将《X 战警》牢牢掌握在自己手中了：除了《金刚狼》和《X 宝贝》计划之外，还有两部图像小说正在制作当中，而漫威和 DC 公司还携手打造了一期《X 战警 / 少年泰坦》的联合冒险故事，负责绘制的是路易斯·琼斯的丈夫沃尔特·西蒙森（Walter Simonson）。不过，在 X 的世界中，仍有一个角落是他无法掌控的：吉姆·舒特正在敦促约翰·伯恩创作一部以加拿大超级英雄团队阿尔法战士为主角的作品。

在那年秋天的一个周六早晨，《蜘蛛侠和超凡伙伴》（*Spider-Man and His Amazing*

Friends）与大家见面了，而它仿佛成了纷纷出炉的漫画改编影视剧的引爆点。《雷神》与《银影侠》一起进入了环球电影公司（Universal Pictures）的制作名单，《恶灵骑士》和《狼人》（Man-Wolf）被迪诺·德·劳伦提斯（Dino De Laurentiis）选中，《夜魔侠》和《霍华鸭》则受到了赛璐璐制片公司的青睐。《神奇四侠》的电影已经成了人们热议的话题，而《黑寡妇》和《X战警》的电视剧也不甘示弱。由于《都市牛仔》（Urban Cowboy）已经取代了《周六狂热之夜》（Saturday Night Fever）成为当时最热门的曲目，漫威制片公司就开始尝试向好莱坞推销一位名叫"牛仔蓝"（Denim Blue）的乡村歌手。他们还在制作《蜘蛛侠》和《美国队长》的音乐剧，在后者中，一位大腹便便的光头中年男子在"自由精神"的作用下变身成了美国队长。不过，高尔顿对这些变化却不以为意。"我们向来都是这样自娱自乐的。"他解释说。

叫板斯坦·李，科比意欲独揽所有漫威经典角色

《美国队长》的合作创造者杰克·科比对此则另有计策。在完成《毁灭鸭》这部帮助史蒂夫·格伯筹资控告漫威的作品后，他接受了一次采访，对着记者他不遗余力地对这个产业冷嘲热讽了一通。他将漫威和DC的漫画贬为"玩具广告"，将雇佣劳动关系称为"你所产出的一切东西都归他们所有"，还对20世纪60年代早期的漫威漫画下了一个令人咋舌的定义："全都是我写的。"

"我从来没有写过制作者名单。我们先把这一点搞清楚，好吗？"他说，"我才不会把自己称为'快乐的杰克'呢。我才不会说这些漫画是斯坦·李写的。这么多东西全都是我自己完成的。我唯一没有插手的作品是《蜘蛛侠》，而那原本也是我创作出来的。绿巨人也是我想出来的。"

在漫画圈里的许多人看来，这一番激烈的言辞证实了多年来一直在流传的小道消息：斯坦·李霸占了制作者的名分，把杰克·科比晾在了一边。不过，要说《蜘蛛侠》也是他创作的，那么即便是科比最坚定的支持者也会感到难以置信。难道他已经怒不

可遏到胡言乱语的程度了？

《毁灭鸭》让科比和格伯好好宣泄了一下他们的愤怒之情。它讲述了一个战争老兵杜克（Duke）的故事。他的酒友（虽然没有写出名字，但几乎毫不掩饰地照抄了霍华鸭的模样）消失了多年后，突然浑身是血、奄奄一息地出现在了他家的门前。原来这位酒友被传送到了"另一个时空的连续体中……在那里，鸭子们都不会说话……粉红色的灵长类动物是百兽之王……我穷困潦倒、忍冻挨饿……我跟这家公司签了合同……娱乐概念有限公司！上帝公司的分部……世界上最大的公司……他们说会让我变成明星……发挥我新奇的价值……但是他们所做的一切都只是在羞辱我"。于是，杜克也来到了这个遥远的世界中，对以"全部掠夺、全部占有、全部榨干"为座右铭的上帝公司发起了复仇之战。明眼人都看得出来，上帝公司指代的是谁。

当被问及对创作者所有权争议的看法时，斯坦·李说起了他自己的贡献："虽然我也为漫威创作了好多个大获成功的角色，但在创作他们的时候，我就知道他们都是公司的财产。这是常识，这一行向来都是这么办事的。在我看来，突然之间说，等等，这是我写的，我要把你告上法庭。按照我的逻辑，这是不诚实的行为。如果我感觉自己的水平足够好，可以通过创作角色来赚大钱的话，我随时都有权拍拍屁股走人，这是毫无问题的。而且我认为，任何一个不想为我们工作的画师或者编剧都可以不签我们的合同。对此，我们毫不介意，没什么伤感情的。"他还提出了自己的放弃声明。"我可能算是个典型的、终极的公司人，"他说，"我觉得我的感情和公司的感情是不可分割的。"

约翰·伯恩的动作更大，在刊登杰克·科比采访的同一个杂志上，他也发表了一篇人尽皆知的评论："我最近刚刚披上了'公司人'的斗篷，而且从很多方面来看，这对于我都是理所当然的。甚至对我来说是值得自豪的。我是漫威公司这部大机器中的一颗齿轮，为它转动让我感到非常高兴。"他甚至还批评了杰里·西格尔和乔·舒斯特为《超人》起诉DC的行为。"虽然对于改变规则的诉求，我举双手赞成，但是只要规则还在那里，我们都应该遵守它。"格伯和科比迅速在第二期《毁灭鸭》中给他送上了一份"大礼"：一个叫布斯特·考伯恩（Booster Cogburn，第一个词字面意思是支持者，而第二个词则与"齿轮伯恩"谐音）的角色将自己的脊梁骨拆了下来，并高呼道，我是个公司人……我领了薪水就不该有意见。

斯大林的科迈罗 Z28，漫画行业普降金钱豪雨

不过，当漫威忙着跟好莱坞打交道的时候，DC 公司却推出了面向漫画创作者的版税计划，狠狠地给了漫威一拳：根据 DC 公司的政策，当一部作品的销量突破 10 万大关时，画师与编剧将可分得 4% 的利润。漫威赶紧推出了相应的政策，并赶在 1981 年结束之前向社会发布。不过，漫威非常谨慎地对"版税"这个词避而不谈，原因正如其律师团在内部讨论时所说："对该词的大部分定义都含有一些词句，说明这是为了使用他的作品而向'所有者'或'作者'支付的费用。而事实上，这个词源自于统治者或君王所拥有的皇家地位或特权。"因此，在漫威以后的文件当中，总是用"激励奖"来指代这个意思。

尽管如此，由于《X 战警》每月销量可达 30 万册，其他几部作品也突破了 20 万大关，而且几乎所有的作品都能卖到 10 万以上，所以无论是在打字机还是画板前，大家都过上了把酒言欢的日子。于是，漫威不得不取消了原本许诺给最成功的编剧和画师的额外提薪，不过创作者们都已经不在乎了。这一次的薪水已经让他们赚足了。

与此同时，第 181 期《夜魔侠》中艾丽卡的离世引来了粉丝们的激怒和死亡威胁。担心自己生命安全的米勒不得不带着一些愤怒读者的来信跑进了联邦调查局（FBI）的办公室。不过，正如凤凰之死那样，它也带来了破纪录的销量。巧的是，这一期漫画登陆报亭时，正赶上新激励奖政策实施。两周后，漫威的第一部图像小说，即斯大林的《惊奇队长之死》（*The Death of Captain Marvel*）也终于上市了。这部比普通漫画月刊贵 10 倍的作品迅速加印了 3 次，这让吉姆·斯大林得到了一笔可观的收入；他给自己买了一辆全新的科迈罗 Z28（不过，漫威将继续保有这个角色的名字，而且一个顶着

惊奇队长大名的新角色也已经在计划当中了）。在此之后不久，有人问克里斯·克莱蒙特对《金刚狼》系列的看法。"这是我、弗兰克·米勒和（上墨员）约瑟夫·鲁宾斯坦（Josef Rubinstein）的合作，"他说，"我们会大赚一笔的。"

其他人则提出了进一步的要求。米勒、沃尔特·西蒙森和吉姆·斯大林找到了吉姆·舒特，想要为漫威创作和生产非雇佣性质的作品。虽然舒特觉得这种做法很有前途，但是，漫威仍在压低报酬，并准备推行雇佣合同。于是，米勒就找到了DC公司的出版商珍妮特·卡恩，商量他计划中的一部名叫《浪人》（Ronin）的未来派武士系列漫画。在漫长的交涉后，DC愿意将他的版税大幅提高，他的名字还将出现在标题的正上方，而且他还能拥有角色的所有权。等到舒特听说了这笔交易时，生米早就煮成了熟饭。米勒说这次背叛并不牵涉个人恩怨，纯粹只是为了做一笔好生意罢了。"我的导师尼尔·亚当斯教过我，要让出版商与出版商之间较劲，这样我们才能坐收渔翁之利。虽然我可以用这招在漫威过得更好，但我希望这能成为一个新的开始。而且当我的名字出现在另一家出版商的作品中时，就掷地有声地证明了我能将自己的读者一并带走。对我来说，这非常重要。"他原本就已经开始将《夜魔侠》中越来越多的绘制任务交给上墨员克劳斯·詹森（Klaus Janson），而现在又进一步从创作流程中退了出来，只负责完成一个粗略的草图而已。眼下他还会继续为《夜魔侠》编剧，也会为《金刚狼》绘制。不过，离开的日子显然就要到了。

谁喜爱《夜魔侠》中肮脏丑陋的城市景象和冷酷无情的故事氛围，谁就会注意到有一部风马牛不相及的作品也开始采用了这种仿米勒的风格；那就是《神奇蜘蛛侠彼得·帕克》。比尔·曼特罗和埃德·汉尼根（Ed Hannigan）让善恶难辨的斗篷（Cloak）与匕首（Dagger）二人组登场的时机非常巧合：在艾丽卡之死的两周前，有一期《神奇蜘蛛侠彼得·帕克》讲述了两个年轻逃亡者的故事，由白人女性和黑人男性搭配的二人组是一群暴徒进行合成毒品试验的仅存者。接着他们要对毒品交易展开复仇行动了。匕首能够投掷光芒之刃，震撼对手的精神；而斗篷则能将对手笼罩在某种黑洞般的黑暗之中，让他们精神失常、极度恐惧。通常来说，这些攻击手段的结果都是致命的。

曼特罗和汉尼根受到米勒作品的影响，开始在这部蜘蛛侠系列排名第二的作品中加入黑暗的小巷、人物侧影和有组织犯罪的故事。汉尼根绘制的封面也借鉴了威尔·艾斯纳《闪灵》中的创造性设计，而且其表现比米勒更为鲜明。漫画的标题也越来越具有动感，有时嵌入了时代广场标志性的霓虹灯；有时是文字气泡；有时带着被剃刀划过的印痕；有时又像潜入水中般模糊不清。他们的创新也吸引了同时期其他漫画创作者的注意（事实上，早在 15 年前，尼尔·亚当斯就曾尝试过这种方式，只不过当时遭到了反对）。

"我认为他们是这 10 年来最棒的两个角色。"曼特罗在论及斗篷和匕首时毫不谦虚。如果撇开米勒的艾丽卡，那么他这么说或许也没错，毕竟当时确实也找不出什么像样的竞争对手了。漫威已经不再是新鲜创意之屋了。罗伊·托马斯一直都是这个态度：有创新的必要吗？

在当年 5 月举办的漫威月度记者招待会上，在简单地提到弗兰克·米勒与 DC 公司的合作之后，吉姆·舒特就宣布公司最近成立了一个分公司，名叫史诗漫画。该分公司不仅将为画师和编剧提供一定的销售分成，而且还允许他们保留自己作品的所有权。吉姆·斯大林从《术士》之后就没画过定期漫画。然而，他很快就成了在史诗漫画旗下发行漫画的第一人；史蒂夫·恩格尔哈特自从 6 年前退出《复仇者联盟》后，就再也没有为漫威工作过，这次他紧随斯大林加入了史诗漫画的队伍。

MARVEL COMICS
THE UNTOLD STORY

12 宇宙大爆炸，
掀翻历史重负的一次尝试

19 82 年 4 月末，漫威朝着市中心移动了 30 个街区，搬到了公园南大道 387 号更宽敞的办公室。这是从 20 世纪 50 年代中期以来，漫威首次离开麦迪逊大道的世界。"斯坦从前说过，该死的，我们可是出版商啊！只要我还没咽气，我们就会留在麦迪逊大道上，"老秘书玛丽·麦克菲伦说道，"结果他自己在加利福尼亚乐不思蜀，也就不在乎我们在哪里办公了。"

漫威的扩张也带来了一群全新的年轻面孔，这些人对于麦迪逊大道的出版业名望更是毫不关心。马克·格伦瓦尔德不久前从助理编辑升任为编辑，他负责管理大部分新人。传奇的老漫威牛棚是一座充满了恶作剧、出格的绰号、疯狂创意和欢乐工作的梦幻王国，然而，格伦瓦尔德似乎铁了心要让漫威变得现实起来。这些 20 多岁的单身汉聚集在格伦瓦尔德周围，他们打着时尚领带、拥有各种各样的背景，这一点与那些从粉丝转变成专业人士的老员工完全不同。阿尔·米尔格龙的助手安妮·诺琴蒂（Annie Nocenti，昵称安）曾在酒吧工作，还参与过儿童读物的制作；格伦瓦尔德的助手迈克·卡林（Mike Carlin）既学过动画制作，也在地毯工厂里打过工；受过格伦瓦尔德帮助的排字员兼传真机操作员艾略特·布朗（Eliot Brown）是从大象农场里来的。这些精力充沛又调皮捣蛋的家伙们很快就把漫威的新地盘整得天翻地覆，每一间办公室的窗上和墙上都贴满了海报和草图。就连销售部门也散发出了年轻的活力：27 岁的前漫画书店经理卡萝尔·卡利什（Carol Kalish）取代了迈克·弗里德里克，成为在 3 000 家漫画店和世界第一漫画公司之间的联系纽带。

漫威搬到市中心之后，离 DC 公司越来越远了，这使得两家公司之间的垒球比赛和排球比赛都无疾而终。不过，漫威员工的社交与工作之间的联系更密切了，这是多年未见的现象，甚至可能也是漫威有史以来最融洽的时期。现在，员工们会一起吃饭、看电影，或者到第三大道的阿贝酒馆（Abbey Tavern）里喝酒。当夏天到来的时候（同时到来的还有只需工作半天的星期五），他们就会拼车前往拉尔夫·玛基奥父母位于新泽西郊外的私人泳池。当汤姆·德法尔科提议制作一期纯喜剧风格的《如果？》时，所有员工都纷纷行动了起来。漫画的插页中充满了歌颂美好工作环境的基调，这一景象不禁让人联想起了他们最早接触漫威时读过的斯坦·李的牛棚公告。

在这张插页中画满了欢乐的卡通自画像和剪影，不过，这可并不只是年轻一代员工的专利：制作经理丹尼·克雷斯皮和来信栏目的贴画专家仓本莫里也对着读者露出了笑脸。克雷斯皮和仓本几乎从不离开办公室，在这数十年里一直安静地坚守着岗位，并像情景喜剧里的那些可爱角色一样开着小玩笑。仓本扮演的是沉默怪人的角色，但凡他经手的东西一律都会落上一大堆烟灰；而且这些东西还经常会在他周围堆积如山的画稿之中上演隐身术。他的桌子上铺满了碎纸和大块的固态橡胶黏合剂。他绝对是一个矛盾的复合体，一边坚持着吃自制的健康食品，一边却烟不离手。"他会紧紧掐住你的手指甲，观察血液流回的状况，"安·诺琴蒂回忆道，"然后他会用手摸摸你的额头，告诉你该多吃点胡萝卜。"很多人都与仓本合作过，但几乎没人知道他有一段很不幸的经历：珍珠港事件发生后，他就因日本血统而被美国陆军除名了；当他的家人被送入收容所时，他则移居纽约市，报名参加了艺术学生联合会（Art Students League）。现在每逢珍珠港事件纪念日，他就会倔强地戴上一顶皮制的飞行员帽，坐在画板前将纸飞机扔向过路人。在午餐休息时间，他会画一些美丽的水彩画，然而一画完他就会将其卷成一团扔进垃圾桶里。"我要去办公室了。"他会一边这样说，一边带着《每日赛马预报单》（Daily Racing Form）钻进男厕所里：如果赢了钱，他就会带着同事们到寿司店里奢侈一顿。

曾经做过排字员的克雷斯皮是一个五短身材的快乐胖子，他时常会忘记自己把眼镜架在了头顶上，总是翻箱倒柜地去找。漫威的女员工都很喜欢这个胖子；她们心情好的时候就会摸摸他的大肚腩，不好的时候就扯他那两根红色的吊裤带。克雷斯皮很爱用沙哑嗓音讲故事，还把自己的办公室布置成了一个盆栽乐园。1972年，他打电话给仓本莫里，询问是否有活儿干，此后便重新成了漫威的一员。"我一点都不关心什么该死的钞票，"他说，"我只是想要融入漫威而已。"

"这两人就像是《虎豹小霸王》（Butch Cassidy and the Sundance Kid），"某个牛棚人回忆道，"他们总是喜欢捉弄对方，相互咒骂。仓本莫里会故意到克雷斯皮的办公室里吃午饭，把他的桌子弄得一团乱，等克雷斯皮吃完饭回来就会对着他一顿臭骂。虽然嘴上骂得凶，但两人的感情却反而变得越来越好了。"仓本莫里和克雷斯皮甚至还为了该多久给窗台上的花浇水而吵嘴，在旁人眼里他们简直就像是一对老夫老妻。

66岁的乔治·鲁索负责监督封面的配色，而61岁的"流行教主"约翰·塔尔塔里奥尼则负责美工校对。为漫威效力了几十年的老一辈自由职业画师们依然在公司里进进出出，其中有弗兰克·贾科亚、迈克·埃斯波西托、乔·罗森。此外，还有传奇人物乔·辛诺特（Joe Sinnott）和文斯·科莱塔，前者曾为科比的《神奇四侠》上墨，后者则为任何一部赶不上截稿期限的作品上墨（有争议的人物）。尽管科莱塔擅长赶工的这一点在画师之中评价不高，但对于束手无策的编辑来说却宛如上帝派来的天使，因此他手上从来不缺活干。来公司取待上墨的画稿时，科莱塔总是把一头白发梳得整整齐齐，穿着一件几乎无懈可击的得体大衣，还左拥右抱着两位年轻的美女。有时候，他约克雷斯皮在路口见面；通常他会从高级轿车的后座摇下车窗，跟克雷斯皮聊上几句。当然了，此时他的身边肯定还是坐着几个美女。

杰克·阿贝尔在 20 世纪 50 年代曾担任巨神漫画的画师，20 世纪六七十年代又在漫威供职上墨员。很不幸的是，1980 年因一次中风而导致他的右手瘫痪了。于是，在他的手臂恢复到能够重新提笔之前，吉姆·舒特就让他去做助理编辑了。

显然，在漫展上没有人会排队跟这些人见面，也没有爱好者杂志想采访他们。不过，当漫威公司开始散发出更耀眼的新光芒时，当走廊里满眼都是新浪潮的 T 恤衫、随身听和雷朋（Ray-Ban）眼镜时，他们始终在维系着漫威在历史深处留下的东西。

浩瀚宇宙全面整理，《漫威宇宙官方手册》问世

当读者来信和编辑说明栏目再次被极度亲密的社区氛围所笼罩时，人们重新意识到阅读漫威漫画并不仅仅是一种休闲活动。如果你是一个《X 战警》的粉丝，那么你也会对《钢铁侠》的故事非常熟悉。既然漫威的漫画销量在去年一年内就上涨了20%，而且还拥有一个面向铁杆收藏家的直销市场（人们甚至会拿小批量印刷和高价作品当作一种投资），为什么不把公司内部的奇闻逸事包装一下，卖给死忠读者呢？对于那些最初销量不佳，但却被粉丝钟爱的作品，他们推出了价格更高、纸质更精美的再版，比如《X 战警增量版》、吉姆·斯大林的《术士》以及恩格尔哈特和布鲁纳的《奇异博士》。《漫威小喇叭》（*Marvel Fanfare*）这部作品被用来专门刊登未被采用的内容，而《漫威官方无冕之作》（*Official Marvel No-Prize Book*）则将公司历史上最严重的失败当作了卖点。《狂热》（*Crazy*）模仿的是漫威有 10 年历史的《疯狂》，尽管它

已经停刊了，但其大受欢迎的毒舌风格却在《小丑奥贝诺克西大战 X 战警》(*Obnoxio the Clown vs. the X-Men*) 中重获新生。漫威宇宙的宏观哲学本身也成了一大卖点。和 20 世纪 60 年代中期的作品一样，漫威总是将尽可能多的英雄画在封面上，有的在飞，有的在战斗，有的在跳舞，还有的在做鬼脸，他们色彩鲜明的服装显然会对年幼的孩童和年长的粉丝产生无法抗拒的吸引力。在第 34 期《如果》的封面上，挤进了 21 个英雄，而漫威的第一部系列短剧《漫威超级英雄冠军赛》(*Marvel Super Hero Contest of Champions*) 的封面更是有 36 位英雄露面。在《漫威超级英雄冠军赛》的后半部分中，有一份"现今在世的所有超级英雄列表"，同时还列出了他们的能力、秘密身份和最初登场的作品。在《神奇四侠吐槽大会》(*Fantastic Four Roast*) 的特别篇中，画师弗雷德·亨贝克 (Fred Hembeck) 让 60 多个著名的角色变成了带有卡茨基尔标志性风格(Catskill-Style Zingers)的涂鸦版本。而卡萝尔·卡利什和她的助手彼得·大卫(Peter David) 则着手制作起了《漫威时代》(*Marvel Age*)，这是一部继承了《FOOM》的衣钵，提供第一时间预告和幕后故事的漫画。从许多方面来看，一切都仿佛回到了 1965 年。

不过，有些人却对漫威的新举动嗤之以鼻，而且对漫威缺乏激动人心的新角色而感到很不满。"他们实际上是在干爱好者杂志应该干的事：对他们自己的作品进行整理和讨论，"在时常出现尖锐批评的《漫画日报》上，有一封读者来信这样写道，"猜猜看再过多久我们会看到一本专门收集粉丝溢美之词的《漫威读者来信》？ 到时候，他们就只需要再发布《超级漫威业余粉丝作品》和粉丝来信特刊《别再夸我了》就够了。"也许漫威的人读了这封信后慌了手脚：已经在制作当中的《奇异粉丝来信》(*Strange Fan Letters*) 立即被取消了。

不过，漫威的新动作还是赢得了大部分粉丝的掌声，冷嘲热讽只是少数而已，而且并没有造成真正的伤害。《漫威宇宙官方手册》(*The Official Handbook of the Marvel Universe*，简称 OHOTMU) 不仅让漫威专业户的热潮达到了顶点，也让所有员工的贡献都被展现在了读者的面前；这着实令人难以置信。前 12 期《漫威宇宙官方手册》如百科全书般历数了漫威数百个角色（就像是棒球卡片反面的球员数据一样），第 13 期、14 期主要是"死亡和失踪"角色介绍，第 15 期则聚焦于"武器、装备和道具"。《漫威宇宙官方手册》是一项浩大的工程，需要的劳动力是史无前例的。尽管所有员工都愿意帮忙，但这个项目还是由一支核心敢死队负责开道：负责监督漫威宇宙中各个故事连续性的马克·格伦瓦尔德、他的助手迈克·卡林、擅长设计建筑草图（例如复仇者联盟的基地）的艾略特·布朗以及制作团队的杰克·莫雷利（Jack Morelli）。他们拿出了枕头和睡袋，一直在公司工作到深夜；他们搬来了接待室的沙发垫，靠着复印机发出的热量熬过了一个个严冬的夜晚；他们甚至还偷偷征用了漫威总裁吉姆·高尔顿私人办公室的淋浴房。随着项目的进展，这部作品的内容也逐渐充实起来，到最后，他们发现每一期的字数都超过了 5 万。

如果没有格伦瓦尔德的话，漫威是不可能为这项目如此投入的。换到其他任何一家公司，他都会成为最让人事部闻风丧胆的噩梦，而在漫威，他则被敬为灵感的源泉。一旦努力赶上了截稿期限，第二天他就可能会写一首关于同事的歌曲，或者组织一场颠乒乓球比赛（每位球员的球拍上都画了他自己的讽刺漫画），或者埋头画画，或者重新装饰办公室。格伦瓦尔德还疯狂迷恋过本地的新闻播报员，愿意以每张 1 美元的价钱从同事手中购买米歇尔·马什（Michele Marsh）的地铁海报。到最后，他大概收集了 80 张海报，贴满了自己办公室的每一个角落，甚至连抽屉内部都没有落下。不过，等这股热度过去后，他又将海报都撤了下来，还宣布自己办公室的墙上和桌上都要弄得一干二净，就连电话机都被藏进了抽屉里。唯一还留在外头的多余物件是一张小课桌，这是他女儿放学来找他时的专属座位。

当《漫威宇宙官方手册》大功告成的时候，格伦瓦尔德就开始与卡林和布朗合作，操办起了一档有线电视上的免费戏剧节目《博君一笑》（*Cheap Laffs*）。"我们穿起了戏服，"在好几集中都有演出的安·诺琴蒂说道，"马克坐在导演的位子上说你现在穿成了吸血鬼的样子，那就要表现出吸血鬼的样子。简直就是个傻瓜版的埃德·伍德（Ed Wood）。"

在这些新人当中也有不少恶作剧分子，其中很大部分都被归在了杰克·阿贝尔门下。当时阿贝尔、格伦瓦尔德和卡林共享一间办公室，他平时是一个不苟言笑的人；

对于这些捣蛋鬼他总是回以一声平静的"嘿"，这让他们更加肆无忌惮起来了。有一次，格伦瓦尔德把三明治里吃剩下的火腿藏进了阿贝尔的橱柜里，结果过了好几个星期才被发现。当他拉开抽屉看见已经长毛的火腿时，只是非常审慎地说了句："嘿。有人把火腿三明治落在我的桌子里了……不过三明治已经没了。"还有一次，爱打瞌睡的阿贝尔睁开眼睛却发现周围一片漆黑，其实那是格伦瓦尔德和卡林用沙发、桌子以及手边的家具在他周围搭出了一座堡垒。一个依旧审慎而沉闷的声音从这间特别的小屋子里传了出来："嘿。谁把灯关了？"

"就在我们做这些事情的时候，"几年过去后，卡林说道，"我就知道这会成为'过去的美好日子'。每一个人在今后的生活中都会时常想起这段往事。"

远在加利福尼亚的斯坦·李仍一如既往地为把漫威漫画搬上大银幕而倾尽全力，而坐在编辑部办公室楼上的吉姆·高尔顿则还在寻找每一个可能的授权合作伙伴。不过，过去小心恪守的"改变的幻觉"政策似乎已经烟消云散了。"有的编剧和画师害怕尝试别具一格的东西，因为担心会遭到舒特的阻拦，"约翰·伯恩说道，"不过，真正的问题却在于，如果你有了好故事，想把它创作出来，那么一定要提防着玛尔夫、罗伊和莱恩，而且大家都觉得舒特也有这样的想法。"

事实上，每个人都知道吉姆·舒特愿意看到改变。在《ROM》中，玛尔夫·沃夫曼的新星失去了他的力量；这是玛尔夫最初在爱好者杂志中创作，并于 10 年后引入漫威宇宙的角色。德马泰（J. M. DeMatteis）以前是为 DC 公司工作的自由职业画师，还曾担任过《滚石》杂志的编剧；他在罗伊·托马斯退出《野蛮人科南》后加入了漫威，并成了《捍卫者》中夜鹰之死的始作俑者。在一期年度版《超凡蜘蛛侠》中，罗杰·斯特恩请出了新版的惊奇队长：黑人女子莫妮卡·郎博（Monica Rambeau），职业是新奥尔良州湾区警察局的中尉。当然了，从个人履历来看，这个从女警卫转变成宇宙战士的新版惊奇队长，与过去的惊奇女士卡萝尔·丹弗斯并没有太大区别。于是在一周后的第 164 期《X 战警》中，克莱蒙特和科克勒姆马上给丹弗斯赋予了全新的能力和一个新的超级英雄名号。与 X 战警一同从宇宙深处返回的丹弗斯收到了入队邀请，不过在一番犹豫之后，她拒绝了，因为她更喜欢在浩瀚宇宙中探索的感觉。"与你们一起回去就意味着我要违背自己内心的渴望，而满足这种渴望却意味着与各位离别，与我爱的一切事物离别。地球是卡萝尔·丹弗斯的家乡……但恐怕，在那里并没有二进制（Binary）的容身之处。"我们有理由相信，克莱蒙特此举也存在不让其他编剧和编辑染指这个角色的目的（她的这段夸张的道别独白只不过是克莱蒙特个人风格的表现罢了）。

丹尼·奥尼尔成为《钢铁侠》的编剧后，便开始计划着换一个人来穿上这些战甲：当史塔克穷困潦倒、浑浑噩噩时，他的黑人伙伴，绰号"罗德"的詹姆斯·罗德斯就顶替上阵，成了新一代的钢铁侠。

马克·格伦瓦尔德将《蜘蛛女侠》交给了安·诺琴蒂，后者此前只为漫威写过一个小故事。"在此之前，从来没有女性做过女性角色的常任编剧，"他告诉她，"你会给漫画界带来一种新气象。"不过，他又顺便提了一个要求，就是诺琴蒂必须让这个角色死去。"我猜他大概已经找所有人问过了，而大家都拒绝了这个要求，因为杀死英雄是一件非常要命的事情。不过，我当时还不懂这个道理。我只是想，好啊，这不是小菜一碟吗。不就是那个印在奶昔杯子上的穿蜘蛛衣的女孩子嘛。于是我画了4期后，就把她杀了，结果那些既悲伤又惊恐的孩子就给我寄来了无数的信件。**我当时还不了解孩子们与这些角色之间有着多么深厚的羁绊。这些角色都是活的，你明白吗？这才是整个漫威宇宙的真谛。**"

爆炸清单，舒特要把一切推倒重来

据说，舒特推行"大爆炸"计划缘于如下动机：漫威宇宙已经变得太过复杂了，角色们的历史太长，妨碍了新故事的创作。多年后，汤姆·德法尔科在回忆舒特的那场讲话时说道：

必须在所有漫画中都加入统一的暗示，它将预示着大变动。接着，就将会发生大爆炸，到那时我们就可以为原有角色设计出全新的版本了。

我们问道，为什么要这么做呢？舒特解释道，我们如今制作的一些东西根本没有达到我们预期的高质量标准。

我们争辩道，这话没错，但另起炉灶的还是我们这批原班人马！我们又不可能在员工当中搞一场大爆炸。如果延续了20年的漫威宇宙已到达极限，不得不推倒重来，那么问题就在于，再过个四五年，它还是不可避免地会再度变得如此复杂。于是，你就必须不停地推倒重来。这样做有什么意义呢？

道格·芒什则是这样理解的："虽然唐纳德·布雷克死了，但会有其他人找到这根拐杖，于是就成了新雷神。所以，雷神就不再是一个医生，而是水管工或者别的什么人了。虽然史蒂夫·罗杰斯死了，但是某个投资银行家会成为新的美国队长。彼得·帕克也会死，然后又有别的人被另一只蜘蛛咬了等等。我的反应是，这太莫名其妙了！我们不能这么做！但舒特坚持要我们采取这一行动。我一直把他的话当耳旁风，但舒特却一直在催促。编辑们都打电话来找我谈，包括拉尔夫·玛基奥和马克·格伦瓦尔德这样的助理编辑；他们全都不敢在舒特面前造次。不过，他们都看到过我在漫威办公室里冲着舒特大吵大闹。我估计我是唯一一个敢反抗他的人。其他所有人都吓得缩成一团，不想冒被解雇之类的风险。我才不在乎这档子事儿呢，我就是讨厌这个家伙。"

1982年的8月，芒什正在忙着写《雷神》、《月光骑士》和《功夫之王》的故事。虽然《雷神》表现得中规中矩（后来他抱怨说格伦瓦尔德不允许他照自己的想法控制剧情的走向），但《月光骑士》和《功夫之王》却异军突起。尽管多年来画师比尔·显克维奇一直被当成尼尔·亚当斯的模仿者，但在《月光骑士》中他终于取得了重大突破。该系列的每一期都开始展现出比以往更为丰富的名家元素和风格，比如拉尔夫·斯特德曼（Ralph Steadman）、鲍勃·皮克（Bob Peak）和古斯塔夫·克利姆特（Gustav Klimt）。虽然编辑丹尼·奥尼尔一直在设法让《月光骑士》靠拢《蝙蝠侠》，但是芒什和显克维奇却总在创作令人回味的心理剧。《功夫之王》也同样登上了新的高峰。芒

什在过去 10 年中一直担任这部漫画的编剧，他与画师保罗·格拉西（Paul Gulacy）和
迈克·泽克（Mike Zeck）的合作取得了丰硕的成果；这两人堪称这部作品的左膀右臂，
一个人让它从烂俗的武打故事蜕变成了惊心动魄的间谍冒险，另一个人则带来了再现
斯特兰科和斯大林雄风的页面设计。不过，芒什最关键的收获，还是他遇到的第三位
贵人，也就是他的梦幻拍档基恩·戴（Gene Day）。

戴以其突破传统的页面布局和苦行僧般的工作风格（"他可以连续工作 8 个小时，"
据上墨员乔·鲁宾斯坦称，"一刻都不离开办公桌，让他弟弟给他倒咖啡，然后他会吃
点东西，接着继续工作 8 个小时。"）而著名，而且他在所有人的眼中都是个忠心不二
的漫威员工；他对于雇佣合同的条款丝毫没有怨言。他和芒什将全部心血都投入到了
《功夫之王》当中，让这部作品在美术造诣上傲视群雄。

不幸的是，《功夫之王》的销量却有点不给力。尽管依然能盈利（其实当时漫威
出版的所有作品几乎都不会亏钱），但它还是被归在了较为失败的那一类，而且舒特
认为这部作品已经陷入了一个怪圈。他对于戴用画面来叙述故事的方法颇有微词，经
常会要求他重画部分页面。很快，就连这个最忠实的戴也忍不下去了。在遭遇了他所
说的"我一生中最受伤的经历之一"后，他就退出了这一作品的制作团队。舒特给芒
什打了个电话，提醒他这部漫画的销量已经低迷很长一段时间了，希望能看到一些"激
烈的、彻底的改变"。

《漫画购买指南》（*The Comics Buyer's Guide*）刊登了一篇芒什的访谈，解释了他
为什么在连续为漫威工作了 8 年后选择退出。他说，吉姆·舒特要求他将《雷神》中
的角色全都杀掉，包括雷神的另一重人格布雷克和所有阿斯加德人。芒什在采访中表
示，虽然这听起来并不是好主意，但这还不是让他离开漫威的原因。舒特还向他提出
了许多改良《功夫之王》的方案。反派傅满洲会从这个故事中被删去，而该作品的主
角英雄也将退场。"他说我可以杀了上气，或者将他换成一个忍者，或者把他变成一
个像傅满洲一样的反派，再找一个像忍者一样的英雄将他绳之以法……吉姆还建议我
把所有配角都杀光……这些角色耗费了我多年的心血。我爱他们，所以我告诉吉姆我

不可能把他们都杀了。于是他告诉我说，我可以不杀他们，但要自己想办法让这部漫画提高销量。不过，他对此的看法是，除了他的办法外，都很难行得通。"在挂断这通电话的时候，芒什在漫威公司的 8 年时光也告一段落了。当比尔·显克维奇听到这个消息的时候，他也选择了退出《月光骑士》。

在当年 9 月份的记者招待会上，漫威说起了与"大爆炸"计划相关的争议问题。据芒什所说，舒特在一大群记者面前否认了他的言论，说这是"一个心有怨恨的前员工的一面之词"。芒什后来说："拉尔夫·玛基奥、马克·格伦瓦尔德和其他所有编辑就坐在他的旁边，却没有一个人对他的说法有任何表示。"当他看见这种场面时，就感觉自己的伤口上又被撒了一把盐。这些人之前还给他打电话，恳求他："你得阻止他这么做！"结果他们就这样任由舒特谎话连篇，还帮着他指责芒什是骗子。

有文章指出，不管是给漫威打工的自由职业画师还是其编辑部的员工，都有人匿名证实漫威有一份"爆炸清单"，上面列出了像《功夫之王》、《雷神》和《捍卫者》这样销量低迷的作品。不过，漫威的官方回应却一如既往地坚定而明确。"我从来没要求任何人杀死任何角色，"舒特说，"不管是托尼·史塔克、唐纳德·布雷克，还是其他任何人。"当《漫画特写》（*Comics Features*）请马克·格伦瓦尔德对此发表评论时，他许诺说钢铁侠、雷神和美国队长都很安全。"他们或者他们的配角一个都不会死，"他说，"你们听到的不是真的。我可以非常肯定地说，舒特从来没说过要杀死哪个角色。他说的是我们要有创意，做些人们意想不到的事情。道格·芒什和吉姆·舒特在创作问题上一直存在分歧。"

每个人都在推卸责任。"吉姆想让一部分作品有所改变，而《功夫之王》和《蜘蛛女侠》是他最初的两个目标，"《漫画现场》（*Comics Scene*）援引拉尔夫·玛基奥的话说，"吉姆想改变它们，而我的职责就是帮助这些作品走过难关。"与此同时，舒特还着重指出，是玛基奥对漫画走向的不满引发了这场讨论。他还略微修正了之前有关他从未让芒什杀死任何一个角色的说法。"至于我说出的'批量屠杀'的想法，"他解释道，"那是芒什会错意了。我是这样说的，我想告诉你的是，没什么是做不到的……

你可以将他们都抛弃，也可以都留下……我不管你怎么做，只要有所改变就行了。"

当二人在进行这场论战的时候，芒什和那些老前辈一样，也准备转投到 DC 公司门下。"唯一能阻止我做出这一决定的，"芒什后来说道，"就是知晓此事的斯坦·李，他让我打消了这个念头。可到现在为止，还有许多人依然认为我才是捏造出这一闹剧的疯子。"

> 克里斯·克莱蒙特对芒什的斗争感同身受。"他花了八九年时间编写《功夫之王》的剧本，而且已经把这些角色当成了活生生的人，甚至视为自己的朋友。结果有人命令他对这些朋友痛下杀手，整个地扭曲这部漫画和这些角色的概念。对他来说，这无异于毁灭他们。对于这些人，道格倾注了时间、精力、友情与关怀。现在让他亲手杀了他们，他下不了手。他不可能退让妥协，做一个冷酷无情的神，因为他已经成了这部漫画的一部分，而不是一个旁观者。"

或许事实正如舒特在接受采访时说的，把美国队长变成一个投资银行家只不过是"一种修辞说法"。不过无论如何，据汤姆·德法尔科所说，当爱好者杂志嗅到此事的风声时，这个计划就被取消了。不管结果如何，这场论战都使公众意识到有人在一念之间想要伤害漫威神圣的角色，让人想起在漫画幕后的创作过程中依然存在紧张气氛，还使大家意识到肯定有人撒了谎；诸如此类的问题让每一个站着说话不腰疼的预言家、自吹自擂的专家以及普通的粉丝愤愤难平。而且，这样的情况还将进一步恶化。

1982 年 9 月 22 日的早上，年仅 31 岁的基恩·戴死于心脏动脉瘤，当时距离他被迫退出《功夫之王》只过了几个月的时间。他的去世可能缘于多方面的因素。"基恩的工作习惯很怪异，"道格·芒什在他的悼词中写道，"他可以在画板前埋头苦干 42 小时，然后倒头就睡，醒了以后又继续工作 28 小时，接着再一头睡倒。这是非常不平衡的作息周期。在他醒着的时候，时时刻刻都离不开烟和咖啡。他的埋头苦干也落下了背疼的职业病，而且他也从不运动。"不过，也有传闻说戴是为了解决燃眉之急，被迫来到纽约市帮漫威完成一段故事的；他别无选择，只能在没有暖气的办公室里熬了一夜，而这才是他真正的死因。谁知道这些传闻是不是半真半假、夸大其词？但在越来越多的人眼里，漫威已经开始变成了一个坏蛋、一个邪恶的帝国；而漫威员工越反驳，情况就越糟糕。汤姆·德法尔科在一次记者招待会上现身说法："基恩·戴退出《功夫之王》之前，漫威给他的激励奖是每月20美元左右。后来他去了《星球大战》，在那里每月有1 400美元的奖金。如果这叫作迫害的话，我真希望自己也能被吉姆·舒特讨厌一回。"

在戴去世后不久，加拿大的爱好者杂志《猎户座》（Orion）发表了一篇访谈，将其描写成了一位模范员工。"我是漫威的坚定支持者，"戴曾满脸笑容地说道，"我的家就是漫威造的。我现在所享受的幸福生活都来自于他们给我的钱。"这一番话可以有两种解读：要么说戴是一个悲情的受害者，要么说漫威是一家尽责的好公司。

在芒什离职几周后，漫威宣布将助理编辑拉尔夫·玛基奥升为编辑。《蜘蛛女侠》《恶灵骑士》《功夫之王》都将停刊；里面角色本身也将被抹消。蜘蛛女侠死了，约翰尼·布雷泽（Johnny Blaze）驱除了魔鬼恶灵骑士。丹尼·奥尼尔询问杀死过术士和惊奇队长的斯大林，是否有兴趣再接受一场清理门户的任务：把上气杀了。这一次，斯大林点头了。

MARVEL COMICS
THE UNTOLD STORY

13 轮回策略，
"第二漫威宇宙"付诸实施

在遥远的加利福尼亚谢尔曼奥克斯（Sherman Oaks），漫威制片公司牧场风格的办公大楼就位于范奈司（Van Nuys）林荫道上；这里也成了斯坦·李新的大本营。在他那间有着高高的天花板、充满皮质家具的暗色调办公室外头，是一座采光极好的庭院，他就在那儿的玻璃台面办公桌上召开会议。一切都正如火如荼地发展着。曾获奥斯卡奖的作家斯特林·西利芬特（Stirling Silliphant）已经完成了美国广播公司真人剧《夜魔侠》试播剧本的草稿。他们还在商量让汤姆·塞莱克（Tom Selleck）出演《奇异博士》的电影；刚在《洛奇3》（Rocky III）中大获成功的卡尔·韦瑟斯（Carl Weathers）有意参演《力量人》的电影；而灾难电影大师欧文·艾伦（Irwin Allen）则提出了将《霹雳火》带进剧院的想法。尽管哥伦比亚广播公司戏剧电影公司后来否决了《神奇四侠》，但罗杰·科尔曼（Roger Corman）现在正在筹备制作《蜘蛛侠》的电影，而且加拿大的动画公司 Nelvana 也得到了拍摄《X战警》真人电影的版权。

1983 年 1 月斯坦·李访问纽约总部时，可谓是洋洋得意。编辑部的员工当时都忙得不可开交。他们刚为了一些封面而穿上超级英雄的制服相互拍照（在当时即将上市的《蜘蛛女侠》的封面上，会出现几个漫威员工的身影），现在则正在筹备一本完全由办公室内部恶搞照片组成的漫画，并且想让"凡人"斯坦也上场。作为漫威元老级的表演指导者，斯坦·李自然不会错过这个在插页中大显神通的机会。"我说服了斯坦，让他裸体出演，"安·诺琴蒂说道，"他用一本漫画遮挡住隐私部位，让我们给他拍照，后来从洛杉矶打来了一通电话，听起来像是他的助手之类的人，斯坦玩疯了。他不应该一丝不挂地出现在插页上。请别这么做。但他本人毫不介意。他脱掉了衣服，大大方方地躺在了沙发上。"（不过在后期处理中，他们用一副绿巨人的服装盖住了斯坦·李的身体。）

当然，有些事情铁定要坏了斯坦·李的好心情，那就是在威尔·艾斯纳的新一期《闪灵》杂志上，科比再次发起对漫威的攻击，他在其中对斯坦·李进行了点名炮轰。在那年 7 月里，科比一直辗转于各地漫展，他利用行程的间歇在圣迭戈一家旅馆的大厅里接受了艾斯纳的采访，并留下了许多毫不忌讳的言论。现在，他埋下的这颗定时炸弹终于要爆炸了。针对漫威 1957 年裁员后的复兴，他说："我下午回来的时候，他们都已经准备关门了。斯坦·李当时已经成了编辑，面对着一堆烂摊子不知所措。我记得当时对他说先别急着关门，因为我有些好想法……我感觉我必须让漫威复活。接着，我就开始创作了一系列新的超级英雄。"

科比把功劳都揽了过去。想出这些超级英雄的并不是斯坦·李和科比两个人，而是科比自己顶着古德曼的压力完成的。"斯坦·李并没有参与编剧。编剧就我一人，"

他坚持这一说法，"斯坦·李不同意让我来填写对话气泡。斯坦·李不同意让我来完成角色对白，但将整个故事写出来的人是我。"和上次一样，他声称蜘蛛侠也是他的创作。

科比与斯坦·李及漫威公司的关系进一步恶化了。斯坦·李也没有改口，依然表示他自己是无可置疑的蜘蛛侠之父，而科比的说法简直是一派胡言。"我并不知道事实是怎样的，有可能当迪特科在画这部作品时，采用了杰克创作的服装。我记不得了。我猜这事只有迪特科和杰克两个人知道。如果联系得上迪特科的话，我希望你们能问问他……但不管以何种方式、何种形式、何种层面或何种意义来讲，杰克·科比都没有创作蜘蛛侠。我都不知道他怎么敢说出这样的话。这是在我们创作的漫画中他根本就没有插手的一部作品，唯一相关的只有几张没有被采纳的画稿。"

还有人问，科比是否是让漫威在 20 世纪 60 年代初期大力发展超级英雄的幕后推手？"这个嘛，我认为杰克已经是在胡言乱语了……杰克当时一直在家里画着怪物题材的故事，直到有一天我打电话给他说，我们一起做《神奇四侠》吧。"斯坦·李还将绿巨人和雷神的最初灵感归入了自己的功劳中。"我对他说，我想画一个神。我们来画一个雷神托尔吧。到现在为止还没人画过北欧神话呢……所以，如果这都不能说是我创作了它，那我就不知道还能说些什么了。"

没有一个粉丝会对科比和漫威之间的不合视而不见，而对于表现得宽宏大量（或者至少是擅长公关）的 DC 公司而言，这可谓是正中下怀。在双方的裂痕成为粉丝热议的焦点时，DC 公司给科比分配了更多的工作。珍妮特·卡恩和保罗·列维茨（Paul Levitz）在洛杉矶约杰克和罗兹夫妇吃了顿饭，并告诉他们《星球大战》系列人物玩具的制造商肯纳（Kenner）准备制作一批 DC 公司角色的玩具。如果科比愿意为他的新神角色设计造型，那么尽管他在几年前就合法地放弃了与新神相关的权利，但 DC 公司还是会按照创作者的标准向他支付版税。不仅如此，这家出版商还准备再版他在 20 世纪 70 年代创造的新神故事，这将是一套以精美纸张印刷的豪华版本。

玩具总动员，美泰联手漫威

当肯纳达成了制作超人、蝙蝠侠、神奇女侠（Wonder Woman）玩偶的交易后，与其竞标 DC 角色而败北的竞争对手美泰在慌乱中赶忙与漫威敲定了一桩相似的协议，从而避免了肯纳垄断所有的超级英雄市场。不过，由于美泰的《宇宙的巨人希曼》（*He-Man and the Masters of the Universe*）玩具早就已经取得了巨大的成功，所以该公司并无意在类似的产品上投入过多资金。美泰只是要求漫威出版一部重磅级的漫画，与这支玩具产品线形成照应；而且这部漫画的名字要叫《秘密战争》（*Secret Wars*），因为根据他们的市场研究，这两个词是最能让小孩子欲罢不能的。

于是，吉姆·舒特就身负重任，要构思出一部系列漫画的种种故事，将授权给美泰的诸多英雄罗列其中，包括蜘蛛侠、绿巨人、神奇四侠、X 战警、复仇者联盟，外加十几个反派角色。这正巧成了一个完美的宏大平台，非常适合他最近一直在酝酿的多角色冒险故事《宇宙冠军》（*Cosmic Champions*），同时这也是舒特苦苦寻觅的对角色做出更多改变的绝妙良机。1982 年的夏天，他以 220 美元的价格买下了一位芝加哥粉丝毛遂自荐的故事构思，是时候将这个故事付诸实现了。这一次，蜘蛛侠将会穿上一身崭新的高科技黑色战袍。

在那几年中，漫威都在为维持旗下角色的相互联系而忙得焦头烂额，毕竟他们共同享有的虚拟世界是漫威故事的一大特色。现在，这些角色将会被投入一场庞大的战役之中。"本质上，"舒特的说法是，"我是在实现漫威宇宙从创建之初就决定好的命运。"

你也可以认为，更具体地讲，《宇宙冠军》实现的是卡登斯工业公司旗下漫威漫画集团的命运。在超过一年的时间里，投资人马里奥·加百利（Mario Gabelli）已经购入了大量卡登斯工业的股份；这一动作在公司主管之中产生了不小的震动。在 1983 年 8 月，谢尔顿·范伯格、漫威总裁吉姆·高尔顿以及漫威商务副总裁乔·卡拉马里（Joe Calamari）等 6 名元老级高管将公司私有化，改名为卡登斯管理公司（简称 CMI），从而避免了公司被他人兼并。然而，由于回购大量公开股份而背负了短期债务，CMI 亟需在利润上得到较大的突破。就是在这种情况下，《宇宙冠军》更名为《漫威超级英雄秘密战争》(*Marvel Super Heroes Secret Wars*，简称《秘密战争》)，并进入了全速制作当中，在公司内部产品中的附带广告更是层出不穷。

　　"《秘密战争》是头一部将所有的角色全都扔进一个锅里，但背后却没有半个明星创作者支撑的大手笔漫画，"时任漫画与漫集商店经理的戴安娜·舒茨说道，"我们在60年代看漫威漫画的原因是其中的角色和背后创作他们的人。如果没有斯坦和杰克，或者斯坦和史蒂夫在幕后支撑，这些作品绝不可能拥有这么强大的吸引力。进入70年代后，创作者的影响力就变得更大了，这也催生了许多独立公司和直销市场；这些都是由创作者推动，而不是角色，更不是发行公司。在80世纪中期《秘密战争》出现时，我感觉漫威好像是在尝试扭转这一平衡，将读者的关注点更多地转移到角色上，而不是创作者身上。"

《秘密战争》的创作团队确实不算巨星云集，吉姆·舒特将亲自编剧，而绘画则交给了迈克·泽克和约翰·贝蒂 (John Beatty)。虽然泽克和贝蒂在《美国队长》中的演绎大受欢迎，但是他们并不像约翰·伯恩或者弗兰克·米勒那样拥有一群铁杆追随者；这就意味着少了一批固定的销量来源。实际情况是，漫威当时已经找不出几个能单凭名字就让顾客排着队购买一本老漫画的金牌编剧和画师了。伯恩原本至少担任3部作品的常任铅笔画师，但在他负责《神奇四侠》的编剧兼画师之后，已忙得脱不开身了；当时他可真算财星高照，其负责的《阿尔法战士》创刊号卖出了惊人的销量，仅这一项就为他的荷包带来了破纪录的3万美元。伯恩还在为《石头人》编剧 (但不负责绘制)，不过这部作品并没有大红大紫；这也让大家很快意识到，真正带来销量的并不是他写的剧本。米勒已经慢慢地将《夜魔侠》的担子交给了克劳斯·詹森，随后就彻底告别了漫威，一心一意地扑在了DC公司的《浪人》上面 (几个月后，筋疲力尽的詹森也退出了)。

　　和吉姆·斯大林、史蒂夫·恩格尔哈特一样，唐·麦格雷戈也转而为漫威旗下史诗漫画公司的阿奇·古德温和乔·达菲效力。在关于霍华鸭的诉讼最终达成庭外和解之后，史蒂夫·格伯也加入了他们。就连与舒特向来不合的道奇·芒什、很久以前就离开漫威的保罗·格拉西也都到史诗报了到。由于漫威严禁这些人的故事接近自己的宇宙体系，所以他们新创造的超级英雄漫画在商业上都很难达到成功的标准。总之，漫威已经再也拿不出超级明星级别的创作者了。

1983 年中期，沃尔特·西蒙森接下了正处于腰斩边缘的《雷神》。西蒙森是有 10 年经验的老手，而且在漫画界深受人们的尊敬和喜爱。他是路易斯·琼斯的丈夫，并且与弗兰克·米勒同处一间工作室。不过，尽管其页面设计有着令人赞叹的想象力，但他一直都被视为一位"艺术家式的艺术家"，与真正的明星毫不沾边。尽管马克·格伦瓦尔德将这部作品全权委托给了西蒙森，但同时也给了他一张单子，上面罗列了这部漫画可行的发展方向，其中一条就是在托尔死后，让一个新英雄拿起雷神之锤，这听起来与道格·芒什之前的说法颇为相似。

在西蒙森的演绎中，获得托尔武器的人是一个自称贝塔射线比尔（Beta Ray Bill）的外星战士，他长着一只马头。在第 337 期《雷神》的封面上，身披全套雷神装备的贝塔射线比尔挥舞着雷神之锤（Mjolnir）砸破了故事标题，向着读者袭来，令人不由为之一惊。翻开漫画则会发现，西蒙森对恒星爆炸、巨型宇宙飞船描绘和运用北欧神话架构的熟练与精通，是自科比之后的其他任何人都无法望其项背的。这一期在短短几天时间内就售罄了。这一突然爆发让经销商们措手不及，可以说这是自第一期《霍华鸭》后就未曾出现过的情景。如果说弗兰克·米勒拯救了《夜魔侠》，那么西蒙森就是《雷神》的救世主。

从某种角度来看，这也算是为舒特对滞销作品进行彻底翻新计划的一次正名。上气已经谢幕了，而托尼·史塔克和唐纳德·布雷克也都被新钢铁侠和新雷神所替代。此外还有新版惊奇队长，而恶灵骑士和蜘蛛女侠也都死去了。在《奇异博士》中，罗杰·斯特恩用木桩钉死了玛尔夫·沃夫曼和基恩·科兰耗费 10 年时间打造的漫威吸血鬼德拉库拉。然而，所有这一切似乎都没引起多大的反对声音。

这下，舒特已经能大摇大摆地拿这事开玩笑了。他问弗雷德·亨贝克是否愿意在他的短篇故事《神奇四侠吐槽大会》中用上这一素材，而当亨贝克问舒特有没有什么具体的方案时，他说："你何不在这个正在进行的大爆炸争议上做文章呢？也许你可以弄出点有意思的东西？"于是，亨贝克就开始创作起了《吉姆·舒特毁灭漫威宇宙》（ *Jim Shooter Destroys the Marvel Universe* ）。

《秘密战争》，杀死所有超级英雄

在不久以前，漫威还在急切地筹集资金，全力制作一个能与 DC 公司合作进行大场面冒险的角色，他们尤其看好乔治·佩雷斯的创作，因为他自从离开漫威，接手《新少年泰坦》之后就开始星途坦荡。不过在 1983 年，这两家公司却一直在为《美国正义联盟 / 复仇者联盟》（ *Justice League of America/Avengers* ）的联合作品而相互中伤，这场冲突的战场一直延伸到了各种各样杂志评论、爱好者杂志采访以及漫展座谈会上。双方的关键分歧在于吉姆·舒特在该系列的构思上过度行使了他的否决权。最后，漫威干脆选择了退出。

现在看来，漫威的这一决定已经无足轻重了，因为他们在报亭方面的销量已奇迹般地停止了下降趋势。不过，真正奏响凯歌的则是漫画商店，这里的销量取得了巨大增长。直销市场的销量在 1982 年上涨了 46%，在之后的 1983 年也上涨了 32%。连番推出的系列短篇作品不仅创造了源源不断的"可收藏"顶级漫画，而且也成了试探市场接受常规系列作品程度的便捷方法。以鹰眼、斗篷和匕首、黑豹、猎鹰以及第二支复仇者联盟团队为主角的迷你作品现在已进入了制作流程，而这些都是当时没法插入正篇中的角色。最后，漫威决定让他们聚集起来，组成西海岸复仇者联盟（ West Coast Avengers ），基地自然选在了洛杉矶。机械侠和永恒者在科比创造他们时并没有引起重视，而漫威此时又准备重新挖掘他们的潜力，以他们为主打角色的短篇作品也进入了策划阶段。当然了，真正的摇钱树还是得数 X 战警的各种相关作品，它们在书架上从来都无法多逗留一秒钟:《X 战警和微星小超人》(*X-Men and Micronauts*)、《依蕾雅娜与风暴女》(*Illyana and Storm*)、《美女与野兽》(*Beauty and the Beast*,男女主角是前 X 战警成员野兽和让人见识了漫威顽固个性的炫目)、《幻影猫和金刚狼》(*Kitty Prye and Wolverine*)。在野兽加入了《捍卫者》的角色阵容后,另外两位前 X 战警成员天使和冰人也参与了进来。

当时还未满 30 岁的卡萝尔·卡利什对于漫威销量的飙升功不可没。在她的游说下,达成了许多政策,例如广告协作计划、漫画货架改造计划和收银机改造计划,这让受益的零售商意识到,自己的状态决定了发行商的持续成长。她将杰·康拉德·莱文森(Jay Conrad Levinson)的《游击营销》(*Guerrilla Marketing*)分发给商店店主,还说服漫威对最后时刻拼凑的作品实行开放回购制度。她还谈下了沃尔顿书局和道尔顿书店的分销事宜。

和热爱漫画一样,她也热爱着销售,而零售商们也热爱她。被许多人赞为漫画行业最聪明的人,还总是以一副年轻都市职业人的打扮示人,并经常打着流利得体的官腔;不过,她也懂得铁杆漫画粉丝的语言,因为她就是一个不折不扣的铁杆漫画粉丝。"卡萝尔会走访各家店铺,约别人出去吃饭,询问销售情况,"舒特说,"吃完饭后,她通常用公司差旅卡结自己的那一份儿,而当对方问:'你确定吗?你不能把这一桌都付了吗?'卡萝尔这时总会牢记这个最基本的道理:她每一次花钱带零售商出去吃饭,就等于给她看衰的作品(例如《炫目》)多打上一颗棺材钉。这正是她想要避免的东西。"

卡利什做事干净利落且意志坚定,这使她赢得了上司埃德·舒金和助手彼得·大卫的强烈好感。不过在漫威办公室的其他地方她却不那么受欢迎。"大家有很强的敌意和猜疑,"大卫这样描述编辑部门和销售部门之间的关系,"编辑部门根本不理解销售部门存在的意义。他们担心销售部门会喧宾夺主。他们不想让自己的故事被销售所主导,他们希望能让作品完全由创意驱动。"

在斯坦·李听闻漫威计划杀死旗下角色的传闻而打来紧急电话之后,舒特就一直在按照他的指示行事。"如果漫画本身是好的,那么销量自然不必担心。"但销售和营销人员并不喜欢这样的哲学。

彼得·大卫最早是新闻从业者，后来曾经为丹尼·奥尼尔构思过《月光骑士》，但成效不佳。在编辑部和营销部之间的一场公开冲突中，他很不幸地处在了风暴中心。大卫负责定期发布重大事件前沿素材的预览稿件。有一次，他收到了即将上市的《阿尔法战士》的复印件。问题就出在，漫威已经高调宣布在即将发行的第 12 期中，有一名阿尔法战士将会死去，而在第 13 期的复印件上，这个已经死去的英雄又在一段梦境中从坟墓中复活了。当伯恩看到这些严重剧透的复印件时，杀到了大卫面前破口大骂，直到把桌椅掀翻后，才怒气冲冲地跑了（在四分之一个世纪之后，两个人依然还在网络留言板上为这段风波的细节争论不休）。

不过，事实情况是，舒特的目标和卡利什的目标是非常一致的。1984 年 1 月终于上市的《秘密战争》，为二人一致的步伐提供了最佳证据。美泰在这方面帮不了什么忙，毕竟他们的玩具要到几个月之后才会上市，而且根本也不准备投入太多的营销力量。然而，舒特的"牛棚公告"栏目和《漫威时代》的文章却在读者和零售商脑海中刻下了这样的印象：这些角色的方方面面都会有所改变，而且你们一定会买账。

《秘密战争》的故事构思非常简单：一股凌驾尘世的超凡力量超越者（Beyonder）将几十位超级英雄和超级恶棍传送到了一个名叫战斗世界（Battleworld）的星球上，让他们相互厮杀。"我来自超凡的世界，"从宇宙中传出的声音说道，"杀光你的敌人，我将实现你的一切愿望！"有人认为这部充满战斗的《秘密战争》彻底违背了漫威漫画的特色，因为尽管在好人之间一如既往地出现了争吵与误解，但却几乎没有多少微妙的道德评判，唯一沾边的只有神奇先生在其中几页里对和平主义的冷嘲热讽（并决定背道而驰）。在最新的《X 战警》故事中，克里斯·克莱蒙特已经竭尽全力将万磁王转变成了一个令人同情、甚至可谓高尚的奥斯威辛集中营幸存者，并且他最终还是与 X 战警握手言和了。不过，到了《秘密战争》中，他又再次退化成了一个暴力的思想家，誓将阻挡在其和平梦想之前的所有人都杀死。坏人这边几乎全都是暴徒和自大狂，只有一个特例。

分子人（Molecule Man）毫无疑问是舒特最喜爱的一个角色。他原本只是一个名叫欧文·里斯（Owen Reece）的小人物，一场核电站的事故让他具备了重组物理物质的能力。在斯坦·李和科比早期的《神奇四侠》中，他成了用完就弃的反派。虽然在20世纪70年代，史蒂夫·格伯和莱恩·韦恩就曾让他数度登场，但舒特却在几期《复仇者联盟》中赋予了他"反击怪人"的形象，这让欧文·里斯成了一个令人异常同情的反社会人物。"当我获得这股力量时，"里斯解释说，"我希望让全世界变成一个平等的乐园，因为我在这一生中一直遭受着不公的对待。不过，我并不知道该怎么做……但现在不一样了！"在故事的最后，里斯同意接受治疗。然而，在《秘密战争》中，舒特安排里斯安抚了周围那群愚蠢的罪犯。可是当他们意识到里斯只要动动念头就能把他们烧成灰烬时，反而变得更加愤怒了。

很可惜的是，分子人的故事最后无疾而终了，取而代之的只有一连串爆炸和永不放弃的宣言。只有神奇先生的话语在读者的脑海中久久回响，他说道："超越者为什么要从宇宙的另一头将这个已离我们如此遥远，又如此强大的存在带进这场愚蠢而单纯的'善恶大战'呢？难道他是一个疯狂的神？或是一个宇宙级的傻瓜？……这其中一定有更深层的原因……可是究竟是什么呢？"这事儿最好还是别去细想，正如舒特后来说的那样，这部漫画只不过是"教小孩子如何玩玩具"的一部教程而已。

《秘密战争》从头到尾都只能算糟糕的大杂烩，它让各个角色快速走了个秀，然后说了些陈词滥调；这些角色一直在反复重申自己的战斗动机。虽然为了让美泰满意，其中加入了三位新的女性角色；其中一个只不过是新版蜘蛛女侠，而其余的两个都是模板化的女性摔跤手。由于舒特反反复复地要求重画，坚持加入更多固定镜头和平视长镜头，所以迈克·泽克的绘画也开始失去了原本的动感。因为赶不上制作进度，所以鲍勃·雷顿也参与了几期的制作。随着他的加入，泽克的任务就仅限于像熟练工那样渲染舒特提供的构图了。与其推崇的平铺直叙的故事风格一样，舒特的构图也充满了僵硬刻板的人物形象。当最后一期总算完成的时候，舒特送了泽克一瓶香槟王Dom Perignon，还附上了一张写着"战争结束了"的卡片。心弦紧绷的泽克二话不说，打开瓶塞就把整瓶酒给干了。

这一系列在最后，舒特的大爆炸计划还是发挥了一把余热。第 11 期《秘密战争》以早先会议中讨论的"来自蓝星的闪电"结尾，而在第 12 期大结局的封面上赫然写着"大爆炸过后！"不过，除了几套新服装和一位新版蜘蛛女侠之外，漫威宇宙也没有任何实质变化；这或许才是粉丝心中真正所期望的。

1984 年 1 月，随着相关一期《超凡蜘蛛侠》上市，《秘密战争》的商业前景才初露端倪。当《秘密战争》还在制作过程中时，汤姆·德法尔科和画师罗恩·弗伦茨（Ron Frenz）接下了《超凡蜘蛛侠》系列，而他们的新任礼物之一就是罗杰·斯特恩已经构思好的一个故事；蜘蛛侠在该故事中将初次展示其全新的黑色战袍。由于当时办公室里的普遍观点是这套新服装的噱头只能招致失败，所以正规军的编剧们都纷纷退缩了。就在这时，德法尔科站了出来，愿意负责该作品的编剧工作，而且也不打算对黑色战袍做任何改动，毕竟当时关于新服装的消息已经走漏了风声。"我们收到了大量邮件，说这是个极其糟糕的主意，"德法尔科回忆道，"舒特都坐不住了，他亲自找到了我，问道，蜘蛛侠在第几期会穿上黑色服装？我回答说 252。接着他就说，到第 253 期就把它撤下来。销量会大跳水的。没人喜欢这套服装。我跟他讨论了很久，终于说服了他将这套服装保留至少 8 期的时间。因为在第 8 期之后，《秘密战争》才会上市。我说，我们必须先把它拿出来，然后才能撤掉。"

德法尔科和舒特的担心是多余的，因为当美泰听说了这套全新的蜘蛛侠服装时已激动不已了；这下他们可以销售两个版本的玩具了。"在我们将这一期的稿子发出去时，"德法尔科说道，"舒特走进来说道，噢，顺便说一句，把那套黑色服装留着。"

在当年 2 月 1 日，第 252 期《超凡蜘蛛侠》登陆报亭的第二天，艾略特·布朗和汤姆·德法尔科抵达了加利福尼亚，参加漫画商店的巡回签名活动。结果有些出人意料，第 252 期《蜘蛛侠》转眼之间就打破了销量纪录，这个惊喜比之沃尔特·西蒙森的第一期《雷神》可谓"有过之而无不及"。当他们来到第一家漫画店时，德法尔科已经找不到地方签名了，因为这家店里的所有库存全都已经售罄。与此同时，在加拿大的一场签售会上，罗恩·弗伦茨发现这一期漫画已经被炒到了 50 美元的天价。"由于人实在太多了,结果惊动了消防局前来清场,"他说道,"这简直就是《超世纪谍杀案》（Soylent Green）……汹涌的人群不断把桌子往里推啊推，由于场地太大，而且也没有导向指示，所以我就被桌子一点一点地挤到了里面。这盛况堪比披头士，而且谁都没有预料到会这样。"

一周后，德法尔科坐飞机参加亚特兰大漫画节。当时，吉姆·舒特最信赖的几个朋友和雇员，包括约翰·伯恩、马克·格伦瓦尔德、迈克·卡林和汤姆·德法尔科等人，为他献上了一幅名人吐槽漫画。正因第一期《秘密战争》而容光焕发的舒特真是乐得眉开眼笑。当他们回到纽约时，这股好运似乎一点都没有消退的迹象：事情迎来了令人难以置信的转折，DC 母公司华纳出版的比尔·萨尔诺夫（Bill Sarnoff）打电话给舒特，坦言尽管 DC 公司的超级英雄在周边授权方面顺风顺水，但漫画却仍在亏钱。萨尔诺夫询问漫威是否有兴趣购买版权，并发行 DC 公司的 7 部漫画作品。于是，漫威开始了《超人》《蝙蝠侠》《神奇女侠》《绿灯侠》《新少年泰坦》《超级英雄军团》《美国正义联盟》的版权谈判。舒特预计漫威的这笔收购将会在头两年里增加 3 900 万本销量，税前利润可达 350 万美元。而且，这不仅是落在漫威头上的一次赚钱机会，随着其主要竞争对手的退出，照舒特在备忘录里的话说，这会"消除一切烦恼"。

然而，他们没能抓住这一时机。在一周后的 2 月 28 日，第一漫画公司（First Comics）对漫威和几乎包揽整个产业的世界彩色印刷公司（World Color Printing，简称世彩）提出了"反托拉斯反竞争活动"的诉讼。诉状上不仅称漫威从世彩那里得到了折扣价，而且指出该出版商有意识地对市场进行倾销，从而扼杀羽翼未丰的竞争对手。尽管漫威并没有取消任何新作品的打算，但还是很快做出决定，认为在这个时候收购"DC 宇宙"的招牌产品并不是明智之举。

虽然舒特对此非常失望，但这也没带来什么破坏性损失。在他的算盘里，漫威凭自己也随时能创造出一个新宇宙。

MARVEL COMICS
THE UNTOLD STORY

14 影视掘金者，
新世界吞下漫威

　　眼看着《神奇四侠》创刊 25 周年暨漫威宇宙创立 20 周年的日子即将到来，吉姆·高尔顿召集了一众高管和副总裁，商讨应该安排些什么样的特殊发行活动。舒特的第一个想法听起来没什么新意。"我建议来一场大爆炸，也就是说，让漫威宇宙走到尽头，用一种戏剧化的方式让每一部作品都画下永远的句号。"他后来在接受采访时回忆道。他表示，从这个时候开始，所有的作品和角色都会重生，并且对在 25 年前没有得到系统性激励奖的经典英雄创作者，例如科比和迪特科，漫威会支付版税报酬。"我们可以从这个时候开始，翻版他们很久以前创作的角色，同时让他们也加入到我创立的标准创作者参与计划中。"当这个想法被否决后，舒特又提出了一个全新、独立、与漫威宇宙毫无关系的虚构宇宙。这一次，他的建议通过了，并得到了 120 000 美元的预算，要在两年内为 1986 年的周年庆创作出一系列作品。

与此同时，由于《秘密战争》已经开始了连载，所以吉姆·舒特得照顾好这个世界中的一草一木。然而，对于其他编剧在各自作品上的表现，他似乎并不太满意。"我认为舒特觉得有些角色已经被塑造得偏离了主旨，"汤姆·德法尔科说道，"你懂的，就是所谓的精华。他希望借此机会让我们明白该怎么创作故事。"

"这部作品的销量突破天际了，"约翰·伯恩这样评价《秘密战争》，"超越了当时的任何其他作品。舒特不得不暗自为这部作品寻找优点。他不得不说服自己，它能卖得这么好并不仅是因为塞进了世界上所有的超级英雄。它卖得好是因为它本身画得好。"现在，就连伯恩都拿到了道格·芒什抱怨过的那种完稿评分。伯恩说道："回到学生时代的感觉真好。'得分是中下。下课后来找我，'舒特还会附上一句评论，'参考一下《秘密战争》，看看正确的做法……'真是一派胡言。我一点都看不出能从《秘密战争》上面学到些什么。"

当时，漫威的其他系列无一例外地接到了推广该作品的命令，从牛棚上刊登的一则黑色幽默式备忘录就可见一斑：

日期：1984 年 4 月 27 日

发信人：吉姆·舒特

收信人：编辑部

主题：秘密战争

由于我没有可以推销《秘密战争》（和我本人）的来信栏目，所以我希望得到大家的帮助。你们能否在年底之前在自己的来信专栏中提一下我目前的作品有多么精彩、多么完美。最好再提及一下我的身份，漫威主编，同时也是所有角色的最终监督者，堪比漫威宇宙终极之神。这是货真价实的完美。看下来，我们唯一能确定的关键是，这些角色的傻劲和无聊跟他们在原来作品当中的表现是不同的。如果你们能赞一赞我现在的精彩作品，那么我们就能让那些傻瓜~~相信~~让我们可爱的读者们更明白，尽管我的风格与其他编剧有所不同，但创作的角色却是相同的。~~只不过我的创作更好而已，~~让我们一起把这事宣传一下，好吗？

虽然当这份备忘录被《漫画日报》透露出来的时候，有漫威员工证实了它的真实性，不过，助理编辑艾略特·布朗后来却突然跳出来说，是自己一手炮制了这个骗局。舒特对此拒绝评论。不管这份备忘录的始作俑者是谁，它都体现出了漫威员工在抵触某种想法：舒特是最懂漫威角色的人。当《美国队长》步入第 300 期时，舒特开始负责最后阶段的对白审核工作。该系列的编剧德马泰为美国队长准备了一段长达一年的故事，当时刚讲了一半。他让美国队长将近半个世纪中的死对头红骷髅逐步走向了其灭亡的结局。与其同时，筋疲力尽的美国队长将盾牌扔进东河之后便转身离开，从此尝试着以史蒂夫·罗杰斯的身份过上有意义的生活。"我的想法是，"德马泰说，"美国队长心想，你知道吗？ 40 年里我一直在尝试与坏人搏命相斗，但这世上一定还有其他的方法。他最终会成为一位国际和平活动家，并给自己惹来一身麻烦；政府会反对他，所有的漫威英雄也都会反对他，唯一支持他的盟友就只剩下了毁灭博士和海王。我已经把 20 世纪 50 年代的巴基改编成了流浪者（Nomad），这一切会让他变得疯狂，并最终暗杀了美国队长。"于是，德马泰创作的另一个土生土长的美国人布莱克·克罗（Black Crow）将会成为新版美国队长。

从某种角度来讲，德马泰的计划是漫威宇宙大爆炸传闻的一次更激进的余波，让新版美国队长替代死去的史蒂夫·罗杰斯。然而，当德马泰和与之合作的画师埋头创作后续故事时，吉姆·舒特却坚持认为第 300 期中史蒂夫·罗杰斯扔掉盾牌的一幕不可能发生。他说，美国队长绝不可能会做出这样的举动。舒特将原本双倍厚度的这一期漫画削掉了一半，并亲自重写了剧本。史蒂夫·罗杰斯不会产生任何信仰危机，而布莱克·克罗也不会成为美国队长。德马泰对此感到非常不满，并从此告别了这部自己当了 3 年编剧的作品。

在《秘密战争》上市之后，漫威的编辑、编剧和画师都开始有这样的怀疑：只有吉姆·舒特才知道吉姆·舒特要的是什么。当然了，对于漫威所拥有的角色，舒特并不是唯一执牛耳的人。斯坦·李多年来一直不肯放松对银影侠的控制权。但是作为编辑部的老大，舒特有权监督所有角色，而且这也的确就是他的职责所在。

也有一些编辑仍没有放弃尝试的机会，而舒特也愿意倾听他们的建议。比尔·显克维奇曾让《月光骑士》咸鱼翻身，辉煌一时。在与芒什一同退出该刊后，他开始负责《新变种人》（ The New Mutants ）的制作，在随后一年多的时间里，他的这部作品已经成了超级英雄漫画临域独树一帜的存在。在第一页上，他就描绘了一只熊头变成纵横字谜，再变成一条毛毯的神奇画面。而之后的篇章中，他又展现了挥毫泼墨的写意风格。为了契合显克维奇别具一格的实验性绘画风格，克里斯·克莱蒙特和编辑安·诺琴蒂为他构思了一个特别活跃、能变形的仿生角色。随后，他又在彩色封面上尝试了近乎抽象派的手法，从此开启了突破漫威视觉风格界限的一个全新系列。"我放任他信马由缰画出最疯狂的封面，"诺琴蒂说道，"因为我们想做的就是从老派的漫威风格闯出去，走上更为现代的路线。"显克维奇开始尝试其他媒介，这是自杰克·科比之后画师从未走过的道路："我去 Radio Shack 无线电用品商店里买了电路板和晶体管，将这些晶体管焊成了某种图案，然后给它们涂上了颜色，再用塑模软膏定型，缠上电线和胶带，完成了一幅完整的生物电路拼贴画。"

赞美信和批评信同时蜂拥而至。有一封给舒特的信里用蜡笔简简单单地写了一行字："把他赶走，吉米，不然他就会把一切都毁掉的。"与此同时，读者们却在不由自主地疯狂购买他的作品，即便他们只是想看看这种风格讨不讨自己的喜欢，但总之还是买了下来。至少在一段时间内，舒特对于显克维奇是放任自由的。

"这就是吉姆的作风，"诺琴蒂说道，"虽然他属于守旧派，但如果你够强势，那么他也会把眼光放开一点。"

当然了，拥抱新时代就意味着埋没旧时代。为了给比尔·显克维奇让路，沙尔·巴斯马退出了《新变种人》的制作团队，后者曾凭借对平铺直叙风格的坚守淡化了某些作品的荒诞气质，比如史蒂夫·格伯的《捍卫者》和史蒂夫·恩格尔哈特的《美国队长》。"我明白，在一件以吸引新读者为目标的作品上，不能任用老式风格的画师，"诺琴蒂说道，"也许我在漫威打过的最艰难的一通电话，就是给沙尔·巴斯马的。我直截了当地说，也许实在是太过直截了当了，我准备让你退出这本书。他问我原因，我说，你是老风格画师。但这本书需要新的风格。他一开始怒不可遏，随后又显现出了不安。在他默默离开后，下一期的《无敌浩克》……简直太棒了。感觉就像是沙尔在说，你想见识我真正的实力吗。他将看家本领都拿出来了。"不过，并不是每一个人都能找到证明自己的《无敌浩克》。

舒特向来以保留老员工著称，那些在这一行干了几十年的人都在他手下忙碌着，其中不仅包括文尼·科莱塔，还有唐·佩林（Don Perlin）、迈克·埃斯波西托和弗兰克·施普林格（Frank Springer）。不过，当时不断有传闻不胫而走，说一些老手正在退下火线。尽管上墨员奇克·斯通的心脏病已经康复了，但还是收到了舒特的辞退信，取消了他今后的所有任务。"那封信基本上就两行字，"斯通回忆道，"大致意思就是，亲爱的奇克，漫威公司已经不需要你的服务了。如果有什么新的消息，我会另行通知。"

在合同到期时，吉姆·穆尼（Jim Mooney）给舒特写信询问今后的安排。"我收到了一条非常简短的回复，"穆尼回忆道，"退休！他的具体措辞略有不同。原话当然没这么短，但也差不了多少。"

钢铁侠最早的画师唐·赫克也像皮球一样被踢来踢去。哈伦·埃利森（Harlan Ellison）和加里·格罗思（Gary Groth）甚至在《漫画日报》的访谈中公开嘲笑他为"史上最糟糕的画师"，不过，在这之前他就已经觉得自己遭到冷落了。后来，虽然吉姆·舒特接受了 DC 公司的建议，说要将《美国正义联盟／复仇者联盟》的乔治·佩雷斯换成赫克，但佩雷斯却认为这不过是做做表面功夫罢了。"舒特非常清楚，"他说，"靠赫克是卖不出销量的。"

尽管杰克·科比并没有在漫威这边寻找新的工作机会，但依然在想方设法将自己过去的作品夺回来。这一切从 20 世纪 70 年代就开始了，当时漫威刚刚开始采取以返还新画稿的条件来诱使画师签下出版协议（在当时，他说，他已经"恳求和劝诱"了一部分近期的画稿，"但当我对他们说我想拿回 60 年代的东西时，他们说这些东西太珍贵了"）。1983 年，漫威公司在将所有的原稿存货都用完之后，终于开始将过去的画稿退还给画师，只不过同时还附上了声明其雇佣性质的协议书。然而，科比得到的消息却是由于仓库管理不慎，物品清单已不翼而飞。火上浇油的是，每每遇到漫展，这些画稿都依然会出现在展架上。

科比在《漫画日报》上抱怨，没有一个漫威人愿意认真对待他的问题；说到这一点，他一反常态地爆了粗口。"他们根本不理我，"他说，"但是我的决心很坚定。我觉得我在大家真正需要我的时候付出了许多，结果他们就用这种态度报答我。简直是一群垃圾。"

科比眼睁睁地看着史蒂夫·迪特科、迪克·艾尔斯和唐·赫克等画师收回了从前的画稿。有传闻称，有部分画稿从漫威办公室中失窃，还有的画稿被埋在了仓库中锈迹斑斑、东倒西歪的书架上。1984 年 8 月，科比终于收到了漫威整理出来的画稿清单，总计 88 件。不过，在整个 20 世纪 60 年代，他可是寄给了他们多达 8 000 份稿件啊。随这张清单还附了一份 4 页长的协议，这是其他任何画师都没见过的。协议规定，他不能销售这些画稿，不能复制这些画稿，也不能公开展示这些画稿；只要漫威有需要，就可以使用这些画稿，而且漫威可以随意地修改这些画稿。

科比拒绝签字。他的言辞也愈发激烈起来。"我不会与纳粹为伍，我也不会与漫威为伍，"他说，"如果我允许他们做出这种事情，那么就等于允许他们对其他人也做同样的事情。"在双方僵持不下时，漫威通过旗下律师向外界放风，说科比威胁要为自己创作的角色提出权利诉讼。"我们从来没想过从漫威那里收回版权，"在 1985 年一场唇枪舌剑的漫展座谈会上，罗兹·科比对舒特说，"这些都是你们这帮人捏造出来的。"

不过，在那个时候，科比的律师其实已经将蜘蛛侠、绿巨人和神奇四侠的版权归属问题提了出来。当时《综艺》上有一则广告，说佳能电影公司正在制作《美国队长》，它列名的电影主角创作者并不是乔·西蒙和杰克·科比，而是斯坦·李。事态开始急转直下，双方的恩怨开始朝个人层面发展。"我救了漫威一命。"科比在接受采访时表示。他还把斯坦·李比作萨米·格利克（Sammy Glick），这是巴德·舒尔贝格（Budd Schulberg）在《萨米为什么要跑？》（*What Makes Sammy Run?*）中塑造的喜欢暗箭伤人的主角。在被问及是否还会考虑与斯坦·李合作时，他态度很坚决地说道："不！不！绝无可能。就跟我不可能与纳粹党卫军合作一样。斯坦·李就是那样一个人……他有自己的梦想，始终在追逐这个梦想。而我也有自己的梦想，并选择了另一条路。我们是两种不同类型的人。我感觉他与我正好背道而驰。我无法接近党卫军。我尝试过。我曾经找到他们，说道，嘿，兄弟们，这种鬼话你们自己相信吗？结果他们回答，什么，这不是真的吗？他们已经是彻头彻尾的信徒了。他们的思想已经被洗脑了。斯坦·李也是一样的。他的脑中被灌输了这样一种生活方式，而他就会一直这样生活下去。虽然他会因此在某些方面得利，但我认为在另一些方面是有损失的。不过他也可以否认我的说法。"

显然，斯坦·李确实是这么做的。他驳斥了是科比创作了神奇四侠、雷神、绿巨人和蜘蛛侠的说法（"它们全都是在我家地下室里诞生的。"科比曾这样说过），而且越说越恼怒。"我不太清楚杰克最近都在说些什么，"他说，"我只觉得有一个不得志的人在搬弄是非，我对此深表遗憾。不过，我真的不明白是哪里出了问题。"

在 20 世纪 60 年代欢乐漫威前进会的记录中还保留着当时牛棚的欢乐写照，而这一切已面目全非了。沙尔·布罗德斯基在 1984 年 6 月去世了。虽然斯坦·李从洛杉矶发来了悼词，但并没有亲自参加葬礼。1985 年 3 月的一个周四夜晚，仓本莫里离开漫威办公室后，在乘坐地铁回家的途中突发心脏病而亡；而他最亲密的朋友和一直开玩笑的伙伴丹尼·克雷斯皮在两个月后也结束了他 59 年的人生。克雷斯皮一直隐瞒着自己身患白血病的事，坚持每天到牛棚工作，谁都不知道他发生了什么事。

琴·葛蕾复活，"公司人"约翰·伯恩离职

就在《秘密战争》最后一期上市之后，卡萝尔·卡利什几乎立马就召集漫画商店店主开了个会。"我们都说实话吧，"她说，"《秘密战争》就是一坨屎，对不对？"（零售商们对此毫无异议。）"但它的销量好不好？"所有人都欢呼了起来。

"那好，准备着迎接《秘密战争》的续集吧！"

在出版第一部《秘密战争》系列时，舒特曾在记者面前表示自己并不打算写续集。他还说，如果真的有一部续集，那么很可能会让汤姆·德法尔科来负责。不过，不知出于什么样的原因，舒特最后还是决定亲自接下这个任务，而原本担任第一部编辑的德法尔科却没有加入续集的制作团队；鲍勃·布迪安斯基（Bob Budiansky）被任命为《秘密战争 2》的新编辑。"如果你要继承一本吉姆·舒特编剧的作品，那么传统的做法就是，"布迪安斯基解释道，"立刻让他退出制作团队，而且他也对此表示理解。对于截稿期限而言，他简直就是一个噩梦。他的作品总是姗姗来迟，并且带来各种各样的混乱局面。由于交稿时间太晚，所以牛棚就必须停止一切工作，全力以赴地将每一个文字气泡剪下来，用橡胶黏合剂贴在画板上。所有人的工作节奏都会被打乱，因为那些校对量较少的作品会被撇在一边，一切力量都集中在《秘密战争》上面。"

沙尔·巴斯马素来以应对繁重工作量著称，他负责了续集第一期的绘制。不过，舒特对其画稿很不满意。舒特让阿尔·米尔格罗姆将这一期整个儿重画了一遍。尽管

其他编辑都在催促布迪安斯基，但他还是不同意让其他编剧来替代舒特。"我认为到了整个过程的最后，吉姆无论如何都会搅和进来，毕竟这部作品是他的孩子，"他说道，"在完成铅笔稿、上墨和加入对白后，他就会把这部作品审核一遍，到时候如果他要求进行什么大幅改动的话，就会更麻烦。让他来做编剧会让事情变得更好处理。"

《秘密战争 2》的故事构思可以说是上一部的大反转：在第一部当中，超越者将所有的英雄聚集在战斗世界中，而在续集中，这个超凡力量拥有者来到了地球。他将化为人类的形态，以理解人类的行为而展开了行动。

问题在于，由于《秘密战争 2》延续了上一部的大事件方针，而且在规模上还提高了好几倍，所以这次行动对该公司几乎所有常规漫画刊物都造成了影响。从《夜魔侠》《奇异博士》《微星小超人》再到《Rom》，有超过 30 部的漫威漫画都贴上了一个如同纳贝斯克公司（Nabisco）商标一样的三角标签，以表明其与《秘密战争 2》有联动剧情。而且，尽管舒特并不是这些作品的编辑，但他对它们还是表现出了莫大的关注。

尽管舒特在讲故事方面具有毋庸置疑的天赋，但他对创作规则的反复强调使大家很不快。他叨唠着固定镜头的必要性，翻来覆去地提起杰克·科比在技法讨论会上列出的几个要点，而且还老是拿"鹅妈妈童谣"举例，说这个故事包含了冲突和分解的关键元素。

《奇异博士》的编剧罗杰·斯特恩给做自由职业画师的好友彼得·吉利斯（Peter Gillis）打了个电话，说自己已经对这部作品才思枯竭了。他问吉利斯是否愿意接手。不过，当吉利斯愉快地答应下来时，斯特恩又提出了一个条件：他得在编剧时插入《秘密战争 2》的元素。"每一处客串剧情都要反复修改 3 次左右，才能让吉姆满意，"吉利斯后来说，"而且无一例外。"

丹尼·奥尼尔按指令在《夜魔侠》中让超越者亮了一次相。接着，编辑拉尔夫·玛基奥传话给他，说舒特觉得他对这个角色的理解存在偏差。"我尽可能地让超越者处在舞台边缘，"奥尼尔说道，"这让吉姆非常不高兴，直接把我的版税给扣掉了。"舒特亲自重写了这一期的故事，而且据奥尼尔所说，"我们之间的关系很快就恶化了。"

霍华德·麦凯（Howard Mackie）当时担任马克·格伦瓦尔德的助手，他补充说："大家对于漫画的内容有很多批评意见，而且重写的要求变得越来越频繁。有的时候，当整个故事都已经写完时，你突然接到通知，说你的理解有问题。罗杰·斯特恩在一期《复仇者联盟》中引入了超越者，结果整期的内容全都必须重画，原因就是超越者的服装在没有任何说明的情况下有了变化。"

"舒特驳回了许多交叉合作的作品，"迈克·卡林说道，"他在读了你的故事后会说，这不符合我接下来的故事发展，但是后续的故事他都还没写出来呢，所以大家根本猜不到。"

在《秘密战争2》中，超越者大多时候穿着一身连裤衫，护肩和领口都高高地立着，还顶着爆炸头卷发；这算是吉姆·舒特对1985年美国文化的一种表现形式。如果把这个系列当作一部讽刺现实的隐喻作品，那么它的确存在非常尖锐的讽刺意味，而且目标往往都是非理性的消费主义。当行事古怪的分子人返回地球后，他并没有使用其惊天动地的力量，而是选择了跟穿着弹力紧身衣的女友火山女（Volcana）坐在沙发上，一边互相用"小宝贝"和"小坏蛋"这样的昵称打情骂俏，一边一集一集地看着《霍根的英雄小队》（Hogan's Heroes）和《拉弗娜和雪莉》（Laverne and Shirley）。与此同时，身在异乡为异客的超越者则和一群劫匪混在了一起，坐着配有美膳雅（Cuisinart）高级厨具的兰博基尼房车四处兜风。颇具讽刺意味的是，这个角色与史蒂夫·格伯和玛丽·斯凯雷内斯在20世纪70年代推出的销量不佳的英雄"未知的Omega"极其相似：一个在垃圾文化和风气中堕落的强大而未经世事的傻瓜。

这一系列逐渐转变成了一个无休无止的三流故事集。超越者反反复复地将人类和设施摧毁，然后再让它们复原，而他自身的需求也永远达不到满足的那一天。漫威宇宙中的大部分神级角色都有出场，例如斯大林的中介者（In-Betweener）、迪特科的不朽、科比的行星吞噬者和观察者。不过，由于对角色性格的描绘莫名其妙、过度简化，对白也在故作欢乐，即便涉及卖淫内容也还是像在迎合小孩子一样，所以它依然沦为了渣作。更糟糕的是，因为舒特对超级英雄们的管制过于严密，这使得他们全都成了一个个笨拙老实、恪守本分的人。"什么，那又如何？他现在不关我的事了！"当超越者钻进电梯仓皇逃走时，蜘蛛侠只是耸了耸肩膀而已。这种事不关己的态度总让人想起彼得·帕克在他叔叔被杀之前的那些年。难道蜘蛛侠这么多年还没有意识到英雄所肩负的责任吗？

即使你在当时没读过多少漫画，也能对这件事情略知一二。在 10 年的时间里，单期漫画的售价已经增加了两倍，达到了 75 美分，这也就意味着分成 9 期的《秘密战争 2》和大量交叉作品总计会从你的零花钱里带走 30 多美元。实际上，1985 年的漫威大有让你砸锅卖铁的节奏，因为仿佛就在一夜之间，所有的系列作品都产生了各种各样的交织关系。在《秘密战争 2》连载期间，约翰·伯恩放弃了《阿尔法战士》的编剧工作，决定与《无敌浩克》的编剧比尔·曼特罗交换岗位。随后，二人就在这两部作品中策划了一出联合故事，这样热心的读者就不得不将这两部漫画全都读一遍了。克莱蒙特的《X 战警》和《新变种人》系列之间的关系也越来越密切，与此同时，不断催生的衍生短篇故事也从没停止过脚步。随着《超凡蜘蛛侠》和《神奇蜘蛛侠》迎来了姊妹篇《蜘蛛侠之网》（*Web of Spider-Man*），现在的蜘蛛侠自成一派，每一个故事都穿插着其他的故事。

漫威在专营漫画书店的销量如今已赶上了报亭的水平。该公司的读者群体也正开始向忙碌的社会人转型，可支配收入逐渐充实，年龄层次也不断提高。这个时候，你是退出这个圈子还是继续留下来呢？

典型的漫威粉丝会将所有的这些交叉作品都买下来，同时再买下那些可能会具有收藏价值的创刊号；这完全不同于过去那些抓耳挠腮的瘾君子，他们狂热地追随着吉姆·斯大林的《术士》、史蒂夫·恩格尔哈特的《奇异博士》和史蒂夫·格伯的《霍华鸭》。

在《秘密战争2》中，舒特将他最尖锐的批判留给了前漫画编剧斯图尔特·卡德韦尔（Stewart Cadwell）。这个角色一方面对垃圾文化不屑一顾，另一方面却傍着这棵摇钱树给电视动画片写剧本。"我最讨厌暴力、平庸、愚蠢，还有那狗屁里根经济学。"靠着麦当劳和尼古丁维生的卡德韦尔大声叫嚷着。当超越者赐予这个愤怒的自由主义者超级力量后，他就肆无忌惮起来了。但是，在摧毁了东家NBC工作室后，他很快就被X战警和复仇者联手打败了，最终重新变回了一个头脑简单的傻瓜。明眼人都知道，斯图尔特·卡德韦尔看起来和史蒂夫·格伯如此相似，这绝不会是什么巧合。

事实上，格伯最近已经退出了动画界，着手为DC公司创作《神奇女侠》。当时弗兰克·米勒正在制作蝙蝠侠迷你系列。两人互相听说了对方的计划后，就凑到了一起，创作了一部有关超人的作品。不过，DC拒绝为该计划中的新角色超级女孩提供20%的版税，结果谈判以失败告终。格伯接着开始兜售他与瓦尔·梅尔里克创作的《虚空青女》（Void Indigo）系列。该作品受到了多家独立发行商的认可，虽然DC公司也表现出了兴趣，但却不同意让格伯和梅尔里克保留版权，于是，格伯最后就找到了阿奇·古德温，加入了漫威旗下为创作者保留版权的史诗漫画公司。尽管各大漫画杂志都在批评格伯回归漫威（他在数期《毁灭鸭》中攻击过的对手），但他别无选择。他们有权有势，而且对这部作品感兴趣。在仅仅发行了两期之后，伴着有关其暴力美学的争论，《虚空青女》就被腰斩了。

不久之后，漫威计划让《霍华鸭》漫画系列复活。当时乔治·卢卡斯正准备制作一部高额预算的电影，漫威想利用这个机会大赚一笔。根据与漫威达成的协议，格伯将担任其编剧一职。1985年的4月，格伯才刚看到《秘密战争2》对自己的挖苦嘲讽。不过，他还是提交了新版《霍华鸭》第一期的剧本；这是一个跨越数期、烂俗的多角色客串故事，名为《霍华鸭的秘密危机》（Howard the Duck's Secret Crisis）。但是，当吉姆·舒特要求编辑对改剧本进行改写时，他的计划就落空了。于是，格伯转而当起了《霍华鸭》电影的创意顾问。

与此同时，吉姆·斯大林在无忧无虑地为史诗漫画创作了几年《恐惧之星》后突然发现自己开始无法按时收到支票了。"虽然上头的那些漫威人予以否认，但我相信当时的一种说法：漫威已经不想让角色继续归创作者所有了，它巴不得我们都赶紧退出。"他说。在证明了漫威确实允许他保留《恐惧之星》的所有权利之后，他就带着自己的财产转而投靠了独立的第一漫画公司。

史蒂夫·恩格尔哈特在重回漫威后过得倒是不错。和格伯一样，他也开始想念起为大公司工作的好处了，而且也做好了重回雇佣制度的准备，毕竟当时激励奖的筹码也变得更丰厚了。"我已经厌倦了写出的故事最后无疾而终，"他解释说，"而如果为这两大巨头工作的话，你能相信并确定他们一定会把你的作品发表出来。"回到漫威后，恩格尔哈特立刻就编织出了一个有关神力人、黑爪（Black Talon）和镰刀死神（Grim Reaper）的故事，而这恰恰就是他在大约 10 年前为《复仇者联盟》写的故事；当时他还把这个故事告诉过格里·康威。不过，现在这个故事已经变成了一出比克莱蒙特的《X 战警》更为冗长的通俗剧。它将连载于双倍容量、售价更高的《西海岸复仇者联盟》和《幻视与绯红女巫》（*The Vision and Scarlet Witch*），成为一个持续数卷的宏大故事。

尽管弗兰克·米勒在公开场合总喜欢批评漫威公司对待杰克·科比的做法，但他也还是回来了。"有一个伯恩哈德·戈茨（Bernhard Goetz）①就够了。"他这样说道。在厌倦了纽约市后，米勒移居洛杉矶，蜗居在某工业区的一间阁楼里；街对面就有一家遍地都是注射器针头的酒吧。除了毫不动摇地给蝙蝠侠添加更多的未来主义元素之外，他还开始着手为漫威创作两本被寄予厚望的黑暗主题图像小说。一本讲述艾丽卡后来发生的故事，其中也不乏他自己的影子；另一本则是有关夜魔侠的，合作者是比尔·显克维奇。后来，二人的合作带来了史诗漫画旗下长达 9 期的《艾丽卡：刺客》（*Elektra: Assassin*）系列，显克维奇独自完成了其中的绘制任务。

不过，这些都是后来发生的事情了。在搬到加州后，安置费用超出了米勒的预期，

---

① 一位纽约市民，在遭遇地铁打劫时拔枪射伤了 4 名劫匪。——译者注

这让他背上了债务，而此时，他手头的任务都得等好几个月后才可能完工。一名不文的米勒坐在距纽约几千公里之外的浴缸里，突然想到了一个点子。"我想，如果马特·默多克碰到这事会怎么做？如果他失去了一切呢？"不久之后，拉尔夫·玛基奥打电话告诉他，与舒特决裂的丹尼·奥尼尔退出了《夜魔侠》团队。于是米勒就提出了自己的想法，这事儿就这么敲定了：他将再次执笔《夜魔侠》。

克里斯·克莱蒙特执掌《X战警》已经有 10 个年头了，要知道，就连斯坦·李都不曾连续 10 年停留在同一部作品上。与他合作的画师已经换了好多批，而且他们的来来去去都对克里斯的编剧效果带来了明显的影响。在戴夫·科克勒姆转而参与《未来人》（*The Futurians*，尽管这部作品并没有连载多久，但这些角色的版权却都归科克勒姆所有了）后，前动画画师保罗·史密斯（Paul Smith）为《X战警》带来了一股整齐、清新的画风，而克莱蒙特的故事也因此更偏向温暖、轻松的方面。也正因如此，即使克莱蒙特开始对这些角色进行大幅改动（风暴女失去了她的力量，剪了一个莫霍克发型，还穿起了皮衣；激光眼退出了团队；金刚狼在订婚后又失恋了），史密斯精美工整的绘画还是能让这些肥皂剧段落变得更容易让人接受。

不过，在约翰·罗米塔替代了史密斯之后，《X战警》的黑暗元素就立刻浮现出来了。角色之间的说教和争论开始在书页中屡见不鲜。幻影猫去了一趟日本，回来后就成了一名忍者大师。斯科特·萨默斯与琴·葛蕾存在某个平行世界中的，他们的女儿雷切尔·萨默斯（Rachel Summers）则以一个带着棘刺项圈的逃犯身份从地狱般的未来来到了现世，而且精神也已不太正常了。对变种人的恐惧和嫌恶成为这部漫画的主题。X战警过去的死对头邪恶变种人兄弟会则成了受到美国国家安全委员会（National Security Council）认可的自由战队（Freedom Force），负责抓捕叛变的变种人，然后交由政府收押。在其中一期里，X教授甚至成了一场报复性犯罪的受害者，在遭到一群大学生袭击后，他险些丧命。在隐居于地中铁的莫洛克（Morlocks）团体照顾下，他苏醒过来时，竟然他发现自己已经穿上了一身囚服。

如果说《X战警》明显要比过去更加阴暗了，那么这恰恰证明了克里斯·克莱蒙特成功掌控了笔下角色塑造方式的控制权；他可没有为 8 岁水平的读者作出妥协，在这一点上，其他编剧都难以望其项背。如果上头有命令，说要创作一部与变种人相关的全新衍生作品，那么以变种人专业户著称的克莱蒙特就会深深地吸一口气，然后查看自己的日程表，确认自己还有没有余力去做。

不过，在 1985 年春天，克里斯·克莱蒙特终于还是迎来了自己独立王国分崩离析的一天。画师鲍勃·雷顿和杰克逊·盖斯（Jackson Guice）发现 X 战警的原班人马天使、冰人和野兽在销量低迷的新《捍卫者》中郁郁不得志，而克莱蒙特又已经让激光眼有了家室，退隐阿拉斯加州；于是他们就向吉姆·舒特提议，将这支最早的团队重新集结起来。由于琴·葛蕾已经过世了，所以需要加入另一位女性来平衡团队的性别比例，这时他们就想到了独立系列已被腰斩的炫目。于是，这 5 个英雄就在《X 因子》（X-Factor）中扮演起了自由职业的变种人猎人，这有种《捉鬼特工队》（Ghostbusters）的感觉。不过，这些人又在暗地里偷偷为他们的目标提供帮助。

后来，当约翰·伯恩在听说这个计划时，他想起了两年前一位粉丝的想法。那是在一次漫展上，有人告诉伯恩的老朋友罗杰·斯特恩，他有办法让琴·葛蕾复活。既然她是在 X 战警的宇宙飞船坠落在长岛附近时变成凤凰的，那么有没有可能这个在过去经常出现在牙买加湾的女人，这个被操控大师附体、一手毁灭了一个星球、在月球上被烧成灰烬的女人，其实根本就不是琴·葛蕾？如果是"凤凰之力"化作了她的模样，而真正的琴还活在某种茧一样的物质当中，那会如何呢？如果有人找到了这个茧呢？

"如果让她复活的话，无疑就是对读者的一种欺骗。"尽管伯恩以前在接受采访时针对琴·葛蕾之死发表过这样的言论，但他已经改主意了。在他和罗杰·斯特恩把这个想法告诉了舒特后，《X 因子》的计划就发生了变化。伯恩和斯特恩将分别在后续的《神奇四侠》和《复仇者联盟》中为琴·葛蕾复活的埋下伏笔。于是，这又成了一个交叉合作的故事。

在一个周五晚上，克莱蒙特与画师巴里·史密斯等人在饭店里开构思讨论会，

《X战警》的编辑安·诺琴蒂把这个消息说了出来。怒发冲冠的克莱蒙特直接冲向了一部公用电话，但在举起话筒后才意识到自己背不出舒特的专线号码。诺琴蒂佯装不知，并在克莱蒙特打算回办公室向主编抗议时，连忙安慰他坐下来，另外点了一杯啤酒，让他放轻松。"如果那个周五晚上我真的回去找舒特的话，"克莱蒙特回忆道，"我八成就已经退出了。"《X因子》扰乱了克莱蒙特的计划，原本他准备让斯科特·萨默斯和其克隆自琴·葛蕾的新娘玛德琳·普赖尔（Madelyne Pryor）在夕阳下兜风。他不得不修改故事走向，转而让萨默斯抛弃了妻子和刚出生的儿子，与琴·葛蕾在一起了。虽然克莱蒙特花了一个周末的时间策划了各种各样的替代剧情，但都在周一被舒特枪毙了。市场潜能的影响力可远远大于克莱蒙特身为编剧的烦恼。"在这个时候，"他说，"事情已经变得太过商业化了，赚钱的欲望已经成了至高无上的追求。"在办公室里，大家都把《X因子》戏称为《克里斯的灾星》。

尽管如此，商业化还是有回报的。在1985年5月，克莱蒙特、小罗米塔和诺琴蒂一起在法国、英国、西班牙和荷兰进行了一场巡回促销活动。此行的目的还包括为《X战警》取景，因为第200期的故事发生地将设定在巴黎和海牙。虽然他们在活动会场中要签名售书，但更多的时间都在拿丰厚的经费享受生活，到处游逛高级餐厅、脱衣舞俱乐部和博物馆。

此时的克莱蒙特堪称文思如泉涌。他这次创作的故事实在过于错综复杂，以致在"牛棚公告"栏目中不得不登出一张记录表。"X战警和新变种人阅读指南"提醒粉丝，应该按照第34期《新变种人》，第199期《X战警》，第1、第2期《X战警/阿尔法战队特集》，第1期《新变种人特别版》，第9期《X战警年度版》，第200期《X战警》，第35期《新变种人》这样的顺序阅读。不过，由于这些漫画的上市时间不一定能按此顺序进行，所以在这个所谓"交叉合作之年"中，这份复杂的阅读指南就成了读者的一场寻宝游戏。在漫威宇宙中由克莱蒙特负责的部分无疑是最畅销的，然而其复杂程度也几乎可以比肩《秘密战争2》了；它不断延伸的速度就连阅读财报的漫威高管都快跟不上了。

在回国后，克莱蒙特查看了伯恩在《神奇四侠》中对琴·葛蕾背景故事的处理，随后就向舒特请愿，希望能有机会将伯恩创作的那两页回忆内容重写一遍，然后让《X因子》的铅笔画师杰克逊·盖斯以近乎乱真的约翰·伯恩风格完成绘画。这对于舒特来说是一个安抚这位明星编剧的好机会，显然，他依然在对琴·葛蕾的复活安排耿耿于怀。即使很可能得罪约翰·伯恩，舒特还是同意了这个要求。

这次重写确定让伯恩非常不满，尤其是因为该故事构思本就已经得到了舒特的认可。如果他都没法对《神奇四侠》说了算的话，如果克莱蒙特还要继续对不是他负责编剧的作品提出最后时刻的修改要求，伯恩心想，也许他该重新考虑是否要取消担任漫威独家编剧的合同了。

伯恩和舒特之间的关系开始变得越来越紧张了。约翰·罗米塔后来回忆道："舒特会进来问我，我们能让约翰·伯恩退出《神奇四侠》吗？我会比较圆滑地回答他，而不是直接呛他一句'你疯了吗'或者别的什么。我告诉他《神奇四侠》现在的销量很好，为什么要更换画师呢？于是他就没有对伯恩下手。但是，万一情况让他不满意了，那么他就会开始下手，作出改变。"到了秋天的时候，有风声走漏了出来：业内最受欢迎的画师约翰·伯恩正准备加盟 DC 公司，让《超人》复活。虽然他还打算继续为漫威创作《无敌浩克》和《神奇四侠》，但是在大家的口口相传中，1986 年最受期待的超级英雄是约翰·伯恩的超人和弗兰克·米勒的蝙蝠侠。这两者都是由漫威曾经的独家超级明星画师所演绎的经典 DC 角色。

舒特对《X因子》创作团队的鲍勃·雷顿和杰克逊·盖斯也提出了诸多要求。单是第一期封面，他们就画了 7 次，结果全都被吉姆·舒特否决了，最后还是由沃尔特·西蒙森救场的。1985 年的 9 月，雷顿和盖斯被告知必须将目前双倍内容的一期漫画整个重做一遍，否则舒特就会另外找有能力的人来绘制，而此时距离上市日期只剩下区区两周时间了。雪上加霜的是，当时纽约市正逢格洛里亚龙卷风的袭击。尽管全城都停工停课了，但他们两个还得窝在曼哈顿的旅馆房间里，披星带月地工作着。当旅馆的工作人员都准备去避难时，一位前台将一卷胶带塞到了盖斯的手里，让他将房间的窗户都封严实，并祝他们一切好运。

45 年前，比尔·艾弗特、卡尔·博格斯和另外十几名编剧和画师曾经在艾弗特的公寓里闭关数天，在桌上、地板上，甚至是浴缸里埋头苦干，只有在吃饭喝水时才离开岗位，这才给世人带来了宏大而壮烈的霹雳火大战海王。但是，比起当时让那 64 页黑马横空出世的欢乐气氛，第一期《X 因子》更像是一则拘留判决。

尽管龙卷风来袭，但他们总算还是赶上了最后期限，然而，几周之后，更多的问题开始涌现出来。他们根本无法令舒特满意。"我们把第二期交给他，"《X 因子》的编辑迈克·卡林说道，"结果他又让我们把那一期也从头重做一遍。于是我就说，你听好了，我不会退出漫威，但我要退出这本漫画。你应该自己来负责编辑。你是唯一知道你想看到何种剧情发展的人。而他就说，那好，那好。接着就交给鲍勃·哈罗斯（Bob Harras）来负责了。在接下来的 6 个月里，我虽然还在继续做编辑，但接到的都是查克·诺里斯风格的漫画。我觉得在宣布退出《X 因子》的时候，他就记住我了。"在卡林离开几个月后，雷顿也退出了《X 因子》，不久之后，盖斯也步了他们的后尘。

其他作品的情况也不轻松。约翰·伯恩提交了一期完全由 22 张全幅画面组成的《无敌浩克》，这让编辑丹尼·奥尼尔大吃了一惊，并且驳回了这份原稿。伯恩认为是舒特在从中作梗，于是找到了吉姆·高尔顿，提出了抗议。"那个叫约翰·伯恩的家伙到底是谁？"高尔顿恼怒地质问舒特，显然他还不知道找自己抗议的人是公司里的头号画师。

在此之后不久，奥尼尔和舒特的个人恩怨达到了白热化的程度。奥尼尔当时是漫威任期最长的编辑，后来他约出版商迈克·霍布森见了一次面。"当舒特听说这件事后，"鲍勃·布迪安斯基说，"他就把丹尼给开除了。"

伯恩曾自称"公司人"，并且每个月能保持按时完成 3 部漫画。不过，后来他负责的就只有《神奇四侠》了。该作品的编辑卡林尽管被强加了许多任务，例如《霹雳猫》（Thundercats）和《希曼》这种评价不高的授权漫画，但他还是坚守在这个岗位上；不过卡林发现自己时运不济地夹在了伯恩和舒特之间。当 DC 公司宣布将由伯恩创作《超人》后，两人的关系就不断恶化。伯恩认为，让克莱蒙特重写那段有关琴·葛蕾的回忆，是舒特对自己接下《超人》的一种惩罚。据伯恩所说，在几个月里，舒特"一直在给《神奇四侠》挑毛病，于是我最后就退出了这本漫画，免得让迈克·卡林不得不应付这无止境的挑刺"。随着这最后联系的断开，伯恩完全退出了漫威。在几个月后，舒特把迈克·卡林也炒了。卡林打电话联系了当时为 DC 公司工作的丹尼·奥尼尔，随后成了《超人》的编辑，当时前者正负责这部作品。

接着，正当伯恩离职的消息不胫而走时，弗兰克·米勒也再次离开了《夜魔侠》，这一次，他还带上了画师大卫·马祖凯利（David Mazzucchelli）。二人将携手为 DC 公司创造全新的《蝙蝠侠》系列。

在这一年的时间里，漫威的创立者杰克·科比和斯坦·李在公众面前争执不休，而约翰·伯恩、弗兰克·米勒和吉姆·斯大林这 3 位公司里最有价值的编辑兼画师也突然告别了手头的作品，还有两名编辑也走出了这栋大楼，径直加入了竞争对手的阵容，这一切使漫威员工的士气降到了历史最低点。

与此同时，吉姆·舒特却在忙着创作某种新玩意儿。

好几年前，舒特就提出过为庆祝公司 25 周年而推出"新宇宙"（New Universe），并得到了 12 万美元的预算。然而风云突变，由于谢尔顿·范伯格正在为漫威寻求收购方，公司高层开始不断削减启动资金的标准：一开始削了一半，后来又削了四分之一，到最后直接就取消了。1985 年 11 月，舒特招募了一批鱼龙混杂的员工和新手队伍，开始创作新宇宙构架下的 8 部漫画作品，至于具体内容则成了公司的机密。"你窗外的世界"是该系列的非官方广告词。这些故事应该是发生在与现实非常相似的世界中的，也就是说，如果有人突然之间得到了飞翔的能力，那么就绝对称得上是一种奇迹。舒特自己则将其称为"舒特世界"。

艾略特·布朗受命负责其中半数作品的编辑工作。然而，几乎就在刚走马上任的时候，他就遇到了编剧和画师赶不上截稿期限的大危机。小约翰·罗米塔对于为了制作吉姆·舒特执笔的《星标》（*Star Brand*）而放弃《X战警》颇有微词；本就以慢工出细活闻名的阿奇·古德温还在忙着史诗漫画旗下的产品线呢；就连平常手脚迅速的汤姆·德法尔科也都赶不上进度了。当时的情况，用布朗的话来说，就是"一团乱"。

布朗并不是唯一遇到困难的人。"（舒特）开始将创作团队调集在一起，强行把编辑可能不太喜欢的人插入一些作品的制作团队中，"鲍勃·布迪安斯基说道，他负责新宇宙的《超能力战队》（*Psi-Force*）系列，"他做的许多编辑层的决定都遭到了编辑的反对。马克·特谢拉（Mark Texeira）画了一幅很漂亮的封面，结果吉姆却因为某个角色的鞋带有点模糊就不满意了。他也不是说要在封面上来一个鞋子的特写，他要求的是全身像的镜头。然而，他对这一点非常关注，坚持要重画这幅封面。虽然我们把它改正了，但类似这样的事情还有很多。"

新宇宙的第一部作品于1986年7月上市了，卖出了不温不火的15万本。这让全国各地的零售商们都倍感失望。就在这个时候，艾略特·布朗也被漫威炒了鱿鱼。

斯坦·李并不怎么了解新宇宙的情况。实际上，他已经不怎么关心自己参与创作的旧宇宙了。在那年夏天，斯坦·李与吉姆·舒特一起出席了芝加哥漫展的座谈会，直到那时他才惊讶地得知玛丽·简·华生早在两年前就已经发现彼得·帕克的秘密身份了。当一位读者询问彼得·帕克是否会与玛丽·简结婚时，斯坦·李反倒转向了舒特，问他会不会这么安排。

他的表现让人群骚动了起来。

后来，斯坦·李与舒特开始认真对待起这件事情了。《蜘蛛侠》每日连环画的发行量当时有点低迷，来一场这样的大事件也许可以带来一些促进。他们达成共识，计划在漫画和报纸连环画上同时刊载二人婚礼的场面。约翰·罗米塔对此表示了担忧，他还记得30多年前在艾伯纳（Abner）迎娶了黛西·梅（Daisy Mae）后，《奇异天堂》（*Li'l Abner*）就迅速日薄西山了。然而，罗米塔的意见被忽略了。

霍华鸭惨败，乔治·卢卡斯遭遇滑铁卢

对于漫画业的其他人来说，1986 年是一个大好年头，因为这种媒介终于赢得了全世界的一点点尊重。当弗兰克·米勒的《蝙蝠侠：黑暗骑士回归》（*Batman: The Dark Knight Returns*）在那天春天大奏凯歌时，《滚石》和《Spin》杂志发表了几篇引人注目的文章，提到了这位画师最近回归《夜魔侠》的消息；只是一笔带过，而且语气近乎轻蔑。这也难怪，夜魔侠在知名度上怎么可能与蝙蝠侠竞争呢？这部全新《蝙蝠侠》新颖的暴力打斗场面很震撼，并且它还凭精美纸张而自称为"艺术品"。米勒的成名也让人们开始关注其他几部大众容易接受的怪诞作品，其中包括艾伦·摩尔（Alan Moore）的《沼泽异形》（*Swamp Thing*，同样属于 DC 公司）和霍华德·柴金的《美国人费拉格》（*American Flagg*，史诗漫画公司本想买下这部作品，但没能得手），然而这一切都与漫威无缘。那年夏天，当新宇宙的作品被摆上书架时，约翰·伯恩正在简·波利（Jane Pauley）的《今日》节目做客，为《超人》做宣传。

在庆祝 25 周年和寻觅公司收购者的同时，漫威公司还在想方设法地掌握话语权。当维亚康姆公司（Viacom）和西部出版公司（Western Publishing）正在打探消息时，漫威副总裁迈克·霍布森发表了一则关于科比作品争议问题的公开声明，斥责"在过去 4 年里，科比先生的律师团所发表的一系列强夺版权所有权的信件"纯属抢劫行为，并称科比曾要求"署名为部分漫威角色的唯一创作者，其中包括蜘蛛侠、神奇四侠和绿巨人"。在 6 月 24 日，电视新闻节目《20/20》播出了一段长 15 分钟的"创意之屋"介绍，其中还采访了斯坦·李和吉姆·舒特。这档节目将斯坦·李赞誉为神奇四侠、蜘蛛侠、绿巨人、银影侠、雷神和奇异博士的创作者，而对史蒂夫·迪特科或杰克·科比都只字未提。

弗兰克·米勒仍在不失时机地在公开场合为科比撑腰，另有多达 150 名业内人士也在这么做，其中包括史蒂夫·恩格尔哈特、史蒂夫·格伯、唐·赫克、道格·芒什、比尔·显克维奇、罗伊·托马斯、玛尔夫·沃夫曼、超人的合作创作者杰里·西格尔，后来创作《辛普森一家》（*Simpsons*）的马特·格罗宁（Matt Groening）；他们联名请愿，要求公司无条件地返还作品。吉姆·斯大林曾在圣迭戈漫展上为科比一家与舒特安排了一场短暂的即兴会面，随后就有传闻说这事情马上就会有眉目了，但这一希望的光芒很快就熄灭了。尽管大量漫画读者都对此愤愤不平，但主流媒体却几乎不曾关注过科比的处境。"纵然有 3 万名粉丝群情激愤，也说明不了什么问题，"汤姆·德法尔科说道，"公关形象固然重要，但知道内情的只有漫画界的人。公司里的其他人并不怎么关注这件事。律师们也不会跑到总统面前说，我们在做这事，我们在做那事。在这个玻璃鱼缸里算是起了点波澜，但到了鱼缸外头……我觉得大多数人都不知道这事儿。"

漫威还面临着另一个更严重的公共问题。就在这个舒特与科比夫妇见面的 8 月周末，环球电影公司发布了《霍华鸭》的改编作品。"如果这部电影的表现能保持预告片的水准，那么我们的机会就来了，"史蒂夫·格伯在接受采访时表示，"我一直在为它祈祷。"然而，尽管耗费了 3 700 万美元的预算（外加 800 万美元的广告费用），它还是遭遇了惨败，而且针对该片的批评声浪让每一个相关人员都抬不起头来。几周时间之后，就有传闻说环球公司高管弗兰克·普莱斯和西德尼·欣伯格（Sidney Sheinberg）曾在办公室里大吵了一架，互相指责对方才是这 4 500 万美元损失的罪魁祸首。

20 年来，斯坦·李一直在等着根据漫威作品改编的大制作电影能称霸好莱坞，看来他不得不继续望眼欲穿了。与佳能电影公司（Cannon Films）合作的《蜘蛛侠》和《美国队长》这两部作品虽然进展最快，但前途堪忧。《蜘蛛侠》电影剧本的初稿讲的是一个男人变成一只狼蛛的故事，着实令人跌破眼镜；而由《猛龙怪客》的导演迈克尔·温纳（Michael Winner）合作编写的《美国队长》剧本则被高尔顿亲口赋予了"可怕得要命"的评价。当时的漫威还不知道，其实佳能自身也深陷泥潭，遭到了证券交易委员会的调查。

在 1986 年 11 月，漫威人终于得知了公司已被出售的消息。"当时我坐在一间狭小的办公室里，在一张摇摇晃晃的瘸腿桌子上校对着一本漫画，"汤姆·德法尔科说道，

"然后就有人进来，张口就评头论足起来，包括这破桌子、办公室的装饰以及各种各样的东西。我当时以为他大概是内饰设计师。我抬头看着他，说道，听着，我不知道你是谁，但我正忙着要把这本书送去印刷厂呢。结果他就趾高气昂地宣布，嘿，我是罗伯特·雷米（Robert Rehme，昵称鲍勃）！新世界的总裁！"

漫威的新东家新世界电影公司（New World Pictures，简称新世界）可是货真价实地来自好莱坞。1983 年，哈里·斯隆（Harry Sloan）和拉里·库平（Larry Kuppin）买下了罗杰·科尔曼又破又烂的制片公司和电影发行公司，利用贷款和预付款气势如虹地将它扩张成了一家多媒体集团。他们在电视节目上砸下重金（他们在每家大型电视台都安排了节目），建立了企业联合部门，每年能发布 30 部故事片。斯隆和库平都是律师，但同时也是精明的娱乐业行家，也是最先通过削减主角戏份来减少开支的强硬派之一。他们为新世界电影公司请来了环球影业市场和发行部门的前主管"笑面虎"罗伯特·雷米。对于漫威所蕴藏的周边衍生品的商机，斯隆、库平和雷米都感到非常激动，尤其是斯隆，他自豪地说自己想要创造一个"迷你迪士尼"。

对于这次与好莱坞的联姻，斯坦·李也颇为振奋，并将这股激情分享给了读者大众。"新世界电影公司那些年轻、古怪、喜爱娱乐的高管和你们一样热衷漫威漫画！这就是他们买下我们公司的原因！他们想要用你们最爱的角色制作一些真正的爆炸性电影和电视节目……我可不是在给你们打广告，所以我只透露他们最新的两部大制作，电影《Soul Man》和电视连续剧《幽默警探》（Sledge Hammer）。你们觉得如何？"在斯坦·李看来，其中最妙之处就在于漫威将不再只是出售角色版权，而将自行制作影视作品，这也就意味着他又能再度掌握创作控制权了。

> 然而，他将再度认识到，漫威的命运还是落在了那些"漫画盲"手里。就在这次收购敲定之后，远在洛杉矶的雷米叫来了市场部的副总裁，骄傲地宣布："我们刚刚把超人买下来了。"
>
> 副总裁愣住了。没听说华纳兄弟想把 DC 公司给卖掉啊？
>
> "不，不，不！我们把漫威买下来了！"雷米说道。

"不，鲍勃，"副总裁纠正了他，"我们买下的是蜘蛛侠。"

雷米转眼就冲出了办公室。"我的天啊，"他说，"我们得赶紧叫停。佳能在做蜘蛛侠的电影！"

被焚烧的照片，舒特时代落幕

吉姆·舒特对这桩买卖也持乐观态度，在他看来，管理层的这次变动是他脱离高尔顿控制的一次良机，毕竟这两人之间的冲突已变得越发频繁了。"当新世界到来的时候，"一位编辑说道，"舒特立刻就寻找着与鲍勃·雷米说话的机会，与他称兄道弟，扮起老好人来。"他当机立断，开始计划着如何缩减生产线，因为他认为编辑部门已经不堪重负了。"我们每个月大约要制作 50 部作品，"约翰·罗米塔说道，"这会让一线作品的质量受到影响，因为我们把太多时间和精力花在了二线作品上。每当漫画公司的产品线扩张得太大时，通常都会自行削减掉一部分。舒特和我达成了共识，他曾说，等我们第一次跟新世界的人谈判时，就要告诉他们，我们准备删掉 24 或 25 本漫画，然后尽全力去制作剩下的部分。"罗米塔说："他们派了两名代表过来，一个是律师，另一个是制作人。舒特对他们说，我们想要缩减作品的数量，我们现在止步不前，而那些最优秀的漫画都得不到足够的人才和力量。对方安安静静地听完了舒特的发言，然后说道，很抱歉要让你们失望了，但我们有别的计划。我们准备往日程表上再加上 10 部作品。会议室里立刻变得鸦雀无声。我和舒特互相看着对方，简直连自杀的心都有了。他们要的不仅仅是创作 10 部作品，而且还要决定这 10 部作品的名字和背景故事。从这时开始，舒特的末日就来了。而对我而言，这也可以说是一生中最痛苦的一段时间了。他们寄来的商标设计看起来就像是业余水准，角色设计则简直就是从某位高一学生的涂鸦本上撕下来的。"

舒特只得答应下来，并和罗米塔一起想办法拿这些素材将就一下。但是，编剧和画师们对于这些强加的作品不屑一顾，对于新世界要求他们参照的服装设计也爱理不理。罗米塔曾自己尝试对这些素材进行改进，但都被对方驳回了。"这是一场噩梦，"他说，"他们根本不懂漫画，而且也毫无品位。"

尽管如此，在舒特给雷米提交的公司现状报告中，却没有对新世界提出一丝一毫的异议。相反，他对漫威的管理层发表了种种的负面言论，坚持认为应该由自己来负责新世界项目的运营。在将它寄出去之前，他还在一屋子编辑面前大声将这份报告朗读了一遍。两位编辑察觉到舒特马上要犯下一个严重错误，于是他们交换了一下眼神，双双从座位上跳了起来，大声说道："别把这信寄出去！"房间里的其他人也立刻围住了舒特，让他别这么冲动。结果舒特只好将信收了回去。

几周后，汤姆·德法尔科前往西海岸开会，准备讨论新世界的改编电影《夜半鬼敲门 2》（*House II: Second Story*）。"吉姆对我说，你准备去新世界吗？我也要去参加一场管理会议，不如一起坐飞机吧？于是我们就一起出去吃了一顿饭。第二天早上，在我们坐车前往新世界的路上，吉姆突然转头对我说，噢，顺便跟你说一下，我已经把信寄出去了。今天早上我跟你要找鲍勃·雷米开个会。在他说出这个消息的时候，我们已经抵达新世界的停车场了。我扭头说了一句，什么？然后他解释说，他准备硬闯管理会议，当面向雷米解释，并发出最后通牒，大致意思就是除非让他掌管公司，否则所有人都会辞职。我就对他说，所有人都会辞职？你跟多少人说过这事儿了？他回答，就你和我知道。"

"我们下了车，走进电梯，随后来到了接待室，他对前台说，吉姆·舒特和汤姆·德法尔科找鲍勃·雷米。我抢上前，对接待员说，不对，吉姆·舒特要找鲍勃·雷米。汤姆·德法尔科是来找公关部门的。于是我们就分开了，后来听到他的消息和见到他的人都已经是回到纽约以后了。"

舒特和德法尔科之间也存在分歧。在接到舒特的电话，要求将各种各样的漫画重画或者重新上色时，德法尔科就开始据理力争起来。不过，他并不知道二人之间的争论都进了牛棚人的耳中，也不知道在两人热火朝天地争执时，编辑们都聚在舒特隔壁的办公室里偷听。显然，德法尔科总是认输的一方，而且每次都不得不扮演起职业杀手的角色来。

"办公室仿佛被一片阴云笼罩了，"据编辑卡尔·波茨（Carl Potts）说，"你知道马上就会有一道闪电劈下来。你虽然不知道什么时候劈，但你知道一定会有人被炒鱿鱼。"当时，重写剧本的要求猖獗到了史无前例的地步。"这件事情的分水岭，"安·诺琴蒂说道，"就是当舒特说每一本漫画都必须包含'逼不得已'套路的时候：我不是小偷……我不想偷东西。但我不得不偷，因为我的奶奶快饿死了。每一本漫画都必须在头3页里出现这样的套路。说的具体点，就是超级英雄得在一个漫画格里说，我不想偷东西，但我必须偷，这都是为了我的奶奶。或者，我不想杀死梅菲斯托，但是我必须杀他，因为他是我的灵魂。他把不合规定的漫画都退回了牛棚，并要求在已有的内容中强行插入这种'逼不得已'的桥段。"

"在我们完成一本漫画的制作后，必须得到主编的签字认可才能送去印刷，"诺琴蒂的助理编辑特里·卡瓦纳（Terry Kavanagh）说，"但他不断地对原稿提出许多评论意见。有的是批评，有的是赞赏。他一会儿说这个地方要改一改，一会儿又说注意下次不要犯这个错误。但不消多久，他就开始大声批评说这里做得不对，情绪也变得激动起来。接着，他冲进来大声说，这里做得不对，好好改改，到最后，他冲进来吼叫的内容就成了，这里做得不对，你也知道这不对，但你怎么还是屡教不改。在最后的最后就成了，这里做得不对，你也知道这不对，但你还故意这么做，是在跟其他编辑一样挑衅我吗。他说话的时候嗓门特别大；涨红了脸，贴近诺琴蒂的脸，换作是我也一定会被吓傻的。"

"他总是说自己组建了史上最好的漫画编辑团队，"波茨说道，"到后来又改口说每一个人都是无头苍蝇。也不知道是谁拨动了他的开关？"

1986年年底，斯坦·李打算让蜘蛛侠成婚的想法引起了新世界的兴趣。他们很快就提前做好了计划，将其作为明年夏天的主打项目。然而，舒特以主编的身份为这期特别版罗列了详细的绘制说明（其中还包括一份人体解剖学的基础图例），沙尔·巴斯马为此与他彻底闹翻，并选择了退出。当一位默默无闻的自由职业画师接到这个任务时，果断地答应了下来，因为他听说舒特会把第二个拒绝他的人记恨一辈子。

在 1987 年 3 月底，一群自由职业画师和编辑决定发起一场有组织的抗议活动。沃尔特·西蒙森、路易斯·西蒙森和迈克尔·希金斯（Michael Higgins，昵称迈克）在办公室里四处走访，召集志同道合的编辑（有一位员工把此情此景比作"举着火炬的村民"），一起来到了吉姆·舒特的办公室门前。

　　汤姆·德法尔科听见了办公室外走廊里的喧闹，不过，当时他已经彻底厌倦了争吵，并准备从漫画界一走了之。他坐在自己的位子上，握着电话，商谈着在西海岸的一个职位的薪资和搬家费用。他还安慰起了那些聚在走廊里的人们。

　　他站在舒特秘书的桌旁，翘起一只脚，挡住了大伙儿经过这张桌子前往办公室的去路。沃尔特·西蒙森不由分说地冲了过去，而其他人都从德法尔科背后绕了过去。他们在舒特的门前停了下来。门是关着的。"突然，"德法尔科回忆道，"迈克·霍布森站出来说道，发生什么事了？大家就说，我们想要跟舒特提抗议。霍布斯听了后，就说你们这些家伙想跟舒特谈谈？好啊，一起上。于是大伙儿就开始往里走。"

　　"我们得跟你谈谈。"西蒙森打开舒特的门，说道。

　　"我正在跟马克和拉尔夫开会呢。"舒特对他说。

　　但此时大伙儿都已经涌进来了，只见马克·格伦瓦尔德和拉尔夫·玛基奥无精打采地瘫在座位上，头低得都快看不见了：显然他们的会议也不是什么好事。德法尔科站到了舒特的背后，一副要与大哥同进退的模样。

　　办公室里挤满了人。助理们要么挤在门口，要么聚在隔壁的办公室里，偷听着编辑们像连珠炮般挨个上前向老板抱怨。霍布森在一旁兴高采烈地看着舒特涨红了脸，努力对这些指控提出辩解。

　　"我感觉舒特随时可能把我给吃了，"一位员工说道，"我当时说，我的天啊，他可能马上就要来啃我的骨头了。尽管如此，我还是得表现出强硬的样子，将他的气势压下去。"

当年 4 月 4 日正好是星期六，约翰·伯恩在康涅狄格州的家中举行了一场聚会，邀请了数名漫威员工和自由职业画师。他们在后院里摆放了一个用新世界的滞销作品堆成的假人，还把舒特的大头照贴在头部，通过焚烧这位漫威主编的肖像来泄愤。"回想起来，"当时在场的一名员工说道，"这事儿真有点可怕、有点无礼，可能做得过头了。但是我觉得大伙儿当时需要这么做。形势的压迫感已经越来越强烈了。我们都知道该如何做好自己的工作；我们都知道该如何创作漫画。我们已经在尽己所能制作最棒的漫画了。然而，现在无论在哪个阶段，本来你都是在跟编剧讨论如何把这个故事讲好。你会说，好啊，我们知道这是讲这个故事的正确方法，可是现在我们却不得不仔细研究，吉姆可能会对什么东西大发雷霆？对于制作漫画来说，这个步骤真的是毫无意义。在某些情况下不但不能给故事带来任何好处，反而让故事和作品变得更糟。我们唯一的关注点应该是将最好的漫画制作出来。可是现在却变成了将能过吉姆这一关的最好的漫画制作出来。从某些角度来看，因为我们都有点严于自律的倾向，我们或许有理由相信，我们的确有这样的道德责任：为了给粉丝们呈现出最优秀的漫画，吉姆必须被踢出这个过程。"

"他过去帮助把漫威建立成了一个强大的主宰者，"汤姆·德法尔科说道，"但后来却自己否定了这样的运作模式，而且还认为必须立刻将它彻底推倒重来。但你也知道，主宰者是不可能说重来就重来的。"

新世界的管理层很看好舒特，可惜他们只懂得如何与喜怒无常的演员和电影导演打交道，对于他的烦恼颇感不解。他们在想着是不是该给他送个果篮，或者送给他一个听起来更响当当的头衔呢？就在他们准备开始讨论舒特的合同内容时，那场肖像焚烧事件的录像带被传到了加利福尼亚，于是，新世界终于看清了舒特已经管不住手下精兵强将的事实。

1987 年 4 月 15 日，鲍勃·雷顿和大卫·米歇里尼来到了漫威办公室，与马克·格伦瓦尔德和舒特见面，讨论钢铁侠服装的新设计方案。当他们带着画稿走进舒特的办公室时，舒特平静地告诉他们，自己的意见已经无足轻重了。他刚收到消息，自己已经不再是主编了。

格伦瓦尔德在经过玛基奥的办公室时，冲他比了一个杀头的手势，然后将一根手指举在唇前，示意不要声张。但这是个消息灵通的世界，克里斯·克莱蒙特和沃尔特·西蒙森很快就通过计算机网络获得了这个消息。"叮咚，"一条消息是这样写的，"邪恶的女巫已经死了。"

MAR

THE

UNTOLD

STORY

COM

第四部分

屡败屡战

漫威宇宙的迁移壁垒

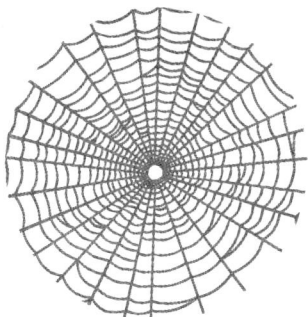

"郁金香式"的漫画投资热，让逐渐没落的漫画行业迎来了末日狂欢！作为行业老大的漫威，也开启了其榨取市场最后一滴利润的捞金模式。与此同时，对于漫威自身所蕴含的价值，市场投机者更是趋之若鹜，利用大众对漫威的想象空间，"资本巨鳄"佩雷尔曼出手了……

MARVEL COMICS
THE UNTOLD STORY

15　超级现金黑洞，
漫威影视战线全线败退

　　吉姆·高尔顿和迈克·霍布森带着汤姆·德法尔科一起吃了顿饭，并告诉他想要让他来代替吉姆·舒特的主编一职，不过他并没有接受。"你们这是疯了吧，"德法尔科对他们说，"想办法让舒特恢复过来啊。"二人当时还不知道，再过一两个星期，德法尔科就能把西海岸的工作机会谈下来了。"我一直以为，自己作为二当家，当他们决定砍他的头时，我也会跟着一起赔罪，"多年后，他说道，"我从来没想过他们会要我留下来。"当德法尔科得到提拔的消息传到西海岸潜在雇主的耳中时，这份工作机会就被取消了，很显然，他们不可能将待遇再往上提了。

既然只能留在漫威了，德法尔科的头号任务就成了团结挺舒特派和倒舒特派，让办公室恢复秩序。元老级自由职业画师文思·科莱塔写了一封公开信给编辑部员工，措辞激烈而脏话连篇，他将这位下台的主编描绘成了一名不被理解的烈士。"他为你们提供了头衔、地位、权力，甚至还有能随便刷的信用卡。他让你们成为这一行历史上薪资最高的编辑。他保护你们免受权益、权力和钱包的损失……你们头顶上的天花板、你们身上穿的衣服、你们开的车和你们给一无所知的妻子和女朋友们买的小玩意儿，全都多亏了这个匹兹堡的小伙子。"

握手言和，"国王"科比收回手稿

德法尔科是一个大嗓门的新纽约人，让他来平息这场风波似乎并不是理想的选择。不过漫威的大伙儿都很喜欢他，把他当成自己人。慢慢地，恶质玩笑和胡闹行为又在办公室里死灰复燃了：一位助理的办公桌抽屉被塑料胶带封得严严实实，打开一看里头装满了水，还放了条金鱼。有人还用细不可见的鱼线从 10 楼吊着假钞，挑逗在东 27 号大街上的过路人。

德法尔科还把舒特时代留下的一颗大钉子给拔掉了：关于杰克·科比作品不可退还性质的争议。吉姆·高尔顿手握科比在 1966 年到 1972 年间签署的合约，所以他对漫威的合法性胸有成竹，丝毫没有向公共舆论低头的意思。"高尔顿的态度是，为什么会有人把时间浪费在这事情上？如果科比想要起诉，那么让他起诉好了！"德法尔科说道。然而就在舒特离开后没几周，高尔顿就让漫威放弃强硬立场了，归还科比的清单从 88 件膨胀到了 2 000 多页。虽然这还只是他所画的一小部分作品而已，但却已经是为数不少、有利可图的财产了。这场痛苦的拉锯战终于结束了。

后来没过多久，杰克·科比在庆祝自己 70 岁生日时，接受了纽约广播电台 WBAI 的电话采访。当采访者问到，在那个表面看来火热而快乐的"欢乐漫威前进会"时代，自己对牛棚里工作时有什么感受，科比冷冷地答道："我并不觉得有什么欢乐的地方。

在那些日子里，事情是非常职业化的，你提交自己的想法，换来工资，然后带回家消费。这是个非常简单的交易。丝毫不值得任何形式的戏剧化表达、称颂或者美化……我创作了故事的背景，然后分析故事走向，我一格一格地完成这些漫画，除了往泡泡里填字之外，别的都是我做的。"这位采访者又追问说，可是杰克啊，外界盛传你跟斯坦开的故事讨论总能让办公室活跃起来，这些都不存在吗？"事实根本不是这样的，"他答道，"真实的情况往往是我摔门离开，收拾东西回家。"

接着，这位电台主持人请出了一位意料之外的电话嘉宾：斯坦·李。"我想要祝杰克生日快乐，"电波中传来一个熟悉的声音，"这真是太巧了。我现在在纽约，打开收音机就听到了他的声音，谈论着漫威的事情，于是就觉得不如趁此机会跟他说说话，告诉他我很高兴能再听到他的声音，不然不是太可惜了吗！"

科比立刻插话说："好吧，斯坦，我要谢谢你的来电，我祝你身体健康，长命百岁。"

斯坦·李称赞起了科比的画作："没人能像他那样表现情感和戏剧。"

"嗯，谢谢你帮我保持了自己的风格，并帮助我不断精进，"科比说道，"我从没为这件事后悔过，斯坦。这对我来说是一段很好的经历。"接着，5 年来没有跟斯坦·李说过话的科比对他表达了敬意。

在二人接着又聊了 10 分钟美好的回忆后，斯坦突然提起了那句"我就这么说吧，这些剧本中的对话里的每一个字都是我写的"。播音室里响起了一阵令人不快的笑声。"每一个故事。"

科比：我可以告诉你，我亲自在每一个格子上写了几行字。

李：这些文字又没有在漫画中印出来！杰克总是在自己骗自己，你看，老实地回答我的问题。

科比：是你们不让我写。

李：在故事完成之后你有读过一遍吗？我觉得你没有！我认为你根本没读过一篇我写的故事。我觉得你一直在忙着画下一期的内容。你从来没有读过完成后的漫画……

　　科比：这是我自己的对话，斯坦，而且大家都是这样的。不管你们写了什么，我关心的只有动作。

　　李：我知道，你看啊，杰克，没人比我更尊重你了，这你也是知道的，但是我认为你从来都不认为对话有多么重要。我还认为你的想法是，对话这东西阿猫阿狗都能拼凑出来，真正重要的是我的绘画。虽然你有可能是对的，但我并不认同，当然，你确实有可能是对的。

　　科比：我只是想说，我认为人是非常重要的。如果你要编剧、绘画，创作出一部漫画，那么就应该是以一人之力完成。我觉得你应该找机会亲自完成一部完整的作品。

在发表结语时，斯坦·李抢先发言道："杰克在美国文化，甚至可以说在世界文化中留下了一个极其重要的记号，而我认为他应该为自己感到无比自豪和愉快，我也希望祝他万事如意，祝福他和他的妻子罗兹以及他的家人。我也希望在 10 年之后还能在哪个小镇里听到人们给他的 80 大寿献上的贺词，但愿我到时候还有机会给他打电话，亲口祝福他。杰克，我爱你哟。"

　　"嗯，彼此彼此，斯坦，"科比说道，"但是，嗯……嗯……好吧。非常感谢你，斯坦。"

　　电波突然寂静了下来。

　　"沃伦，你还在吗？"科比询问另一位主持人，"这个……你现在也看到了，情况就跟从前一模一样。"

汤姆·德法尔科一开始坚决不愿意担任主编一职，他转而力劝马克·格伦瓦尔德接受这个职位，但格伦瓦尔德略带歉意地回绝了。于是，格伦瓦尔德被指派为德法尔科的执行编辑，与他一同制订为期 5 年的漫威扩张计划：就和当时一系列 X 战警作品一样，以后会将复仇者联盟、蜘蛛侠及其他漫画也扩展成一个个的系列。如果有人觉得 4 部蜘蛛侠漫画显得太多了，德法尔科就会立刻反驳：真正喜欢蜘蛛侠的人不会嫌多，绝对不会。现在，每有一支新的超级团队登场，其中的各个角色都会拥有自己的独立作品。

格伦瓦尔德将继续负责让所有的故事能自圆其说。在20世纪70年代，当格伦瓦尔德还没进漫威公司时，他就已经像走火入魔一样在各种伪学术的自发行期刊上，整理过漫威所有故事线的连续性。担任执行主编后，他在墙上贴满了清单和图表，掌控着漫威宇宙中发生的一切故事的交织和跨越。"如果你准备用到一个蜘蛛侠里的反派，那么就得到蜘蛛侠办公室里问问，"德法尔科说道，"他们可能会拿出下一期内容的图表说，电光人最近不会出场，或者，我们在5月期中准备用他，到时他会对汉堡包过敏。如果你准备在自己的4月期中让他出场，那就至少应该把他讨厌汉堡包这一点表现出来。"

德法尔科并没有立刻获得吉姆·舒特原来的副总裁头衔，这也导致了他在对发行策略存有异议时并没有足够强的发言权。不过，对于这次扩张策略，德法尔科本就持积极态度，他才不关心稀释品牌价值之类的事情呢。他是那种把所有东西往墙上一泼，看有什么会粘在上面的那类人，一心想要挑战市场和创作人员的极限。"零售商会不停地说你们发行的作品太多了；批发商会说货架上已经放不下了，你们不能再发行别的东西了，"他说道，"但你必须强迫每一个人去完成这些工作。"

编辑们也享受到了版税制度，这在一定程度上消解了他们的不满，同时也有助于促进大家的商业化思考。他们在3部不同的蜘蛛侠漫画中推出了一个分成3部分的故事，以此来试探市场的接受程度。当有一部新X战警系列将要推出时，克里斯·克莱蒙特就想出了一个点子，让夜行者和幻影猫前往英格兰，成为新队伍"圣剑"（Excalibur）的成员。多部系列的合作故事从《秘密战争2》之后就开始不定期出现，很快这种方式就会变成几个月一次的固定节目。

在扩张计划进行之中，有一个系列的缩减引起了大家的注意。1987年春天，由舒特一手创作的新宇宙系列迎来了其一周岁生日；不过，由于销量平平，公司已经悄无声息地砍掉了其一半的产品线。吉姆·舒特自己负责的《星标》是被留下来的4部作品之一。编辑霍华德·麦凯打电话询问约翰·伯恩是否愿意接手这部作品。选择伯恩可是很有深意：就在几个月前，伯恩在 DC 公司的《传奇》（Legends）中，就画了一个神似舒特的角色，名叫太阳黑子（Sunspot）。"从今天开始，"太阳黑子这样宣布道，"我将让你们所有人知道该如何运用力量！我会将这个令人遗憾的世界重新塑造成我想要的样子！"接着，为了避免还有谁没看懂其中对舒特的影射，这个角色还叫嚣了一句："我行使着终极的力量，创造新宇宙的力量！"结果，他却一枪打在了自己的脚丫子上。

虽然《星标》是全公司销量最低漫画作品，但伯恩却选择了在这部自传性质最强烈的作品上留下自己的印记。在他提笔创作的第一个故事里，舒特的替身角色肯·康奈尔（Ken Connell）把匹兹堡市夷为了平地，而这正是舒特的老家。

那些曾被流放的自由职业者开始陆续返回公司。迈克·希金斯是醉心于漫威 20 世纪 70 年代头脑旅行的铁杆粉丝，作为编辑的他尽其所能拉拢了舒特的反对者，其中包括史蒂夫·格伯、道格·芒什和基恩·科兰，邀请他们为新作《漫威周刊》（Marvel Weekly）效力。1987 年年末，玛尔夫·沃夫曼、保罗·格拉西、唐·麦格雷戈和唐·赫克，大家都在阔别多年后接到了来自漫威的电话。消息称，每一期漫画都要轮番地刊载 4 部连续作品，让像类人体和上气这样昙花一现的角色重新登场。他们还得到命令，说如果在某一期中，一个角色的故事走到了尾声，那么其他 3 个的故事就得以悬念收场，这样就能让读者的脑中永远不会冒出结束这两个字。

该作品第一期上市时（已是将近一年后的事了），这部漫画的标题被改成了《Marvel Comics Presents》（漫威漫画出品），而出版计划也被延长到了两周一期，希金斯甚至都已经离开了公司。上气或者类人体都没能出现在封面上，取而代之的是金刚狼，他日益增长的人气保障了这部漫画节节高升的销量。

此时，漫威也已经决定要推出一部定期上市的《金刚狼》专属漫画。克里斯·克莱蒙特在接到这个任务时，才刚刚创作了《圣剑》这部作品。他向德法尔科抱怨，说这会影响到角色的完整性并可能稀释其价值，但这位主编对此不以为然。现在的金刚狼已经成了他个人的掌上明珠，影响力已经大到再也无法寄人篱下了。这部作品势在必行，克莱蒙特反倒是可有可无的。克莱蒙特已经在这个角色上投入了 12 年时光，让别人来决定自己角色的命运简直会要他的命，于是克莱蒙特又一次卷起了袖管，埋头苦干起来。

新东家，资本巨头佩雷尔曼吞下漫威

"新世界的目标并非漫画市场，"一位前任雇员说道，"但玉石俱焚也不是什么明智之举。"公司真正想做的是利用知识产权在不同平台上的潜力牟利。他们在"21"俱乐部里举行了午宴，为蜘蛛侠动画片推波助澜；还计划耗资 30 万美元制作蜘蛛侠花车，参加梅西感恩节大游行（Macy's Thanksgiving Day Parade）；就在世界冠军纽约大都会棒球队入驻主赛场之前，他们还通知媒体，称蜘蛛侠和玛丽·简·华生会在谢伊球场（Shea Stadium）里举行结婚典礼。

在一个周六的晚上，斯坦·李以主持的身份站在球馆的本垒上，在 55 000 名观众和《早安美国》（*Good Morning America*）、《今夜娱乐》（*Entertainment Tonight*）等媒体的镜头前面慷慨激昂。斯坦·李兴奋地看到，新世界以卡登斯时代前所未有的方式挖掘出了漫威角色的价值。

在新世界曾尝试从佳能公司买回蜘蛛侠的电影版权，但失败了。于是公司转变了策略，开始制作一部长 65 集，每集半个小时的《X 战警》动画片，通过首映或者牵头包销的方式销售，随后再利用许可授权和周边商品获利。对于新世界而言，形形色色的漫威角色提供了朝其他方向发展的机会，而这是像《猛鬼追魂》（*Hellraiser*）等低成本恐怖电影所无法具备的。"漫威在年轻一代的市场中攻占了一个桥头堡，这是克莱夫·巴克（Clive Barker）①没能做到的，"时任市场部副总裁的鲁斯蒂·西特仑（Rusty Citron）说道，"你不可能在周六晨间档播出针头人（Pinhead）。"②

---

① 英国作家、导演和视觉艺术家。《猛鬼追魂》就是他的作品。——译者注

②《猛鬼追魂》中来自地狱的恐怖、邪恶的反派角色，正式名称为 Lead cenobite。——译者注

经过与加拿大商场巨头西部埃德蒙顿（West Edmonton）的幕后团队的交涉，并参照当时刚问世的迪士尼商店（Disney Store），他们还计划在全国各地的购物中心开展一轮漫威零售行动。在张贴着角色海报的商店里开辟供生日派对使用的小房间；周边商品被摆放在转轮上，从而让各种各样的商品和角色呈现出"不同的空间感"；还有专门的漫画货架，将漫威所有的作品都陈列其上。

但是公司的野心和攻势（其名称还从新世界电影公司改为了更笼统的新世界娱乐公司）很快就遭遇了现实的阻击。电影的收入并无起色，电视剧的制作也成了资金黑洞，而包销市场却在逐渐崩溃。新世界试着在儿童娱乐市场中寻求合作者，但在肯纳和美泰两家玩具制造商的竞标中却双双落马。在 6 个月的计划之后，新世界的董事会投票否决了漫威商店（Marvel Store）计划所需的 100 万美元预算。

新世界并没有停止开发漫威角色电影的尝试，但是他们对这些知识产权的理解实在太过业余了。有大量创作于其他项目的失败剧本都被兴致勃勃地递交到了新世界的手上，比如，鲍勃·盖尔（Bob Gale）的《奇异博士》、罗伊·托马斯和格里·康威的《X战警》，然而这些连蜘蛛侠和超人都分不清楚的高管依然对眼前的这些东西知之甚少。"他们基本上就是看一眼标题，选择那些在媒体方面比较讨巧的项目。"为该公司评估剧本的前漫画商店员工威廉·拉布金（William Rabkin）说道。拉布金还直言不讳地给他的老板提了一个醒。（"你刚把阿拉斯加买了下来。你需要挖掘其中的本质，搞清楚里头究竟有些什么。"）没过几天，新世界制作部门的领导就让他将所有能在南美洲一炮而红、抛砖引玉的 B 级和 C 级知识产权罗列出来。21 岁的纽约大学毕业生波阿兹·亚金（Boaz Yakin）以个人名义给新世界打了一个电话，得到了与新世界 CEO 会面的机会，他提出了一部以惩罚者为主角的电影创意；这个出现在 20 世纪 80 年代动作电影中的角色在当时可是深受人们的喜爱。"他都不知道惩罚者是干什么的。"亚金说，尽管当时这个角色已经是两部热销漫画的明星了。不管怎么样，亚金花了 10 天时间完成的剧本还是成功付诸了制作。

斯坦·李马不停蹄地推销着他在 25 年前合作创作的各个角色。"斯坦·李不可理喻地热爱蚁人这个角色，但根本就没人理他，"拉布金说道，"他一直在滔滔不绝地谈论蚁人；疯狂地渴求着蚁人的剧本。我当时则一直在唱反调，因为，实事求是地讲，他能够变小，能够钻进钥匙孔里，能够偷看抽屉里的秘密文件，但也仅此而已了。这真的很无聊。当时我们围桌而坐，斯坦高谈着蚁人，这个时候，掌管整个新世界的老板鲍勃·雷米走了进来。鲍勃是一个精力充沛、奔放不羁的人。他从来没有开门的这个动作，而是像袋獾一样'唰！'地飞进来。他降临到这个房间里，开口说道，是漫威大会呢！有什么好主意啊？"

> 斯坦·李说："我们正在讨论蚁人呢！"
>
> "那是什么东西？"
>
> "他可以变小……就像这样！"
>
> 雷米思考了一会儿。迪士尼正准备制作《小熊维尼》（*Teenie Weenies*）。如果新世界能立马开始制作《蚁人》的话，大家就不知道这个创意是谁先想出来的了。
>
> "这真是太棒了！"雷米说道。

他"唰"地一下不见了，而《蚁人》也随即进入了制作阶段。《小熊维尼》在最终发布时变成了《亲爱的，我把孩子变小了》（*Honey, I Shrunk the Kids*）。

尽管斯坦·李与雷米之间有一段很愉快的共事关系，但他还是愈发明显地认识到，在电影这个方面，自己已经没有发言权了。就连保持着保守老旧的出版业行事风格的吉姆·高尔顿也无法插手斯隆、库平和雷米进攻好莱坞的计划。管事的人成了"乌贼"乔·卡拉马里，这位卡登斯的资深高管是谢尔登·范伯格从法学院聘来的，如今正不遗余力地促成着电影合同的签订。对于新世界的那些人来说，卡拉马里的雄心和进取心让他成为漫威的传声筒。

业已超过 64 岁的斯坦·李空怀着 20 年的大银幕创作梦想，一点用场都派不上。"斯坦并不在这个圈子里，因为他没有资格；他并不是合伙人，"一位新世界的高管说道，

"他手上没有投票权。但他却像一头斗牛犬一样。他就是不愿意转身离开。"

不过，笑到最后的反而是斯坦·李，因为新世界遇到了麻烦。"回想起来，"迈克·霍布森在多年后这样说，"漫威竟然把自己卖给了像新世界的这样一家毫无信誉的机构，真是骇人听闻。"这家工作室的电影票房惨淡，股票也直线下滑；最严重的是，在1987年市场大崩盘的余震之中，来自华尔街的投资也大幅缩水。公司没有抛售德崇（Drexel Burnham Lambert）的大量垃圾债券，反而希望能借此重组其数目惊人的债务。他们甚至义无反顾地断然拒绝了其他公司收购漫威的提议。漫威是该公司当时唯一盈利的资产。不过，到1988年的夏天，他们迎来的是白纸黑字的判决书。在当年7月份，就在《惩罚者》剧组准备前往澳大利亚开机时，新世界已经开始寻找漫威漫画的下家了。

赢得竞标的是露华浓（Revlon）董事长罗纳德·佩雷尔曼（Ronald O. Perelman，罗恩是其昵称），他成立了一家名叫Compact Video的空壳公司，这是Technicolor过去的一个分部。在几个月的时间里，华尔街一直在猜测这个挂着Compact名号的巨大黑洞会把哪个著名品牌吞下肚去；从春天开始它就像敞开的汽车后备箱，或者说像一口空荡荡的棺材一样纹丝不动。漫威卖出的8 250万美元价格对于斯隆和库平而言也算不错的回报了，毕竟他们两年前只投入了4 600万美元。而对于华尔街来说，这可是一枚重磅炸弹。那个曾经出价40亿美元买下吉列的罗恩·佩雷尔曼如今把目光转向了……漫画？

一篇杂志文章曾分析过佩雷尔曼的策略，它写道："找到一个估值偏低的公司，然后发行垃圾债券募集资金将其买下，将非核心产品线卖掉，收回大部分的收购资本，然后将核心业务转变成盈利项目。"从某种角度来看，这与完美电影与制药公司或卡登斯公司的做法没什么区别。不过佩雷尔曼知道，漫威"在知识产权方面有成为小迪士尼的潜力"，它已经到了快开花结果的时候了，现在正是坐享其成的好时机。

佩雷尔曼本人略有漫威创始人的科学怪人风格，偶尔也会做出一点出格的事情。

马丁·古德曼在一艘游船上认识了一位富有的女士，后来娶其为妻；佩雷尔曼也是如此。马丁·阿卡曼在东部设立了一个总部，还起了一个绰号叫"市中心"；佩雷尔曼也是如此。谢尔登·范伯格曾经是露华浓的首席财务官；在 20 年后，佩雷尔曼则以其风风火火接管露华浓的事迹而名声大噪。佩雷尔曼是一个身材矮小、犹太血统、大人物。和很多人一样，他也是雪茄不离口，当然也有区别，那就是佩雷尔曼自己就拥有一家雪茄公司，而这只是他 3 亿美元个人资产中的一小部分。他的钱包丰满到在从新世界的遗骸中捡走漫威之后，还能在数个月后回头把新世界也给买下来。

由于他是露华浓的老板，所以漫威员工很快就给佩雷尔曼起了一个绰号"唇膏佬"。在首次造访漫威办公室时，他在一位打扮成蜘蛛女侠的金发蒙面员工的陪同下，参观了各个部门。在这次走访中，他让一位编辑给他看看正在制作当中的销量最好的几本漫画。"我抽出了巴里·史密斯画的几张《X 战警》精美稿件，"这位编辑说，"但他都没有拿正眼瞧过。我知道了：这个家伙不喜欢漫画。"

在佩雷尔曼的副手比尔·贝文思（Bill Bevins）与斯坦·李会面后，佩雷尔曼和他的公司安德鲁斯集团（Andrews Group）毫无疑问给斯坦·李留下了很好的第一印象。贝文思是个彻头彻尾的生意人，一个梳妆打扮无可挑剔的工作狂。他是在一场会议上认识佩雷尔曼的；那是场由德崇的迈克尔·米尔肯（Michael Milken）主持的"食肉动物舞会"[①]。"我们一开始谈笑风生了几分钟，"斯坦·李回忆道，"接着，他突如其来地问我在漫威的年收入是多少。在我作答之后，他若有所思地盯着我看了一两分钟，然后用最平静、最诚恳的方式告诉我，从今以后，我能赚到 3 倍的钱。"

漫威的出版业开始兴旺发展，并以前所未有的速度扩张；不仅新系列层出不穷，而且销量最好的《非凡 X 战警》和《超凡蜘蛛侠》也都准备改为一月双刊。德法尔科和格伦瓦尔德开始回头翻阅漫威的历史，寻找开启新系列的素材；据他们的估计，直销市场的经济状况将会为那些"以铁杆读者为目标"的作品开辟新的生存空间。他们着手准备让 20 世纪 70 年代的经典角色，例如银河护卫队（Guardians of

---

① 此处引用的是《*The Predator's Ball*》，这是一本描写德崇时代的纪实作品。——译者注

the Galaxy）、恶灵骑士、死亡丧钟和新星重返舞台。在这其中，新星会以《新战士》（*New Warriors*）成员的全新身份出场；而这是一部由市场研究催生的以少年超级英雄为主角的漫画。

编剧、画师，乃至编辑都得到了越来越丰厚的支票报酬，而且在舒特离开后，其中有不少人都感觉自己重新大权在握。不过，他们依然时不时地会因角色控制权而发生冲突：史蒂夫·恩格尔哈特被踢出了《西海岸复仇者联盟》（原因是拒绝在该系列中加入钢铁侠）；几个月后，他又离开了《神奇四侠》（原因是拒绝加入神奇先生和隐形女）和《银影侠》。恩格尔哈特宣称德法尔科正在实施"一场扼杀全线作品创新意识的计划"。德法尔科则说自己只是在支持手下编辑们的想法。

德法尔科早就亲眼目睹过在被剥夺责任权后，编辑团队的士气会遭到何等打击，不过，他的管理风格并不是简单地在争论中站在编辑一边。他坚持认为编辑们应该成为负责任的管理者，保护宏大叙事体系一脉相承，并且始终将公司的最高利益放在心里。

因为丰厚的版税，每个人都在争抢漫威角色的编剧和绘制权力，漫威并不缺少大名气的人才为其推波助澜。在恩格尔哈特离开后，沃尔特·西蒙森接手了《神奇四侠》、约翰·伯恩接手了《西海岸复仇者联盟》，而吉姆·斯大林接手了《银影侠》；不过到后来，他们也都在作品的前进方向上出现了各自的分歧。当伯恩表示除非德法尔科开除一个令他不爽的编辑，否则就退出《女浩克》时，德法尔科再次展现了他的金科玉律：我支持我的编辑。他把伯恩从这部作品中开除了，然后将《女浩克》交给了史蒂夫·格伯。不过，伯恩并没有一走了之，相反，他开始为《纳摩》提笔，这是一部将海王演绎成一位风投资本家的新系列。

就在不到 10 年前，大家都还以为太平洋和日蚀这样的出版商会把漫威和 DC 公司的所有大牌明星给挖走。然而，这些小型公司最后反倒落了个举步维艰的境地，尤其是在经历了 1986、1987 年的市场饱和之后。漫画商店的店主面对五花八门的商品，选择了保守的策略，在货架上堆满了来自漫威和 DC 公司长盛不衰的畅销作品。尽管斯大林、格伯，乃至史蒂夫·迪特科在这些年来不断地大唱反调，但似乎也只有这"两大巨头"才是屹立不倒的常青树。

尽管漫威旗下的史诗漫画公司推出了一些有意思的项目，但却没能造就任何一个一鸣惊人的角色。它成立的本来目的，也就是为创作者所有权的概念开辟一片乐土，也在几年的时间里逐渐被淡忘了。米勒和显克维奇较为"成熟"的《艾丽卡：刺客》在这里找到了生存空间后，史诗漫画就已经开始了它的第二重使命，即一家提升漫威老角色产值的自费出版公司。因为到目前为止，《艾丽卡：刺客》和《哈沃克与金刚狼》（*Havok & Wolverine*）是史诗漫画发行的最成功的两部作品，所以公司就尝试在史诗漫画名下创造一个相互联系的超级英雄漫画作品线。尽管史诗漫画的编辑阿奇·古德温负责这些角色的关系设置，但漫威依然保留着所有的版权。到了 1989 年中期，古德温在得知史诗漫画的去向之后，选择投奔了 DC 公司。

吉姆·斯大林的《恐惧之星》、史蒂夫·恩格尔哈特的《郊狼》（*Coyote*）、史蒂夫·格伯的《虚空青女》、道奇·芒什和保罗·格拉西的《Six from Sirius》，这些作品都没能在史诗漫画坚持太久，而这些刊物背后的创造者都到了要养家糊口的年纪。弗兰克·米勒依然在四处宣扬，贬低漫威和 DC，推崇一家名叫黑马（Dark Horse）的独立创业公司，不过他算是一个特例，因为他仍旧享受着《蝙蝠侠：黑暗骑士回归》的声誉，仅凭借其单独署名就是保证漫画的销量，而且他的年纪也比其他人小了差不多 5 岁。这一代人已经推动了业界的改变，注定会在漫画发展史上留下大名。当然，其他人会迅速跟上来，接过他们手中的火炬。

MARVEL COMICS
THE UNTOLD STORY

16 资本的诅咒，
被打开的潘多拉宝盒

漫威公司已经有好些年没有出产过新的当红画师了。20 世纪 80 年代里最著名的几个，即约翰·伯恩、弗兰克·米勒、比尔·显克维奇、沃尔特·西蒙森全都是从上一个 10 年里就在为公司效力了。在这种形势下，自学成才的阿特·亚当斯（Art Adams）成了一个特例。他在高中毕业后就在一家比萨店里洗盘子，业余时间则一心一意地为漫威作画。这种情况持续了 5 年之久，直到 1985 年在短篇系列《远射》（Longshot）中他一展其细腻的细节刻画风格后，漫威终于在一夜之间让他成为粉丝们的最爱。这部作品的主角拥有独特的造型风格，渔夫头 ①、皮夹克、子弹带和腰袋这使其在一众标准的三原色披风当中显得鹤立鸡群，而且他的外星血统也让亚当斯发挥出了他在刻画奇异外星生物方面的天赋。美中不足的是，大量运用剖面线限制了他的工作效率，从而造成他没法办接下每月定期供稿的任务，只能当一名常驻的客座明星画师。对读者而言，并不能确保自己能随时在漫画货架上看见他的作品。

尽管如此，亚当斯在那些志存高远的同龄人当中还是立刻引起了一阵骚动。这些人已经看惯了克莱蒙特和伯恩的《X战警》以及弗兰克·米勒的《夜魔侠》，也目睹了漫威的视觉风格向着中规中矩的功能主义发展。在吉姆·舒特王朝的最后阶段，出现了一批年轻画师，他们一丝不苟地描绘着每一缕发丝、服装上的每一道褶皱、人物口中的每一颗牙齿。如果有一个场景是一堵墙被打破了，那么你一定能清清楚楚地看到每一块砖头的模样。

菲律宾艺术院校的辍学生维斯·珀塔奇奥（Whilce Portacio，昵称维斯）负责《远射》的上墨工作。由于珀塔奇奥擅长渲染细节，但在解剖学和透视技法上尚有精进的空间，所以编辑卡尔·波茨就让他来接手亚当斯的铅笔稿，希望在这个过程中他能学到一星半点。与此同时，波茨还让珀塔奇奥阅读像《电影术的五个C》（The Five C's of Cinematography）这样的书籍，还把《阿尔法战士》的上墨任务塞给了他。没过多久，波茨聘用了吉姆·李（Jim Lee）为《阿尔法战士》作画，这个礼貌得过于拘谨的常春藤毕业生来自韩国。这两位画师在艺术和性格上形成了很好的互补。新来的李也得到了一本电影术教科书，并在波茨的指导下钻研讲故事的基本技法，这一切就仿佛是10年前的丹尼·奥尼尔和弗兰克·米勒一样。后来，吉姆·李与珀塔奇奥一起搬到了圣迭戈，加入了同一家工作室。二人的职业生涯逐渐水乳交融起来。

过了一段时间，珀塔奇奥为自己争取到了画铅笔稿的机会。在帮吉姆·李的《阿尔法战士》画稿上完墨后，他还在将它们寄回漫威之前在背面画上几幅自己的惩罚者。于是，就在改编电影进入预制作阶段时，波茨将珀塔奇奥安排在了《惩罚者》

① mullet，上短、侧短、后长的发型。——译者注

的铅笔画师位置上。当这个角色领衔主演的第二部作品，即《惩罚者战记》(*Punisher War Journal*) 诞生时，吉姆·李就成了这部作品的画师。

还没过一年时间，无时无刻不在寻觅最新最火画师的《非凡 X 战警》编辑鲍勃·哈罗斯找到了珀塔奇奥，问他是否愿意参与几期漫威招牌作品的制作。在遭到珀塔奇奥拒绝后，这个任务就落在了吉姆·李的肩上，这也让他的名声直窜云霄。没过多久，吉姆·李就成了《X 战警》的常任画师。

当吉姆·李和珀塔奇奥凭借《阿尔法战士》吸引了波茨的注意时，托德·麦克法兰 (Todd McFarlane) 也随即在《无敌浩克》中崭露头角，这是位自恃甚高、出口不逊的加拿大年轻人。在 1980 年的那个属于黑暗凤凰和艾丽卡的夏天，麦克法兰还是一个拥有棒球大学奖学金的学生，只等着被西雅图水手队 (Seattle Mariners) 的球探相中。不过，在他参加圣迭戈漫展时，对杰克·科比与围在身旁的粉丝谈话着了迷。如果没能入选一队，他告诉自己，那就改行做漫画画师吧。于是，当一场脚踝的伤势毫无悬念地击碎了他的大联盟梦想时，麦克法兰开始将更多时间花在画板前，并且津津有味地阅读科比和格伯努力奋斗的逸闻，还时常看些尼尔·亚当斯、弗兰克·米勒的临时演说和《漫画日报》的文章。在收集了一摞摞的拒绝信后，自学成才的麦克法兰终于在毕业前夕取得了突破，获得了一份工作机会：为史蒂夫·恩格尔哈特画《郊狼》的备用故事。1986 年年底，他又拿到了《无敌浩克》的任务。一年后，他的编辑拿着他的画稿在漫威的各个办公室里转悠，告诉大家麦克法兰的不断成长和对新挑战的渴望。这些样稿线条细腻、细节丰满，其质量不言而喻。最终，他受聘成了《超凡蜘蛛侠》的新画师。

麦克法兰和编剧大卫·米歇里尼重塑了《蜘蛛侠》在 30 年前的一系列反派，即沙人、徘徊者 (Prowler)、神秘法师 (Mysterio)、蜥蜴人 (the Lizard)，不过让这部更怪诞、更黑暗的《超凡蜘蛛侠》成功划下圆满句号的却是一个全新的反派角色。蜘蛛侠之前抛弃的黑色制服原来是一个有感情的外星生物；当它附身于满腹怨恨的前记者埃迪·布洛克 (Eddie Brock) 时，自称为猛毒 (Venom)。麦克法兰为这个嗜血的猛毒赋予了一副笨拙身形和锯齿般锋利的牙齿。随着《蜘蛛侠》拥有了堪比金刚狼的利爪和惩罚者的武装，这部作品的销量也攀升到了 20 年来的最高点，开始向《X战警》的第一宝座发起了冲击。

到了 1988 年夏天，包括阿特·亚当斯、珀塔奇奥、吉姆·李、麦克法兰和《X 战警》的铅笔画师马克·西尔维斯特里（Marc Silvestri）在内的漫威高人气画师大部分在年龄层面上再一次抵达了 30 岁大关。当漫威的编辑开始放开舒特制订的教条式叙事规则时，这批新一代画师也开始拥抱后叙事体音乐短片（Postnarrative Music Videos）的视觉语言，从长镜头和双人特写镜头转变成了令人眼花缭乱的非线性镜头。因为亚当斯的成功所带来了新启示，人物面部、机械和建筑上的细节刻画都变成了常规元素；每一幅画面的笔墨也变得更多、更密了。

这些画师还拥有一股好动的激情，或者至少是缺乏顺从感，这是在吉姆·斯大林拒绝约翰·罗米塔《神奇四侠》的邀请之后就不曾有过的精神。也许是初生牛犊不怕虎；也许是因为他们离漫威的纽约总部相距甚远，都不需要搬到城里去支付那儿的开销；也许只是因为他们已经看到了科比和迪特科的下场，发誓不会重蹈覆辙。麦克法兰不厌其烦地劝说其他画师组建一个工会，这个想法在 1978 年的工会计划失败之后就几乎从所有人的脑海中消失了。如果漫威连杰克·科比和史蒂夫·迪特科都敢惹，麦克法兰认为，那么他们就敢惹任何一个人。

麦克法兰向史蒂夫·迪特科致敬的部分尤其地多。他重新恢复了原版蜘蛛侠服装在腋窝处的蛛网纹路、突出了眼部周围的黑色线条，并一如迪特科当时那样让这位英雄的身体摆出各种扭曲而怪异的姿势。但麦克法兰并没有止步于此：现在，从蜘蛛侠手心射出的蛛丝看起来就像是绞起来的绳索（或者用汤姆·德法尔科的话来说，像意大利面条）；眼部的白色区域变大了一倍；姿势的扭曲已经不再严格遵循解剖学原理了。麦克法兰表示，他想要表现出这个角色如同蜘蛛一般的特质；这让编辑部门忧心忡忡。他们把画稿送到牛棚，送到约翰·罗米塔的手上，希望能让彼得·帕克的形象恢复原来面貌。"你就希望我这么改？"罗米塔低头看着这个角色扭曲的身影问道，这与他在

1966 年所塑造的近乎教科书般的表现手法大相径庭。麦克法兰的彼得·帕克看起来像健美教练，他的玛丽·简则像《花花公子》里的玩伴女郎。没过多久，麦克法兰的诠释就成了标准，负责《神奇蜘蛛侠》和《蜘蛛侠之网》的画师都被要求参照这个新版本。

不过，麦克法兰还是必须按照编剧的意思画该画的内容。1989 年，《超凡蜘蛛侠》改为双周刊已经有两年了，麦克法兰也受够了这受罪的差事。他告诉编辑吉姆·萨里克鲁普，他准备退出这部作品，想参与一个自己能说了算的项目。麦克法兰期望能马上得到一部销量低迷的漫画，借此机会磨练编剧技巧。令他意外的是，萨里克鲁普问他想不想拿下他最熟悉的蜘蛛侠系列。"我根本没想过能创作第四部蜘蛛侠漫画，"麦克法兰说道，"但只有傻瓜才会拒绝这样的邀请。"

这的确是一个很棒的机会：在不受漫威规则约束的条件下，麦克法兰可以不必浪费心思去保证该作品与其他蜘蛛侠作品的连续性。这位当红画师所受的特殊待遇肯定会引起公司其他编剧不满，不过在他们看了他的访谈后，心里一定更不是滋味。他只会看看报纸的体育版，甚至都记不得最近读过什么书。"呃……我其实并没有把自己看作一个编剧，所以我也没有把注意力放在写剧本上。虽然我知道漫威的人肯定不会喜欢我的这句话，但等他们知道的时候，这话已经说出口了。"他说，他准备动手制作这个项目，而且估计"这会成为垃圾"。

托德·麦克法兰之所以与众不同，就在于他似乎一点都不需要漫威的支持。他之前就已经用自己的收入创立了一家体育明星卡片公司，还在华盛顿开了一家漫画商店；他一边整理着一盒又一盒的曲棍球卡片，一边游刃有余地应付着电话采访。他的回答都非常直率，根据不同的视角，你可以把它看作无法容忍的粗鲁言论，也可以看作清新怡人的朴素之词。"只要我能让蜘蛛侠适得其所，让你在广告页面上看见他酷炫的风采，那么作品背后的事情就无足轻重了，"他对一个习惯了长篇大论畅谈技法的记者说道，"如果我能将页面上都填满某种看起来不错的东西，或者至少填满线稿，孩子们就能自己从中挖掘出更多的细节。"

在动手编写新《蜘蛛侠》作品的剧本之前，麦克法兰尚有几个月的空闲，他高调加盟了《新变种人》，完成了几期封面的上墨工作。21 岁的罗布·莱菲尔德（Rob Liefeld）负责了该作品的铅笔稿，他是漫威挖掘的新秀，来自加利福尼亚州阿纳海姆市。莱菲尔德的父亲、祖父都是浸信会牧师，然而，小莱菲尔德却只喜欢描画星球大战里的角色。他经常踩着自行车去漫画商店，还藏着一大堆《X 战警》不让妈妈发现。尽管他很快就得到了在 DC 公司绘制美女图片和封面的工作，但其叙事天赋和麦克法兰的比起来稍显不足。不过，他从来不曾胆怯：一位编辑惊讶地看到他在页边画了一个完整的故事。鲍勃·哈罗斯很喜欢他的莽撞，并安排他为《X 因子》和《非凡 X 战警》打下手。他还告诉莱菲尔德，希望能看到《新变种人》有所改观，并找一个新角色替代 X 教授担当这支团队的领袖。莱菲尔德尝试了一页又一页的服装设计，还构思了一个全新角色：鲍勃，变种人将来的朋友或对手！如果你不喜欢他们，那就当没看见！这没什么。如果你感兴趣，那就给我打电话吧！他提议让其中一个角色担当新领袖：一个拥有发光"生化眼"的半机械化"神秘人"。在备注中他还写着，其名字应该叫生化人（Cybrid）或者锁链（Cable）。

当哈罗斯和编剧路易斯·西蒙森提出其他名字的建议时，莱菲尔德也学起了新朋友麦克法兰的策略，坚持自己的立场。"鲍勃说，我们叫他昆汀（Quentin）吧，"莱菲尔德回忆道，"我就回了他一句，没门！我已经在草稿里把他的名字定为锁链了。当路易斯后来得知锁链时，她已经写好了剧本，而且从头到尾都用了指挥官 X（Commander X）这个名字。我就说，如果这个家伙要叫指挥官 X，那我就跟他毫无瓜葛。这名字真是太可笑了。"哈罗斯乖乖地给莱菲尔德让了道。

锁链登场的那一期《新变种人》（他举着一把巨大的枪；用准心把新变种人历数了一遍）一炮而红，成了这部漫画销量峰回路转的一个关键点。不过，这也成了西蒙森谢幕的开始，因为她忽然发现自己成了可有可无的消耗品。当莱菲尔德对肌肉和火炮的描绘变得愈加粗旷，当背景变得时有时无，当他摒弃了 180 度定律 ① 时，读者的数

---

① 一种源于电影艺术的视觉表现手法。——译者注

量也节节攀升。"莱菲尔德在画建筑外形时画了方形窗子，但画内部场景时却变成了圆形，"西蒙森抱怨道，"我花了 6 个月的时间才意识到罗布根本就对故事情节不感兴趣。他只是想做自己想做的事情，也就是让人们穿着奇装异服摆些酷炫的姿势，然后拿这些东西去大赚一笔。"她感到管理层对于自己的抱怨并不在意。"这些漫画突然就成了漫威在短期内赚取大量钱财的工具，而毫不考虑角色的长期发展方向，"她说，"似乎漫威只关注眼前的利益。不断地榨取，能榨多少榨多少。我觉得在这个时候，只要你能给漫威带来大量现金，你就会被奉为神灵，而罗布·莱菲尔德看起来恰好精于此道。"

变种人世界大膨胀，克莱蒙特出走《X 战警》

当西蒙森为莱菲尔德和哈罗斯的事情忙得焦头烂额时，漫威则将重心放在了为托德·麦克法兰的第一期《蜘蛛侠》造势。卡萝尔·卡利什急着想讨漫画商店欢心，甚至为这一期漫画推出了专供直销市场的特别版，在黑色背景上采用了银色墨水。不过，除了封面之外，这部特别版就没有任何特殊之处了。

与此同时，漫威负责报亭销售的主管发现，有一期塑封且附有年历的《Sail》杂志取得了很高的销量。其原因并不仅仅是年历的附加价值，而且还有让它在货架上鹤立鸡群的塑料袋；也许这一策略也能促进新《蜘蛛侠》在报亭的销售。

"直销市场的零售商们闹翻了，"在卡萝尔·卡利什手下工作的科特·布西克（Kurt Busiek）说道，"你准备给报亭提供塑料袋，而我们拿不到？"于是，第一期新《蜘蛛侠》在发行时遇到的问题越来越多。

麦克法兰的漫画本身并没什么特别之处。在 22 页篇幅里填满了平淡无奇的故事，蜘蛛侠与几个罪犯大打出手，还跟玛丽·简约会。另一方面，蜥蜴人则将 3 个恶棍和一个路人血腥地肢解了，通篇故作紧张的旁白和单调的音效让人感到审美疲劳。不过，截至 1990 年 6 月底，这一期（包括银色墨水版、普通墨水版和塑封版）总共卖出了超过 100 万册的数量。一家位于洛杉矶的商店还弄了一条星光大道，邀请新闻媒体界人士（和数以百计的顾客）参加午夜疯狂特卖活动。这一期漫画在报亭上架时（包括80 万册非塑封版和 12.5 万份塑封版），它早就已经刷新了漫威的销量纪录。收藏家们一开始还在犹豫是否该把塑料袋保留下来，但很快就意识到如果真的要拆开来看的话，那就一定得买上两份。

　　零售商们想得到更多的东西。"他们希望有啥卖啥，"布西克说道，"即便那只是骗人的玩意儿，就像，噢，这配有塑料袋呢。"于是漫威就生产了金色墨水的重印版，后来，为了奖励商店店主，他们还生产了免费赠送的"白金"版，这是从唱片业的白金唱片那里学来的；零售商将会收到邮寄来的这些特殊版本。在试验了各种各样的封面类型后，他们最终决定用较厚的硬卡纸来印刷白金版，从而保存这些特殊配方的墨水。这次 8 000 美元预算的促销活动最后耗费了超过 35 000 美元的成本。一开始，这似乎是一场灾难，原因不仅在于成本，而且还在于零售商们并没有因此而感到高兴，他们要的只是更多供货，以满足当下的收藏需求。

　　与此同时，漫威已经打开了通往未来的大门。制造部门在白金版上进行的为期 5 个月的试验，最终催生了各种各样的原型产品，例如烫金封面和浮雕封面。在几个月后的新漫画中，这些技术将会臻于完美并投入实用，而且也不仅限于特殊版本，甚至能适应 10 万级的大批量印刷规模。没人能说清让第一期新《蜘蛛侠》大卖特卖的是托德·麦克法兰，还是这独特的封面呢？《无敌浩克》就很快推出了采用 Day-Glo 荧光墨水的一期；这一期的销量增长了令人咋舌的 3 倍，漫威很快就进行了再版。随后问世的还有使用了闪光金属色的《银影侠》封面和夜光的《恶灵骑士》封面，这样同样都取得了相当的成功。

　　事后看来，有人会将这一时刻比作打开了潘多拉的魔盒。"我利用了市场的需求，并满足了投机者的贪婪，"策划白金版新《蜘蛛侠》的销售主管在几年后用文字表达了后悔之情，"创造产品去满足需求从本质上并没有什么错。不过，我现在认为，利用消费者非理性牟利和约会强暴是没有差别的。"

从罗恩·佩雷尔曼收购公司开始，漫威办公室里就开始逐渐出现一张张的新面孔。公司的代表们一方面集中精力谋求最大化的利润，一方面与创作过程保持着相当的距离。不过，对于出版部门的大奏凯歌，佩雷尔曼和他的副手比尔·贝文思已无法对其视而不见了。于是，当高管开始仔细研究这些投资项目时，这一距离很快就烟消云散了。安德鲁斯集团准备让漫威漫画挂牌上市。副总裁和顾问们开始越发频繁地出入于漫威的大厅。1990 年 10 月，吉姆·高尔顿 65 岁了，这位从 1975 年就开始以其沉默而保守的方式统领漫威的管理者终于到了退休年龄。不过，佩雷尔曼已经为他的继任者加冕了。

特里·斯图尔特是一个老练的并购和收购专家，不过他与高尔顿之间的一个不同点让他更受疑心重重的漫画鉴赏家的青睐：他是一个漫画粉丝。"在美国烟鬼的披风下面，隐藏着我的一颗收藏家的心。"在被任命为漫威总裁之前，他在《财富》杂志上这样说道。在佩雷尔曼的王朝中，黑色 T 恤外面套着运动夹克的斯图尔特显然是一个摇滚叛逆者。

斯图尔特在媒体前表示，将会将注意力放在电影制作上，并任命卡登斯的资深幕僚乔·卡拉马里为漫威电影公司的 CEO。实际上，这家工作室在被新世界卖给了佩雷尔曼之后就销声匿迹了。漫威电影原董事长玛格丽特·洛希（Margaret Loesch）在新的管理层下面变得越发忙碌了。福克斯的巴里·迪勒（Barry Diller）在一场鸡尾酒派对上给佩雷尔曼吹耳边风，说越早让她加入福克斯，就能越早地让《X 战警》出现在电视荧幕上。于是，公司就与她解除了合同，放她去了福克斯。虽然卡拉马里现在得到了洛希在福克斯方面的协助，但他还是得花点时间摆平蜘蛛侠电影版权"剪不断、理还乱"的法律纠葛。

还有一些其他的变化：长期任职漫威首席财务官的巴里·卡普兰遭到了排挤。卡普兰已经发现漫威守旧派和安德鲁斯集团之间存在理念上的分歧。"我与佩雷尔曼的人发生过许多争执，因为他们喜欢全额成本记账法。有次我说，那好，《美国队长》现在是亏本的。我是不是应该停刊《美国队长》呢？他们的态度就是，是啊！如果你出版点别的东西，那就能赚钱了！但这和唇膏不一样，说换个颜色就换个颜色。你不可能说换个角色就换个角色。与此同时，在停刊《美国队长》的时候，你会让许多编剧、铅笔画师、上墨员和上色员失去许多工作机会。"

在销售部门，卡萝尔·卡利什的汇报对象变成了一个身穿字母衬衫、对漫画毫无兴趣的新任高管，这在她与更高的管理层之间竖起了一堵墙。公司最新的销售策略将重心放在了长期利益上，这可把她惹毛了。漫威高层轻率地认为，由于上次零售价调高 33% 的建议并没有大幅降低销量，所以开始计划再进行一次提价。作为漫威和漫画零售商之间的主要联络人，卡利什是一位举足轻重的人物。要知道，在 1990 年，漫画商店占据了漫威总销量的 73%。不过，伴随着第二年 10 月的管理层变动，她很快被晋升到了新部门和新职位，成了新产品开发的副总裁，这样一来她对销售的影响也变得寥寥无几了。来自销售部门年仅 25 岁的卢·班克（Lou Bank）接替了她。"我认为，要想从一家公司里更轻易地挖到金矿，那么让一个 25 岁的无知青年来掌权肯定比让卡萝尔这样的人效果好，"班克在多年后这样说道，"而且我更容易被他们操纵。"

在人员洗牌之后不久，高管们开始琢磨起了销量数字，并据此制定了漫威的公开募股策略。汤姆·德法尔科提交了来年的预算，上层给他的答复是，1990 年是一个丰收年，而现在他们需要更上一层楼。德法尔科找编辑们开了个会。"天晓得，"他问，"我们该如何做得更好？"

德法尔科找到了编辑鲍勃·哈罗斯，告诉他是时候扩充《X 战警》产品线了。"我觉得这是世界上最糟糕的主意了，"哈罗斯说，"我记得当时是这么想的，我们能把这东西扩充到什么程度？我们已经有 4 部 X 漫画了：《非凡 X 战警》《金刚狼》《新变种人》《X 因子》。我觉得要是增加到 5 部的话，就是在杀鸡取卵了。"尽管如此，哈罗斯和克莱蒙特还是想办法做出了一部有所不同的漫画，作品的名字就叫作《X 战警》，与《非凡 X 战警》形成区别。他们将在《X 因子》中登场的 20 世纪 60 年代原版阵容与《非凡 X 战警》的成员重新组合了起来，然后再将他们分配到两个小队里。《非凡 X 战警》里的是金色队；《X 战警》里的是蓝色队；与此同时，《X 因子》里则加入了一群在过去几年里亮相的比较年轻的配角变种人。

让这混乱雪上加霜的是，《新变种人》这边也出了问题。当路易斯·西蒙森结束其使命后，莱菲尔德找到了一个新编剧法比安·尼谢萨（Fabian Nicieza）；此人同时还兼任漫威广告经理一职。在还是青少年的时候，莱菲尔德就得到了尼谢萨的电话号码，并打电话赞美他为新宇宙系列《超能力战队》所写的剧本。"要不了多久我就会成为业内的画师。"莱菲尔德对尼谢萨说，还提议以后两人一起合作。3 年后，这个时刻终于到来了。"罗布的脑中有上百万个想法，但没有人帮他筛选，他也不够成熟，不知道要如何才能最好地实现这些想法，"尼谢萨说道，"我猜想他的想法最后汹涌到了让路易斯无法完成漫画创作的程度。他想看到的是肌肉和力量，但西蒙森想看到的是一群孩子的成长历程。这两者很难调和。"

路易斯·西蒙森在为漫威工作了 10 年后终于选择了退出。"她被罗布逼走了。"尽管克里斯·克莱蒙特这样说，但西蒙森本人却认为更多的责任在哈罗斯。"他会修改故事构思，然后把责任推给画师。他会修改对白，然后说，对不起，但我给你打过电话，你不在家，或者下次我一定通知你。他会将对白的一部分改掉，但别的却原封不动。于是，角色的话就变得没头没脑了。这就是他的方法，告诉你他希望你卷铺盖滚蛋。"

在西蒙森离开后，莱菲尔德就告诉尼谢萨和市场部门主管斯文·拉森（Sven Larsen），想要让《新变种人》挂上一个新名字重新登场。于是，这 3 人就开始向德法尔科建言，推动这一变化。他们选择的时机非常完美，因为德法尔科正好需要为 1991 年准备第二本王牌漫画。不过，停刊一部销量排前 10 的漫画，挂上新名字重新开始，这样的品牌策略是漫威前所未有的尝试。有些人在担心这样一部新的头牌 X 漫画看起来会有套现的嫌疑，但是，莱菲尔德已经下定了决心。《新变种人》的这个"新"字又能持续多久呢？"我向你保证，我们会取得更高的销量。"他立下承诺，而德法尔科总算是同意了这个计划。于是，第一期《X 特攻队》（X-Force）被排上了日程，会赶在第一期《X 战警》的两个月前发布。1991 年的夏天将成为 X 之夏。

1988 年，采访者：如果克里斯·克莱蒙特走进来，说他不干"X 战警"了，你会怎么办？

鲍勃·哈罗斯：这是个几乎不可能的问题。我根本想象不出克里斯会这么做。我想如果他这么做，那么我一定会发疯的（大笑）。

随着这部特权漫画出现的变化，哈罗斯这下总算彻底解决了一直困扰着自己的问题。克莱蒙特那些有关外星人和魔法的故事并不能令他满意，它们似乎并不是最适合《非凡 X 战警》的那一类故事。在从琴·葛蕾回归之后的 5 年时间里，克莱蒙特给激光眼安排的大团圆结局已经被毁掉了，这部漫画也经历了翻天覆地的变化：炫目和远射加入了团队；在战斗中疑似阵亡的 X 战警来到了澳大利亚，一个哑巴土著居民将他们传送到世界各地，完成一次又一次的冒险；夜行者和幻影猫这两个最活泼、最慷慨的成员退出了。这部作品水火不容的两极，即 X 教授和万磁王则双双不知去向。"从查尔斯·泽维尔创立这所学校、建立 X 战警开始，时代已经发生了变化，"风暴女在其中一期里这样说道，"在他让我和我的伙伴组建第二代队伍之后，事情已经有了变化。现在有了第三代队伍，而我们必须回答一个问题，我的朋友们——我们还能胜任泽维尔学校和梦想的守护者吗？还是说时代已经将这个角色交给了其他人呢？"

有人揣测克里斯·克莱蒙特这是在扪心自问。虽然《非凡 X 战警》毫无疑问依然是整个业界销量第一的作品，但是零售商（本身主要都是由年纪越来越大的粉丝组成的）已经在为其支离破碎的故事情节向漫威的销售代表提出抱怨了，担心克莱蒙特再也没法回归正轨。哈罗斯实在再也无法容忍这持续不断的声浪，于是他开始行动了。

在与罗布·莱菲尔德、维斯·珀塔奇奥和吉姆·李一起到外面吃午饭时，他开过几次头脑风暴的讨论会，发现大家对于眼下应该采取什么行动都有着相同的看法。"原来罗布对克里斯的一字一句都非常讨厌，"珀塔奇奥回忆道，"而我们说的东西里有一半内容都与罗布的想法不谋而合。"随后，珀塔奇奥和吉姆·李会共同策划《X 战警》的剧情，而克里斯·克莱蒙特则负责在二人的画稿上填写对白。珀塔奇奥负责《非凡 X 战警》，吉姆·李则负责《X 战警》。克莱蒙特花了 16 年时间将这些角色从广告促销的小花招培养成国际性大明星，如今他的职责却遭到了压缩，仅仅是填写符合画面的对白而已。大感意外的他想在两部作品当中至少保留一部的控制权，此情此景就和 10 年前伯恩因与克莱蒙特意见不合而接手《神奇四侠》时一模一样。然而，他没有机会了。"事情甚至不是'吉姆会管好《X 战警》，你可以保留《非凡》'这样子，"克莱蒙特说道，"编辑部的人都不愿意跟我商量，我要么选择接受，要么就滚蛋。"

克莱蒙特本想接受这样的安排，但却发现自己大幅缩水的职责也因绘制赶不上进度而变得岌岌可危。"吉姆并不是一个稳定的创作者，"他说，"我拿到 7 页画稿，然后等一两个星期，才能拿到接下来的 14 页。有时候当我拿到画稿后，只剩下一天时间让我写对白，随即就会送到印刷厂了。真是火烧眉毛。"

在另一方面，珀塔奇奥想要杀死几个《非凡 X 战警》中的老角色，制造一点轰动效应。在他试着审改 3 部作品之间相互联系的剧情时，克莱蒙特大吵大闹地跟哈罗斯抗议。"就在我们争执不休的同时，"克莱蒙特说，"我还一直在绞尽脑汁地制作《X 因子》中一个连续 4 期的故事，想把黑妞留下的未解之谜理清楚，而当我问这样做没问题吧，对方回答说，我不在乎。这个时候，我心里就只有一句话，去你妈的。"当《X 战警》隆重的登场之日来临时，克莱蒙特说，他与哈罗斯之间的战斗变成了"野蛮原始的暴力斗殴"。哈罗斯想让 X 教授重回舞台；克莱蒙特则想要杀死金刚狼，完成万磁王从恶棍到英雄的蜕变。

在漫威内部的一些人认为克莱蒙特把哈罗斯逼上了一个左右为难的位置，而他在这些作品中享受的优待已经太久了。"克里斯并没有做好准备，去接受这些作品将被他人接管的事实，"尼谢萨说道，"他还没来得及适应自己肩上的要求：多部交叉合作作品、在内容和手法上不符合其期望的故事情节。这部漫画将与他所创作的漫画截然不同。"克莱蒙特和哈罗斯开始只用传真机来交流，给这越发激烈的交锋留下书面证据。克莱蒙特拉拢了德法尔科，还给特里·斯图尔特下了最后通牒。

在妻子提醒他要偿还贷款后，克莱蒙特跟公司商量，接手了新版《X 战警》头三期的编剧任务；这一笔钱最终成了他的遣散费。他用 11 页内容给自己的最后一期《非凡 X 战警》划下了句号。没有人，包括斯坦·李，也包括杰克·科比，像克莱蒙特一样在一部作品上坚守了这么久。

不管是读者来信专栏还是媒体发布会，都没有什么告别仪式。几乎就在一夜之间，克莱蒙特就与公司毫无瓜葛了。当一位采访者对于他长达 16 年的努力戛然而止表示惊讶时，克莱蒙特冷静地提醒他，漫画是不遵循"线性"出版规则的产业，虚构类作品的作家无法拥有任何特权。"你拥有的只是在雇员和上司之间的公司级矛盾。既然如此，那么后果就是显而易见且无法避免的了：公司从本质上会支持上司的决定。"如果漫威在科比离开后都能挺住，那么克里斯·克莱蒙特又凭什么是不可或缺的呢？况且克莱蒙特都不会画画。

在妻子被迫退出《新变种人》后，当时负责《神奇四侠》的编剧和画师的沃尔特·西蒙森也跟随克莱蒙特的脚步走出了漫威的大门。多年后，他用"鲁莽、粗鲁且毫无敬意"来形容漫威的行为，还对那些资深创作者的麻木不仁发出了谴责。"漫威的氛围已经变得了无乐趣了，"他说，"优秀创意更是受到了严重限制。"

鲍勃·哈罗斯从不错失任何机会。他找到了克莱蒙特曾经的伙伴兼长期竞争对手约翰·伯恩，问他是否愿意为《X 战警》编剧。尽管伯恩花了点时间才接受了独立出版商的模式，但当时他刚好已经在为黑马漫画公司制作享有创作者所有权的漫画了。在这部名字饶有深意的《新时代战警》（*Next Man*）作品中，他拥有完整的控制权。不过，伯恩以海王为主角的新版作品《纳摩》却销量惨淡。这令他甚感意外，因此也不太确定《新时代战警》能否成为一棵摇钱树。实际上，在接下两部《X 战警》漫画的工作时，他要解决的燃眉之急并不仅仅是如何讲故事而已。当时，他的脑中有着一个和克莱蒙特离时一模一样的想法。"X 战警，"伯恩在接受采访时亲口说道，"会帮我付清贷款的。"

才几个月的时间，伯恩也和克莱蒙特一样遇到了任务时间严重不足的情况，他不得不在最后时刻给吉姆·李和珀塔奇奥刚刚传真过来的画稿填写对白。这些画稿零零碎碎地被送到他这里，一次 3 张，而且每次传真过来的新画稿都会带来令人意想不到的转折，这让伯恩不得不改写之前的对白。

当哈罗斯打电话要求他连夜完成一整期的编剧工作时，他终于忍不下去了。伯恩回绝了他。"这事不能在这么下去了，"他告诉哈罗斯，"这真是疯了。"

"我们会搞定的。"哈罗斯给出了承诺后就挂断了电话，急匆匆地闯进了尼谢萨的办公室。"约翰不肯负责这期的编剧，"哈罗斯说，"你能帮个忙吗？"

"你什么时候要？"

"明天。"

"没门。"

就在此时，斯科特·洛布德尔（Scott Lobdell）正巧路过尼谢萨的办公室，这是一名一心想成为自由职业编剧的勤勉而积极的漫画家。随着尼谢萨微笑着伸出的手指，哈罗斯抬起头，看见了门口的那张面孔。

哈罗斯撇了撇脑袋，发出一声听天由命的叹息。

洛布德尔在一夜之间完成了这次任务。伯恩的一个朋友在派对上遇到了洛布德尔，两周后，伯恩就从他口中听说了洛布德尔成为《X 战警》当班编剧的消息。"几年后，"伯恩说道，"有人告诉我，当鲍勃说'我们会搞定的'的时候，一定要当心了。"

莱菲尔德在这个时候正在权衡一个重要的决定。他和尼谢萨已经开始让许多光鲜亮丽、好勇斗狠的新角色，即死侍（Deadpool）、多米诺（Domino）、碎星（Shatterstar）和野猫（Feral）在《新变种人》中登场了；这些角色后来都成了《X 特攻队》的成员。在做发布准备时，他给斯克·李（Spike Lee）写了一封信，后者曾经号召那些身穿李维斯 501 牛仔裤的人们做些"非同寻常的事情"。凭借其娃娃脸的英俊外形和永无止境的热情，莱菲尔德在 70 万份申请中脱颖而出，加入了一场全国性的商业活动中。他和《X 特攻队》将会登上电视荧屏。

黑白漫画出版商马里布漫画公司（Malibu Comics）曾向莱菲尔德发出邀请，让他制作自己的独立漫画。抱着试水的心态，他在《漫画购买指南》（*Comics Buyers Guide*）上刊登了一则广告，宣布即将上市一部名为《行刑者》（*The Executioners*）的作品。那是一支"来自未来，想要摧毁过去的反叛变种人"的团队，这样的剧情在《X特工队》读者的眼里显然已见怪不怪了。广告中的角色十字（Cross）与X特攻队的队长锁链非常相像；其他人则有的像野猫，有的像多米诺。哈罗斯在早上6点半给莱菲尔德打电话，质问他到底在做什么。如果莱菲尔德一意孤行的话，漫威将会起诉他。于是，《行刑者》就在壁炉里结束了它的生命。

不过，这给莱菲尔德留下了一个心结，让他开始时不时地跟几个朋友抱怨这件事。他回想起在1985年自己初出茅庐的时候，曾经创作过另一支超级英雄队伍年轻热血（Youngblood）。也许是时候让他们重见天日了，而且不是在漫威这儿。

托德·麦克法兰向来对编辑的想法嗤之以鼻。当事必亲为的丹尼·芬格罗斯（Danny Fingeroth）取代了放任自由的吉姆·萨里克鲁普成为《蜘蛛侠》的编辑后，麦克法兰表现出了明显的不满。"你能卖100万本的话我就听你的，"他对芬格罗斯说，"如果我在漫画里放了22页白纸，结果孩子们还是买了100万本的话，过去50年里的漫画是什么样子关我什么事？我才不管从前的文字或者图像是什么样的，只要孩子们买100万本，那么他们高兴，我也高兴，你也有销量。"

一直对权威说"不"的麦克法兰这下可遇到了不少的烦心事：他没有收到漫威赠送的蜘蛛侠T恤，没有受邀参加决定漫画未来走向的编辑大会，也没有获准使用他想用的反派。他曾在《蜘蛛侠》中讲述过有关吸毒、黑警和猥亵儿童的故事；而最终让他与芬格罗斯和汤姆·德法尔科决裂的导火索，却是因为他描绘了一个反派的眼睛被利剑刺穿。他们不容置疑地告诉麦克法兰，漫画法典绝不允许这样的表现手法。

麦克法兰选择了退出，而且无意接受其他工作。"在能参加某个特殊项目，为自己谋得创作自由、更好的再版收入和更强的宣传力度时，我没有理由去接受一部月刊作品，"麦克法兰在全新漫画杂志《巫师》(*Wizard*)中发出此番言论后就立刻离开了漫威，"如果我离开《蜘蛛侠》的话，你们很可能会看到我在某个特殊项目里干上好几年。如果我会回头做月刊漫画的话，我会自行发布我的漫画。如果我要长期地进行某项工作的话，那也一定是为自己干。"虽然曾经也说过要创作一系列曲棍球明星卡，彻底告别漫画界，但麦克法兰后来开始琢磨起了莱菲尔德也有过的想法，即通过马里布漫画公司发行能享受创作者所有权的作品。如果他们能再拉拢几个大牌明星加入的话，这会给漫威和 DC 公司发出什么样的信号呢？

卡梅隆筹备《蜘蛛侠》电影

在过去两年的扩张策略中，漫威的销量有了超过 30% 的增长，而其净收入更是提高了 4 倍多。公司目前正在从每一处角落榨取任何可能的利润，例如像汤姆·德法尔科的《黑鹰》(*Darkhawk*，按照漫威的说法，融合了恶灵骑士"粗糙的现实主义"和惩罚者"都市义务警员策略")和鲍勃·布迪安斯基的《梦游者》(*Sleepwalker*)这样由编辑策划的系列作品。在 1991 年 3 月，它还获得了第一个 1-900 开头的电话号码，并用它推出了一个电话按钮互动小游戏"帮我拯救玛丽·简"(Help Me Save Mary Jane)；凭借其每两分钟 2.70 美元的收费，公司在头 5 天里就赚到了大约 2 万美元。不过，真正的天降横财还在后头呢。在克莱蒙特离职的消息（一位漫威代表称他正在"休公假"）闹得满城风雨后第 8 天，尼谢萨和莱菲尔德的第一期《X 特攻队》上市了。其以将近 400 万的销量成了新纪录缔造者，将托德·麦克法兰的第一期《蜘蛛侠》甩在了后头。这本售价 1.50 美元的双倍容量漫画全都被装在塑料袋里，并且附上了通过其他渠道无法获得的 5 种交易卡。原本持观望态度的收藏家都争先恐后地投资，几百本地囤积这一期漫画。怀疑论者对这些漫画之后的去向表示了疑虑，因为毕竟全世界的漫画读者也就只有几十万人而已。"它让人感觉回到了 90 年代。"鲍勃·哈罗斯在接受记者采访时说。没人知道确切的原因，或许是独眼锁链确实反映出了某种时代精神，他面无表情、嫉恶如仇、有着军训教官式咆哮风格且全副武装；或者说至少是金刚狼、惩罚者和第一部《蝙蝠侠》电影掀起了一股浪潮。莱菲尔德加利福尼亚海滩式灿烂微笑开始频繁出现在报刊杂志和午夜电视节目上。有小道消息说，那一年他的税单就超过了大部分漫画从业者的薪水。

漫威在当年 7 月 16 日的公开挂牌上市可谓是恰逢其时。在一周前，随着耗资5 400 万美元的《终结者 2：审判日》（*Terminator 2: Judgment Day*）开机，詹姆斯·卡梅隆（James Cameron）在《综艺》上公布了拍摄蜘蛛侠电影的计划，此番言论证明了漫威终于拥有了突破四色印刷、走向广阔天地的能力。华尔街那群玩数字游戏的家伙和大批怀着相似想法的收藏家看到了高额回报的希望，这让其股价在首日就从 16.5 美元升到了 18 美元。当一个受雇扮成蜘蛛侠模样的人在纽约证券交易所来回走动时，其成交量已经达到了 230 万股。不过，此次募得的大部分资金并不会流入漫威，而是被马克安德鲁斯与福布斯（MacAndrews & Forbes）这家由佩雷尔曼一手拥有的控股公司瓜分，佩雷尔曼本人更是独得 1 000 万美元的分红。

当然了，正如《今日美国》在第二天提到的那样："利润的增长依赖于漫威在每年都能制作一部一鸣惊人的作品。"公司也不可能不多个心眼。当年 8 月 16 日，克里斯·克莱蒙特和吉姆·李的第一期《X 战警》的 4 个版本中的 1.50 美元版本上架了。每周都会有一批采用新封面的漫画被送到商店里，接着就是第 5 个版本，带有之前 4 版封面插页、售价 3.95 美元的全家福。尘埃落定之后，他们总计售出了将近 800 万本，算下来漫画商店的每个常客大约买了 17 本。

零售商对全家福版本的看法形成了两派。有的人觉得这是稳赚不赔的买卖，还有的人担心可能会面临滞销。不过，他们对漫威的其他促销行为倒是步调一致地提出了抗议：漫威以低于直销市场的价钱向沃尔玛出售了面向收藏市场的漫画，这些漫画带序列号和泡泡塑封包装（还打出广告说："这是 90 年代第一波最有收藏价值的东西"）。在漫威计划书中有一段文字曾提及开设漫威零售连锁店，这也让商店老板叫苦不迭。对这些在艰难时期帮它销售产品的人们，这家公司难道没有一点忠诚心吗？

到了 9 月，卡萝尔·卡利什在上班路上突发冠状动脉栓塞而去世，年仅 36 岁，她曾经是漫威在直销市场取得成功的关键人物。她的死讯在业内掀起了一阵波澜。"漫画商店店主将她视为自己人，"曾在其手下担任经销商联络员的斯文·拉森说道，"她是从粉丝转变成专业人士的，大家都把她看作极客之王。"零售业界对卡利什的熟细和信赖是很难有人能替代的。

思想上的分歧开始让漫威的销售部门分崩离析。当卡利什的继任者卢·班克想要将题材扩展到非超级英雄类型时，斯文·拉森则想要尽全力强化公司固有的优势。拉森开始将越来越多的时间花在特制封面上，并给特里·斯图尔特写了一封洋洋洒洒的备忘录，警告他漫威必须在品牌价值策略上加把劲，更好地利用大手笔的新作品。到目前为止，拉森指出，销量和市场营销都完全是由内容驱动的。实体书有着好几十种不同的样式，凭什么漫画做不到呢？拉森提议，漫威应该开始建立一个市场营销部门，并由他来领头。

斯图尔特同意了。他给拉森拨下了市场营销的预算，还让市场营销巨星理查德·罗杰斯（Richard T. Rogers）担任其顾问。罗杰斯有着显赫的从业经历，曾经主导了红绿两色的 M&Ms 巧克力豆和超大号糖果包装的问世，他还擅长让顾客兴高采烈地接受新瓶装的旧酒，而且还是整箱整箱地买。现在，他将在漫威故技重施。

当漫威股价攀升到每股 40 美元时，斯坦·李正在全国范围内公开巡游。在拉里·金的电台节目中、在《芝加哥论坛报》（Chicago Tribune）的版面上和有线电视的节目中，他不知疲倦地宣传着漫威公司的历史趣闻，激情四射地夸赞着广受期待的詹姆斯·卡梅隆的《蜘蛛侠》电影。有时候，他会被问及目前的漫画产品线。"有人指责我们过于商业化，你知道，尝试向收藏家推出过多不同版本之类的，"他在《华盛顿时报》（Washington Times）上说，"但这其中有一个自我平衡的效应：当我们把某件事情做得过头的时候，大家就不会买账了。看样子，读者需要这些东西，他们买得很多。"当这名记者询问漫威是否在试探市场的底线时，斯坦·李忽然收敛了大大咧咧的做派。"这种说法是不对的，我不会这样形容，"说完，他一脸怒容地想到了一个更好的说法，

"这叫为公众提供他们所需的东西。"

　　即便与自己直接相关，斯坦·李也从来不会公开质疑漫威的出版策略。更何况他身在洛杉矶，与漫画界隔着十万八千里，就更没有做搅局者的想法了。不过在私下里，他已经越来越无法忍受自己了，他只能眼睁睁地看着漫威的好莱坞计划偏离正轨。在那一年的戛纳电影节上，佩雷尔曼旗下的新世界公司宣布了《惩罚者》续集和由布里吉特·尼尔森（Brigitte Nielsen）主演的《女浩克》电影的计划。此外，根据路易斯·西蒙森的系列作品改编的长达两小时的《动力装置》（Power Pack）试播剧也已经开拍了。然而，新世界后来走向了失败，到了 10 月份，佩雷尔曼将公司的大部分业务都卖给了索尼公司。《惩罚者2》和《女浩克》没能迎来开机，而《动力装置》也无人问津。于是，斯坦·李低调地与新世界的一位前高管以及某动画制作商组建了一家电影制作公司。他们的首个项目是《漫画精选》（Comic Book Greats），其中收录了斯坦·李采访传奇人物和当红新星的一系列视频录像。除了威尔·艾斯纳和鲍勃·凯恩之外，还有漫威最热门的一些成员，其中包括吉姆·李、托德·麦克法兰、维斯·珀塔奇奥和罗布·莱菲尔德。

　　麦克法兰和莱菲尔德是首次作客。不过，出乎斯坦·李意料的是，当麦克法兰携妻子和刚出生的女儿现身位于伯班克的摄影棚时，这位超级明星画师刚刚完成了他的最后一期《蜘蛛侠》。在整段访谈中，他和斯坦·李并没有谈论这个话题，二人甚至都没有谈论挂在麦克法兰背后的那张新角色再生侠（Spawn）的画作。

　　在拍摄期间，莱菲尔德还展示了一些新角色。实际上，这都是他在镜头前为斯坦·李即兴画的。其中一个角色名叫 Diehard；莱菲尔德并没有透露 Diehard 会成为超级团队少年热血的成员，这是他计划在马里布公司出版的新作品。另一个角色就是十字，曾在《漫画购买指南》中以行刑者成员的身份做过广告，他与锁链有着惊人的相似。

　　"你是之前有画过，还是刚才即兴创作的？"斯坦·李问道。

"这是他在世界上的首次亮相。"

"真的吗？所以我有幸站在了新超级英雄十字登场的舞台上……很显然，如果我们的律师正在看这一幕的话，我和你就算是共同创作了这个角色，所以版税也要分我一半。"斯坦·李开起了玩笑。

莱菲尔德笑着说："到时候让你的律师联系我。"

在《行刑者》遭到漫威枪决后，莱菲尔德就决定与麦克法兰一起与漫威对立了。莱菲尔德对箔纸浮雕封面所带来的威胁尤为担心，认为漫威正在尝试让小花招替代画师成为聚光灯下的主角。他开始给吉姆·瓦伦蒂诺（Jim Valentino）和埃里克·拉森（Erik Larsen）吹耳边风；前者负责漫威《银河护卫队》的铅笔稿，后者则刚取代麦克法兰成为《超凡蜘蛛侠》的画师。拉森曾经提议创作一部新《诺娃》漫画，但却遭到否决，因为德法尔科决定将这个角色放进《新战士》中；而现在，拉森再次为奉命编写《超凡蜘蛛侠》的剧本而感到苦恼。他给拥有大量读者的《漫画购买指南》写了一封没好气的信（同时要求在出版时隐去他的名字），他写道："让更多画师参与编剧并不能带来优秀的漫画，仅仅只有杰克·科比和史蒂夫·迪特科能反驳这一点。这或许也意味着，稍微不中庸的编剧如果发现对于他负责的作品和与其合作的艺术家而言，如果他只是在不断重复、改头换面、重写那些粗俗作品，那么他就会觉得自己正在拖业界的后腿。"如果麦克法兰和莱菲尔德要跳船而去的话，拉森也会跟着跳下去。

麦克法兰接受了莱菲尔德对其他出路的新奇想法，将其转变成了某种程度的军事战略。他开始给许许多多的人打电话，这可是一拳打在了漫威的要害之处。"一次走一个人是没用的，"他指出，"尼尔·亚当斯和杰克·科比都是各自离开的，于是他们就换上了别人，但是如果尼尔、杰克、吉尔·凯恩、约翰·巴斯马、吉姆·斯大林和唐·赫克全都在同一时间退出，创立自己的公司，那么他们很可能就已经取得了相当大的成功。"

然而，他们还得再拉拢一个超级巨星加盟，麦克法兰琢磨着，得找某个漫威万万想不到会离开雇佣制度"安乐窝"的人。他和莱菲尔德开始对吉姆·李展开了包夹攻势。"漫威漫画觉得他们可以失去我和罗布，因为我们是不听管教的人，"麦克法兰说道，"把我们当成一个傻瓜和一个混蛋。但吉姆是一个公司人。他们认为如果失去了我们但保住了吉姆的话，就等于赢了这场战争。因此，吉姆就成了足以动摇他们的基石。"

吉姆·李也怀有一些顾虑。他与鲍勃·哈罗斯相处得很融洽，创作《X 战警》也让他感到很愉快，而且他的妻子已经怀孕了。但是，对于在 T 恤和海报收入中本属于自己的那一份，他有些耿耿于怀；而当，当漫威要求他坐飞机去纽约参加苏富比漫画艺术品拍卖（其中包括了第一期《X 战警》和第一期《X 特攻队》的完整原稿）时，他惊讶地发现公司居然不给报销他妻子的机票钱。"对于像吉姆这样的人，你决不能说出这样的话，"麦克法兰说道，"吉姆心里有数。他知道在最近 3 个月里自己大概为公司创造了 2 200 万美元的收入……可他们居然都不肯担负一张 200 美元的机票？当他们说出这种话的时候，就已经按下了错误的按钮。"

当年 12 月 17 日，苏富比拍卖的前一天，莱菲尔德、吉姆·李和麦克法兰（包括麦克法兰的妻子和刚出生的女儿）一起离开旅馆，在中央公园附近的一家店里与马里布漫画公司的代表一起喝了一杯。随后，他们就走进了漫威的大楼，麦克法兰也和特里·斯图尔特约好了见面时间。在麦克法兰看来，叛逃马里布已经是既定事实了；他只是觉得应该以一种戏剧性方式表达他们的想法。不过，当婴儿发出一声啼哭的时候，这 3 个画师建立统一战线的气场就不复存在了。

其中一人提出了 75% 角色所有权的条件；对于特里·斯图尔特提出的史诗漫画产品线的控制权，三人嗤之以鼻。据莱菲尔德称，斯图尔特当时说："棉花熟了总会有人来摘的。"

汤姆·德法尔科在会议中途参与了进来，他的回忆却是另一番景象。他说他们到后来就轮番提出不同的要求，说在参加漫展时提高酒店标准，说要有免费午餐，说要负担妻子和女友的费用。"特里的意思基本上就是，你们也知道，伙计们，我们可以这样一直讨论下去，但是你们几个自己都没统一好要些什么。你们不如先商量一下，搞清楚你们要什么，然后再告诉我们？"汤姆·德法尔科回忆道。

在离开漫威的办公室后，他们一路走到了中央公园的南部，与马里布漫画的员工一起吃了顿饭。"我们已经跟漫威分手了，"麦克法兰说，"我们谈谈条件吧。"

第二天，麦克法兰、吉姆·李和莱菲尔德出席了位于上东区的拍卖会。吉姆·李坐在《金刚狼》的画师马克·西尔维斯特里（他因为力挺吉姆·李而被踢出了《非凡X战警》）旁边，目睹了莱菲尔德的第一期《X特攻队》的原稿被激烈竞价到39 000美元。接着，吉姆·李的《X战警》画稿也卖出了40 000美元。在这一晚结束后，吉姆·李已经说服了西尔维斯特里，让他也一起离开漫威。

他们并没有立刻发表正式声明，莱菲尔德在接受采访时还口头应承着说在为马里布工作时或许会继续创作《X特攻队》。吉姆·李和西尔维斯特里则同意在《X战警》和《金刚狼》继续留守几期。不过，他们终究会发现，与漫威之间的关系已经无法维持下去了。

"我们对他们感到很生气，包括我们之中一些理解他们苦衷的人，"法比安·尼谢萨说道，他在最后时刻才得到莱菲尔德的《X特攻队》简笔大纲，"莱菲尔德以为我是因为他离开而感到不爽。我不是因为他的离开不爽，我不爽是因为他既想要留着蛋糕，又想要把它吃掉。他敢这样对待我就是因为他还有《少年热血》或者别的什么玩意儿的工作。"

"吉姆和其他几个人依然认为他们能同时为两家公司工作，"麦克法兰说，"因此他们不会切断后路。罗布和我呢？我们不仅断了后路，而且还恨不得掘地三尺弄得寸草不生。你知道这是为什么吗？因为我们知道自己能开辟另一条路。"

MARVEL COMICS
THE UNTOLD STORY

17 价值耗竭，
漫画领域的 IP 过度挖掘

《巴伦周刊》是第一家刊文报道数位漫威重要画师计划叛离的杂志；这篇长达两页的文章对投资者发出了警告，称泡沫即将破裂。记者道格拉斯·卡斯（Douglas Kass）发现该出版商首轮公开募集的大部分资金都被转移到了佩雷尔曼的其他资产中（而非偿还公司债务）。"漫威在 1 月份进行了新一轮的提价，并花样百出地利用各种小机关来摧毁消费者的抵抗力，"随后他笔锋一转，"愿意从艺术和文学上满足自己冒风险欲望的轻率少年已经长大，成了胆小怕事的胖子。漫威对暴力主题的持续关注和样板化的英雄形象已经让消费者腻味，他们正更多地转向其新兴的竞争对手。"也许最令人警觉的就是那些将收藏级漫画比作某种庞氏骗局的暗示。"在走访了十几家专门的漫画商店时,"卡斯写道,"我看到了一箱又一箱滞销的《X 战警》和《X 特攻队》创刊号。在将近 6 个月前,它们还在火热地促销着呢。"

在 1992 年 2 月 17 日,也就是这篇文章发表的那一天,漫威的股价发生了超过每股 11 美元的下挫。《洛杉矶时报》、美国有线电视新闻网和《今日美国》纷纷与莱菲尔德、吉姆·李、麦克法兰和其他叛变的画师站在一起,声讨这家业界巨头。漫威总裁特里·斯图尔特对此作出回应,声明"创作人员的重要程度依然仅次于(漫画)角色",这一发言丝毫没有影响漫威如今作为霸王公司的新形象。

想象漫画公司,"叛逃者"的乐园

两天后,马里布漫画公司和 8 位漫威流亡者宣布,画师们将组建自己的品牌,并将其命名为想象漫画公司(Image Comics)。尽管马里布还是注册的出版商,但每个画师都能拥有自己的知识产权和作品的编辑控制权。媒体报道着重指出,吉姆·李、莱菲尔德和麦克法兰是漫威最近创纪录销量的最大功臣,并鼓吹想象漫画公司为那些想要保留创作和经济权利的创作者提供了避难所。当想象漫画公司的处女作《少年热血》发布时,预订数量已经接近 100 万本了。托德·麦克法兰设计了几件 T 恤来宣传想象漫画公司的第二部作品《再生侠》,他曾在《漫画精选》中接受斯坦·李采访时曾犹抱琵琶半遮面地透露过这个角色。他们成功地同时扮演起了最热新秀和受害者的双重角色。这一次,媒体破天荒地将漫威描述成了歌利亚,而不是大卫 ①。

在听说吉姆·李和维斯·珀塔奇奥已经离开公司的消息时,克里斯·克莱蒙特就迫不及待地讽刺说,如果他再多待几个月的话,说不定就会稳坐着目送他们离去了;当时他已经抛弃了钟爱的 X 战警,与漫威分手了。鲍勃·哈罗斯将进入王国的钥匙交给

---

① 《圣经》中有大卫奋战巨人歌利亚的故事。——译者注

了画师们，而画师们却将它扔进了大海里。"这是'对你的愿望小心谨慎'的副作用，"克莱蒙特说道，"鲍勃应该事先想好之后的一两步，或者我应该事先想好，或者……总有人该事先打算起来。"随后，克莱蒙特发现了一个机会：他构思了《猎人》（*The Huntsman*）系列，并且招募了维斯·珀塔奇奥参与绘制。这部作品将挂上想象漫画公司的品牌。克莱蒙特的名字就这样开始出现在该公司的新闻公告中。

在漫威办公室里，这场人才大流失留下了深深的伤疤。法比安·尼谢萨、斯科特·洛布德尔与鲍勃·哈罗斯原本一起费尽心机为 X 系列构思了一部夏季的年度交叉合作故事，可惜现在生力军都被想象漫画的家伙们挖走了。"照我看来，"尼谢萨说道，"他们是故意等了很长的时间，好破坏这些作品的进度。他们假装会继续为这些作品工作，这种情况越久，留给我们找好画师的时间越少，也更难找人来编剧。他们毫无来由地伤害了近些年来与其共事的人们、那些帮助他们攀上这一高峰的人们。直到现在，我依旧认为这就是他们有点伪善和小心眼。"

尽管如此，在办公室里讨论这次事件对漫威所造成的长期伤害，逐渐变成了一项禁忌。"没有哪个独立漫画画师能卖出足以影响我们的销量，"德法尔科在开会时对员工坚称，"这是不可能发生的！"如果有人有异议，那就等着遭受一通咆哮吧。

迫于赶超 1991 年天文数字般的销量，德法尔科和编辑部员工将注意力都放在了一次重大发布上："巨炮"行动将会对例如《银貂女》（*Silver Sable*）、《流浪者》和《惩罚者：战争地带》（*Punisher: War Zone*）等作品大加宣传，其中的角色无一例外都将装备上实实在在的"巨炮"。由于《恶灵骑士》成了一匹黑马，所以就被当成全新恐怖题材《午夜之子》（*Midnight Sons*）系列的跳板。由斯坦·李和约翰·伯恩构思的有关 2009 年漫威角色的计划原本已经被废弃了，这时却被改造成了一批全新漫画：未来主义风格的蜘蛛侠、惩罚者和毁灭博士将会带来大量有收藏价值的产品。

接着就轮到斯文·拉森和顾问理查德·罗杰斯开发和开创的特殊封面了。"当我得知斯文准备设立一个市场营销部门时，我都不知道这个部门的具体职责，"销售主管卢·班克说道，"他到底想干什么？我们才是负责安排广告的人和整理产品名录的人。结果他想做的事情原来是跟罗杰斯一起鼓捣这些封面。"

对于每一种高档封面，他们都要召开会议来决定其特殊定价。当然了，这不仅仅是把额外成本加上去就完事了，还要算上额外的边际利润；此外，还有留给经销商和零售商的利润空间。加上封面上多出来的 10 美分箔纸，仅封面价格就将提高额外的 1 美元。不过，这对于漫威来说并不是什么问题，因为涨价本来就是他们计划中的一部分，是他们对股东的承诺。

伴随着产品数量和售价的不断增长，漫威成功地实现了一个又一个季度的突破。1992 年的销售额几乎是 1991 年 1.15 亿美元的一倍。不过，公司没有一部作品超越第一期《X 战警》、第一期《X 特攻队》，甚至是第一期《蜘蛛侠》的单期销量纪录。"在收到《银貂女》的订购数时，"卢·班克说，"数量只有 50 万本，汤姆·德法尔科对我说，来了，末日终于来了！我心想，该死的，已经有 50 万本了！当时我们会把销量低于12.5 万册的作品砍掉，但我们已经很久没看到销量达到 50 万册的漫画了。汤姆怎么能说出这种话？它确实没卖到你想要的 100 万册，但是……也有 50 万册啊！不过他的话的确没错。那就是末日来临之时。"

"这就好比是没有毒品的可卡因时代，"编辑汤姆·布雷武特（Tom Brevoort）说，"每个人都已经对爆炸式的销量越来越上瘾。当你发布一本漫画时，编辑们就会对现状表示不满，噢！它只卖出了 50 万册。等到 5 年后，他们才知道当时已经够幸运的了。"

有的时候，编辑所面对的金钱刺激蒙蔽了他们的是非观念。"你看到有的编辑想方设法伪造出热卖的假象，从中为自己谋取大量收入，"舍弃了雇员身份，选择成为自由职业编剧的乔·达菲说道，"突然之间，编辑们大权在握。过去是如果编剧和编辑意见不合，那么就换个编辑。现在则成了：换个编剧。"编辑部员工的夺权一开始是在吉姆·舒特突然离职后鼓励士气的必要手段，现在却演变成了，教编剧和画师如何去吸引的读者。"如果惩罚者在一个画面里跟另一个角色站在一起，"吉姆·斯大林接到过这样的命令，"那么在接下来的几页之内，这个角色要么会被惩罚者杀死，要么就被别人杀死。如果惩罚者跟某个东西一起出现，那么这个东西就应该尽早地爆炸。"

"大家商量决定，瞧啊，我们手上有版权，所以不如把金刚狼、蜘蛛侠和惩罚者放进每一本漫画里，将它们的价值分散开来，"编辑迈克·罗克维茨（Mike Rockwitz）说，"我当时负责的是垃圾一样的《秘密捍卫者》（Secret Defenders）。有一天，汤姆·德法尔科找到我说，我们做一期特别的，让奇异博士和金刚狼加入。我只能说，好吧……这些东西都是毫无道理可言，但我却从第一部漫画中赚到了 7 000 美元的收入。这真是太荒谬了。"

尽管如此，许多人对于商业诉求开始掌控漫画内容的种种现状都持保留态度。一些编辑抱怨说，销售、市场营销和公关团队只知道想办法把已经有了销路的漫画卖出去，而面对那些销量低迷的作品时，总是会说，"当然了，我们会帮你推广这部漫画的。只要把金刚狼或者恶灵骑士加进去就行了嘛"。

在编辑部门的许多人看来，最大的坏蛋就是理查德·罗杰斯。这个市场营销负责人正越发频繁地指手画脚，而且只要逮到机会就会增加新产品，仿佛漫画书和他加入漫威之前推销的糖果一样，是可以永无止境地再生产和流水化一样。

"那些不是从漫画行业起家的人很难理解制作一部漫画有多么困难，"斯文·拉森一直殚精竭虑地在罗杰斯和哈罗斯之间调停，他说道："你可以轻易建议到，我们为什么不把这部 32 页的漫画做成 96 页的呢？编辑部的这些用右脑思考的家伙们则想着，我们就让它有机地发展下去吧。何必去贪图这些钱呢？在你插手之前我们一直做得很好。"

彼得·大卫负责《X 因子》的编剧，他在自己的几个故事构思被迫要给交叉合作计划让道时撒手不干了。"编辑们和别人一样陷入了这个'交叉合作万寿无疆'的思维怪圈，"大卫写道，"股东们期望从 X 系列作品中获得丰厚的利润，而交叉合作成了满足他们要求的唯一方法……就在此时，许多人的处境都很艰难。其中一些人是作茧自缚。还有的人是被别人的方针逼迫的。这里弥漫着一股非常紧张的气氛，许多人都身不由己。这局面迟早会完全崩溃。"

当特里·斯图尔特和理查德·罗杰斯确定蜘蛛侠的 30 周年纪念日是最佳时机，可以借此推出三维全息封面、更多的交叉合作及加倍容量作品。编辑丹尼·芬格罗斯则提出了反对的声音，他担心这会带来无法承受的工作量和作品质量的妥协。拉森在此时站了出来。他说："我认为能说服丹尼的方法就是告诉他，这么做可以给那些忠心耿耿的自由职业者带来更多的收入。这让丹尼的态度大幅改观，加入了这个计划。"

但并不是每一个人都相信这一套。"就在蜘蛛侠 30 周年纪念的日程表出炉时，"卢·班克说，"斯文的办公室发出了一份备忘录，一个接一个地详细介绍了周年纪念活动里的每一个角色。在我看来，编辑部就是在高声疾呼收藏级作品。年复一年，纪念日从未间断。"

班克的顾虑并非来源于与艺术纯洁性有关的天真的理想主义；他担心的是漫威的长期商业利益。现场代表们已经走访了将近 40 家不同的商店，统计了十几本不同漫画在 3 期之内的实际销售数据，即零售商真正卖给读者的数字，而不是经销商卖给零售商的那个大得多的数字。调查的结果令人震惊。

"每当我们搞出这样一个愚蠢的封面，让售价提高 33% 的时候，就拿第 475 期为例好了，我们的销量就会在 474 到 476 之间下滑 20 个百分点。第 475 期的数据会有一个蹿升，但从第 474 期到第 475 期，我们实际上是损失了读者。这个规律适用于每一个案例。"

当然了，这些小事都不会对漫威的季度目标造成任何影响。漫威的最终报表反映的只是经销商这一层的数据，即便读者群体的反应开始冷淡，销量和利润的数字依然会持续走高，而真正吸收成本的是那些无法返还滞销漫画的零售商。"与此同时，"班克说道，"我们正在杀死那些养活我们的商店。"

　　班克给特里·斯图尔特写了一份备忘录，引用了这次调查的内容，警告说如果延续特殊封面策略的话，可能会带来危险。他猜测这个想法已经沿着管理链传递到了公司的高层，到了身在市中心的比尔·贝文思，或许甚至到了罗恩·佩雷尔曼。无论高层对此做出何种反应，班克说道："特里依然继续着这一损害公司长期利益的战略。"

试水卡片市场，漫威收购 Fleer

　　除了在出版业方面，漫威还在朝其他方向扩张。Toy Biz 这家公司曾经与 DC 公司合作，配合《蝙蝠侠》电影上映而推出了一系列大获成功的玩具，随后还生产了非常流行的 X 战警造型玩偶系列和 X 特攻队玩偶。当漫威电影公司前任老板玛格丽特·洛希成了福克斯儿童频道的掌门人后，X 战警的动画连续剧终于有了一位电视业内人士的支持，再加上来自 Toy Biz 的阿维·阿拉德（Avi Arad）的不少好话，它有幸被排在了秋季档。贝文思还拍板以 2.65 亿美元的价钱收购了运动卡片制造巨头 Fleer 公司，打响了一系列高额收购案的第一枪。漫威正是凭借这一招数完成了比 1991 年的销量翻倍的目标，但同时也增加了将近 2.4 亿美元的债务。"从 1990 年推出漫威宇宙交易卡开始，漫威就已经全面涉足娱乐性交易卡片的行业了，"贝文思在一则声明中表示，"对 Fleer 公司的收购让我们能迅速提高在体育和娱乐卡片市场中的地位。这个市场价值 12 亿美元"不过，漫威公司的员工对此却忧心忡忡。由于过度的投机和无节制的特殊收藏版卡片的出现，卡片市场当时已经开始显现出崩溃的迹象。这是否也将成为漫画的明天呢？

　　1992 年 6 月，马丁·古德曼在与病魔进行了长期斗争后逝世。这位漫威创始人最终活到了 82 岁，他在巨神漫画公司失败后，就于 1975 年退休到佛罗里达州安度晚年了。公司的官方宣传杂志《漫威时代》仅仅刊登了一小段通知，而刊登在它旁边的 EC 公司出版人威廉·盖恩斯的讣告却有 8 段之长。"没人谈论马丁·古德曼，"曾任杂志管理公司艺术总监的欧·林克尔（Irwin Linker）在几年后回忆道，"就仿佛他从来不曾活过，但他明明是创造这一切的人。"

即使身处佛罗里达州，古德曼也还是喜欢到报亭转悠，看看时下在卖些什么东西，密切关注着这个行业，自己曾在其中是一位举足轻重的人物。不过，1992 年中期，价值 6 亿美元的漫画产业几乎已经与过去那个没有直销市场的时代完全不同了。实际上，即使和一年前，漫威公开上市和想象漫画公司成立之前比起来，这个行业也已经大有不同了。全美的漫画商店达到了 8 000 家，而就在区区 5 年前，这个数字还只有一半左右；其中有不少都是在卡片市场垂死挣扎的大背景下从棒球卡片商店改行卖起漫画的。精美的《巫师》杂志成了每一个粉丝的必读刊物，每一期中都会罗列长达 50 页的价格指南，并附上投资提示、漫画销量排行榜和画师人气排行榜。托德·麦克法兰的《再生侠》于当年 5 月份上市，这部采用了计算机上色和精美纸张的漫画卖出了 170 万册，击败了罗布·莱菲尔德的《少年热血》，创下了独立生产漫画的新纪录。在芝加哥漫展上，想象漫画公司在停车场里租的帐篷门口有上万名粉丝排队，就为了参加莱菲尔德（当时他已经登上了《洛杉矶时报》的头版）的 24 小时马拉松签售会。"我们就像是披头士。"他对一位想象漫画的合伙人说道。在那一年的圣迭戈，当托德·麦克法兰出席"画师需要编剧吗？"的座谈会时，一位倍感激动的 DC 公司（当时已经前所未有地暂时落到了行业第三的位置）人士宣布将会与想象公司展开一场交叉合作项目。

并不是每一个人都在为公司的新气象欢呼雀跃。约翰·伯恩和彼得·大卫在编辑专栏中写了好几篇文章，表达了对想象漫画公司的产品和态度的质疑，而《漫画日报》的盖瑞·格罗斯怒不可遏地批评托德·麦克法兰和他的朋友已经成为艺术自治的新一代海报男孩。"这些创始人兼创作者将行业惯例变得麻木而庸俗，抹去了对智慧或感受的巧妙运用，"格罗斯写道，"而且还不断地用无知的眼睛藐视媒体，用肆无忌惮的态度忽视历史，再加上钝化的道德观念，特别是在这一点上，为他们带来成功的这家公司更是病入膏肓。"

不过，想象漫画公司的作品销量一直很好。当然，漫威的漫画销量也很好。"每个人都有可观的银行账户，"汤姆·布雷沃特回忆说，"圣诞节派对变成了艺术家的颓废狂欢：位于大中央车站附近的酒店、蜘蛛侠的超大冰雕、在主控室里像 X 教授一样的疯狂 DJ。大家疯狂地彰显着自己的富足。"

吉姆·李将想象漫画公司的成立比作一种势在必行的因果报应。"我们现在必须为自己行动起来，"他在接受采访时说，"而不能等到 15 年后变成爱诉苦的老年人。"尽管漫威的季度报表仍旧吹嘘着它的持续增长，但还是有许多人才转而投奔了更茂盛的牧场。在一次史无前例的交易中，DC 公司与一批黑人漫画创作者（其中有不少都曾为漫威工作）签约，后者以非现场办公的方式为 DC 公司创作新漫画作品《里程碑》（*Milestone*）系列；其中两位关键人物是在为漫威创作《死亡丧钟》时认识的，而他们的创业资金也都来源于从这部作品中获得的支票。与此同时，吉姆·舒特与漫威老兵鲍勃·雷顿和巴里·温莎 - 史密斯一起谨慎经营着英勇漫画公司（Valiant Comics），该公司尽管发展缓慢，但也算小有所成。为此，他荣获了当年 6 月颁发的年度独立出版商大奖。不过，就在那个月的月底，舒特就在与合作创始人之间的权力斗争中被排挤出了这家公司；但他很快就抖落了身上的尘土，创立了另一家漫画创业公司，名叫挑战（Defiant）。

虽然在人们的记忆中，这是第一次出现这么多能与漫威和 DC 公司分庭抗礼且有发展前途的漫画公司，但是创作者所有版权模式涉及的经济风险依然挥之不去。

在麦克法兰、吉姆·李和莱菲尔德离开漫威时，约翰·伯恩的第一期《新时代战警》已经投入了第二次印刷，可惜这股风潮并没有持续很久：约翰·伯恩撇开漫威而参与的项目已经不再是什么重磅新闻了。他已经凭借《超人》的回归完成了一场华丽的演出，让人气达到了人生中的巅峰。"在那个没有版税也没有创作者所有权的时代，我有过一次机会，"伯恩承认，"我当时就跟 10 年前的托德、吉姆以及想象漫画公司的其他人一样。当我是最热宠儿的时候，我没能赚到 10 亿美元，但托德却成功赚到了他的 10 亿美元。"

克里斯·克莱蒙特与维斯·珀塔奇奥预想当中的想象漫画公司合作项目并没有真正

地实现。当珀塔奇奥将《猎人》化为一缕青烟时,克莱蒙特开始盘算再找一个合作者,但却发现如果找不到能绘画的人,那么这个创作者所有权的计划就显得举步维艰。他们必须雇佣一名画师将想象化作现实。想象公司团队的其他人可以利用交易卡和授权合作来弥补创业时的成本,可是他又能怎么做呢,难道要销售印着剧本的 T 恤吗? 当然不行。他将全副精力投入到了一部科幻小说,黑马公司获得了许可将其改编为漫画《异形大战铁血战士》(*Predator vs. Alien*)。当时,他还时刻不忘向其前任雇主发起攻击。"从个人的角度来看,漫威的一部漫画和另一部漫画之间并没有什么差别,"他抱怨道,"这一切都混杂在一起,形成一声巨大、嘈杂、原始的呼喊。"他发现以大事件为导向的故事线中夹质的"短期断奏式爆发",其本质上只是为了满足季度财政报表要求的一种手段,这使他开始为 X 战警的未来发出阵阵叹息。"我看着这一切,心里想,在两年前,这就是我的整个职业生涯,而他们只花了 18 个月就像杀鱼一样把它开膛破肚,把角色变得一文不名,把数不胜数的相关人物和配角一一抹杀,然后把它变成了在我看来不折不扣的三流山寨作品。"

还有几个心怀不满的漫威创作者也开始为马里布效力了。由于马里布公司担心把鸡蛋都放在想象漫画的篮子里存在一定风险,因此就提出了一些计划,用它自己的角色构造了一个共享的宇宙,即"超级宇宙"(Ultraverse)。在亚利桑那斯科茨代尔的一家度假酒店里,包括史蒂夫·格伯、史蒂夫·恩格尔哈特在内的 7 名创作者在会议室里、网球场里和泳池边集思广益。虽然他们无法拥有为马里布创作的角色所有权,但却能得到比在漫威工作时更高的利润分成。更重要的是,他们可以任凭自己的想象力驰骋四方,创作出特立独行的漫画,比方说一个需要酒精才能展现能力的超级英雄,或者一个化身成下水道怪物的黑警。格伯和恩格尔哈特早就厌烦了漫威角色背后长达 30 年历史的烦琐关联,每写一句对白都不得不询问编辑这样做是否可行。在一个周末的夜里,二人漫步于复式别墅的周围,格伯对恩格尔哈特说:"这仿佛就是过去的漫威啊。"

不过,在前漫威成员中最引人注目的一批人都聚集在了托普漫画公司(Topps

Comics）。这是一家在喧闹不堪的运动卡片行业发号施令的公司，它雇佣了《蜘蛛侠》的前任编辑吉姆·萨里克鲁普，希望他能帮助公司朝漫画市场进军。萨里克鲁普马上就飞抵加利福尼亚州，与杰克·科比达成了交易，买下了他在 20 世纪 80 年代创作但未被使用的动画构思。这恰恰也是科比在 20 年前想要实现的梦想，即被聘为智囊，赚取薪水，把剩下的工作交给其他人完成。萨里克鲁普回头又把许多一度为漫威效忠的人——招致麾下：史蒂夫·迪特科、迪克·艾尔斯、唐·赫克、约翰·塞韦林、罗伊·托马斯、格里·康威和加里·弗里德里克。这简直就是在 1958 年至 1965 年之间斯坦·李手下的全明星阵容，再加入几个后来名声大噪的行家里手；只不过现在，当他们的漫画上市时将会与交易卡片一起塑封在一起。

MARVEL COMICS
THE UNTOLD STORY

18 X 综合征，
逐渐退化的创新能力

"向创作者支付体面的薪水，并让我们分享利润，这种做法带来了那个黄金时代。不过那个黄金时代也同样带来了毁灭自身的种子，"前漫威编辑乔·达菲如此评价 20 世纪 90 年代初期的丰收时代，"突然之间，人们赚到了许许多多的钱，能买房子，买车子，能帮朋友买车子，还能用钱让专业球队的啦啦队长当自己的女朋友。这已经成了一种病。这些人赚到的钱越多，他们的欲望也越大。只拥有一间属于自己的公寓，或者一栋小别墅已经满足不了他们了。他们看待金钱的方式忽然就变得跟摇滚明星和电影明星一样了。"想象漫画公司的人带着年轻的画师一起开法拉利兜风，在泳池边玩耍，享受 6 位数的起薪。这成了当时人们茶余饭后的谈资。

不过，这其中也有问题：想象漫画公司的漫画总是不能按时出版。漫画商店经常在为想象漫画大肆宣传的头号作品（偶尔也有来自一些小型创业公司的作品）一掷千金后，只能在上市日干瞪眼，这造成了严重的现金流问题；等到漫画终于姗姗来迟时，往往又只能收获不如预期的平淡销量。有文章爆料，若不是英勇漫画的主编亲自飞抵加利福尼亚，一屁股坐在罗布·莱菲尔德的工作室里不走，那么英勇漫画和想象漫画交叉合作的那一期作品就不知要等到驴年马月了。

与此同时，漫威旗下的那些销量中流的作品遭到了形形色色竞争对手的猛烈冲击，而 DC 公司则把全副精力都放在了自己的大事件作品中。1992 年 11 月，当想象公司宣布脱离马里布、成为独立出版商时，"超人之死"疯狂占据了各大媒体的版面；当期漫画达到了 400 万的销量。全国各地的芸芸众生每天都能在报纸上看到相关的醒目标题，比如："轰！啊！嘭！钢铁之躯走向死亡。""噢，对了，这里列出了过去主流漫画的惊人价格表。"第 75 期《超人》卖得如火如荼，很快就开始再版，所有人都在收藏这部漫画，希望等到孩子上大学的时候，能将其变卖成学费。

市场总是风起云涌，变幻无常。1993 年 2 月，漫威和 DC 公司的作品全都无缘销量榜的前 5 后。两个月后，漫威依然只有一部作品能挤入前 20，然而 DC 公司却开始走上了复兴之路。在引爆社会舆论的那次死亡事件之后，超人还是毫无悬念地复活了。很多漫画商店的老板在上一年 11 月份"超人之死"中吃到甜头的，他们接下来就将希望寄托在了 DC 公司 2.50 美元和 2.95 美元版本的漫画上。自从 1987 年以来，DC 公司终于又一次成为销量最高的漫画出版商。

不幸的是，普通大众对超人的生生死死已经失去了兴趣。"新闻媒体意识到他们被耍了，"汤姆·德法尔科说道，"虽然他们停止了宣传报道，但所有的零售商仍在大量订购 DC 公司的漫画，仿佛要把在'超人之死'那会儿没订到的数量给补回来。"

在最初的火爆之后，他们的仓库里开始堆满了滞销的第 500 期《超人大冒险》；这是在新版《X 战警》之后最流行的漫画，也是一个时代终结的标志。在想象漫画计划推出的 13 部漫画中，只有两部按时发货了；不可退货的销售协议让商店只能天天盼着 UPS 的运货卡车能多送几箱漫画过来。

那些整箱囤积漫画的大投机者突然就销声匿迹了，许多真正的漫画读者在受够了全息封面的虚高售价后也选择了放弃。当新漫画到货时，已经没人会花钱购买了。不到 6 个月的时间，就有数千家商店陷入了困境。

整个 1993 年，新漫画依然不断地接踵而至，就连黑马公司也推销起了一个全新的超级英雄宇宙。到了这一年夏天，整个行业已经濒临崩溃但仍有两家采取创作者所有权的新公司还在天真地发布前程似锦的声明。黑马公司创立了一个新品牌"传说"（Legend），他将会收录弗兰克·米勒、约翰·伯恩、阿特·亚当斯和其他漫画家的作品。10 年前，吉姆·斯大林曾帮助漫威旗下的史诗漫画公司迅速崛起，而当时他刚与《无限手套》（*Infinity Gauntlet*）、《无限战争》（*Infinity War*）和《无限圣战》（*Infinity Crusade*）携手创作了一系列推广力度极大的漫威交叉作品。他由律师代理，也与马里布签订了协议，计划为其新系列《壮举》（*Bravura*）创作一部享有创作者所有权的漫画。"说实在的，"斯大林说，"漫威支付的分成或者版税都无法与马里布和黑马开的价钱相提并论。"可惜对于想要凭一己之力闯出一片天空的画师和编剧而言，当时的时机并不成熟；这个收录了玛尔夫·沃夫曼、沃尔特·西蒙森和霍华德·柴金作品的《壮举》系列也很快随着马里布的财政枯竭而撞了南墙。

被枪毙的异装癖，贝文思坚持吃老本

从表面看来，这个行业至少还在装模作样地想办法应对市场裂痕。有零售商怀疑并指责《巫师》杂志人为夸大了行业标准指导价，于是后者就雇用了一位新编辑来管理这些数字。想象公司也开始了裁撤经常拖期作品的步伐。漫威则承诺会采取全新"回归本质"的战略。不过，话音未落，漫威就将由 14 个章节组成的《大屠杀》（*Maximum Carnage*）交叉合作故事分散到了 5 部不同的蜘蛛侠系列作品中连载，《致命诱惑》（*Fatal Attractions*）则分散在 6 部不同的 X 战警系列中，而 X 特攻队的成员锁链和死侍则开始领衔主演一些附属作品。

尽管在宣布琴·葛蕾和艾丽卡永久性死亡时，克里斯·克莱蒙特和弗兰克·米勒曾受到过死亡威胁，但似乎死神的镰刀也无法阻挡唯利是图的特殊事件对这些角色的影响。在一部豪华版《X 战警》中，斯科特·萨默斯和琴·葛蕾举行了结婚典礼，而在不久前的一期《锁链》中曾透露称，锁链其实是他们从未来回到现在的儿子。在《夜魔侠》中，艾丽卡在时隔 10 年后重返画卷，这让米勒大感意外，因为他曾经许诺过，除非自己点头，否则这个角色将永不被使用。"这深深地刺痛了我的心，"米勒在接受采访时表示，"但我也不会抱怨得太久或者太激烈，因为科比和迪特科那一代人连什么明文规定都没见过，他们遭受的损失比我大得多。所以漫威可以随心所欲地摆布这些角色的尸体。"

漫威只能寄希望于将过去的作品改头换面、重新包装了。"我一直在与楼上的家伙争执，想要做些不同类型的产品，"汤姆·德法尔科说道，"但只要没有盖上一层蛛网，或者画上一个大大的'X'，他们就不敢放手一搏。"漫威在那一年确实取消了一部分作品，但这些停刊行动都只是为了给新产品让路而已。

对于漫威为取悦股东而粗制滥造的做法，托德·麦克法兰发起了猛烈的抨击。尽管想象漫画因频繁错过截稿期限而让他损失了一点行业信誉，但麦克法兰依然能挺起胸膛宣称自己没有耍过什么特殊封面和随袋附赠交易卡片的花招。"我才不管你动员了家里的老母亲和小狗一起画了 12 本《金刚狼》出来，"他说，"你们应该在《美国队长》上花点功夫，而非总复制 6 部头牌作品……你们已经忘记了，漫威之所以成为漫威，是因为他们拥有最优质的产品。然而，许多年后的现在，他们拥有的只是数量最多的产品。不是最好，而是最多。"

就连漫威自己的读者来信栏目也开始反映出疲态。在一则宣传《夜魔侠》夜光封面的广告中，编辑夸夸其谈地写道："如果你是一个对特殊封面不感冒的铁杆漫画粉丝，那么请不要失望，我们也会印制普通的 1.25 美元版本！在这个充斥着销售花招和高价刺激的时代，我们希望能继续发行优秀的精神食粮！"

过去漫威总是利用低销量作品试验新形式或者内容，然而，这样的日子已经一去不复返了。斯科特·洛布德尔在一期《阿尔法战士》中让一位角色发表了同性恋声明，有消息称罗恩·佩雷尔曼对此火冒三丈，而漫威的公共关系部门在应对 CNN 和报纸的追问时只是给出了不予置评的回应。编辑罗布·托卡（Rob Tokar）是在这期故事完稿后才接手《阿尔法战士》的，但他还是被传唤到了特里·斯图尔特的办公室去做解释。托卡的助手摊着双手向他道别，估计他是没什么好果子吃了。

托卡来到 12 楼，对着斯图尔特、汤姆·德法尔科和满脸怒容的漫威公关人员大声咆哮起来，怒斥漫威对此次闹剧的应对方式有多么糟糕，而同性恋问题对作品本身的历史进步性不会构成丝毫影响。"每当我说出同性恋这个词的时候，"托卡回忆道，"我发现他们都会被吓一跳，于是我就反复地说，到最后我整个人都倚在特里的桌上，冲着他的鼻子指指点点。后来我累得说不出话来了，汤姆还安慰我坐下来。"会议开到一半，斯图尔特被一个电话叫去了，但是他已经把托卡的意见记在了心里。后来，托卡再也没有听人说起过这件事。"我估计是特里和汤姆帮我挡住了高层的压力，"他说，"他们完全可以直接把我出卖的。"

《阿尔法战士》并非唯一的争议避雷针。在《流浪者》中，法比安·尼谢萨让这部作品的主角简直变成了格伯式荒诞风格的范本：一个手里耍着散弹猎枪，背后却背着弃婴的义务警员。尼谢萨将这部漫画当成了自己发挥创意的平台，一次尝试异装癖和阶级斗争题材的冒险，这是在他为哈罗斯编写《X 战警》剧本时无法做到的。"我想把流浪者变成一个艾滋病人，"尼谢萨说道，"虽然民众对这种疾病依然怀有强烈的恐慌，但我想要在故事中加入这个元素。我们已经做过一期洛杉矶暴乱题材的漫画了，还借此登上了《今夜娱乐》。我很清楚可以按下哪些按钮，推出不仅拥有更广阔的创意，而且能吸引更多公众关注的作品，这些都是其他作品无法企及的。"在汤姆·德法尔科、迈克·霍布森和特里·斯图尔特的支持下，他的想法被送到了终审环节。

在特里·斯图尔特的办公室里，贝文思画了一条钟形曲线，指出漫威宇宙旗下的所有作品都不可能进行这样的试验。漫威宇宙系列是他们销量的核心组成部分。"不，不是这样的，"尼谢萨抗议道，"在漫威宇宙的出版物产品线中，你必须区分出手上各个角色的重要程度，然后才能理解对于特定的角色能做些什么又不能做些什么。我是写《X战警》的，这是你们目前销量第一的作品。《流浪者》也是我写的，而它是你们销量较低的一部作品。我没说我准备拿《X战警》开刀……"

"谢谢你前来，"贝文思简短地回绝了他，"不行。"

在走出办公室后，尼谢萨就去找德法尔科和斯图尔特了。

"他们对漫威的理解有着根本的不足，"他说，"如果1966年比尔·贝文思就坐在这个位子上，那么当斯坦·李要求创作黑豹时，也一定会被他枪毙的。"

10% 份额，未来漫威帝国的漫画版图

只用了5年时间，漫威发行部门在总销量中的比重就从90%降到33%。当贝文思孜孜不倦地寻找新的收购对象来扩大漫威王国时，德法尔科则在努力尝试拓宽出版物的类型，其中包括科幻杂志和小说。"他们说，噢，我们应该直接买一家公司，"他回忆说，"而我说，我们没必要买一家公司。我们本来就是一家出版公司！我们已经有了通往报亭的销售渠道。不过，他们对此毫不在意，因为他们只是想收购能立刻提高公司价值的东西。"

"他们想要让我们变成一个商业帝国，"约翰·罗米塔说，"他们准备销售服装、化妆品和其他东西，他们甚至都已经当面对我们说'漫画生产只是公司未来的一小部分'了。他们说我们只值他们10%的时间。"

比尔·贝文思可没空跟基层员工见面。当漫威的英国分部面临资金短缺时，他和斯图尔特就被叫去伦敦，商讨在这生死存亡的时刻该采取什么样的战略。在这场讨论开始没多久，贝文思就临时起身打电话去了。在回到会议室时，他面前已经有了一份漫威英国公司的 100 万英镑计划。盛怒之下的贝文思立刻打断了他们。"你们叫我来就是为了 100 万英镑？我刚才接的电话是一桩 1 000 万英镑的买卖。你们为什么要浪费我的时间？你们要钱是吧，那就给你们得了，"他又把矛头转向斯图尔特，厉声道，"过来，我们走。"接着就一头赶往机场，坐最快的航班返回了纽约。

贝文思的惯常做法是在市中心接电话、给漫威高管打电话，然后就收购新公司或者与别的公司建立新合作关系征求意见。"给我写一份备忘录。"在电话的最后，贝文思总是会这么说。随后他就会雷厉风行地完成这笔交易。他不断地寻找发展空间，即便是抛弃过去的合作伙伴也在所不惜。当贝文思发现漫威的模型玩偶的销量空间受到了 Toy Biz 专属授权的限制，就立刻在市中心的丽晶酒店（Regency Hotel）安排了与该制造商负责人的会面。

"听着，"贝文思在早餐期间对 Toy Biz 的伊萨克·珀尔马特（Issac Perlmutter，昵称艾克）和阿维·阿拉德说，"我们拥有 4 500 个角色，而你们几个只是一家小公司。你们能选择的角色有这么多……"

不过，珀尔马特和阿拉德并不愿意放开他们的限制。相反，他们建议漫威和 Toy Biz 进一步强化合作关系，而这也成了一个决定命运的历史时刻。当年 4 月，当《超人回归》（*The Return of Superman*）涌入漫画商店才过了没几天，漫威就收购了业绩兴旺的 Toy Biz 公司 46% 的股份，在自己的花名册里又添加了一个新成员。作为回报，Toy Biz 获得了漫威角色的"主控授权"（独占、免版税且永久有效）和 700 万美元的流动资本。

玩具设计师阿拉德凭借在 Toy Biz 的职务成了《X 战警》动画连续剧的挂名制作人，最终他像斯坦·李一样担负起了漫威和好莱坞之间联系的重担，专门监督"所有动画、真人电视和电影项目的开发"。在这场电影追逐赛中，那些一夜暴富的漫画公司已经抢在漫威前面起跑了。黑马公司创立仅 7 年，但根据其旗下漫画改编的《时空特警》（*Timecop*）和《变相怪杰》（*The Mask*）已经开拍了。就连罗布·莱菲尔德也与史蒂文·斯皮尔伯格有了利润丰厚的合作。不过，阿拉德为排名第一的儿童动画片《X 战警》争取到了很好的口碑。它也吸引了相当数量的成年观众，并催生出了服装、交易卡片、电子游戏以及 1 400 万只模型玩偶和必胜客的特别套餐。在福克斯儿童频道订购了蜘蛛侠动画片之后，詹姆斯·卡梅隆终于正式拿出了计划中的蜘蛛侠电影剧本。韦斯利·斯奈普斯（Wesley Snipes）把《黑豹》电影排上了档期，而韦斯·克雷文（Wes Craven）也同意执导《奇异博士》。看来，阿拉德或许能让斯坦·李闯荡好莱坞近 15 年也未能实现的梦想化为现实。凭借身为玩具设计师的成功履历，阿拉德对此胸有成竹。"在棒球里，如果你的打击率能达到 30%，那就已经是超级球星了，"他对一位记者说，"而我的打击率高达 80%。"

在重获新生的漫威电影公司，阿拉德和斯坦·李一样，在好莱坞的工作室那里保持着独立的身份。佩雷尔曼不希望漫威掺和到电影这一高风险的行业中。他只想要销售知识产权的授权许可，并利用其催生的周边商品大赚一笔。不过到了 10 月份，阿拉德一开始就击出了一个全垒打，与 20 世纪福克斯公司签订了拍摄真人《X 战警》电影的协议。

随后，他又听说一部低成本的《神奇四侠》电影已经快要完成了。在几个月前，当制作人伯纳德·艾兴格（Bernd Eichinger）在 1986 年花 25 万美元买下的授权，还有三天就要过期的时候，《神奇四侠》终于在洛杉矶威尼斯区的摄影棚中用租来的摄像机开拍了；其导演是维达尔·沙宣（Vidal Sassoon）的儿子，制作人则是罗杰·科尔曼。由于认定这部电影会砸了招牌，阿拉德给艾兴格打了个电话，提出以数百万美元现金的价格回购这部电影。随后，他就将这部电影的每一个镜头都销毁了。

1993 年年底，漫威的股价开始陡然下滑，幅度超过了 60%。在之前的两年里，它的表现都还一直很平稳。"当我们公开上市时，得到了媒体狂热的关注。当然了，这是斯坦·李的最爱，但却是杀死我们的元凶，"玛丽·麦克菲伦说道，"华尔街是变化无常的。哈哈，这不就是潮流所向吗；欢迎我们光鲜亮丽的漫画画师们！然后他们回头就把注意力放在别的地方了，于是我们就只剩下这些套着不同封面的相同漫画，等待灾难的到来。"

MARVEL COMICS
THE UNTOLD STORY

19　宇宙坍塌了，
漫威开启超级大裁员模式

在各种交叉合作作品、特殊封面以及创刊号收藏版之中，有一本漫画似乎得到了每一个人的喜爱；不管是追逐着时下最热画师的14岁叛逆少年，还是婴儿潮时代的人；后者在等待着漫威重新变回他们14岁时的模样，并因此不断考验着自己的耐心。这就是用光面纸印刷、单期售价4.95美元、分成4期的限量版《惊奇》（*Marvels*）系列，它是由编剧科特·布西克和画师亚历克斯·罗斯（Alex Ross）共同创造的。布西克曾经在卡萝尔·卡利什所掌管的漫威销售部门里工作过，并同时保留着自己不稳定的自由职业身份；亚历克斯则是不愿追随流行趋势的年轻画家，他特别反感硬汉派义务警员模式的超级英雄。虽然这一系列最初只是被视为一部结构比较松散的、用于展示罗斯画作魅力的选集，但后来他们灵机一动，决定将在漫威宇宙中发生过的重大事件遍历一次。通过摄影师菲尔·谢尔顿（Phil Sheldon）这个普通人的视角去观察这一系列关键性事件。作为一个彻头彻尾的无辜群众，谢尔顿的生活受到了每一个事件的影响，从 1939 年人造人霹雳火的诞生，到 20 世纪 70 年代早期的格温·史黛西之死。当不朽的英雄们保持着强健的体魄和一贯热忱不断前进时，谢尔顿则和现实世界中隐藏在漫画幕后的编剧及画师一样，作为历史的见证人而逐渐老去。

布西克和罗斯秘密创作《惊奇》花费了一年多时间。布西克在漫画书堆中整理背景故事，而罗斯则从模型的照片中勾勒他笔下的人物形象。"我们在创作的是一部高价位的系列漫画，而当班的画师却名不见经传，编剧也基本是无名小足……领衔主演的还是一个没有超能力的独眼大叔。"他们的编辑苦口婆心地劝他们把金刚狼加进来，这样至少能让销售团队有能用来宣传的内容。

事实证明，《惊奇》终究还是一鸣惊人了。罗斯如照片般的写实风格介于诺曼·罗克威尔（Norman Rockwell）和勒罗伊·奈曼（Leroy Neiman）之间，其自成一派的画风令读者屏息凝神，而布西克八面玲珑的多元叙事尝试也增添了人文主义的刺激，而这一点在漫画中已经越来越罕见了。这是漫画界在向多克托罗（E. L. Doctorow）的拉格泰姆音乐（Ragtime）致敬，是一场延绵数十年涵盖了众多客串明星的史诗故事。通过菲尔·谢尔顿这个角色的眼睛，它还讲述了一个普通人在面对历史变迁时感到无助的辛酸故事。谢尔顿永远只能站在地上，紧张地看着海王袭击纽约市，颤抖着面对变种人 X 战警在普通人心中刻下的恐惧。作为一个年轻人，他会在电影院里为美国队长大战轴心国势力的新闻影片欢呼喝彩；在 20 世纪 60 年代的曼哈顿城区，他亲眼目睹美国队长的胜利凯旋，重回这个敞篷轿车和灰色法兰绒西服的世界。"纽约充满了活力。仿佛连续放了好几个月的焰火。神奇四侠、托尔、巨人的出现，海王的回归；当然了，还有最盛大的那一朵，如同十几个国庆节那样点亮世界的满堂彩，就像连锁反应的自然之力。他神龙见首不见尾，因为他一直在运动，一直在前进。"

在 20 世纪末期的美国，虽然人们已经淡忘了古巴导弹危机、种族暴动、反越战的校园抗议，但即便如此，人们也忘不了漫威漫画在 20 世纪六七十年代对政治和社会事件的明显影射。在这个世界，现代世界接连发生的重大事件是哨兵的出现（参见1965 年的《X 战警》）、后续的反变种人暴动以及行星吞噬者的造访（参见 1966 年的《神奇四侠》）。你可以选择将这些故事斥为虚幻的逃避主义，斥为虚假的历史，但你也可以惊叹于其巧妙手法，它将这些在漫画中始终存在的固有社会政治隐喻糅合成一部通俗易懂的读物。

无论如何，《惊奇》最令人印象深刻的成就就是，尽管时间短暂，但它再次抓住了漫威超级英雄曾经带给我们的激情。正是基于这一点，故事选择在格温·史黛西死去后不久而戛然而止，甚至还重现了当年的音效，给那个无知时代画上一个干脆而响亮的句号；这些都是饶有深意的。我们的主角菲尔·谢尔顿，终其一生都在现场拍摄全世界之"惊奇"；最后，他将相机交给了助手，嘱咐她继续自己的事业。他已经变老了，还为了这梦想而失去了一只眼睛，如今只希望能回到现实世界中去。"我已经不再需要惊奇了。我要的是时间。"他的这句话对于漫威狂热爱好者而言别有一番滋味，后者还在继续徒劳地寻找曾经的神奇世界。

在《惊奇》的素材中，向杰克·科比独立以及合作作品致敬的部分多得令人吃惊，而这些话或许也是他在这些年来反复挂在嘴边的感想。在最后几年里，他与斯坦·李之间的关系充满了尖酸的讽刺。在 1989 年，距离他们那次尴尬的电台节目通话已经过去了两年时间，科比在接受《漫画日报》采访时又提起了这茬。"我和斯坦从来没有合作过！我从来没见斯坦写过任何东西，"科比说道，"斯坦从来都没有编辑的头脑。像斯坦这样的人根本不可能想出什么新东西。就此事而言，他连老东西都想不到。斯坦并不是读故事或者讲故事的那种人。斯坦是知道文件放在哪里，今天有谁要来的人。斯坦本质上就是个办公室职员，搞清楚了吗？"科比表示，斯坦·李"根本不知道故事讲的是什么"，而且他自恃甚高。他还情绪激动地否认当时的编辑提出过修改故事构思的要求。"我当时应该让斯坦滚蛋，然后到外面另谋出路，但我没法这么做，"

科比在采访中说，"我有我的家庭。我有一套房子。我根本没办法放弃这一切。"

斯坦·李做出了反击。"我觉得他已经犯下了不可弥补的过错，"在那篇采访文章发表后，他表示，"科比说的一些话，他根本不可能在我面前自圆其说。我只能认为他要么是疯了，要么就确实是内心邪恶。"

但是，二人在 1993 年于圣迭戈偶遇时，这场口水战却平静了下来。"杰克跟我说了些奇怪的话，"斯坦·李回忆道，"他叫我过去，然后说……然后又说了一遍，我感觉杰克有点言不由衷，你懂的……他对我说，你没做什么亏心事，斯坦……这算是他说得最直接的话了。我听了以后很高兴，但也感到很意外。当时就是这样。后来人潮涌过来把我们冲散了，我和他就各自离开了。"

这是"凡人"斯坦·李和"国王"杰克·科比最后一次见面，而这距两位神奇四侠、浩克、钢铁侠、托尔、X 战警等众多角色的共同创作者的初次见面已经有 50 年了。科比最终告别了漫画界。他最后发表的作品是应朋友之邀而创作的《幻影战队》（*Phantom Force*），也适得其所地由想象漫画公司发行；后者经常用他的名字当业内不公平待遇的典型例子。他与妻子罗兹一直在位于南加利福尼亚州的家中安静度日，最后在 1994 年 2 月 6 日停止了心跳。"国王"驾崩了。

在科比死后，斯坦·李通过双方共同的朋友联系上了罗兹·科比，谨慎地询问是否可以参加葬礼。在葬礼当天的早晨，他驱车北上，在教堂外面下了车。他与罗兹打了声招呼后就低调地找了个位子坐了下来。不过，只过了一会儿他就悄无声息地从边门离开了。罗兹在接待处叫了他的名字，但他没有听见。

1994 年 6 月，弗兰克·米勒在巴尔的摩的一次行业研讨会上做了一场演讲，缅怀了杰克·科比。"一个时代随着杰克·科比离去了，"米勒说，"我不会把它叫作漫画的漫威时代，因为我反对欺世盗名。我把它叫作漫画的杰克·科比时代。"

米勒宣称获知漫画未来的唯一方法就是探讨其"逝去生命的悲伤、遗憾和历史……那些人才用自己的双手和头脑创造，却被剥夺了合法的所有权，当他们的作品带来了数百万美元时又遭到忽视或嫌弃"。显然，当米勒说这些话时，坐在会议桌正前方的漫威成员会感觉如坐针毡。这还不算完，他接着就指出"17年的忠诚效力和壮观的销量，没能为克里斯·克莱蒙特换回来自漫威漫画的一丁点忠心"，并冷嘲热讽吉姆·舒特所谓的"花了一辈子为创作者争取权利"。之后，米勒决定乘胜追击。

漫威漫画想要给你们灌输的观念就是：角色是漫画中唯一重要的组成部分。说得好像这些角色都是从石头里蹦出来的，好像读者们都是木鱼脑袋，分不清好坏。你几乎可以原谅他们的这个错误，因为他们的角色并没有像人才一样大批地流失。在我看来，"雇佣性质的人才无关紧要"这种老式思维方式正面临考验，能认识到这一点也算是一种小小的慰藉了。我们都已经看到了答案，但他们似乎还没准备做出任何改变。

有些创作者对叛逃到想象漫画及其他公司的行为表示了极度反感，米勒对此接着说道："就像是划桨的奴隶在抱怨船里漏水一样。"由公司所有的超级英雄宇宙时代，即杰克·科比时代已经结束了。"它已经变成了一颗超新星，发生了自爆，然后缓慢而稳定地收缩，形成一个黑洞。我们不可能永远压榨杰克·科比这样的天才。国王已经死了，他没有留下继承者。我们再也找不到与他比肩的人。没有任何一个画师能取代他。任何艺术形式都不可能再出现像他一样的才华。这是一个可怕的时代，因为改变向来都是可怕的。不过，一切都已经准备就绪，迎接一个新的令人骄傲的时代，一个漫威的新时代。没有什么能阻挡我们，没有什么太过巨大、太过可怕；有的只是一些古老的坏习惯和我们自身的恐惧，但我们不会让它们阻止我们的步伐。"

台下的人们纷纷起立欢呼。

当销量继续直线下滑，在1994年的前6个月里降低了36%时，业界对漫威的怨气已经沸腾了。漫威高管反而指责漫画零售商和经销商偏袒更小、更时髦的创业公司，认为他们没有像推广这些公司的产品一样，花足够多的力气去推广漫威的产品；他们甚至还胆敢公开批评漫威的商业决策。

于是，销售部门策划了一个方案：如果漫威撇开中间人，直接向商店销售呢？这样可以省下合作广告和促销活动的费用，再也不在那些忘恩负义的经销商身上浪费钱了；公司可以把钱转而投资给那些坚定不移地认可并坚守漫威政策和产品的区域代理。经过一系列最高机密级别的远程会议，这个计划被传递到了"市中心"。与此同时，市场营销部门则发起了一场优惠邮购行动，这不仅能绕过经销商，而且连零售商都省了。在接下来的几个月里，公司一边在私下里寻找可以收购的经销商，一边继续遭受着零售商们的怨怒和猜疑；后者已经察觉到自己可能被挤出市场。漫威再一次将漫画售价提高了四分之一，达到了 1.50 美元，这和 5 年前被佩雷尔曼收购时比起来，已经上涨了 100%。特里·斯图尔特重新拿出了按照迪士尼商店的模式开设漫威专卖店的计划，并且还公布了漫威连锁餐厅和漫威主题公园的企划，这两种场所都会销售原本由漫画商店负责的 T 恤及其他商品。当他们在漫画中刊登冠名为优惠邮购行动"漫威大卖场"的广告时（其中包括他们禁止零售商销售的促销产品以及绝版作品的平装再版），一位悲愤的经销商向零售商们发出了一封警告公开信，建议他们加大与其他出版商的合作，降低对漫威产品的依赖性。漫威最后还是撤回了这部分特权商品，但在此之前已经中止了向那家经销商的供货。

创意之屋似乎已经变成了老大哥。"不幸的是，假如有知情人说（漫威的）坏话，那么如果他是员工，那么就会被开除，如果不是，那么就会遭受其他方面的惩罚，"一位前漫威员工在《漫画日报》上说，"（漫威）弥漫着极度凶险的气氛，让你知道决不能透露出一点风声。"公司发放了一则文档，要求员工举报有违反公司规章制度嫌疑的同事。不过据称，汤姆·德法尔科联合了编辑部门，拒绝签署这份文件。

德法尔科此时已成为众望所归的人物。他曾经与斯图尔特激烈争执，还反对过让市场营销部门设计漫画封面的提议。在这个最需要相互合作的时候，公司的其余部门发现编辑部门变得尤为一致对外了。一位高管将编辑部的态度形容为"别管我们。我们没时间跟你们这群人胡闹。创作人员不能受到销量数字这种世俗责任的拖累。我们要担心的唯一事情就是自由职业者是否满意，是否在创作好的漫画。如果销量不错，那挺好；如果不好，那么你们自己看着办"。

"汤姆愿意背负来自管理层的所有压力，保护手下的编辑，"销售主管马特·拉贡（Matt Ragone）说，"汤姆在开会时会遭到肆意的训斥，但他只是忍辱负重，将外界强烈的压力抵挡在编辑的视野之外。但是大家觉得……如果事情要有所改变，那么我们就必须改变结构，让这些家伙站出来拥有整个过程的所有权。"斯图尔特找到了有销售和市场营销经验的法比安·尼谢萨，告诉他公司将会发生改变，想知道他有没有什么主意。

但尼谢萨的回答，即一张为主编职位注入更多权力的组织构成图，与斯图尔特及销售和市场营销部门眼下的想法恰恰相反。他们想方设法要解除编辑部门的抵抗，直接将公司目标传达给第一线的编辑。在尼谢萨的计划遭到否决后不久，漫威就在办公室街对面租下了一家运动酒吧，邀请全体员工前去聚餐。特里·斯图尔特在席间公布了绰号"漫威进化"的战略。汤姆·德法尔科升任高级副总裁，并由 5 位主编接班，而他们将向斯图尔特报告。斯图尔特用幻灯片向大伙儿解释，这一计划将会强化漫威品牌下属的"次要品牌"，举个例子，美国队长和夜魔侠将会摆脱 X 战警和蜘蛛侠的阴影。每位主编都将负责一系列作品：鲍勃·哈罗斯负责《X 战警》；鲍勃·布迪安斯基负责《蜘蛛侠》；马克·格伦瓦尔德负责《漫威经典》，其中包括复仇者联盟和神奇四侠；鲍比·蔡斯（Bobbie Chase）负责《漫威先锋》，专注于较新的角色；卡尔·波茨负责"一般娱乐"，主要由授权资产组成。

两位从 20 世纪 70 年代开始就在漫威工作的员工并肩坐着，难以置信地看着前面的人拿着话筒，匆匆翻过一页页的幻灯片，解释着重组的计划。"别担心，"台上的声音说道，"我们几分钟就说完了，接下来就继续畅饮。"

"我们同时转头看向对方，"其中一位老员工回忆道，"我们就说了一句，末日来了。我们完蛋了。这真的是一个半生不熟的想法。他们想蒙我们。"

他们并不是唯一持不同意见的人。在演讲结束后，一个傻乎乎的助理编辑竟然祝贺德法尔科的晋升。回应他的是一声空洞的干笑。"好吧，你们将再也没法对德法尔科颐指气使了。"这位前任主编说道。

这个助理编辑傻了眼，结结巴巴地说："可是……他们刚刚宣布了！"

"我要走了，孩子，我没有接受。"德法尔科耸了耸肩就走开了。

分裂，主编制度大调整

更多的改组措施陆续出台，反映了公司内部的权力转移。在一次与经销商的电话会议中，漫威不仅宣布了 5 名主编的新结构，还指名理查德·罗杰斯担任销售和市场营销部门的执行副总裁，他是各种特殊封面和双倍容量刊物的主要建议者。虽然主编们要向特里·斯图尔特汇报，但他们还会受到吉姆·索考劳夫斯基（Jim "Ski" Sokolowski）的每日监督，而后者则向罗杰斯汇报；外号"滑雪板"的索考劳夫斯基是前任报亭销售主管，现任"编辑部协调员"。为了进一步拉近部门之间的联系，他们还给每位主编分别驻派了一位市场营销代表。

罗杰斯将他强硬派的行事风格响亮而清楚地传达了下去。"这一组织想让你们卖出价值 1.6 亿美元的漫画，"他告诉自己的下属，"编辑可以随意抱怨，销售可以随意抱怨，你们可以不妥协，说不肯这么做。但如果你不做，那么就轮到下面的那个人做。所以你们最好不要浪费时间，好好想想该如何以最好的方法达到这个目标。"

要找斯图尔特商量事情变得越发困难了。"我们规定每周要跟他见面，"卡尔·波茨说，"我们自己无法解决的任何问题，或者我们需要额外的资源或支持，都应该在每周会议中跟他讨论。大多数时候，碰到要做决定的事情，特里总会采取缓兵之计，他会说，我下周再来找你。我和鲍比·蔡斯整理了一张表单，罗列了需要解决的问题，开会的时候就拿出来，但从来都没得到解决。到最后，特里的解决方法就是中止这样的会议。我知道他可能正遭受来自贝文思和每一位高层的重重压力，但是我无法理解的是，你一边建立了这个系统，让自己成了最终裁决者，一边又放弃了这个责任。"

"漫威进化的结果，"一位前任编辑说道，"就是把我们分开。除了偶尔的交叉合作之外，我们跟鲍比·蔡斯基本没什么交流；我们跟鲍勃·哈罗斯也没什么交流。我们再也不是一个有凝聚力的编辑部了。"现在，这5个"家族"都有各自追逐的销售目标。因大幅扩张的漫画产品线，创作人才捉襟见肘了，新格局使相互挖人蔚然成风。就连角色本身也钻进了各自的角落里，庞大的漫威宇宙被割裂成了几个部分。"让蜘蛛侠与超人组队甚至比让蜘蛛侠与X战警组队更容易。"一位员工这样说道。

在此次分裂发生时，漫威宇宙正变得史无前例的复杂。漫威照着包括托尔、钢铁侠和美国队长在内的最热门角色弄出了一些山寨货，比如手舞铁锤的雷霆（Thunderstrike）、穿着钢铁盔甲的战争机器（War Machine）、身披星形标志的美国特工（USAgent）以及来自平行世界的变种角色。在《神奇战队》（*Fantastic Force*）中，神奇四侠的里德·理查兹和苏·斯托姆的孩子与他在另一维度的成年自己互换了位置，成了一个超级英雄团队的领袖。

与此同时，在蜘蛛侠系列中，一部长12期的交叉合作故事正按计划走向尾声。在故事进入《克隆传奇》（*Clone Saga*）一章时，彼得·帕克与玛丽·简·华生成婚了，正等待着第一个孩子的出生。这种安居乐业的景象显然与蜘蛛侠的神话毫不搭调。编剧和编辑们计划让所谓的蜘蛛侠克隆体复活（由格里·康威在20年前创作并废弃），然后使真相大白，说其实他才是原来的彼得·帕克；二人被掉了包，读者从1975年开始看到的一直是这个基因克隆冒牌货的冒险故事。这个自称为本·赖利（Ben Reilly）的原版重新披上战袍，成为《猩红蜘蛛侠》（*The Scarlet Spider*）。在身份暴露后，彼得·帕克（克隆体）将会携玛丽·简和他们的孩子在夕阳下远去，而原版的彼得·帕克（原名本·赖利）将会再次穿梭于楼宇之间。"随着编剧逐渐长大，结了婚，有了小孩，有了贷款，我们也把《蜘蛛侠》朝这个方向写了，安排他淡出读者的视线，"第一个想出这个故事的特里·卡瓦诺说，"这是一种让他自然而然地回归本质的方法，而不是让他离婚，给他增加更多的负担。"不幸的是，在市场营销部门施压和编辑部门难以定夺的双重作用下，这个故事并没有按时迎来结局。当克隆传奇拖延了数月后，读者就把这过度复杂的情节指摘为漫威所有问题的一种集中表现。

不过一开始，这是一个轰动的大事件。"鲍勃·哈罗斯听说了这件事，"卡瓦诺回忆说，"他说，我的天啊，蜘蛛侠漫画要超越 X 战警漫画了。我们这边也得弄一个大事件出来。"于是，在《天启时代》（*Age of Apocalypse*）杂乱无章的交叉合作篇章中，X 教授的儿子穿越到了现在，想要杀死万磁王，建立一个反乌托邦的世界。在销售和市场营销部门的要求下，《天启时代》上市时采用了铬制封面，建议售价达到了 3.95 美元，随后又推出了 8 部新的月度 X 系列漫画，暂时取代旧系列。

> "一旦你上船了，那么不到目的地就没法下去了，"汤姆·布雷沃特说道，"如果公司的老板说，我们要你想办法让今年的业绩超出预算，那就是你的任务。你只有两个选择：要么你完成它，要么你不完成，后果自负。"

当编辑部的员工还在竭尽全力应对提升产品种类的内部命令时，漫威还在继续它的收购狂潮。在那个夏天，它以 1.58 亿美元的价格买下了欧洲的贴纸和杂志公司 Panini。在秋天，它买下了出版儿童杂志的威尔士出版集团（Welsh Publishing Group）。接着，在它继续商讨收购经销商的事宜时，有消息称想象漫画公司曾经的出版商马里布有意接受 DC 公司的收购。这个消息从特里·斯图尔特到比尔·贝文思，一直向上传到了罗恩·佩雷尔曼的耳中，随后就有命令从上头传了下来：阻止他们。如果 DC 公司收购了马里布，那么漫威就会失守市场份额王者的宝座。佩雷尔曼动身前往加利福尼亚州，与马里布的老板斯科特·罗森伯格（Scott Rosenberg）见了面。罗森伯格问佩雷尔曼，是否看过马里布的产品。

> "我不看漫画。"佩雷尔曼答道。
>
> 迫不及待想要展示马里布数码彩色印刷工艺的罗森伯格将一叠漫画递给了他。"打开看看吧。"罗森伯格说。
>
> 佩雷尔曼低下头："我觉得没必要看啊？"

经过了几次急切的秘密会议，漫威在 11 月宣布将马里布收购了，称其优秀的彩色印刷系统、在美国西海岸的知名度以及目前与好莱坞之间的谈判项目都是将推进公司的战略发展；不过，它却没有提及促成这一决定的目的：保护市场份额。当时在为马里布的超级宇宙系列编剧的史蒂夫·格伯被打了个措手不及。"还好我没有疑心病，"他说，"不然我一定以为漫威一直在跟踪我，我到哪里它就把哪里给收购了。"

与此同时，公司在所有项目上的无节制花费，已开始造成成本失控。漫画产业或许应该吸取棒球卡片市场泡沫破裂事件的教训：集中出现在 8 月的大量"限量版"商品、金属箔和全息图片，加上美国职棒大联盟的活动，杀死了这个市场。漫威对 Fleer 的投资就是一次大出血。这家漫画公司似乎正一头扎进相同的命运中。

在漫威举办了最近一次奢侈无度的圣诞派对后，公司立刻就解雇了组织这一节日活动的一名女性员工，同时还另外炒掉了几十个人，其中包括几个编辑，此外还取消了 20 多部漫画。这是漫威在 1957 年后首次进行裁员，但这并不会是最后一次。

踢开经销商，英雄世界公司的独占权

当年的 12 月 28 日，漫威宣布收购新泽西州的经销公司英雄世界（Heroes World）。这两家公司之间有一段因缘。当前漫威总裁阿尔·兰道于 1975 年离职时，其副手伊万·斯奈德以遣散费的形式获得了大量授权商品。在接下来的 20 年里，斯奈德将这些东西变成了新泽西州的一系列漫画商店，并最终演变成了一家号称拥有 8% 的市场占有率的经销商。虽然英雄世界公司基本上算是一家地方企业，为美国中部的 3 个州服务，但是寻觅经销商的漫威团队认为，只要搭配一支新的销售代表队伍，这家公司就能满足漫威的需要。身在市中心的几位最高层决策者从来没有与原始计划的策划者讨论过。"我知道的是，我们将会拥有一批电话市场营销人员和一间仓库，"销售团队的一名成员表示，"我打算坚持老计划，对于出毛病的地方不闻不问。买下英雄世界的根本目的就是让大家能涉足这一领域。但电话市场营销做得再好也不可能实现这个目标。在我看来，这是一个致命弱点。"

　　不幸的是，漫威很快就把整个产业拖入了它笨重的商业战略中。1995 年 3 月 1 日，一份内部备忘录泄露了漫威计划将英雄世界变为唯一的专属经销商，这就意味着任何漫画商店如果想要跟这家占据整个行业 40% 市场份额的出版商做生意，它都必须在这家经销商那里开个户头。与此同时，其他所有的经销商都只能在一旁凉快去了。等到漫威在 3 月 3 日发表官方声明时，排名第二的经销商首都公司（Capital City）已经对漫威提起了诉讼，指控它不公平地中止了经销合同。不过，没过几天，双方就达成了非公开的和解。DC 公司和想象漫画也迅速作出回应，宣布他们已经与排行第一的发行商钻石公司（Diamond）签下了专属协议。首都公司立即对 DC 公司也发起了类似的诉讼。随后又与几家规模较小的漫画出版商签下了专属合约。零售商们为此惊慌失措。那些一夜之间就失去了主要商品来源的小型经销商很快就垮台了。

　　一周后，漫威宣布已经以 1.5 亿美元的价格收购交易卡片公司 Skybox。这家公司是漫威旗下 Fleer 公司的竞争对手，也是 DC 公司和想象漫画角色卡片的版权持有者。这则消息让人们不敢相信自己的耳朵，才刚刚经历了近 40 年来第一次裁员的漫威居然在把金钱挥霍在已经崩溃的卡片产业里？

　　在这个月的月底，包括特里·斯图尔特和理查德·罗杰斯在内的一群漫威员工开始了走访 19 座城市的漫威进化公关巡游，与担惊受怕的经销商和零售商们面对面地交流。"第一次演讲成了一场灾难，"一位员工回忆道，"人们想让我们告诉他们现在究竟是什么情况，而不是听 30 分钟的编辑部演讲。人们想要明白他们要从哪里获得漫画，他们才不关心《X 战警》里发生了什么故事呢。"随着巡游的进行，他们对演讲做了修改，很快，漫威就开始叫卖起面向业内其余人士的"伙伴盟约"，还搬出了种种无法说服任何人的自相矛盾式说法：一方面，这个产业的收缩是由"缺少有效的商品"而引起的；而在另一方面，小型出版商却又用"乱哄哄的玩意儿"填满了货架，让顾客难以找到"可靠的漫威产品"。演讲之后的问答环节充满了剑拔弩张的气氛。在被要求承诺漫威不会像排挤经销商那样排挤零售商时，斯图尔特又一次滔滔不绝地重复起了他在演讲中说到的那些要点。

　　"这算回答了你的问题吗？"他在最后问道。

　　"不，我还不明白。"这位零售商说。

　　"那我感到很抱歉。"斯图尔特说。

　　在 4 月 2 日，巡游走到一半的时候，特里·斯图尔特宣布他被晋升为副董事长了，而拥有杂志发行背景的漫威市场营销负责人杰里·卡拉布雷塞（Jerry Calabrese）将会担任新总裁。零售界的人都听过卡拉布雷塞的名字，而且并不喜欢他。他是漫威大卖场的策划人之一，设计了那次通过邮购的方式直接将公司的产品卖给读者的行动。

　　漫威内部的环境也变得愈加地混乱不堪，编辑部的少数骨干成员因为成倍增加的工作量而忙得团团转，自由职业者则觉得自己成了他们的提线木偶。小约翰·罗米塔曾短暂地回归《X 战警》担当画师，不过又很快被一个年轻的人气画师替代了。法比安·尼谢萨与斯科特·洛布德尔是后克莱蒙特时代变种人题材的主要策划者，然而由于自己的长期故事计划越发频繁地被故事方向的即兴修改破坏，这使他与鲍勃·哈罗斯以及洛布德尔闹了不愉快。当他们在最后时刻将台词的戏谑意味变成了冷酷的说教时，尼谢萨终于爆发了。他在当年 6 月退出了《X 战警》。他公开宣称尽管自己可以获得数目可观的支票，但却无法弥补创作满足感以及在平庸中塑造永恒感的缺乏。虽然当时已经是月入 8.5 万美元的超级巨星了，但洛布德尔也无法逃脱琐碎规则的限制和事后诸葛亮的批评。他的新一期《非凡 X 战警》被要求从头重写了 4 次才终于得到了所有人的认可。

　　与此同时，克隆传奇依然是蜘蛛侠系列的主题，但一开始那种轻松愉悦的创作目标已经被忘得一干二净。所有人都认为的故事高潮终于来了，彼得·帕克的梅姨妈死了；她已经在病床上奄奄一息地躺了几十年（斯坦·李一开始还对这一变故表达了哀悼，接着就像当时面对格温·史黛西之死一样，说自己并不知道这个计划）。后来，当彼得·帕克得知自己是个克隆人时，他将愤怒的拳头砸在了玛丽·简的身上。虽然读者被这情景吓得不轻，但销量却很不错，而漫威也利用单价 4.95 美元的组合捆绑策略大赚了一笔。"大克隆时代"系列进一步扩张了故事的版图，推出了第三个蜘蛛侠克隆体 Spider-Cide，并在最后请出了一整支克隆人大军。

漫威以大价钱为《蜘蛛侠》从 DC 公司挖来了编剧丹·尤尔根斯（Jurgens），不过他却发出了最后通牒：除非彼得·帕克恢复成唯一的原版蜘蛛侠，否则他就不干了。当然了，如果彼得·帕克还要继续当蜘蛛侠，编辑们知道，那么玛丽·简和她怀孕的情节都必须有所改动，因为你不能让一个超级英雄有孩子。在没日没夜的电话会议和雪花般落下的备忘录中，蜘蛛侠漫画的编剧和编辑们为了谁来负责让玛丽·简·华生流产而争执不休。

杰里·卡拉布雷塞很快就惊恐地发现，英雄世界公司的基础设施过于薄弱，无法支撑其商业运作。公司出现了账单疏漏和订单遗失的问题；客服热线实在太忙碌了，最终迫使负责人留下"另请高明"的字条后撒手而去。卡拉布雷塞让马特·拉贡收拾东西，把该处理的事情结束掉，准备离开新泽西州。

然而，这场经销商大战所造成的许多破坏都是无法修复的。那些想要与不同出版商做生意的零售商如今不得不跟至少两三家的经销商签约。"如果你是一家漫画专卖店，"汤姆·布雷沃特解释道，"你的生财之道取决于按总销售额决定的折扣率。如果你在经销商那里的订单是 100 美元，那么你就有资格享受 x% 的优惠；如果是 200 美元，那么就有资格享受更高的优惠。因此，假如你的总订单金额不变，但漫威／英雄世界的这部分金额不一定能让你获得原来的折扣，而 DC/ 钻石的订单金额也不能达到原来的折扣。于是，相同总金额、相同产品，但成本在一夜之间就大幅提高了，这会使其利润率锐减到无法维系自身生存的地步。如果你决策失误，订购了那些没销路或者根本就没能出版的作品，那你的钱就打水漂了；而严重的交付延迟在当时是家常便饭，尤其是在想象漫画的作品。好多的商店都因此倒闭了。"仅仅两年时间，漫画商店数量就从 9 400 家降低到 6 400 家的，并很快又降到了 4 500 家。

和特里·斯图尔特不同，杰里·卡拉布雷塞从来不看漫画，用一位漫威同事的话来说，他是一个"纯粹的商人"。尽管如此，他凭着计算器也知道20世纪90年代初期的美好岁月一去不复返了。在第一期《X特攻队》和第一期《X战警》上市时，好莱坞主动找上门都不算什么稀奇的事情。在圣迭戈，卡拉布雷塞找到了克里斯·克莱蒙特，询问他是否愿意回来。当时克莱蒙特在为黑马、DC公司以及（与莱恩·韦恩和戴夫·科克勒姆一起）吉姆·舒特的挑战公司编剧，因此拒绝了他的邀请。不过，卡拉布雷塞与想象漫画执行主管拉里·马德（Larry Marder）的会面却取得了意想不到的成果。他询问在想象旗下的前漫威超级巨星中，有谁愿意试试改编几个公司最火角色的原版故事。"漫威明白，他们的核心旗舰级资产已经出毛病了，"马德说道，"他们所拥有的资产在向好莱坞推销的路上遭遇了一次又一次的失败。试想一下，你走进会议室，滔滔不绝地说有一个全世界最聪明的人造了一架宇宙飞船，带全家人飞上太空，结果这个全世界最聪明的人忘了给飞船安装防辐射的屏蔽层。这真是可笑。美国队长被冰封了整整50年的故事也成了好莱坞的笑柄……让漫威编辑部那些'连续性'法典信徒抛弃神圣的教祖斯坦和杰克，去迎合莱坞的口味，根本就是毫无意义的。他们在那里将寸步难行。"

对于将漫威转变成一个电影帝国的计划，托德·麦克法兰没有丝毫兴趣，而且他也不认为想象公司的员工会有兴趣。"你凭什么去帮竞争对手干活？"他问道，"我拥有一家玩具公司；我难道会傻到去帮孩之宝（Hasbro）或者美泰卖玩具吗？这是不可能的。"不过，吉姆·李和罗布·莱菲尔德倒是有了点想法。于是，谈判开始了。

卡拉布雷塞不但对理查德·罗杰斯和他主导的变革没什么好感，而且他还想要推翻过去两年来发生的变化。他首先着手恢复漫威编辑部的治理结构。"我不喜欢这种5名主编的体系。"他在自己办公室里开会时对这5名主编说道，并宣称将试着寻找机会改变。会议结束后，其中一名编辑找到了鲍勃·哈罗斯。"你会成为我的新老板。"他预言道。哈罗斯则只是微微笑了笑。

哈罗斯作为X战警系列的监督，掌控漫威在直销市场三分之一的销量。"由于X

战警的优秀业绩，鲍勃也越来越多地成了公司机器中的一个连杆部件，"马特·拉贡说，"他会坐在位子上说，我们该如何让这东西增长，我们该如何让这东西更好？谁都免不了出卖掉一点灵魂。"

在哈罗斯得到官方承认，成为唯一的主编之后，他就告诉鲍勃·布迪安斯基，暂时先别让克隆传奇结束，因为它还得跟即将上市的 X 战警交叉合作特刊拼人气。布迪安斯基警告哈罗斯说，这么做会让编剧丹·尤尔根斯不开心的，因为他好不容易才得到了结束这场克隆闹剧的承诺。不过，哈罗斯"一言既出、驷马难追"。毫无疑问，尤尔根斯对此怒不可遏。在经历了一阵激烈的争论后，他退出了这一作品，返回了 DC 公司。

就在这时，漫威又宣布了新一波的作品停刊决定。从 20 世纪 60 年代的牛棚开始，赫布·特瑞普就坚持为《无敌浩克》绘画，然而，56 岁在自己的杂志中写出"我开始厌恶画漫画了"之后，就改行到州立大学授课去了。"昨天我去了纽约市中心。"特瑞普写道。

> 所有的编辑要么在开会，要么就出去吃饭了。我今天跟漫威的人力资源部谈过了。那个女士似乎感到很尴尬。她说也许我应该考虑退休。我告诉她，我不会拿枪顶着自己的脑袋。他们有本事就自己开枪打死我。为了家庭，我需要医疗福利和收入。

雪上加霜的是，杰里·卡拉布雷塞要出走想象公司的传闻已甚嚣尘上：难道除了蜘蛛侠和 X 战警以外的一切真的都会被吉姆·李和罗布·莱菲尔德抢走吗？

斯坦·李乘飞机抵达纽约，参加了一场官方发布会。由于阿维·阿拉德在漫威电影公司平步青云，斯坦·李只好用别的项目转移自己的注意力，比如公司西海岸办公室制作的平淡无奇的《精益漫画》（*Excelsior Comics*）系列。但是，他在后期的大部分公开露面都只是在展示无关痛痒的名流生活，与漫威漫画的业务毫无关系，例如参加《柯南秀》（*Conan O'Brien*）的宣传《Best of the Worst》，这是一部充满了鸡毛蒜皮和俏皮话的低成本图书。这个时候，他又进入了熟悉的报喜不报忧模式。"我们正将业内最好的人才和业内最好的角色组合起来，我们要改变现状，创造出传奇作品！"他在公园大道的君悦酒店（Grand Hyatt）里面对一众记者眉飞色舞地说道。《复仇者联盟》《神奇四侠》《美国队长》《钢铁侠》如今都将完全在吉姆·李和莱菲尔德位于加利福尼亚州的工作室里完成。有消息称，漫威正在剥夺自己的员工对角色的控制权，转而与那些最近才来公司的外人签下数百万美元的合同（外加利润分成）。用一位编辑的话来说，这对员工的士气造成了"灾难性的打击"。

就连漫威宇宙的虚构世界也正分崩离析。在一部名叫《突击》（*Onslaught*）的跨作品故事中，《复仇者联盟》《钢铁侠》《神奇四侠》《美国队长》的当班编辑、编剧和画师们接到命令，要清理自己笔下的过时角色。这些英雄们将被摧毁，然后在一个"口袋宇宙"中被重新塑造，而这将会成为属于吉姆·李和罗布·莱菲尔德的重构世界。这个将被冠以《英雄重生》（*Heroes Reborn*）之名的系列将会成为自20世纪60年代后首次采用"总第1期编号"的漫画。包括《雷神》、《奇异博士》和《银影侠》在内的其他的作品则将被直接停刊。

"这是一个转折点，"《惊奇》的编剧科特·布西克在报纸上说，"漫威的读者其实得到了这样一个信息：漫威有没有一段漫长的历史已经不重要了。只要能让角色变得更流行，让公司赚到更多的钱，这些都无所谓。"

在记者招待会的第二天，特瑞普又在杂志上做了补充：

> 无论我跟漫威的人当面说什么、打电话说什么，或者写什么，他们都不允许我参与其他漫画的创作。我试着讲道理、发火、耍计谋和乞求。还是不行。我现在能揽到的工作已经无法满足每个月的生活所需了。这个地方成了个屠宰场。当我追问的时候，他们承认销量不佳，士气也不行。有小道消息说马上就会有更大规模的裁员。

过去漫威喜气洋洋的牛棚景象越来越带有一股深沉的讽刺感。唐·赫克在年初时死于肺癌，他早就被公司遗忘了。当一位老板问他在漫威还有没有活干时，赫克咆哮起来："你觉得他们会让该死的老东西碰他们天杀的漫画吗？"为漫威效力数十年的玛丽·塞韦林也开始接不到稳定的上色任务了；而再过不久，她的合同就要到期了。外号"童话公主"的弗洛·斯坦伯格从 20 世纪 60 年代的牛棚开始就是特瑞普的老搭档，她说的一句话总结了这些老兵的感受："赫布，他们根本就不在乎。你还不明白吗？"

约翰·罗米塔和他的妻子维吉尼亚（Virginia）虽然依然在办公室里工作，但也感觉到工作环境在过去一年里变得令人难以忍受了。"维吉尼亚的手下大约有 30 个牛棚的人；我手下有 5 个，"他说，"那些外来的顾问对我们管理下属的方法指手画脚。你看过乔治·克鲁尼的那部电影吗？我们就活在这样的环境里。开除那些 6 个月前才刚刚加薪的人，是我们人生中最可怕的经历，因为他们明明已经做得很好了。我们把他们叫到办公室里说，我们不想这么做，但公司在降本，所以我们不得不请你们离开。一想到会看到他们的面孔，维吉尼亚和我都不敢踏进办公室了。他们是我们的朋友，我们多年来共事的伙伴。"在圣诞假期后的第一天，64 岁的罗米塔递交了他和妻子的辞呈，准备在 3 个星期后挥手告别。他在 20 世纪 50 年代画过《美国队长》、凭借自己的艺术技巧为蜘蛛侠带来了大批读者，并且合作创作了玛丽·简·华生。

一周后，漫威的年报显示该财年公司亏损了 4 800 万美元。人们听说会有 40% 的员工被辞退。在当年 1 月 3 日，有 4 275 名漫威员工失业了，包括在几个月前才刚坐上主编职位的卡尔·波茨和鲍勃·布迪安斯基。编辑部的员工一个接一个地被叫到一个办公室里，由鲍勃·哈罗斯将这个坏消息告诉他们。其中一人甚至当场昏倒了。在卡尔·波茨回办公桌去给妻子打电话时，路过了马克·格伦瓦尔德的办公室，门正好开着。那个永远积极乐观、笑脸相迎的格伦瓦尔德在几周前刚刚被迫向《复仇者联盟》、《神奇四侠》、《美国队长》和《钢铁侠》的创作团队宣布，吉姆·李和莱菲尔德将成为新主管。尽管格伦瓦尔德保住了他的职位，波茨回忆道："但他看上去仿佛比那些绞刑架上的人更难过。"

接下来的几天里，60 厘米厚的积雪让全城都停顿了下来。被遣散的漫威员工回到办公室，四处收拾多年忠诚工作留下的零零碎碎。公司在那场"失败的幻灯片演讲"后分发的"漫威进化"T 恤，还没拆开就被扔进了垃圾桶。玛丽·麦克菲伦在 25 年前就穿着热裤凉鞋在公司当接待员了，她翻开抽屉，找到了一摞被藏起来的旧信封。在寄这些信封的时候，她还在麦迪逊大道 635 号，与斯坦·李、赫布·特瑞普、玛丽·塞韦林、约翰·罗米塔同处一室，与世界各地的"真正信徒"通过信件来交流。"恭喜，"信里写道，"随信奉上您刚获得的正宗漫威漫画零等奖！"显然，这个笑话的笑点就是他们当时一无所有。

她收拾完毕，抱着盒子走出了这扇门。

MAR

THE

UNTOLD

STORY

COM

第五部分

泛娱乐帝国

漫威模式的超高速狂飙

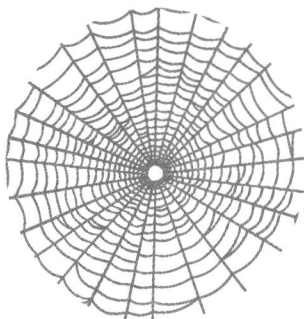

经过一代又一代粉丝的培育，在思维深处藏留有漫威"暗门"的群体越来越大。漫威宇宙已经聚集起了足够能量，辐射到其他市场领域。破产大战尘埃落定之后，漫威在电影市场中迎来了新的曙光……

MARVEL COMICS
THE UNTOLD STORY

20 股权争夺战，
阴谋和阳谋的碰撞

鲍勃·哈罗斯就这样继承了"英雄重生"，也继承了被裁退员工的工作和一个伤亡惨重的漫威公司。幸存下来的员工还来不及担心这份工作的稳定性，就不得不埋头处理再度增加的工作量了。不过，大家几乎都不约而同地将这位新主编当成了替罪羔羊。在网络论坛上，人们纷纷指责哈罗斯在 20 世纪 90 年代初期过度放任吉姆·李和罗布·莱菲尔德，说他是从忠实的员工脚下抽走地毯、卷起来送给"那些想象公司的叛徒"。"我不记得漫威有让人打电话给我，说我已经不再是《美国队长》的一员了。"一位被莱菲尔德取代了的编辑回忆道。

杰里·卡拉布雷塞也收到了大量批评的声音。在他登录到 CompuServe 网络聊天室后，零售商和读者们就质问他漫威为什么要摧毁经销网络，说好的改编电影又在哪里。卡拉布雷塞却自顾自地谈论着与吉姆·李、莱菲尔德携手的美好未来。"有许多人通过漫威平步青云，如今已与我们没有关系了。当然，他们与漫威之间有许多尚未结束的业务。我们欢迎，也将永远欢迎任何志同道合的朋友与我们一起创作优秀的文化产品。"随后，屏幕上出现了史蒂夫·格伯的消息，他刚被漫威剥夺了其在马里布公司的头衔。"作为一个你口中的'志同道合'的人，"格伯写道，"我之所以选择不为这家公司工作，是因为漫威似乎只敢发行杰利奥（Jell-O）布丁广告一样的东西，碰到稍微激烈一点的内容就望而却步了。"

祸不单行，在 1996 年 3 月，牛棚老将杰克·阿贝尔在工作时又一次突发中风；他从 1952 年开始担任及时漫画画师，在 20 世纪 80 年代初期中风康复后再度埋头苦干。虽然在救护车抵达时已经有一位编辑在尝试心肺复苏，但阿贝尔还是在医院逝世了。他当时已经 69 岁了。

同月，60 岁的沙尔·巴斯马接到通知，由于销量下滑，他被解除了《神奇蜘蛛侠》画师的职务，而这可是他目前唯一的作品。"我的职业生涯其实已经停止了，"他曾经为史蒂夫·格伯的《捍卫者》、史蒂夫·恩格尔哈特的《美国队长》和无数其他漫画笔耕不断，而如今他只能感叹道，"我已经为漫威工作了 30 年，换回来的就这样被踢到了一边。"他的哥哥约翰·巴斯马，从 20 世纪 40 年代开始为及时漫画工作，曾与人合作编写了《漫威漫画是怎样炼成的》（*How to Draw Comics the Marvel Way*）。虽然后者还深得公司器重，但也很快下定决心，认为自己已经到了该退休的时候。"我觉得不管在哪个行业，48 年已经够久了，"他说，"如果我能选择的话，我不会再碰新的漫画。"

斯坦·李的"精益"系列作品筹备了一年半的时间，其已经制作完成的漫画一直静静地躺在抽屉里，等待身处东部的销售团队放行。然而，计划取消的消息终于传了过来。

斯坦·李关注的另一个重点项目，即漫威电影公司，也沦落到了相同的处境：所有的工程都永远处在开发阶段，没有一个能排上发布日程表。斯坦·李开始明显地感到自己受到了阿维·阿拉德的排挤，不仅邀请他参加的会议变少了，他提出的意见也越来越没人在意。斯坦·李逐渐地将精力放在了《漫威动作宇宙》（*Marvel Action Universe*）动画片的游说上。除了惨遭拒绝的 X 战警改编电视剧《X 时代》（*Generation X*），他与摄像机最接近的时候就是在凯文·史密斯（Kevin Smith）的《耍酷一族》（*Mallrats*）节目。在当中，他们就蜘蛛侠、浩克和 X 战警的创作过程进行了一段访谈。在各个工作室中筹备的数十个漫威项目中，这 3 部作品要算是凤毛麟角了，但它们全都看起来没什么希望。在最近几年里，许多《X 战警》和《浩克》的剧本都被版权持有者福克斯和环球枪毙了，至于《蜘蛛侠》嘛……怎么说呢，《蜘蛛侠》的问题现在都已经成了一个传奇了。

在电影制片人梅纳汉·戈兰（Menahem Golan）持有《蜘蛛侠》版权的 10 年时间里，他与好几家不同的公司都有过交集。戈兰一开始是为佳能电影公司购买的《蜘蛛侠》版权；在离开佳能后，他又将其转给了 21 世纪电影公司。接着，他通过向维亚康姆预售电视版权、向哥伦比亚三星公司预售家庭录像带版权的方式筹措资金，然后就与卡洛可（Carolco）签了 500 万美元的合同，条件是对方承诺让自己担任制作人。不过，在卡洛可将这部电影交给詹姆斯·卡梅隆后，卡梅隆却拒绝将制作人的位子交给戈兰。于是，就引起了一场法律诉讼。到了 1994 年年底，卡洛可对维亚康姆和三星发起了诉讼，而维亚康姆和三星对卡洛可、21 世纪及漫威发起了反诉讼；而吞并了佳能的 MGM，则将维亚康姆、三星、21 世纪和漫威统统告上了法庭。

Toy Biz 的伊萨克·珀尔马特一直盼望着漫威相关的电影能带动玩偶的销售，从而带来利润。他催促佩雷尔曼动手向好莱坞投资。"现在，你们正走向死亡，"珀尔马特用他浓烈的以色列口音说道，"如果你什么都不做，那么我再说一次，漫威会破产的。"

当然了，Toy Biz 已经垄断了摇钱树般的商品版权，这也是漫威拼命向工作室兜售电影的原因之一。不过，漫威在 1996 年 7 月变卖了手上拥有的 Toy Biz 46% 的股权，并利用这笔钱创立了漫威工作室（Marvel Studios）。现在，杰里·卡拉布雷塞和阿维·阿拉德（估计背后也有斯坦·李的帮助）将会负责预制作阶段的工作，即试验剧本、雇用导演、招募演员，然后将它们送到合作伙伴的电影工作室去完成后续制作。漫威终于一举摆脱了好莱坞反复无常的约束。"我们终于找到了突破口，"阿拉德在《综艺》上说，"从某种意义上说，这一年是我们的成年礼。"

　　然而那些身在纽约的人们，还没有从裁员的阵痛中走出来，他们对此却不敢苟同。人们躲在办公室里，避免公开露面，最多也只是简单地谈谈琐碎规则的问题。"我们认为，由编剧主导的漫画是一次失败的尝试。"鲍勃·哈罗斯的助手这样告诉《X战警》的编剧。深陷克隆传奇泥潭的蜘蛛侠系列还在不断地制造麻烦。在哈罗斯的坚持主张下，编辑和编剧团队只好做出解释，说是原版的绿魔诺曼·奥斯本谋划了这整个恶毒的骗局；但诺曼·奥斯本在 1973 年的一期漫画中已经在众目睽睽之下断气了，因此这种圆场反而让事情变得更为复杂。如何让彼得·帕克和玛丽·简·华生的孩子退出舞台也是一个问题。结果，玛丽·简被护士告知自己流产了，但在医院的另一头，一名可疑的护工正把一个包裹送到了码头上。在后面几年里，没有一个编剧敢再度触碰"蜘蛛侠的女儿究竟是流产了还是被永远被绑架了"这个可怕的问题。

　　原本计划连载 4 个月的克隆传奇居然拖到了两年，期间《超凡蜘蛛侠》的月发行量降低了 50%。在当时的蜘蛛侠漫画里，对漫威财政困境的含沙射影成了最生动的部分。在一期《无限蜘蛛侠》（*Spider-Man Unlimited*）中，一个邪恶商人建议出版商约拿·詹姆森启动公开上市计划。"我绝对不会让《小喇叭》公开上市，金斯利（Kingsley），"詹姆森恶狠狠地说道，"因为我知道，你这种公司恶徒只知道想一些可笑的小策略来谋取短期目标的。如果报社落入你们手中，它的长期价值肯定会蒙受损失！"《小喇叭日报》进行了裁员。"他们要开除将近 100 个人！我听说有个可怜的孩子知道自己被解雇时竟昏过去了！"一位秘书告诉彼得·帕克，随后帕克被叫到了编辑的办公室里。"你依然会得到许多兼职工作，"编辑向帕克保证，刻意营造的语气让漫威员工联想到了自己听过的那些话，"也许比之前还要多呢！"然而，就连蜘蛛侠都被开除了。

在紧接着上市的《蜘蛛侠客串》(*Spider-Man Team-Up*)中，哈罗斯让汤姆·布雷沃特把霍华鸭重新推上舞台。然而，当布雷沃特和助手打电话询问候选编剧时，得到的回答都有一个相同的顾虑：我很喜欢看这部作品，但打死我也不会去给它编剧。找史蒂夫·格伯吧。

他们鼓足了勇气，找上了格伯。

在思考了几天后，格伯回了个电话，解释说自己正在制作一部漫画，主角是他的毁灭鸭和想象公司创始人埃里克·拉森创作的野蛮龙(Savage Dragon)。"我想来一场非正式的交叉合作，"格伯说，"我们就做两个故事，那本漫画里的和你们漫威漫画里的，到时候我们就把它们放在一起，但这些角色并不会直接出现在对方的作品中，他们只是在相同的背景下自由活动。当读者把两本书放在一起看的时候，就能发现其中的这层联系。"布雷沃特对此很感兴趣，他同意了，但前提是《野蛮龙 / 毁灭鸭》(编辑权不在他手上)出什么问题跟他无关。

然而，格伯听说哈罗斯并不仅仅是打算在这部特殊的漫画中让霍华鸭复出，而且还要让其在《恶灵骑士》和《X 时代》中出场。于是，他马上就联系了自己的律师。虽然他不准备再对漫威的霍华鸭所有权提出异议(这个问题已经在庭外和解了)，但格伯也绝不可能放任他们随心所欲地让霍华鸭正式复活。格伯的律师给漫威打了电话，言辞激烈地表达了自己的立场。于是，布雷沃特联系了格伯，说如果他想要退出，放弃这部漫画的编剧工作，那么大家可以好聚好散。

格伯想了想："不。我说过会做这个故事，我就一定会做。"

第 5 期《蜘蛛侠客串》不仅带来了霍华鸭和贝弗莉·斯威策，而且还有格伯创作的几个久未露面、几乎被人遗忘的角色，例如腰子女士(Kidney Lady)和精灵枪手(the Elf with a Gun)。按照计划，这次交叉合作只是在几个场景中与《野蛮龙 / 毁灭鸭》稍有重叠而已，读者会看到霍华德和贝弗莉置身于一大群克隆鸭当中。

而在另一半的非漫威漫画中，格伯玩起了狸猫换太子的把戏。"他们在那里没有朋友！他们要跟我们走，"毁灭鸭在混乱中抓住了霍华鸭和贝弗莉，大声喊道，"总之，有一个克隆朝那边跑了。他们看不出差别的！"

实际上，霍华鸭和贝弗莉在与冒牌货交换后，就从漫威宇宙中逃了出来。在接下来的《野蛮龙／毁灭鸭》中，格伯的这两个最爱的作品被当作证人保护了起来。"老农场里的那些人肯定认不出我了。"如今戴着夹鼻眼镜、染了绿色羽毛的霍华鸭说道。他和贝弗莉·斯威策换上了伦纳德（Leonard）和罗达·马蒂尼（Rhoda Martini）的名字，前往纽约的布法罗区，从此远离了漫威的魔爪。

几个月后，针对自己在 AOL 上发表的"霍华鸭的讣告"，格伯写了一封公开的电子邮件。"那份讣告是在《野蛮龙／毁灭鸭》上市前我给这个角色下的注脚，"他写道，"正如我一直唠叨的那样：给鸭子剥皮的方法可不止一种。《野蛮龙／毁灭鸭》就是 2 号方法。"

对于格伯的诡计，布雷沃特勃然大怒，认定如果坐视不管的话，自己一定会丢掉饭碗。在被问及此事时，格伯认为是布雷沃特"自己撞到了枪口上"。这位编辑发誓再也不会与格伯合作，尽管他曾经说过将一直把格伯当成"刚正不阿的道德堡垒、与权威对抗的小人物"。"他觉得我、我的生活和我的家庭，因为他所制造的大破坏而遭受的困难是完全可以接受的。"布雷沃特在多年后这样评价这次事件。

《野蛮龙／毁灭鸭》并没有受到读者的欢迎，预售量非常低。虽然失落的格伯将 20 页故事大纲传真给了零售商，但这并没有改变当这部漫画在数月后上市时无人问津的结局。

马克·格伦瓦尔德强装出一副轻松的模样，想提高大家的士气，但同事们却注意到，就连他也开始变得没平常那么活跃了，似乎在思索一些别的事情。他向来都是一个平和的人，如今却变得斤斤计较，一会儿把书架摆齐，一会儿又把办公室的图书馆重新整理一遍。当一位编剧辞职前往长岛时，这位团队领袖、永远的啦啦队长却一反常态地对朋友的玩笑话无动于衷。

"他深情地热爱漫威宇宙，热爱这些角色，热爱出版业，但他更爱的是人，"汤姆·布雷沃特说道，"有好几次，他负责的某部作品的确需要整改，否则就无法吸引任何读者，但这样做的话就会让某个编剧或者画师到公司门外去喝西北风。马克会一直把这事情拖到拖不下去为止，因为他不忍心这么做。而当他到了别无选择的时候，他永远都忘不了自己做了什么。"前漫威编辑迈克·卡林是格伦瓦尔德最好的朋友，他邀请格伦瓦尔德到 DC 公司工作，但格伦瓦尔德无法割舍在这 20 年来为公司投入的辛勤努力。

当年 8 月 9 日，格伦瓦尔德带上了罗布·莱菲尔德的第一期《美国队长》预览版复印件，准备回家过周末；这是格伦瓦尔德最喜欢的漫威角色。从 1982 年开始，他一直在这系列中充当编剧或者编辑的角色。在接下来的周一早上，办公室里传出了小道消息，并在中午 11 点得到了特里·斯图尔特电子邮件的证实。"我怀着无比沉痛的心情遗憾地向大家宣布，马克·格伦瓦尔德今天早上在家中突然过世了。"邮件的开头这样写道。他的死因是心脏病。一股惊恐的浪潮席卷了整栋大楼，并通过电话传播到了全国各地的自由职业者耳中。一位曾经的同事在听到这个消息时瘫倒在了地上。"可以毫无保留地说，"电子邮件在最后写着，"马克代表了我们理想的和期望的漫威精神。"

作为一个从不抽烟还按时锻炼的人，格伦瓦尔德却只活到了 43 岁。然而，在生命最后一年里，职责却迫使他将数十名自由职业者请出创作团队，并眼睁睁地看着多年的同事被赶出公司。那些与格伦瓦尔德最亲近的人都坚信，漫威的崩溃与他的死亡脱不了干系。用其中一位朋友的话来讲："他与这个地方的联系是如此紧密，而这个地方已经不再是从前的样子，不再是他努力奋斗想要看到的目标了。它把他的灵魂夺走了。"

不管真相如何，漫威的麻烦已经越来越大了。"马克的死就像是一个象征，体现出了整个公司的崩溃。"一位前任编辑说。但是，佩雷尔曼的管理层并没有正视核心业务的消亡，而是继续专注扩张公司在账目上的价值。在因心脏病而退休之前，漫威CEO比尔·贝文思做出决定，将担任总裁仅一年时间的杰里·卡拉布雷塞换掉。一表人才的戴维·史瑞夫（David Schreff）接替卡拉布雷塞，他之前曾担任过NBA市场营销总裁。当贝文思退位后，史瑞夫也有了一个新的上司：来自特纳娱乐集团（Turner Entertainment Group）、在好莱坞颇有门道的37岁神童斯科特·萨萨（Scott Sassa）。尽管和傲慢的贝文思比起来，萨萨在漫威办公室里待的时间更久，但他关注的是如何将公司的性质朝其他媒体的方向转移。很显然，漫画可赚不了多少钱。在萨萨的路线图中，可以看到主题餐厅和互联网行动。

"斯图尔特和卡拉布雷塞之后加入的高管，很多都来自业界外。他们都以为自己加入了迪士尼，这显然是过高地估计了漫威这个品牌的普适性，"销售主管马特·拉贡说道，"漫威并不是迪士尼。漫画角色有棱有角，漫画故事也存在暴力。但他们数了数角色的数量，就把所有媒体广告上的说法给改了，吹嘘漫威拥有2 000个角色，原因是他们想要把所有的角色名单都利用起来。可是，现实情况是只有其中屈指可数的角色拥有为人所知的知名度，比如绿巨人、X战警、蜘蛛侠、美国队长、钢铁侠。"

无论如何，这已经晚了。在公布了第三季度的亏损情况后，漫威的公司债券（12亿美元的垃圾债券，超出了公司股票总市值的50%）大幅贬值，股价也再次下滑。华尔街的专家预计罗恩·佩雷尔曼将会进行新一轮注资，因为他最近刚以25亿美元的价格把新世界卖给了默多克。"马克安德鲁斯与福布斯公司不可能坐以待毙，让自己的投资白白破产。"一位分析师对佩雷尔曼控股的这家公司这样评价。

在与伊萨克·珀尔马特和阿维·阿拉德商量后，佩雷尔曼终于公布了资本重组的计划：漫威将以每股22美元的价格买下Toy Biz（珀尔马特和阿拉德将分别得到2亿美元和6 000万美元，外加分红）；接着，合并后的公司将发行4.1亿美元的新股，并以3.5亿美元的价格买给佩雷尔曼。当然了，这一计划当中的问题就在于这高额的新股（佩雷尔曼将以每股85美分的折扣价收购）将把公司股票稀释80%。为此大跌眼镜的还不止是股东，因为漫威的股票还是债券持有者的抵押品。在几天之内，漫威股票继续下挫，股东们最终将佩雷尔曼告上了法庭。

在那一周结束的时候，得到这份新工作还没过一个月的斯科特·萨萨就令人难以置信地宣布将进行新一轮裁员。在剩下的 345 名漫威员工中，又有三分之一将会被遣散。

有报告指出，佩雷尔曼的一名顾问曾与几位较大的债券持有者秘密见面，后来这些人在这项充满争议的资本重组计划公布之前匆忙抛售了手中的债券。这引发了一轮官司战。

不过，有一位较大的债券持有者并没有得到这个消息。和佩雷尔曼一样，卡尔·伊坎（Carl Icahn）是一位与迈克尔·米尔肯有些交情的公司收购者；他也是《华尔街》里戈登·盖柯（Gordon Gekko）这一角色的灵感来源之一。在面对赚钱的机会时，如果要找一个比佩雷尔曼更恬不知耻的人，那就是这个一掷千金的赌徒伊坎了。有一次，他在国会听证会上被质问为何教唆别人恶意收购时，他的回答是："你会问威利·梅斯（Willie Mays）为什么在追球的时候朝那个方向跳吗？"

现在，伊坎打算利用自己是漫威最大债权人的身份（他拥有几乎三分之一的债券）来阻击佩雷尔曼的计划。如果漫威的银行贷款违约，那么债权人就能收回抵押品，即数额可观的（未稀释的）股票。伊坎将会拿下漫威。

不过，佩雷尔曼还有一条出路：如果漫威宣布破产，那么法庭就可能会允许这个迷宫式资本重组计划，而此时甚至连债权人的许可都可以省了。在 1996 年 12 月 27 日，佩雷尔曼名下各种各样的控股集团就像俄罗斯套娃一样，在特拉华州威尔明顿为 Mafco 控股公司（Mafco Holdings）旗下所属的马克安德鲁斯与福布斯公司旗下所属的安德鲁斯集团旗下所属的漫威 III 控股公司（Marvel III Holdings）旗下所属的漫威控股母公司（Marvel Parent Holdings）旗下所属的漫威娱乐集团（Marvel Entertainment Group）和漫威控股公司（Marvel Holdings）递交了破产保护的申请。

仅 1996 年第四季度，漫威公布的亏损数字就超过了 4 亿美元。好一个成人礼。

重组，佩雷尔曼的伎俩

在 1997 年年初，当一批批律师从纽约纷纷前往特拉华州出席破产案时，斯科特·萨萨和戴维·史瑞夫聘请了杂志界的老兵希莱尔·卢德斯（Shirrel Rhoades）担任出版副总裁。卢德斯甫一上任就接到了两个任务，而且全都涉及恢复上一届管理层变革的计划。

其中一项是关停英雄世界。漫威很快就解雇了其所有的 57 名员工，并宣布与钻石经销公司签订专属合约，这也让该公司现在成为所有漫画销售的寡头。漫威朝自我经销迈出的草率一步不仅害了自己，也破坏了整个业界的权力平衡。

卢德斯的第二个任务则是飞抵加利福尼亚，告诉吉姆·李和罗布·莱菲尔德，漫威将要取消"英雄重生"的试验性项目。在前往纽约的旅途中，两个漫威编辑得意洋洋地提醒他，当初决定聘用他的那些高管都已经不在漫威了，直到这时，莱菲尔德才明白到底发生了什么。尽管销量已经有所上升，但提升幅度与高额成本比起来还是不值一提。漫威也已经厌倦了成天向莱菲尔德提醒截稿日期。"唯一能让他向漫威交出每一期画稿的方法，"卢德斯回忆道，"就是找个人飞到纽约，并告诉他在得到装有完工内容的光盘之前绝对不会把支票给他——感觉就像是人质交换一样。我们一手交支票，他们一手交光盘。"

漫威并不是唯一对莱菲尔德感到不满的公司。想象漫画的兄弟会在一年前就随着托德·麦克法兰公开反对吉姆·李和莱菲尔德回归漫威而瓦解了。就连想象漫画事实上的保护神弗兰克·米勒也说他"在力挺这些家伙的时候好像是在犯傻"。后来，大家开始指责莱菲尔德从合作伙伴的工作室挖墙脚和拖欠员工工资。于是，另外 6 位合作创始人在一次电话会议中通知莱菲尔德，他将被驱逐出公司。

　　麦克法兰浓重的加拿大口音在话筒中嗡嗡作响。"呃，为了避免我们在这里触犯什么法律，你懂的，我们会过会儿再讨论。不过，我们已经不喜欢你了，而且要把你踢出公司，你们有谁不同意的吗？我好像没听到，那么我们来一场正式投票吧……好的，再见了，还有问题吗？还有人想说什么吗？没有？好的，再见。"电话挂断了。莱菲尔德出局了。

　　麦克法兰接着又在采访中怒斥这位曾经的伙伴。"除非我死了，"他表示，"否则那小子别想回到想象漫画。"

　　莱菲尔德很快又被漫威孤立了。"我来到加利福尼亚，"卢德斯回忆道，"在凌晨两点的时候，接到了斯科特·萨萨的电话，他说，把这当作一场亲善大使任务就行了，我知道你没问题的，你是众望所归。事实情况是，萨萨和吉姆·李都是韩裔美国人，两人之间的关系很好，所以斯科特不想让吉姆难堪。于是我上场的时候就表现得非常亲切，吉姆带我参观了他那间像企业号星舰（Starship Enterprise）甲板一样的办公室，而罗布还请我们跟他坐坐，表演了他自创的舞蹈。"一回到东海岸，卢德斯就给莱菲尔德写了封信，通知他在《美国队长》和《复仇者联盟》中的合同将被中止。当时与莱菲尔德反目成仇的吉姆·李将会在合同到期前接手这些漫画。

　　莱菲尔德很快就宣布了将创作一部新漫画《美国特工》（Agent America），让他在《美国队长》中还没使用的故事构思发挥余热。这个爱国者形象的主角（再加上一个少年搭档和一个名叫铁骷髅的大反派）与美国队长相似得令人感到可疑。在漫威威胁将采取法律行动后，莱菲尔德放弃了《美国特工》，转而买下了《美国斗士》的版权；后者是个身披星徽、手舞盾牌的肌肉英雄，这是乔·西蒙与杰克·科比在20世纪50年代的创意，专门用来与漫威的美国队长叫板。接着，为了进一步彰显两者的相似程度，莱菲尔德还让美国斗士学会了扔盾牌的特技。漫威发起了诉讼，法庭判决莱菲尔德可以继续发行《美国斗士》，但必须做出一些具体的改动。双方都称自己赢得了这场官司。在区区几个月的时间里，罗布·莱菲尔德从竞争对手变成了回头浪子，最后又变为了一个卑鄙小人。

多方角逐，卡尔·伊坎成为董事长

在许多人看来，漫威破产案的法庭无非就是罗恩·佩雷尔曼与卡尔·伊坎的权力斗争。但事实上，其中还存在另外两股势力：一方是借给漫威钱的银行，他们只想拿回自己的数亿美元，另一方则是 Toy Biz，他们想要保护自己制作漫威玩具的永不过期的独家授权。在接下来的几个月里，这四方阵营令人眼花缭乱地以不同的组合方式结盟又解散，而律师团们则成天相互谩骂。

破产案的法官在 1997 年 3 月宣布了判决结果，伊坎和债券持有者可以取消漫威赎回抵押股票的权利，罗恩·佩雷尔曼则撤销他的资产重组计划，条件是伊坎不能就漫威在过去几年的管理不善提起诉讼。不过，佩雷尔曼并没有坚持 Toy Biz 的伊萨克·珀尔马特和阿维·阿拉德的豁免权。如果伊坎想把他们挤出公司，那么就只能这样了。

到这个地步，伊萨克·珀尔马特再也不会帮着佩雷尔曼说话了。"如果有人向你承诺，同意给你每股 18.5 美元的价钱，但过了几个月后你发现自己什么都没拿到，你会有什么感受，"他向法官提问，"你损失 2 亿美元将会有什么感受？"珀尔马特、阿拉德与伊坎组成了临时联盟，但伊坎最后却印证了他们最担心的情况：如果伊坎掌权，那么就会尝试废弃 Toy Biz 那份有关漫威授权的合同。于是，Toy Biz 在 4 月份宣布自己将吃下漫威，这宗杠杆收购计划会让银行获得 4.2 亿美元的现金和新 Toy Biz/ 漫威公司 28% 的股份，外加 Fleer 和 SKybox 的销售所得。伊坎为之震怒。"我会荡平你的公司，"他对珀尔马特说，"就像我荡平环球航空，荡平德士古，荡平美国钢铁（U.S. Steel）一样。"珀尔马特的回应则是用传真机给伊坎送去了一大堆摘自旧约中的威胁之词。

不过，Toy Biz 在事后发现自己开出的收购条件实在太冲动了。于是选择了撤销这一提案。反之，珀尔马特与伊坎达成了一项交易，随后同样又突然宣布退出。Toy Biz 就这样摇摆不定，寻求着缓兵之计。

不过官司还是得继续打下去的。在当年 6 月 20 日，债券持有者们掌控了漫威的董事会，而卡尔·伊坎则坐在了董事长的位子上。不过，公司还没完全成为他的囊中之物。当银行继续等待可行方案的同时，漫威仍旧处于破产的状态。在银行的命令下，罗恩·佩雷尔曼依然是只赶不走的苍蝇，竭尽所能地阻止伊坎赢得漫威的所有权。然而，他与漫威之间的关系已经名存实亡了。当然，他并没有对不起自己，因为这些年已经给他的荷包增添了 3 亿美元的财产。

"有一天，（斯科特）萨萨坐在牛棚中央，向出版部门的员工保证，佩雷尔曼将会战胜那群来犯的野蛮人，"出版商希莱尔·卢德斯回忆道，"第二天他就不见了，从此再也没出现在漫威的办公室里过。"一个星期后，员工们惊讶地发现已经退休的漫威高管"乌贼"乔·卡拉马里，他闲庭信步地走进了办公室。卡拉马里主动以每天 1 500 美元的收费担当伊坎的顾问，随后他就被任命为了新总裁。"乔·卡拉马里站在我们面前说，这里由他负责，"另一位高级雇员回忆道，"我们都不知道这是不是真的！事情并不是卡尔·伊坎走进来叫大家开会，说乔·卡拉马里是总裁了。感觉是突然有一天，乔就这样出现在了门口。"

论起在公司里实现自己想法的迫切感，卡拉马里绝对比之前任何一高管都强烈。他的一些战略似乎反映出了一种想要回归往日辉煌的渴望：克里斯·克莱蒙特被聘为编辑主管，人气画师迈克尔·戈尔登（Michael Golden）则被任命为艺术总监，其 20 世纪 80 年代早期的作品曾为想象漫画的那一代人带来了无限灵感。卡拉马里的其他行动，例如在热气球节上宣传漫威的漫画，或者为芝加哥漫展制作全世界最大的披萨饼，似乎都摆明了不会有什么实效。他还试着让编辑部门相信，应该创造出两个新宇宙来替代经典漫威宇宙，但无功而返。因为，他们早就跟吉姆·舒特一起跳过这个坑了。

"这算是个小灾难，"希莱尔·卢德斯这样评价卡拉马里的人员安排，"卡拉马里是个多动症患者。他没办法持续 13 秒钟思考同一个问题。你进办公室问了他 A，结果他说的却是 B、G 甚至 Z，等你走的时候就不知道刚才讨论了些什么了。我认为卡拉马里是我在出版业 45 年见过的最糟糕的老板。他的本意是好的，但是他太过自我了，而且他还有搞电影的想法。"

在 20 世纪 90 年代初期那段不太顺利的日子里，卡拉马里是漫威制片公司和漫威电影公司在东海岸的代表，而现在，他卷起了袖管，准备将这件事情做完。他想要达成交易，想要与那些制作人和导演成为亲密的朋友，为此，即便是踩到了阿维·阿拉德和漫威工作室的脚趾头他也毫不在意。不幸的是，卡尔·伊坎和佩雷尔曼一样对投资电影不感兴趣，他只想拨弄一下这家公司，赚点现钱。卡拉马里与伊坎的手下开的电话会议单调地令人昏昏欲睡，除了满口脏话之外，没人知道讨论的是什么。

不管怎样，身在好莱坞的漫威工作室还在忙碌着。《刀锋战士》（*Blade*）的蓝本源自玛尔夫·沃夫曼和基恩·科兰的《德拉库拉的墓穴》，它已经投入了实际制作中，预算也达到了可观的 4 500 万美元；而尼古拉斯·凯奇则非常积极地想主演《钢铁侠》。其他作品仍旧处在斯坦·李再熟悉不过的漫漫延期状态：银影侠、神奇四侠、X 战警、夜魔侠和奇异博士都处在各种各样的开发阶段。漫威工作室的阿维·阿拉德在 Toy Biz（当时还在策划着夺取漫威的控制权）的第二身份意味着他留在伊坎王朝中的时间已经所剩无几了。在 10 月份，Toy Biz 联合各大银行开了个会，阿拉德就漫威角色的价值进行了一场激情的演讲，希望能说服他们不要接受伊坎给出的条件。"我们生活在全世界最有创意的国家之一。但是看看你的周围，能被创造并生存下来的角色实在太少了。你能说出《星球大战》，也许还有《星际迷航》（*Star Trek*），但让你再说一个常青的角色你就想不出来了。"他多年来与电影工作室打交道的经验终于派上了用场，"我敢肯定，单单蜘蛛侠就值 10 亿美元。但现在，在这个疯狂的时刻，在这个关键的时刻，你们竟然用 3.8 亿美元来换这一切？——不管卡尔·伊坎给你们出价多少，光是一样东西就值 10 亿美元了啊！我们还有 X 战警。我们还有神奇四侠。他们全都能变成电影。"

几周后，伊坎听说 Toy Biz 买下了一部分漫威的债券（为了在银行对重组计划投票时有话语权）后，卡拉马里终于得到了允许，剥夺了阿拉德在漫威电影公司的职务。

为了想办法吸引年轻人才进入漫威，乔·卡拉马里找到了《巫师》。在许多人看来，这本漫画杂志的兴旺正反映出了当时席卷整个产业的投机狂潮。《巫师》的发行人加雷布·谢默斯（Gareb Shamus）建议卡拉马里找乔·克萨达（Joe Quesada）和吉米·珀尔苗蒂（Jimmy Palmiotti）谈谈。他们原本是英勇漫画的画师，后来建立了自己的创业公司。"加雷布之所以推荐我们，"珀尔苗蒂说，"是因为我们帮《巫师》画过封面，而且在纽约办过许多场派对，你明白吗？我们会邀请每一家漫画公司。我们不会搞什么DC对抗漫威的游戏。我们只是觉得，作为这个漫画圈子，我们应该一起喝酒、玩乐，为我们的漫画庆贺。"不过，他们吸引乔·卡拉马里的地方还有两点。第一，他们也跟好莱坞一起喝酒玩乐，还曾向梦工厂出售过一部作品。卡拉马里认为克萨达和珀尔苗蒂在电影行业的人脉或许能帮上忙。第二，他们用很低的成本就让自己出了名。

"让我和吉米当漫威漫画的合作主编，"长着一副娃娃脸、剃了个刺猬头，还带着耳环的克萨达对卡拉马里说，"我们就帮你修好整个公司。"首先，他们会邀请电影导演凯文·史密斯来编写当时已处在停刊边缘的《夜魔侠》剧本。

他们动手对4部漫画进行"英雄重生"时那样的大改造，而且《夜魔侠》《类人体》《黑豹》《惩罚者》的翻新费用全都由漫威承担。虽然这笔钱没有达到吉姆和莱菲尔德希望的数目，但也足够让珀尔苗蒂和克萨达采用尖端科技的数字上色处理方案和吸引顶尖人才了。这些作品将被冠以他们自己的品牌"漫威骑士"（Marvel Knights）。

"我们想让漫威知道，我们能把角色做得更好，"珀尔苗蒂说，"这听起来挺傲慢的，但这是我们的目标，尽我们所能让他们知道事情应该怎么做。"卢德斯将他们安排在大楼的阁楼层，以便时刻与他们联系，同时也让他们与编辑部的其余员工分隔开来。毫无疑问，漫威老员工的怒火已经无法遏制了。"他们围着一张漫威的办公室地图，"一位编辑说，"编辑部在10楼，管理层在11楼，再上面就是阁楼。他们讨论着要把阁楼重新装修一遍，而克萨达对此的评论是，眼下，你们真正需要的只有阁楼和11楼。"鲍勃·哈罗斯开始收到员工的抱怨信，说现在已经没有公平可言了，克萨达和珀尔苗蒂在预算上能击败漫威的其他人，随意地抢夺人才。"编辑部的每一个人都经历了两三年的连续裁员，大家都很担心有一天所有工作会全部转为外包，办公室变得空无一人，"汤姆·布雷沃特说道，"有人抱怨说，这是不公平的，因为如果你们把同样的资源交给漫威的编辑部，那我们也能做出相同的成果。但是我们却经常被管手管脚——受制于过时的印刷系统，跟不上时代。如果他们采用更高级的制作流程，那么就能把漫画做得更好。"克萨达尽可能地频繁光顾鲍勃·哈罗斯的办公室，表现出一个团队协作者的模样。不过哈罗斯却从来没有到楼上的阁楼里看过。

尘埃落定，Toy Biz 的最终胜利

与此同时，在短短一年的时间内，《美国队长》《复仇者联盟》《神奇四侠》《钢铁侠》第二次以重制版的形式上市了。这一次，他们采取了更加回归本源的风格，由像科特·布西克和马克·韦德（Mark Waid）这样的传统派负责编剧，而且这也是超级明星画师乔治·佩雷斯在 20 年来首次重返漫威。

这个战略被称为"英雄回归"（Heroes Return），这名字很容易和被它取代的"英雄重生"弄混。每一个人都开始忙得团团转。签名批准这场最新重制计划的高管都不是漫威的自己人。"感觉就像上战场一样，"一位高级雇员说道，"你每天都不知道该向斯科特·萨萨汇报，还是找卡拉马里，或者伊坎，或者破产法庭，或者任何人。"

在 11 楼的哈罗斯努力将所有人组织成统一战线，这可是一项艰巨任务。"一个新来的人做了老大，"汤姆·布雷沃特说，"他们就宣布，我们要朝左走。然后鲍勃就把一切都调整到左边去，但过了一周，又有新的人来了，说，你们他妈的怎么在往左边走？你们应该朝右边走。于是他就不得不掉头了。这真是疯了。他不得不应付一家都不知道能不能付得起薪水的公司。但它仍旧是当时销量最好的漫画公司，而他必须让这部机器继续运转。"

不过，有些员工已经开始失去信心了。哈罗斯在别人的眼里是一个有所保留的人，

所以有的同事正在抱怨，说他正躲在办公室里，等待着接替他的高管出现。"如果他是一个真正的领袖，"一个编辑说，"就会抓住这个机会说，公司高层现在的变动就像走马灯；没有人会管我们在做什么。这是我将自己的印记留在所有产品线中的绝好机会，在这有限时间里成为你们需要的领导者。这个纸牌屋或许明天就会坍塌，然而至少我们曾经做到了最好。但他只是坐以待毙。"

"英雄回归"为漫威带来了一小段销售尖峰，但漫威乃至业界其余公司的销量仍在以每年 20% 左右的速度下滑。出问题的已经不仅是出版业了。"授权许可也开始萎缩，"卢德斯说，"因为如果漫威都快要倒闭了的话，就没人愿意花大价钱制作蜘蛛侠床单了。随着这场巨大的公关战争的发展，所有的现金流都在逐渐萎缩。"

就在 1997 年圣诞节前夕，由于意识到了卡尔·伊坎的团队无法给出一个可行的方案，破产法庭任命了一位名叫约翰·吉本斯（John Gibbons）的理事来监督漫威。吉本斯想让公司保持一定的连续性，他让乔·卡拉马里，继续留任，管理公司。他自己则专注于在纽瓦克的办公会议室里向潜在的买家展示漫威的文件。与此同时，据卢德斯称，卡拉马里和漫威的首席财务官奥吉·利果里（Augie Liguori）"认识到他们可以将公司从破产法庭的手中夺走，然后自己跟伊坎、阿维和伊萨克·珀尔马特谈判"。

早在 1988 年在得到了另一批银行的支持后，吉姆·舒特就已经是漫威收购方一员。他招募了漫画零售商查克·罗赞斯基帮忙整理了数百箱的文件资料。"在我读完所有的授权合约后，"罗赞斯基回忆道，"我意识到这个圈子已经没什么有价值的东西可买了。佩雷尔曼的员工要么出于无知，要么是有意为之，已经彻底毁灭了漫威获取任何实质性授权收益的可能性。Toy Biz 的合同完全搅乱了玩具版权。那些律师还在其他圈子里制造了种种杂乱无章、相互冲突的权利，而剩下的所有东西也都已经被廉价地变卖成了无法操作的现金。"

MGM、索尼和华纳兄弟（DC 公司的老板）纷纷走访了纽瓦克，但都对自己看到的东西不感兴趣。据罗赞斯基称："光是 2 亿美元的收购所带来的每年 2 000 万美元财务费用，要想靠收入流来弥补，都得等上好几年的时间。至于伊坎和珀尔马特口中的4亿多美元的价格根本就是不合理的，但他们也有自己的顾虑。伊坎害怕会损失自己投资的2亿美元，而珀尔马特则害怕失去 Toy Biz。"

珀尔马特终于还是失去了耐心。到了1998年2月，Toy Biz 推出了一个新的资产重估计划，尽管伊坎表示反对，但法庭最终于7月批准了。为了扫清最后的障碍，Toy Biz 为伊坎支付了350万美元法律费用，并撤销对其的诉讼。反过来，伊坎则承诺不会对 Toy Biz 采取法律手段。在1998年9月27日，Toy Biz 和漫威娱乐集团合并为漫威企业（Marvel Enterprises）。这场历时两年的破产案终于结束了，而伊萨克·珀尔马特和阿维·阿拉德也重新回到了公司的顶点。

Toy Biz 对漫威的吞并可谓是找到了一个最好的时机。在当年8月初，新线电影公司（New Line Cinema）发行了《刀锋战士》。尽管这位出自《德拉库拉的墓穴》的吸血鬼猎人在后续漫画中最多只是出现个名字而已，但韦斯利·斯奈普斯的这部电影迅速夺得了7 000万美元的票房收入，这可是《霍华鸭》票房的4倍，尽管后者的预算更高。《刀锋战士》的开发历时10年，尽管漫威仅仅得到了2.5万美元的利润，但这立刻证明了漫威漫画的角色可以变成电影界的宠儿。"《刀锋战士》是最不被看好的，"阿维·阿拉德说，"这是好莱坞第一次清楚地认识到，漫威的热门角色绝非等闲之辈。"

几周后，天上又掉下了一块大馅饼：以凯文·史密斯的《夜魔侠》为先锋的《漫威骑士》系列吸引了来自主流媒体的热切关注，同时吸引到的还有大量的电影公司高管。曾经驰骋广告界的乔·克萨达和吉米·珀尔苗蒂如今把市场营销上的所有看家本领都拿了出来。他们到全国各地巡游，与各界大佬开会商谈，在画廊举行签售会，并且参加了 MTV 的电视节目。"我和乔会接受《巫师》杂志的采访，"珀尔苗蒂说，"向媒体透露在接下来的6个月里的计划大纲。我们会相互帮助，给杂志、聊天室之类的地方提供艺术作品。"不久之后，他们俩戴着墨镜的脸就出现在了广告中，露出一副久违的漫威早期黄金时代的风范。

"我们赚了不少钱，在纽约开了许多大型派对，"珀尔苗蒂说，"来来往往的客人们都说，我想帮你们这些家伙画漫画。于是就有新的人才加入我们了。"他们也开始与喜好漫画的电影制作人交流，比如约翰·辛格尔顿（John Singleton）和罗伯特·罗德里格斯（Robert Rodriguez），都参加了他们的聚会。"一切都在转瞬之间发生了变化。人们看待超级英雄的眼光变了。跨过这扇门，人们就开始用电影的方式看待漫画了。"

不少老员工都不服气，说他们早就在思考电影的问题了，只不过没人肯听他们的建议罢了。在聚宝盆般的《漫威骑士》和编辑部的其余员工之间依然存在着一股紧张的气氛。如果凯文·史密斯错过了最后期限，那么没人会炒他的鱿鱼，这部漫画只是会晚一点发布而已。如果一部《惩罚者》系列作品失败了，那么克萨达和珀尔苗蒂就会再创作一部新的出来。"谁都不曾拥有这么多的击球机会，但他们却享受到了，"一位编辑抱怨道，"仿佛《漫威骑士》理所应当地能够得到更多的资金、更多的时间，受到更少的限制，好让我们这些普通编辑的作品相形见绌。"

但是在大多数夜里，阁楼的灯不到凌晨一两点钟是不会熄灭的。"我有段时间每个周六都会来公司，"另一位编辑说道，"而他们还一直在那儿。"

20 世纪 70 年代克萨达和珀尔苗蒂还是小孩子，与他们在那时看的《夜魔侠》《类人体》《黑豹》《惩罚者》相比，这些作品一度走向衰败，但在这两人的手里终于恢复了往日的荣光。更引人注目的是苏格兰怪才格兰特·莫里森（Grant Morrison）的《惊奇少年》。格兰特创作的作品再现了被人忽视的荒诞派多元叙事风格和巧妙的政治评论，无疑这是史蒂夫·恩格尔哈特所留下的。尽管惊奇少年是一个新角色，但是这个名字从 20 世纪 40 年代就开始被好多个短命英雄用过，而且其冲动暴力的性格（莫里森称之为"终极的青春期超能力幻想"）有意模仿了比尔·艾弗特从前的那个易怒的海王。当宇宙飞船被某个疯狂的工业家击落后，克里族的旅行者惊奇少年在复仇行动中将纽约城化为了废墟（一边咒骂一边射出 15 米长的火舌），还与"活公司"布兰德·亥克斯（Brand Hex）展开了激战（故事中还不经意地透露说，漫威本身也是这个可怕的全球企业的一部分：在地铁里的流浪汉都穿着惩罚者的夹克和神奇四侠的 T 恤）。"我想让我的英雄成为一个流浪者，"莫里森说，"一个热衷于名正言顺地进行大规模破坏的愤怒叛逆者。"如果再过几年，这种行为是绝不可能出现在讽刺漫画中的。不过在这个世纪之交的短暂时期，在抵制 Logo 倡议、西雅图反世界贸易组织暴动以及布什与戈尔的选举大战的背景下，格兰特·莫里森的《惊奇少年》让危险与关联并存的双重刺激复活了。漫威在这几年来抓住了最大的一次机遇。

但是，公司仍旧处于破产状态，靠着马上就得偿还的 2 亿美元过桥贷款苟延残喘。珀尔马特下达的第一个商业命令就是中止那些拖累公司财政的高管合同。斯坦·李在听到这个消息时不以为然。他手上每年 50 万美元的终身合同是一个特例，毕竟他可是漫威漫画的头面人物啊。当珀尔马特把他叫去纽约时，他也毫不担心。"伊萨克就像失散多年的兄弟一样欢迎我，"斯坦·李回忆道，"说我对他和公司来说有多么重要，还向我保证从现在开始，我将赚到比从前更多的钱。我心里想，怪了，别人怎么告诉我他是一个冷冰冰的人呢？"接着，珀尔马特拿出了一份两年期的合同，薪水只有他过去的一半。斯坦·李震惊了。在得到比尔·贝文思的盛情款待后，他心想，马丁·古德曼的时代又回来了。

但是，珀尔马特低估了斯坦·李的忠心对公司的重要程度。斯坦·李的律师开始了谈判。在没有合同的情况下，斯坦·李可以争夺大量角色的所有权，漫威在 30 年间无数次将其奉为这些角色的创作者。即便斯坦·李没有得到多少角色所有权，漫威的公共形象所受到的伤害也是毁灭性的。双方最终同意将薪水提高到 81 万美元（并且每年都有很大的涨幅），再加给他妻子每年 50 万美元的退休金，此外还有编写蜘蛛侠连环画的 12.5 万美元，他还能从漫威任何电影和电视收益中抽取高达 10% 的分成。不仅如此，这份新合同还是非专有的，也就意味着斯坦·李可以通过其他方法补充自己的收入。事实上，在与漫威签订新合同时，他已经创立了一家名为斯坦·李媒体（Stan Lee Media，简称 SLM）的互联网创业公司。

面对斯坦·李的律师的强硬态度，珀尔马特只好通过收缩管理层来节约成本。他解雇了乔·卡拉马里（他在一年前才亲自解雇了阿维·阿拉德）、希莱尔·卢德斯和另外几个人。接着，他又重新聘用了前总裁杰里·卡拉布雷塞，让他对编辑部进行裁员。在几周时间内，大多数员工都已离职。编辑的数量从 30 锐减到了 6。越来越多的漫画都停刊了。每到周五，人丁稀疏的员工们就会担心自己是否会被拉入卷铺盖走人的那一边。在被遣散时，他们会叫员工将个人财产放在一个箱子里，并在离开大楼之前接受检查。如果箱子里有这名员工参与制作的漫画，他们就会将其收走，因为珀尔马特坚称，这些都是公司的财产。

关于漫威很快将会直接雇用竞争对手来生产自己的漫画系列，彻底废除整个编辑部门的传闻已经传得沸沸扬扬了。在 5 年前的鼎盛时期公司特别定制的刻着蜘蛛侠标志、嵌着棕色玻璃的会议室大门，如今也沦落到了在公司的拍卖桌上被人收走的命运。

每个人都在低声说着一个笑话，如果伊萨克·珀尔马特再这样下去，漫威最后只需要找一个人坐在办公室里打电话，销售角色的授权许可就行了。何必把钱浪费在别的事情上呢？公司通知规定，不许把回形针乱扔，而如果一间办公室超过 5 分钟没人，那就要把灯关掉。"伊萨克是个十足的暴君，简单粗暴，"一位老员工说道，"没有讨论，没有商量，如果伊萨克说，在傍晚 5 点把计算机关掉，那么你就得在傍晚 5 点把计算机关掉。如果你敢对伊萨克说不，那你就滚蛋吧。"更叫人害怕的是据说这个六日战争 ① 的老兵一直还把手枪绑在脚踝上。当牛棚里的咖啡机和水壶都被撤走时，有传闻说珀尔马特正在全体员工中推行一项减少上厕所时间的政策。总裁杰里·卡拉布雷塞也忍无可忍了。"在过了仅仅两个多月的时候，"他在当年 11 月写道，"我就明白，我在接受这个任务时想错了，这不可能带来积极的效果和期望中的改变。"

与此同时，珀尔马特已经开始怀疑他在 Toy Biz 的长期盟友，现任漫威 CEO 的约瑟夫·埃亨（Joseph Ahearn）正在谋权篡位。不顾幕僚内部的反对声浪，珀尔马特把埃亨扫地出门了。从前在洛恩·迈克尔斯（Lorne Michaels）的百老汇影像公司（Broadway Video）工作的埃里克·埃伦勃根（Eric Ellenbogen）成了继任者。在刚上任的头几天里，埃伦勃根提议举行一场圣诞派对，希望能提振漫威员工的士气。

---

① 即第三次中东战争。——译者注

不，珀尔马特拒绝了他的提议。这是在浪费 1.2 万美元。

几周后，一些自由职业者陆续收到了邮件，说他们得到的报酬过高，要求将多出来的钱还给公司。当史蒂夫·格伯打开邮箱的时候，里头竟有一张 53 美元的账单。

Toy Biz 通过发行垃圾债券偿还了过桥贷款。这种策略逐渐会成为漫威老板们的传统，不过，从最近几年的历史来看，这无不令人感到讽刺。在当年 2 月份，公司抛售了 Fleer 和 Skybox 这两个来自佩雷尔曼时代的沉重负担，又得到了 2 600 万美元。尽管和购买时的成本比起来，抛售价少得可怜，但珀尔马特只要拿到钱就很高兴了。

到了 3 月份，漫威又完成了一场更重要的交易，并终于奇迹般地将《蜘蛛侠》的电影版权救了回来。在 MGM 的要求遭到法庭驳回后，一系列的和解（包括哥伦比亚电影公司放弃詹姆斯·邦德系列的版权）让漫威得以毫无障碍地以大约 1 000 万美元的价格将授权重新卖给索尼公司。经过了将近 15 年的时间和报纸头版的无数"蛛网"后，故事的尾声倒显得有点突如其来。艾里克·埃伦勃根在出面宣布打赢了这场官司战后，也在 7 个月后带着 250 万美元的遣散费离开了。《纽约邮报》（*New York Post*）报道称，他被解雇的原因是没能在蜘蛛侠的难题解决之后立刻掉转方向将漫威抛售掉。而其他一些人则认为他只是过多地违抗珀尔马特的命令，或者在出差的时候多租了几次保时捷而已。

尽管《蜘蛛侠》的电影终于踏上了正轨，但其他的战斗还在继续。斯坦·李曾在《漫画市场》（*Comic Book Marketplace*）中谈到了自己在编剧方面的灵感来源，其中特别用 1965 年年末大受好评的《超凡蜘蛛侠》当作例子。接着，史蒂夫·迪特科打破了长久以来的沉寂。"斯坦当时对我构思的故事毫不知情，"这位画师写信给该杂志的编辑，"后来我递交了铅笔稿的故事、封面和我的剧本，然后索尔·布罗德斯基就带着我的材料走进了斯坦的办公室，因此我连跟斯坦见面说话的机会都没有就只能离开了。"几个月后，在斯坦·李被《时代杂志》奉为蜘蛛侠的创作者时，迪特科又出现在了该杂志的读者专栏中："蜘蛛侠的存在是一个视觉连贯体，"迪特科写道，"它是编剧兼编辑的斯坦·李和史蒂夫·迪特科这两位合作者的作品。"这下，斯坦·李在时隔 30 多年后第一次拿起电话，找到了迪特科。

"史蒂夫说，拥有一个想法是没用的，因为除非变成一个实体，否则它只是一个想法，"斯坦·李回忆道，"然后他说是他画出了漫画，可以说给了它生命，或者说把它变成了真正有实体的东西。否则的话，我所拥有的就只是个想法。于是我就告诉他，是这样的，我觉得那个想出点子的人才是创造它的人。但他却说，不，是因为我画了它。无论如何，史蒂夫坚决认为自己是蜘蛛侠的合作创作者。我听他这么一说，觉得这个角色对他来说确实非常重要，而我也没那么死心眼。于是我就说好吧，我会告诉大家你是合作创作者。但他还是不太满意。于是我就给他写了封信。"

然而，斯坦·李在 1999 年 8 月发表的公开信中的措辞却在两人之间树立了新的障碍。"我一直将史蒂夫·迪特科视为蜘蛛侠的合作创作者。"信中是这样写的。而迪特科很快就指出："'视为'的意思是当作、看作，而不是承认、宣布或者声明史蒂夫·迪特科是蜘蛛侠的合作创作者。"

"既然他这么说，"斯坦·李表示，"那我就不管了。"

玛尔夫·沃夫曼在电影《刀锋战士》上映时提起了法律诉讼，要求得到 70 多个角色的所有权，其中也包括身为影片主角的这名英雄。他宣称这是他在受聘于漫威之前创作的。该案于 11 月开庭。可惜沃夫曼并没有得到同行的支持。"我对自己作品的态度是，漫威是拥有者，"罗伊·托马斯在一则弃权声明中说道，"我个人认为出身于 DC 公司的玛尔夫应该知道这一点。"基恩·科兰则坚决表示，刀锋战士的角色是他与沃夫曼在合作创作《德拉库拉的墓穴》时首次出场并得以完成的。依然以公司人自居的约翰·伯恩则证明，沃夫曼和莱恩·韦恩在 1975 年的感恩节宴会上曾警告他，说"公司拥有你的一切作品"。当史蒂夫·格伯就霍华鸭提起诉讼时，伯恩宣称，沃夫曼和韦恩还表现出了不解。"他凭什么起诉，"伯恩说他们是这样大声质疑的，"公司拥有一切！"最后，法庭宣判沃夫曼在受聘于漫威之前就创作了刀锋战士的说法证据不足，而他在工作期间创作的所有角色都属于雇佣性质的范畴。

在此后不久，乔·西蒙开始采取行动，想要阻止漫威出售头 10 期《美国队长》的版权。他在 1969 年就曾经与公司打过官司，但时隔多年，法庭已经重新定义了雇佣的性质，而且《超人》合作创作者杰里·西格尔的遗孀发表的一则声明也为他铺平了道路。当漫威的《美国队长》的版权即将在 12 月更新时，86 岁的西蒙不失时机地跳了出来。

"天啊，我这么做是为了我的孩子，和所有应该享有自身权利的创作人士，"西蒙对一名记者说，"我不是为了自己。我都这岁数了，自己已经无所谓了，但无论如何我也不会退出。他们已经在这事情上花了这么多钱。漫威肯定已经花掉了 100 万美元。我认为会有人站出来支持我的。"

就连西蒙都知道，未来将是电影，而非出版业的天下。漫画，他说，是给"意淫时代"准备的，里头充斥着坚船巨炮和丰乳肥臀。"尽管这个产业会首先落入地狱，但角色却会变得比过去更有价值。所以，我们会竭尽全力。"

彼得·库尼奥（Peter Cuneo）成了一年在内珀尔马特手下的第三任漫威 CEO，他妙手回春的能力在界业赫赫有名。虽然他和佩雷尔曼一样对漫画不感兴趣，但这又有何妨？"不管你卖的是除臭剂还是扳手，"他说，"你始终在寻求与消费者建立情感联系的方法。"和乔·西蒙一样，库尼奥对于漫威的未来走势也一清二楚：不仅仅是好莱坞，而且还有与电子游戏、快餐店、软饮料公司有关的跨平台市场。他专门建立了新的子公司漫威角色集团（Marvel Characters Group），负责管理这些跨界合作。"漫威角色集团将会把超级英雄化作品牌，"库尼奥说道，"你可以把他们看作角色的经纪人。一个 X 战警的经纪人会说，我这儿有一部 X 战警的电影要在 7 月份上映。我们要在出版部门搞些什么特殊活动呢？我们要计划什么联合促销手段呢？"

将这一切与漫画协调起来可不像说起来这么简单。尽管 X 战警依然雄踞榜单的头把交椅，但创作人员私下的矛盾也变得前所未有地激烈，因为已经有连续好几位编剧对编辑的条条框框和改写提出了不满。在另一方面，编辑们则坚称他们只是在倾听粉丝的意见，由读者来信的选票决定角色的去留。"粉丝们想要什么，"一位满腹牢骚的编剧说道，"他们要的是改变。然而，当你给他们改变的时候，他们又是什么反应？这不是他们想要的改变，结果每个人都希望一切恢复原样。"

这决不单纯是民意决策的问题。在办公室内部，一股官僚作风已经初具雏形。曾为了变种人角色的管理权而相互对立的主编鲍勃·哈罗斯和编辑主管克里斯·克莱蒙特如今双双成了管理链当中的一部分，双方也都不愿放弃控制权。"鲍勃经常站在我身后看我工作，"一位编辑说道，"我觉得这对于漫画，对于我，或者对于他来说都不是什么好事。"当剧本完成后，首先要经过哈罗斯的审批，然后再送给对这些角色和故事依然有许多情结的克莱蒙特审批。"严格说来，克莱蒙特不应该再与 X 战警系列有任何瓜葛，但我们没法绕过他，"这位编辑说，"我经常对助手说，我觉得克里斯其实并不想写这剧本，但他也不想让别人来写。"到了 1999 年年底，克里斯·克莱蒙特又再一次成为《X 战警》的编剧。

作为漫威出版业的支柱，X 战警系列一直以来都有着举足轻重的地位。现在，在这场波及整个业界的萧条中，它的责任变得重如泰山；对此，创作方面的每一个人都深有感触。也许哈罗斯的总结是最有力的。"似乎有人认为是漫威这家邪恶的公司制造了这些改变和别的事端，但事实并非如此。原因只是不管是公司内部还是公司外部，所有人的眼睛都盯着你罢了。"

没过多久，当彼得·库尼奥指派了新的公司总裁时，X 战警的监督者就又多了一位。比尔·杰玛斯（Bill Jemas）是哈佛法学院毕业的 NBA 前高管，他因为在 20 世纪 90 年代曾为 Fleer 效力而与漫威品牌有了联系。现在，他对公司的这一最大资产表达了明确的不满。每个月有 60 部漫画出版，杰玛斯说，但没有一部能让他满意。其中故事情节复杂、角色众多的《X 战警》是他最讨厌的作品。"我在哈佛念过法律，"他在一屋子的编辑面前说道，"如果我都看不懂，那原因肯定不是出在我身上。"

福克斯的《X战警》电影即将在夏季发行，而《蜘蛛侠》电影则把档期定在了下一年。虽然它们都能带来一大批新读者，但杰玛斯认为，前提必须是能把漫画中环环相扣的情节变得通俗易懂。他还对漫威英雄的年龄增长提出了批评，抱怨说"被人们视为青少年的角色开始蓄着胡子带着小孩跑来跑去"。最简单的解决办法就是将一切推倒重来。杰玛斯确实曾动过念头，摧毁漫威宇宙，重头再来一遍。不过，最后他还是决定增加一个平行的"终极"漫画系列，让年轻版本的漫威英雄在其中登场亮相。

杰玛斯对鲍勃·哈罗斯审核后的初稿并不满意，他要求克萨达在下班后跟他开会讨论终极系列的问题，解释一下失败的原因。"这是我在漫威开过的最令人不快的会议，"克萨达回忆道，"因为从行政的角度上讲，我只是想确保一切都流畅运转，在《漫威骑士》和漫画主编之间没有什么摩擦，但比尔却把我当作椰头使。"后来奉命为该项目物色人才的克萨达选择了布赖安·迈克尔·班迪斯（Brian Michael Bendis），后者在凯文·史密斯无法赶上《夜魔侠》截稿日期时，接管了犯罪漫画编剧的任务。班迪斯将会让《蜘蛛侠》走入21世纪。

在《终极蜘蛛侠》（*Ultimate Spider-Man*）中，彼得·帕克成了一个背双肩包、剃滑板头、在《小喇叭日报》的网站eBugle当实习生的计算机怪才。梅姨妈和本叔叔都曾是公社支持者，就像在1968年《超凡蜘蛛侠》背景中的那些举着抗议口号的"婴儿潮一代"。当然，这些变化多半都是表面功夫。《终极蜘蛛侠》最可贵之处在于恢复了斯坦·李和迪特科原版故事的青春期叛逆的本质，将帕克的自我与良心的斗争，即"能力越大、责任越大"的斗争表现得活灵活现，这是读者在几十年来都未曾见过的。

杰玛斯向沃尔玛、KB Toys玩具店和Buster Brown的鞋盒里发放了这部漫画的样品。在结束了市场营销的闪电战后，800万册《终极蜘蛛侠》开始出货了。

不过，由另一位编剧负责的《终极X战警》故事却遭到了否决。当福克斯将《X战警》电影的发行日期提前了6个月时，漫威已经错过了合作营销的机会。虽然《X战警》首周拿下了7 500万美元的票房，但漫画的销量却毫无起色。"我当时心想，这部作品在非续集电影中首周末票房成绩排名第三，"杰玛斯说，"了不起的成绩。但是漫画却还在延续 60 年代的故事。所以它没有图像小说，也没有电视广告。电影面向 20 岁群体，而玩具却面向 10 岁群体，于是玩具卖不出去。我们有一部该死的电视剧，但却没跟任何东西联系在一起，我们还有该死的周边商品，但也没跟任何东西联系在一起。于是，我们在电影上取得了成功，但却还是在经济上遭遇了该死的失败，导致我们破产了；我是说，破产到都付不起薪水了。"

杰玛斯将注意力重新放在如何适当精简漫威宇宙的问题上，在会议中绞尽脑汁地剖析每个角色"核心寓意"的重要程度。在《纽约》杂志关于《X 战警》的报道中，首先披露了克里斯·克莱蒙特的编辑将其故事构思枪毙了的消息。虽然鲍勃·哈罗斯也站在反对克莱蒙特的阵营之中，但杰玛斯想要把门户清理干净。

这件事情并没什么要多考虑的。珀尔马特和哈罗斯之间本来就有些个人恩怨，一部分原因就在于珀尔马特严苛的降本节流计划。在 8 月末，比尔·杰玛斯问乔·克萨达，是否有兴趣担任主编。

克萨达立刻开始采取行动。格兰特·莫里森因漫威骑士旗下作品《惊奇少年》的惊人成功而崭露头角，他从克里斯·克莱蒙特手中接过了《X 战警》；克莱蒙特同时也辞去了在公司的职位。接着，克萨达从 DC 公司风头正劲的《眩晕》（Vertigo）系列中挖来了编辑阿克塞尔·阿隆索（Axel Alonso），而阿隆索又雇用了电视节目《巴比伦 5 号》（Babylon 5）的创作者迈克尔·斯特拉辛斯基（J. Michael Straczynski）来接手《超凡蜘蛛侠》。这 10 年来创作蛛网冒险故事的主要编剧霍华德·麦凯被踢了出去。

克萨达在上任后与两位比较爱争论的漫威老兵发生摩擦也算是可以预料得到的事情了。正负责《神奇四侠》系列的史蒂夫·恩格尔哈特公开抱怨说自己的剧本在不知情的情况下被人擅自修改；他与克萨达在媒体上展开了一系列唇枪舌战。一周后，克萨达取消了约翰·伯恩将舞台设定在过去的作品《X 战警：隐秘时代》（X-Men: The Hidden Years），这使伯恩在他自己的网站上大倒苦水。"在一个行将就木的市场里杀死一部有利可图的漫画？乔·克萨达无法给我一个合理的解释。所以，既然我不想再把时间和精力浪费在一家明显是在自寻死路的公司，那么我跟漫威之间的关系算是结束了。"这下，硕果仅存的几个古老卫士也终于几乎全走了。

斯坦·李也走了，最多只是偶尔为了漫威形象大使的丰厚报酬而尽些最低限度的义务。在两年前，为了弥补在漫威合同中损失的部分，斯坦·李开始与律师兼商人彼得·保罗（Peter Paul）经营名为斯坦·李媒体的互联网创业公司。这两人是在集资活动中认识的，保罗很快就将斯坦·李介绍给了克林顿夫妇和拳王阿里这样的顶级名人。"我想帮他解放，"谈起与斯坦·李的关系，保罗说，"他在漫威憋得太久了。"

尽管最初的想法是网络动画，但斯坦·李媒体还有其他更宏伟的计划：参演电影、游乐园项目、写有斯坦·李名言的系列服饰。凭借斯坦·李的名号，公司很快就吸引到了投资者。在公司创立的一年内，彼得·保罗主导了一场与一家空壳公司的反向收购，让华尔街的钱源源不断地流了进来。6 个月后，当网站终于上线时，公司股价已经达到了每股 31 美元，斯坦·李媒体在同行之中的估值也涨到了 3 亿美元。在此期间，斯坦·李还为漫威写了一段时间的"斯坦的临时演讲台"专栏。"只有氢弹才能把我和我深爱的公司分开，"他在 1999 年写道，"我最近刚利用空余时间建立了自己的网站，只是为了好玩。等到 8 月正式开张的时候，欢迎大家来参观，但无论如何——漫威统治一切！"

不过，他其实把大部分时间都放在了斯坦·李媒体总部，呼吸着未上漆石墙的味道。当他每天早上 9 点半走进公司时，都会觉得办公室的空间又变大了一点。即使在漫威他都没感受过如互联网创业公司这般迅猛的发展速度，不过，这与斯坦·李的热情相得益彰。尽管他对技术的熟悉程度最多仅限于收发电子邮件，但接近 80 岁高龄的斯坦·李却还能在技术会议上做演讲。

对于斯坦·李媒体的创作人员而言，他与传说中的模样别无二致，会蹦蹦跳跳地演示新角色的动作场景，只不过其中一些作品似乎显得与漫威的英雄过于相似了。一个叫指控者（Accuser）的角色坐在一张多功能轮椅上（和 X 教授一样），有着律师的表面身份（和夜魔侠一样），还拥有一套盔甲（和钢铁侠一样）。斯坦·李在过去几十年里在娱乐产业积累了极其丰富的人脉。他们与汉堡王、福克斯儿童频道、后街男孩和武当派①的 RZA 都达成了合作。迈克尔·杰克逊（Michael Jackson）也曾参观过他们的办公室，并产生了大手笔入股的想法。"如果我买下漫威，"摇滚天王询问凡人斯坦，"你会帮我经营的，对不对？"斯坦·李自是义不容辞。

到了 2000 年的夏天，斯坦·李已经与漫威彻底分手了。"我非常惊讶地发现他们把斯坦·李这个自己人当成了局外人，"一位漫威高管回忆道，"他是照管公司的人，是领导我们的人。"从 1967 年开始的常规栏目"斯坦的临时演讲台"被关闭了；漫威的解释是它占据了可贵的广告空间。珀尔马特还着手将漫画标题中的"斯坦·李出品"字样删去，甚至还坚持将斯坦·李排除出免费获赠新漫画的名单。"你不会相信伊萨克会对斯坦这么做，"一位编辑说，"伊萨克恨他。"

斯坦·李可以自己掏钱买漫画，反正斯坦·李媒体的股票价值现在已经达到了3 500 万美元。不过有迹象表明，他到头来在斯坦·李媒体拥有的权力并不比 20 世纪60 年代他在漫威里掌握的多。"斯坦有次请所有的画师一起吃大餐，"斯坦·李媒体的画师斯科特·柯布里希（Scott Koblish）回忆道，"我们纷纷献上自己的赚钱方案：卖CD、搞出版——我们有一大把想法，个个都让斯坦乐得合不拢嘴，但是在离席之前，他提醒我们，一旦他把这些想法提交给管理层，就会马上被他们枪毙的。"

当说到公司的内部运作时，斯坦·李就没有丝毫的话语权了。"他在开商业会议时就坐在一边，偶尔说些什么，"一位朋友透露，"但多数时候他只是坐在那里随手涂画，或者干脆睡觉。"他当时都不知道自己的商业伙伴彼得·保罗在 20 世纪 70 年代曾因持有可卡因而坐牢，还在一宗 870 万美元的咖啡运输计划中诈骗了菲德尔·卡斯特罗，而这起离奇的诈骗案甚至还牵涉到炸沉一艘巴拿马级货轮的阴谋（保罗后来辩称自己当时是为中央情报局工作）。保罗这次又给自己五花八门的履历添上了一笔：在彼得·保

---

① 美国的一支嘻哈乐队。——译者注

罗操纵股价的同时，斯坦·李媒体公司入不敷出，利润缩小了 20 倍，已经资不抵债了。

没人知道股价下跌的真相。但在几周的时间里，斯坦·李媒体的员工已经开始为末日做起了准备，收拾自己的作品样张，将值钱的东西搬出了办公室。在当年 12 月 15 日，员工集体为庆祝斯坦·李的生日而购买的礼物，即一尊蜘蛛侠雕像，从德国远赴而来。在等待下午 4 点的灾难会议时，大家把这尊 2.1 米高的雕像拼了起来，在贺卡上签下了自己的名字。

当公司宣布将遣散员工时，斯坦·李崩溃了。"当大家围在失控的斯坦身边时，我想起了詹姆斯·布朗（James Brown）在《拜托，拜托，拜托》（please, please, please）里的演绎，"柯布里希回忆说，"他们把他扶了出去，随后回到大房间 145 室里，接着对我们说，他们也无能为力。"

距离当初奉马丁·古德曼之命解雇及时漫画的员工，再由自己一个人从头开始，已经过去 43 年了。在走过了大半人生路后，斯坦·李又不得不再次肩负起背叛的重担。彼得·保罗早就带着斯坦·李以个人名义借给他的 25 万美元逃往巴西圣保罗了。"他就像祖父一样。他亲切而谦逊，也很容易被人利用，"一位朋友说道，"但这样的事已经不会再发生了；他已经厌倦了。他对我说，现在他知道自己能信任的人只有妻子和女儿。"

珀尔马特团队中的数名成员从全国各地集结起来，与比尔·杰玛斯和乔·克萨达开了一次会。"有个家伙从门口探出头来，"一位与会者回忆道，"他说道，重磅消息，伙计们！斯坦·李媒体倒闭了！乔看起来有些触动，低着头不说话。比尔故作轻松地评论了一句，但我觉得他其实心里并不好受。不过，房间里的其他人都乐得哈哈大笑。这就是大家的态度。他们讨厌他。这真是太奇怪了。"

比尔·杰玛斯是那种关心纽约的小道消息胜过尼克·弗瑞的那种人。他可以恬不知耻地闯入这个古怪的圈子，将所有金科玉律毁灭殆尽。不要再为连续性纠缠不清了，他总是说，不要再写些"关于漫画的漫画"了。他自以为是地在员工面前规定什么样的故事是不能写的：在一次晨会上，他建议公布金刚狼的过去，尽管这名角色深受读者喜爱，但他的历史一直被笼罩在谜团之中。编辑们对于他的大不敬感到不知所措。

漫威突然之间发生了变化，在那些没有经历过业界传统洗礼的人看来，这或许只是明显得不能再明显的常识而已：最初的几页会对上一期的故事做一个概述，省去了编剧在设计对白或台词时想方设法加进去的暗示。为了在糟糕的印刷技术中确保清晰度而采用的全大写字母的对白成了时代的糟粕，全都被替换成了正常的英文。在预感到整套销售的平装收藏版可以成为公司业务的重要组成部分时，漫威开始对故事章节的开头和结尾做出明确划分，便于将几个"小节"直接包装成一部平装全集。当他们换上一组新编剧和画师团队时，就像电视连续剧的套路一样，新的一"季"开始了。

在这些改变中，乔·克萨达出了多少主意我们不得而知，因为杰玛斯是既吉姆·舒特之后漫威编辑部最强势的一个人物；让人奇怪的是，杰玛斯其实根本就不属于编辑部。杰玛斯和克萨达在跳入网络漫画粉丝世界时是步调一致的，他们成了21世纪漫威漫画的公众形象。不久之后，他们就熟稔地扮演起了好警察和坏警察的角色。杰玛斯对外交并无兴趣，对于漫威在20世纪90年代的衰落，他将责任归于"糟糕又糟糕的漫画"，同时也暗示了裙带关系的危害。"在1995年，一部漫威《X战警》漫画的销量一般是每月100万本，"杰玛斯在接受采访时表示，"我们几乎有足够多的钱，聘请世界上任何一个编剧，从约翰·欧文（John Irving）到斯科特·杜罗（Scott Turow），但是编辑们却总是相互雇用，或者请他们的朋友来帮忙。"

他对漫威的读者也不再客气了。在新出版计划中，有一个被他称为"给男粉丝的坏女孩"系列，杰玛斯不无嘲笑地解释道："我们有不少皇后区的男性读者都住在父母家的地下室里。对于他们来说，能和艾丽卡一夜春宵可是无上的幸福。"在接受另一场采访时，他清清楚楚地解释了他所说的坏女孩："艾丽卡就很坏，坏到你想要打她的屁股。"弗兰克·米勒的悲情女英雄不仅死而复生了，现在她还成了一个忍者小姐。

万幸的是，并非漫威的所有角色都在一夜之间为了迎合时兴的想法而掺入令人难堪的"成人"内容。在一次通宵酒会的最后，编辑阿克塞尔·阿隆索拉拢来自英国的编剧彼得·米利根（Peter Milligan）创作一部特立独行的《X特攻队》。这部《X战警》的衍生作品原本曾是罗布·莱菲尔德的试验田。其中那些大学生年纪的全新角色就跟专业球队里被惯坏的球员没什么两样，成天说些俏皮话、坐豪华大巴旅游，还会拍广告，而这支队伍的背后也有一位风投资本家的赞助。《X特攻队》对年轻人文化的影射（其中还有以艾伦·艾佛森和艾米纳姆为蓝本的角色，还有一支少年男子乐队被杀害的可怕场景）让它成为漫威最具"甜蜜的苦涩"味道的作品。在米利根接手后的第一期中，一个名叫时代精神（Zeitgeist）的角色突然停止了与两位超级模特调情，看起了"比赛录像"，那是他前一天晚上参加的一场极其暴力的超级大战。等到这一期结束时，在这支团队的原始成员中只有两人活了下来。科比式的活力加上麦克·奥尔雷德（Mike Allred）的绘画风格，配上三原色的色彩搭配，进一步凸显了它与纯洁无瑕的旧派漫威作品之间颠覆性的差别。当这一期漫画被指责严重违反漫画法典时，杰玛斯只当是耳边风。漫威不仅在《X特攻队》的发行中舍弃了漫画法典的约束，而且还引以为傲。"嘿，孩子们，"在封面一角写着，"瞧！没有条款！"

后来，《终极蜘蛛侠》的编剧布莱恩·迈克尔·班迪斯提出了《化名》（Alias）系列，其主角将是一个酗酒、说脏话、时运不济、从超级英雄变成普通人的女侦探。当时，还没等克萨达说话，班迪斯就已经表示自己做好了放弃的准备。不过，杰玛斯却毫不迟疑地看中了这部作品中对世俗自傲的表达。漫威不仅将在发行这部作品时抛弃漫画法典的印章，而且还会创作一整套"少儿不宜"的超级英雄漫画MAX系列。项目的推进速度极快，第一期作品很快就出炉了。在第一页的对白中，到处都是脏话；不过读者很快发现，这只是一个暖场。这部漫画随后就进入了纷繁复杂、引人入胜的人物描绘和机智而深刻的对白，足以令人想起大卫·马梅（David Mamet）的剧本或理查德·普莱斯（Richard Price）的小说。班迪斯将这位诸事不顺、一蹶不振的女英雄杰西卡·琼斯（Jessica Jones）重新打磨了一番，并将她融入到了漫威的历史中。她不但成了20世纪80年代初期复仇者联盟的老队员（代号：宝石），而且她与卢克·凯奇、马特·默多克和史蒂夫·罗杰斯等人的情感纠葛也同时满足了男性粉丝的内心需求；这些有着数十年历史的漫威角色也被注入了新的内涵。尽管有着如此多的成就，但这部作品最吸引眼球的还是对性行为的表现（在杰西卡与"神力人"卢克·凯奇之间）。在阿拉巴马州的一家印刷厂拒绝接下第一期的任务后，漫威不得不另寻出版途径。

杰玛斯可没耐心去对付那些高尚的卫道士。他干脆就让漫威放弃了长达50年左右的漫画法典委员会成员资格。虽然其他循规蹈矩的公司对此提出了抗议，但漫威内部却泛起了一股兴奋的热潮。似乎在此之前，没有人质疑过为什么一家出版商要继续供着一个过时的第三方机构，让它来限制自己产品的内容。

改变还发生在其他方面。上色和印刷的品质在一夜之间得到了改进。套印的做法（虽然零售商可以借此不断地补订销路好的产品，但却让漫威受制于大量滞销的库存）已经被废止了。"比尔真的是无所畏惧，简直就是一个不知道自己的行为会造成什么后果的人，"汤姆·布雷沃特说道，"碰到无法事先扫除的障碍，他就强行突破。他从来不拘小节、勇敢、有眼光，而且不相信世上有办不成的事。在打破某些顽疾和旧习时，这是非常可贵的。"

MAX系列发出了一个信号：漫威再次成为创作者的天堂。道奇·芒什和保罗·格拉西在20年后回到了《功夫之王上气》。盖尔·西蒙尼（Gail Simone）原本是一位理发师，经常在网站上许多批评漫画中的性别歧视现象，他获准让《黑夜护士》重出江湖，并转变成一个"艾尔维拉（Elvira）①与特蕾莎修女的结合体"的前"野鸡"。就连史蒂夫·格伯也回来了，为MAX创作起了《霍华鸭》系列。由于迪士尼的律师在20世纪80年代上门找荐，所以他不得不重新设计了霍华鸭，然而，他并不喜欢这种改种，所以最后干脆把霍华鸭画成了一只老鼠。漫威内部再次产生了一股令人胆寒的危机感，因为漫威的创作人员似乎已经无法无天了。

但是，想象力的肆意驰骋只是一个特例罢了。抓住读者的心才是编辑部的核心战略。格兰特·莫里森是将创作试验与令大多数人满意这两点平衡得最好的人，他的《X战警》预告就像是一场动员令，一则故意打破常规的声明。"这是一部通俗读物，"莫

① 出自电影《义胆游龙》（*Elvira, Mistress of the Dark*）。——译者注

里森写道，"本质上就和艾米纳姆的新专辑或者基努（Keanu）的最新电影一样。我们要想在这里与时下文化接轨，就必须抛弃 20 世纪 80 年代和 90 年代我们对读者的成见。唯一恢复往日辉煌的方法就是带给读者从电影和游戏中无法获得的东西。显然，主流读者想从我们这里获取的（也是我一直呼吁的）是纯粹的想象、定制的角色、奇幻的光景、揪心的不安和动人的戏剧。拥有不可思议力量的超级英雄做着令人吃惊而又愉快的事情！"莫里森从电影版中获得了灵感，便着手将 X 战警的弹性纤维服装变成了标准的团队制服。只有曾经的社交场常客才能设计出来的充满时尚感的制服：发出荧光的黄色摩托夹克、迷彩军裤和厚底靴子。正如他在预告中承诺的那样，他会将哨兵、希阿帝国和凤凰之力等经典概念"以令人以为这是第一次见识到这些概念的方式"重新打磨并推陈出新。

"死去的角色总会复活，"莫里森对上个年代的 X 战警漫画提出过这样的批评，"发生任何事情都对结局没什么影响。这个舞台从来都没有新作品发展和成长的空间。"莫里森耍了一个巧妙的多重虚构的花招，试着利用 X 战警的神话世界中原有元素，去探索他眼中人类对抗变种人主题的核心寓意：老的种族试图扼杀更新、更进化的替代种族的种种方法。一个笨拙、纯真、直率、硬派的长着鹰嘴和利爪的变种人；一个长着昆虫翅膀的拉丁烟酒少年；名为斯托普福德布谷鸟（Stepford Cuckoos）的、有心灵感应能力的怪异五胞胎；在钢铁头颅中藏着一颗强大恒星的中国冥想者宋（Xorn）；即便引入了漫威新创造的这些最离奇角色，他也依旧顺利地让整个故事随着凤凰之死而达到了高潮。新与旧完美地结合在了一起。

在准备推倒重来，创作"终极"版的《复仇者联盟》时，杰玛斯和克萨达请来了莫里森的门徒马克·米勒（Mark Millar）和画师布莱恩·希契（Bryan Hitch）。这两人曾经凭借黑暗系《权力战队》（*The Authority*）刷新了 DC 公司的底线，这部作品将超级英雄想象成军工复合企业成员。在自信满满的（也有人会说是讽刺的）《终极》（*The Ultimates*）中，他们也带来了相似的阅读感受。在新版本的地球最强英雄阵容中，尼克·弗瑞与史塔克工业结盟，为美国建立了一支超能力活武器团队。托尔不再是唐纳德·布雷克博士的第二重人格，而成了一个满头长发、自以为是神的世界贸易组织抗议者。托尼·史塔克也不再只是个与每个募捐人约会的富有工业家，他还是一个信奉虚无主义、巧舌如簧的浪荡公子。从布鲁斯·班纳压抑的怒火到亨利·皮姆的空虚感，心理剧的比重有了大幅提高。这是由漫画读者自己定义的现实主义：悲观、暴力，更关注后果而不是希望。

希契的作品，流畅而精美，充满照片般的质感，且常常以水平布局的方式呈现出西尼玛斯科普式宽银幕镜头的效果，这使读者感觉自己像是在观赏惊世大作拍摄前的精美故事板。如果说布西克和罗斯在《惊奇》系列中栩栩如生的绘画让其全尺幅场景化为宏伟奇迹的话，那么米勒与希契的结合则让这宽银幕体验呈现出了毁灭的壮美。

《终极》当中融入的电影特质当然绝非巧合。事实上，这部作品本身的目的就是证明《复仇者联盟》的角色完全可以变成大众娱乐的宠儿；它会成为铭记史册的标准范本，他将告诉所有人如何在好莱坞制作人面前展示漫画的魅力。美国队长的帅气外形参考了布拉德·皮特；钢铁侠则参考了强尼·戴普。尼克·弗瑞则不管在外形还是口吻上，都变得与在塔伦蒂诺电影中演独角戏的萨缪尔·杰克逊（Samuel L. Jackson）极其相似。如果《终极》真能被做成电影，那么演员阵容早就已经定好了。

"我更希望能做个演员，而不是编剧。"斯坦·李曾经对法国导演亚伦·雷奈这样说。在《X战警》电影中，他饰演了一个买热狗的小贩，有了一次短暂的出镜；而当摄像机转向山姆·雷米（Sam Raimi）1.4亿美元投资的《蜘蛛侠》时，他得到了一个卖廉价太阳眼镜的路边小贩角色。他甚至还有一段台词呢！"嘿，"他对着一个潜在的顾客喊道，"瞧瞧这个？《X战警》里的人就戴这个！"在《蜘蛛侠》发布的一周前，他还在《辛普森一家》（*The Simpsons*）中以嘉宾的身份本色出演了一次。

斯坦·李充分利用了以电影为核心的宣传机器。在数不胜数的报纸、杂志、电台、电视的采访中，这个79岁的老人始终表现出了一腔热血，不仅回首那些人们耳熟能详的往日传奇（关于他创作蜘蛛侠的故事，关于他多年来为马丁·古德曼卖命的故事），而且还展望未来。不愿提及彼得·保罗和斯坦·李媒体公司的他又建立了一家新的创业公司，名为 POW! 娱乐公司（POW! Entertainment），并早早地为其创作好了由帕米拉·安德森（Pamela Anderson）主演的卡通片《双面艳舞女郎》（Stripperella）。他还推销起其自传 DVD《斯坦·李的变种人、怪物和漫威》（*Stan Lee's Mutants, Monsters & Marvels*），并在签约撰写个人回忆录合同的 25 年后，骄傲地宣布西蒙与舒斯特出版公司终于发行了《精益：斯坦·李的超凡一生》（*Excelsior: The Amazing Life of Stan Lee*，他在其自传中以第三者的口吻对每一个章节的介绍，表达了他对漫威电影所取得成绩的感受。"斯坦觉得阿维最近的表现很棒。当然了，他背后的基础本就很好。当你控制着像 X 战警、蜘蛛侠、浩克、夜魔侠以及数十年来风靡全球的许多其他英雄，并将他们提供给那些如饥似渴的工作室时，又怎么能不成功呢"）。

这是斯坦·李受到万众瞩目的时刻，他绝不可能错失良机。在 4 月 23 日，他在一则新闻稿中声明，他要把封存的漫威出版物的文件资料拿出来公开出售。拍卖公司估计其价值可达 400 万美元左右。

6 天后，在位于洛杉矶西木区的《蜘蛛侠》首映礼上，亚当·山德勒、小库珀·古丁、威尔·史密斯与斯坦·李一起走过了红地毯，此外还有大明星托比·马奎尔和克尔斯特恩·邓斯特。电影上映首日就豪夺 3 900 万美元票房，创下了新的世界纪录。

《蜘蛛侠》的片长为 121 分钟。斯坦·李出场的两个镜头都被剪掉了。

MARVEL COMICS
THE UNTOLD STORY

21 拥抱迪士尼，
电影院中的漫威旋风

"我从蜘蛛侠身上没有赚到一分钱。"这是 2002 年 6 月伦敦《时代》杂志的一则标题。在下面的文章中，斯坦·李谈笑风生地解释说他没有从这部电影中收到任何收益。"人们都自然而然地以为我赚到了。他们听说这部电影赚了 10 亿美元，所以觉得我大概能拿到三分之一，但其实不是这样的。"当记者表示难以置信时，斯坦·李也懒得多说。"但我过着很好的生活，"他说了几句安慰话，"我很喜欢这样，我还建了新公司，前途看起来还不错。"

尽管如此，他似乎正在与自己的老东家逐渐产生了微妙的距离。"如果让我来拍这部电影，那么破坏的场面就不会这么多了。"他指的是在《蜘蛛侠》电影中从头到尾的无数爆炸效果。当另一位记者告诉他，在一部尼克·弗瑞系列的作品（属于漫威面向成人读者的 MAX 系列）中，出现了这位硬汉上校用自己的肠子把敌人勒死的情节，斯坦·李的反应是，"我不知道他们为什么这么设计。我认为我是不会这么写的。"

斯坦·李从很早以前就对收集最新的超级英雄冒险故事很感兴趣，而现在他居然把自己收藏的漫画全都卖了。尽管他坚持表示自己并没有留下什么遗憾，但在访谈中他还是想象起了当初的其他可能性。"我希望自己能进入好莱坞，成为一位编剧家，"他沉思了一会儿，然后说道，"我希望能有时间当一位小说家。我觉得我可以做得更好。我是说，如果能写出一部优秀的小说，那么我会很高兴的。如果能写出一系列优秀的电影剧本，我也会很高兴。如果能写出一部百老汇的戏剧，那就更好了。我对写漫画并没有特别大的冲动。这只不过是谋生的方式而已。"

在 2002 年 11 月 12 日，根据 1998 年他与漫威的合同中有关"在你为漫威（包括附属和子公司）工作的时间内，从任何利用漫威角色制作的真人或者动画电视或电影（包括辅助权利）的利润中获得相当于 10% 收益的分成"的条款，斯坦·李向漫威企业和漫威角色公司提起了 1 000 万美元的诉讼。

影视业新宠，超级英雄的新战场

当《蜘蛛侠》发布后，阿维·阿拉德和彼得·库尼奥对漫威与好莱坞之间的交易进行了二次谈判，公司将会按照总收益，而非净收益获得一定比例的分成。这是一个非常关键的决策，而且时机也抓得恰到好处，因为公司旗下的英雄如今已成了炙手可热的资产。当《蜘蛛侠》发布时，在复活节勇夺票房冠军的《刀锋战士 2》还在各大影院热映中，而大制作《绿巨人》和《夜魔侠》已紧随其后地进入了制作流程，同时福克斯也订好了《X 战警 2》的发行日期。

　　几乎就在一夜之间，超级英雄成了大众的宠儿。在《蜘蛛侠》上映的那个周末，全国数以千计的漫画商店参与到了免费漫画日（Free Comic Book Day）活动中。这是一位加利福尼亚的零售商想到点子；在巴斯金·罗宾斯的免费冰激凌之夜（Baskin-Robbins Free Scoop Night），人们总会排起长龙，他就是看到这种情况才萌生了这个主意。正好搭上了电影热潮顺风车的此次活动，获得了大量主流出版商提供的免费赠品，大家都希望这能为漫画这种岌岌可危的艺术形式带来新读者。

　　经过了 7 年的直线衰退，漫威终于凭借好莱坞的疯狂和新鲜创意的爆发止住了颓势。不过，即便直销市场的销量开始有了起色（但依然只有 10 年前规模的四分之一），出版商们依然只能无助地看着报亭销量继续萎缩。如今，有整整 85% 的销量都来自于漫画商店，而且光顾漫画书店的客人也都只有那些专程来买漫画的人而已。

　　虽然漫威仍在强调吸引新读者的重要性，但在他们的战略中，却没有针对更低年龄层儿童的想法。"我认为所谓'8 岁的漫画读者'根本就是扯淡，"乔·克萨达在接受记者采访时表示，"我一点都不关心。在一年前，当我接下这份工作时，我关心过这档子事儿。我听漫画商店老板说，我亲爱的 8 岁小读者们都哪儿去了？你猜怎么着？我觉得他们根本是在白日做梦。"相反，漫威想要拉拢青少年，而这个群体已经在电视和电子游戏之间的竞争中几乎被扫荡得干干净净了。合作性质的《吸血鬼猎人巴菲》（*Buffy the Vampire Slayer*）电视剧成了杰玛斯理想作品的一个缩影，他要的作品需要拥有人见人爱的年轻明星和有底蕴深厚、且对新观众而言不落俗套的故事背景（据一位编剧称，正因为杰玛斯对《巴菲》钟爱有加，以致漫威曾一度同时开发着 3 部女性怪物杀手的连续剧）。

　　"对于每个项目的目标群体应该是铁杆漫画粉丝（粉丝男孩），还是'大市场'中更广泛的受众，大家总是争执不休。"杰玛斯写道。他本人反正旗帜鲜明地对基础读者群体中的那些满脸青春痘的熊孩子们嗤之以鼻。实际上，将铁杆顾客赶走似乎成了他们的首要目标。在克萨达和编剧彼得·大卫为了销量低迷的《惊奇队长》而展开的一系列公开辩论之后，杰玛斯站了出来，提出了一个想法。"彼得每年大概在两三部作品中可以算个天才编剧，"杰玛斯在媒体面前表示，"但其他作品就只有那些20年来一直看他作品的铁杆粉丝叫好。他只是在啃老本。我认为他应该让自己的故事更容易被新读者接受，否则的话就完蛋了。"在一场绰号"你说了算"的比赛中，大卫的《惊奇队长》将会与新作品《Marville》比试销量，而后者将由杰玛斯亲自操刀剧本；两部作品中销量较低的将会被停刊。

　　哗众取宠的政治玩笑对于杰玛斯和克萨达来说可谓是家常便饭（"他们拥有蝙蝠侠和超人，但却不知道该做些什么。"克萨达曾经在接受记者采访时这样笑话DC公司）。说来容易，但在《Marville》中，盛大的作秀似乎掩盖了漫画本身的内容。尽管号称要让彼得·大卫见识一下他所缺乏的叙事技巧，但杰玛斯却在第一期中犯下了被自己嘲笑过的错误。《Marville》成了毫无中心思想的一大堆讽刺故事集合体，里头充斥着种种隐晦的笑话，在每一期头一页上都有一段令大多数人摸不着头脑的话。在第一期中，长得神似超级男孩的卡拉奥（KalAOL），即泰德·特纳（Ted Turner）和简·方达（Jane Fonda）的儿子，从公元5002年穿越回了现在，遇到了性感的红发出租车司机米基（Mickey）以及同样性感的小麦色皮肤的警察露西（Lucy）。这其中既有对罗恩·佩雷尔曼，也有对彼得·大卫的的揶揄。随后，钢铁侠出现了，在把几个路人打得屁滚尿流之后，他自顾自地说道："我知道，我毁了这里的地方经济。但你只要给这群墨西哥人一小时一美元的工钱，他们就会卖力得像黑——"这时，黑豹打断了他的话："你尊重别人，别人也会尊重你。"蜘蛛侠和夜魔侠的老对手金并这次成了个戴着《黑潮》（*Malcolm X*）式鸭舌帽的斯派克·李（Spike Lee）[①]。如果你没被杂乱无章的故事弄得晕头转向的话，也许就会发现第一期《Marville》有着极其强烈的诽谤和中伤意味。撇开故事的条理不谈，第一期《Marville》完全就是一块样板，展示了如何跟超级英雄漫画以及其所孕育的文化唱反调。

　　最糟糕的还是封面，它将漫威在后漫画法典时代的情色风格与在青少年市场中的利益诡异地结合在了一起。第一期封面故意突出了米基的胯部，只见她坐在出租车的

---

① 以拍出真正的"黑人电影"为目标的导演。——译者注

驾驶位上，身上只有比基尼和高跟鞋；她的外形酷似《巴菲》中的明星莎拉·米歇尔·盖拉（Sarah Michelle Gellar）。而在接下来一期的封面上，她又站在大门口，朝着读者露出一抹微笑，仅仅用双臂抱着的搬家礼物遮挡着赤裸的胴体：比萨饼、半打啤酒、电子游戏，和色情片的家用录音带。

与此同时，在《Marville》的实际内容中，一个神一般的人物加速了卡拉奥、米基和露西的衰老，同时还伴随着许多柏拉图式对白，讨论着宇宙创造说和进化学说的相对优劣。在这番长篇大论之后，3 个人都变成了皮包骨头的老人。在第 6 期中，卡拉奥回到了 21 世纪，亲自向一位漫画公司高管推销这部系列。"这东西，"这位高管在最后说道，"永远不可能卖得出去。"

"因为我是漫威的总裁，"杰玛斯在关于这一期漫画最后一页的公开信中写道，"我可以撇开计算器，无视什么最低销量预期和边际需求，直接发行《Marville》。但只有我才能这么做。那么你呢？"言毕，他宣布将要重新推出史诗系列，但这一次，它将成为"漫威的免检项目"，是面向新手的公开征稿竞赛，而不是过去的那个提供创作者所有权的特殊品牌。当第 7 期《Marville》发布时，甚至连一个故事都没有了，读者看到的只有 25 页的文字：杰玛斯关于叙事方式的建议和征稿的规则。

虽然《Marville》只坚持了 6 个月，但其封面留下的可怕而怪诞的遗产却流传了下去。《闪电》（Thunderbolts）以一群坏蛋摔跤手为主角，在其某期封面上，画了一位坐在体育馆浴室地板上的水灵灵的年轻女性，正露出着悲伤的微笑；而在封面顶部赫然写着"闪光·掠夺·拳击·酒吧"的字样（杰玛斯要求编辑们学习像《Cosmopolitan》和《Maxim》这样的杂志，采用夺人眼球的封面关键词）。另一个名叫 NYX 的系列讲述的是浪迹街头的年轻变种人的故事，有一股拉里·克拉克（Larry Clark）的《半熟少年》（Kids）的经典风味。其第一期封面上的年轻少女用手指勾着比基尼的带子，微启的双唇叼着一只婴儿奶嘴。随着史诗系列而复活的《麻烦》（Trouble）则想要复兴爱情漫画，让彼得·帕克的梅姨妈和本叔叔化作了青春期的美女俊男。

　　在外人看来，比尔·杰玛斯似乎能呼风唤雨，随心所欲。但这么想就太小看伊萨克·珀尔马特和阿维·阿拉德了。珀尔马特是漫威历史上最喜欢事必躬亲的老板，这一点在员工心中早就得到了无数次的证明。怒气冲天的珀尔马特会直接打断正在开电话会议谈生意的高管，将一张 30 美元的发票摔在他脸上，质问这笔钱是怎么花的。"他曾经在大厅里到处游荡，一会儿站在你的门前，"一位编辑回忆道，"死死地盯着你，直到看得你汗毛直立才肯离开。他的手里一直捏着一本笔记本，好像把你干的坏事都记下来了一样。"有一次，当珀尔马特听说有几个员工在一起玩《神奇足球》（*Fantasy Football*）游戏时，员工们在开完会后发现所有的计算机都被没收了。社交、琐碎的午餐时间的活动，比如看半个小时电视或者玩一会儿《龙与地下城》（*Dungeons & Dragons*）都成了办公室的禁止事项。

　　有一段时间，杰玛斯在以色列老板的手下大权在握，甚至能无视 CEO 的地位。"比尔向彼得·库尼奥汇报，"一位评论者回忆道，"但这只是在投资者面前演的一场戏。比尔的汇报对象其实是伊萨克。他们两个会发生激烈的争吵，但不知为什么，伊萨克总是会听他的。他很聪明，伊萨克跟我是这么说的，但也许这只是因为他支持前者而已。"

　　珀尔马特的长期盟友阿维·阿拉德，当时正在西海岸忙着谈电影合作，他的计划却常常与杰玛斯的冒险行动背道而驰。阿拉德发现自己在见惯了高层权力斗争的好莱坞明星面前，不得不尽可能地把损失控制到最小。米歇尔·菲佛（Michelle Pfeiffer）曾到办公室找他，说她不会让迷恋《X 战警》的儿子再到漫画商店里被那些无端暴力的内容毒害了。乔治·克鲁尼也撤回前言，不愿再出演尼克·弗瑞，原因是他在这部漫画中看到了该角色用自己的肠子将敌人勒死的情节。

　　阿拉德开始将更多的注意力放在漫画上，而他与杰玛斯之间的冲突也愈演愈烈。当与某个老角色（比如死亡丧钟或者女魔头夏娜）有关的 MAX 系列作品偶尔在最后时刻惨遭枪毙时，就会有传闻说，这是因为他们觉得这种标新立异的内容会对正在谈判过程中的电影合同造成威胁。虽然漫威在《X-Statix》中让戴安娜王妃复活的计划引发了英国媒体的勃然大怒，但也有人宣称，这其实是阿拉德的那些好莱坞朋友的不快最终扼杀了这一期故事。

"出版业是一切的起点，也是一个极好的源泉，"阿拉德说，"你可以找到现成的故事情节板，学习叙述故事的方法。但对公司的生意而言，商品化才是大头。从麦片、衬衫、电子游戏到鞋子的一切，只要你能想得到。这才是真正的利润的来源。"

一旦漫画砸了招牌，那么一切就都毁了。

在与阿拉德之间的冲突不断升级的同时，杰玛斯与员工产生了更大的分歧，他们抱怨说他太过冲动，立场不够坚定。"比尔过去基本上都是所向披靡，"汤姆·布雷沃特说道，"但随着积累的成功越来越多，比尔开始认为自己是全世界最聪明的人了。"当《神奇四侠》的编剧拒绝将这支团队搬到市郊，让他们在白天做些普通工作时，杰玛斯将他连带着画师一起踢出了这部作品。接着，他就打印了一份 2 页长的解决方案，雇了一个剧作家来接手。

格兰特·莫里森建议创作一个新系列，希望能借此发挥自己有关宗教的复杂想法和天马行空的想象力，再现斯大林和恩格尔哈特"宇宙漫画"的雄风，但杰玛斯却对此不感兴趣，这让他感到非常沮丧。在此后的一期《惊奇少年》里，满满的都是"充斥前卫漫画风格"的克里圣经。他还说将会以杰克·科比的传统方式来演绎《银影侠：元年》（ *Silver Surfer: Year Zero* ）；并非将其当作一个圣人，而是一个复仇天使，向着天神咆哮。"我认为，既然电影界对漫画的评价已经这么高了，那么就再也没必要拿漫画去模仿电影了，"莫里森说道，"让我们放开手脚去做吧……让电影特效反过来追逐我们的脚步。我预见到了对错综复杂、荒诞不羁的奇幻漫画正在出现一股新需求，并迫不及待地想去满足它。潮流的轮回变换已经越来越快了，流行文化不断舞动的触手正在迷幻的紫外线下演奏着迷幻的哥特风情，再过不久，当新的光芒出现时，这些孩子们就成了阳光下的异类。那时就是漫画再度变得更加疯狂的时代。"

但是，杰玛斯与莫里森之间的矛盾再度激化，并随着一通愤怒的电话达到了高潮，杰玛斯尖锐的狂啸在漫威员工的耳边震荡。克萨达打电话给莫里斯，说了些安慰的话。

莫里斯则跟他强调，这已经覆水难收了。

不过，莫里斯已经放弃了说服杰玛斯的念头，而在那年夏天的圣迭戈漫展上，DC公司宣布已经与莫里森签订了独家合同。在该消息公布后不久，措手不及的乔·克萨达在漫展会场里找到了莫里森，而据一位在场的人表示，莫里森在短暂的慌乱后就怒斥起了杰玛斯，说他是"我遇到过最恶劣的混蛋"。

"已经结束了，已经结束了，"莫里森恶狠狠地说，"漫威时代已经结束了！"

由于会场里没有漫威的摊位（珀尔马特拒绝为那一年的参展出资），惊魂未定的克萨达来到了《巫师》杂志的场子里，开始签售漫画。就在他思索着找谁来替代莫里森时，《巴菲》的创作者乔斯·韦登（Joss Whedon）走进了他的视野。韦登曾说自己是漫威的粉丝，而巴菲其实在很大程度上就借鉴了《X战警》里的幻影猫。克萨达当场邀请韦登担任《X战警》的编剧。

招募韦登这样的人才恰好就是比尔·杰玛斯一直在寻找的锦囊妙计。但是，在韦登完成第一份剧本之前，杰玛斯就走了。"我们不像从前那么快乐了，"在问及离职原因时，杰玛斯说，"钱变得越来越多，但人却变得越来越浮躁。"

在格兰特·莫里森跳槽到DC之后，他负责的最后一部分《X战警》才上市；就像一面挥舞的白旗，向现状束手就擒了。在"X星球"（Planet X）中，莫里森透露了英雄宋的真实身份，他在两年前推出的这个颠覆者其实是万磁王的另一重身份。其他角色对这一变故的反应或许就和新老粉丝一样五味杂陈。"你最近怎么了？我曾经爱过的那个才华横溢、充满领袖气质的变种人逃犯发生了什么？"其中一个角色这样说道。还有一个则喃喃自语着："我想念宋先生……他什么时候才能回来？""他是虚构的，"万磁王恶狠狠地说道，"我到底要重复多少次？"万磁王杀害了琴·葛蕾，接着金刚狼又砍下了万磁王的脑袋。你还天真地以为他们中有哪一个会真的这样永远死去吗？

"'X星球'故事的部分目的，"莫里森后来说，"人们很喜欢X战警与万磁王之间的战斗，所以我要给战斗加一个注脚。从本质上讲，它是永无止境、周而复始的，在更广大意义上，超级英雄角色也将不断转世重生、轮回往复。我让这个故事正好结束在了起点上……'X星球'走入了筋疲力尽、看破红尘的'中年'倦怠期，也直接反映出了我本人和万磁王的茫然沮丧、梦想破灭和遗世独立。很多漫画粉丝在长大后也会发现，即使真拥有了一切，仍永无止境地怅然若失。"一开始，莫里森还在《X战警》的宣言中高呼进化的必要性，而这样的反转高潮实在令人无所适从。

为了纪念乔斯·韦登的加盟，一部新作品《惊世绝俗X战警》（*Astonishing X-Men*）发布了。韦登让他历来最爱的角色幻影猫重出江湖，并让钢人复活了。"一切都没变，"这是在第一期《惊世绝俗X战警》中，幻影猫走进卡尔斯·泽维尔的别墅后所说的第一句话，"这个地方曾被夷为平地，而如今看起来却像什么事都没发生过。时间仿佛凝固了。我就知道教授会这样重建它。给所有人一种安稳感。连续感。"在漫威的请求下，莫里森设计的制服下岗了，X战警们又穿上了过去的服装。

到了2004年，漫威开始招募统计分析师，将有关创作者和角色表现的信息输入算法，根据结果来决定出版物的发行、停刊和周期。公司对交叉合作的态度也前所未有地开放，不断地推出一系列左右多部作品剧情发展的大事件故事线。反过来，这些宏伟的情节（包括序章、尾声以及全套的外传系列）也对后续故事产生了影响。重要角色纷纷被撕成碎片、在大爆炸中丧生、舍生取义、失去记忆、恢复记忆、失去能力，或者到头来其实是个有变形能力的斯克鲁人，在他多年来的伪装背后，真正的英雄被劫持在一艘宇宙飞船上。

这些故事都是在"创作者峰会"上构思出来的，在这一周期性的大会上，一群最受信赖的核心编剧，包括好莱坞资深剧作家杰夫·勒布（Jeph Leob）和迈克尔·斯特拉辛斯基，召集起漫威的编辑，共同推敲公司接下来6个月内的出版战略；活脱脱就是一个漫画版的电视剧编剧大会。这些技艺高超的艺术家们尤其关注于每一个故事震撼人心的潜力。在新一代的编剧之间，比如布莱恩·迈克尔·班迪斯和马克·米勒以及后来的埃德·布鲁贝克（Ed Brubaker）和马特·弗拉克逊（Matt Fraction），也没人公开抱怨编辑有过多干涉或有失公正的行为。虽然他们都曾在小型出版商的一些别具一格、野心勃勃的项目中小有名气，但到了漫威，他们也乖乖收敛了。在21世纪的漫画产业中，只有能正确认识商业可行性和个人表现之间的相对轻重的人，才能笑到最后。鉴于他们的杰出贡献，他们都得到了通过漫威新品牌《Icon》发行拥有创作者所有权的作品的机会。当然，这些作品的推广则都将完全由他们自己负责。

随着漫威宇宙与现实世界的联系变得愈发紧密，或者至少能与计算机合成动画（CGI）显得更为接近，《终极》系列中强烈的写实主义风格也变成了主流。同时，和斯坦·李在20世纪70年代初期处理校园骚乱和迷幻药泛滥的方式一样，漫威的许多大事件作品在报刊杂志的宣传中也不再过于明显地表现出政治立场。

> 采访者：你有没有想过让这个故事成为探讨死刑……或者强制执行死刑的一个论坛？
>
> 布莱恩·迈克尔·班迪斯：这是一场角色之间的讨论，但并不是要宣传某种看法，因为我自己对此就没什么看法。

在《秘密战争》（这个名字已经成为漫威交叉合作的鼻祖）中，由于神盾局长官尼克·弗瑞在毁灭博士的故乡拉脱维亚执行的秘密行动，而遭到了报复性打击。在《内战》（Civil War）中，美国政府为应对潜在危险，通过了《超人类注册法》，结果在那些支持加强安保的人（例如钢铁侠）和那些支持公民自由的人（例如美国队长）之间留下了一道鸿沟。

《内战》最终发布了涵盖20多部漫画的平装再版的全套收藏版，此事才算告一段落。钢铁侠成了神盾局的新任长官，而美国队长遭暗杀身亡，蜘蛛侠则向全世界公布了自己的真实身份，不过，这些剧情发展肯定持续不了多久。

"关于漫画世界中的死亡，有这样一个笑话，"《华尔街日报》的编辑专栏在评价美国队长之死时提到，"除了巴基、杰森·托德（Jason Todd）和本叔叔之外，谁都不可能真的死掉。"不过，这个所谓的巴基定律也已经成了一个笑话，因为这些角色在近些年来也全都复活过了。故事后来讲到，实际上，巴基·巴恩斯是从第二次世界大战开始就战斗了数十年的拥有生物机械武装的前苏联杀手。现在的他变成了新的美国队长，而原版的美国队长史蒂夫·罗杰斯则淡出了舞台，当然了，也是暂时的，后来故事又说，射中他的那把枪只是"将他冻结在了时间和空间之中"。

而当蜘蛛侠亲手摘下面具时，也没有对目前的剧情带来多大的威胁，因为漫威的创作峰会已经构思了一个不可思议的解围方法。为了拯救梅姨妈的生命，蜘蛛侠与恶魔靡菲斯特（Mephisto）签下了契约，并同时抹去了公众关于他真实身份的记忆。与玛丽·简的婚姻已经成为了他的负担，所以也将被篡改。于是，让格温·史黛西复活的呼声又再次卷土重来。

对于那些游离于漫威故事计划委员会之外的人来说，漫威宇宙的误导性和相互依赖性有时就成了一堵令人绝望的高墙。"一切都有着千丝万缕的联系，我完全理不清楚，"乔斯·韦登在决定退出《惊世绝俗 X 战警》时说道，"我希望看到的是，绿巨人在做自己的事，美国队长在做自己的事，而你们每个月按时买我的漫画，并看得开心……里面确实有我非常喜爱的角色，但当我要控制他们时，却不知道他们是不是还活着、是不是复活了，是不是永远地死了，还是说穿上了一套新的黑色制服。"

在 2005 年 4 月的一次电话会议中，漫威工作室宣布它与斯坦·李的官司已经尘埃落定了。斯坦·李得到了 1 000 万美元，并将继续领取年薪。"我们与斯坦的和解结清了与未来收益相关的一切权利，"彼得·库尼奥对投资者们表示，"双方都认为不仅要解决过去的问题，也要解决将来的问题。"

显然，这次电话会议的真正目的就是为了将来。在上一年里，阿维·阿拉德和首席运营官大卫·梅塞尔（David Maisel）已经开始筹备起漫威自己的电影制作计划了，借助于一个独特的交易结构，美林银行将会出资 5.25 亿美元，让漫威为 10 个角色制作自己的电影。每一部预算将在 4 500 万美元到 1.65 亿美元之间，而漫威将以自己的电影版权作为抵押。在一些人眼里，这似乎是一笔风险极大的生意。

阿拉德却不这么想。在过去的 7 年里，公司已经成为哥伦比亚（《恶灵骑士》《蜘蛛侠》）、福克斯（《X 战警》《夜魔侠》《艾丽卡》《神奇四侠》）和新线（《刀锋战士》三部曲）实质上的投资性资产农场，涉及全世界各地的众多工作室，总价值高达 36 亿美元。光是《蜘蛛侠 1》和《蜘蛛侠 2》，哥伦比亚就吸金近 16 亿美元；而漫威仅仅分得了 7 500 万美元，在 DVD 销售方面更是颗粒无收。"只有我们才最清楚该如何让我们的角色在观众面前活灵活现，"阿拉德说道，"而我们只是希望能得到相应的报酬而已。"

他们的战略是让复仇者联盟的角色各自出征，瓜分电影市场：他们将从新线收回《钢铁侠》的版权、推出《美国队长》和《雷神》，甚至还要重拍 2003 年环球公司的失望之作《绿巨人》。接着，他们还将祭出杀手锏，利用复仇者联盟打下的品牌知名度，将这些角色组合成一部怪兽级的联合电影。

然而，在谈妥了相关交易后，阿拉德和梅塞尔却在影片制作的预期进度、预算的分配方案和角色的使用方面出现了冲突。正如伊萨克·珀尔马特曾经包庇阿拉德，让斯坦·李和比尔·杰玛斯碰壁一样，现在的他将梅塞尔视为亲信。在漫威工作室独立后不到一年，阿拉德就退出了。他将自己的股票兑了现，带着 5 900 万美元走了。

漫威工作室自己出品的第一部电影《钢铁侠》在首周就拿下了将近 1 亿美元的票房。在片尾的演员表滚动播出完后，有一段后续作品的预告片：尼克·弗瑞（正如《终极》系列预想的那样请到了萨缪尔·杰克逊出演）站在托尼·史塔克的家中，与其商讨"复仇者计划"。所有的联系终于开始浮出水面。漫威宇宙错综复杂的内部关联将会完完整整地被复制成环环相扣的好莱坞大片。

在 2012 年 5 月的第一个周末，《复仇者联盟》打破了电影史上首映票房的最高纪录。一周后，它在全世界范围内夺得了总计超过 10 亿美元的票房。

"当孩子们在创作漫画时，他们为这份工作而感到高兴，"阿拉德在 2012 年若有所思地说道，"当一部电影完成，并取得了成功时，他们就突然说，等一下，我的份呢？

这是人类的天性。如果一个创作者想要创作一本书，然后他自行发行并取得了卓越的成功，就像麦克法兰一样，那就是他们的特权。如果他们想要为一家公司工作，确保每个月可以画几页稿子，那就是另一桩事情了。所以，现在有人认为，他们做了这事儿，因此就理应得到这些东西，然后……在我的记忆里，他们从来没有为尝试制作电影做过任何事情。相信我，制作电影要比出版漫画艰难多了。"

在这些现在已步入中年的快乐小子之中，有些人过得也要比另一些人艰难得多。当曾经的《X战警》画师戴夫·科克勒姆因肺炎躺在布朗克斯退伍老兵医院里时，尼尔·亚当斯找到漫威，建议他们做些什么来帮助这位夜行者、风暴女和钢人的创作者，而编剧克利福德·梅斯（Clifford Meth）也在漫画网站上传播了这个消息。漫威的律师对立下这样的先例可能造成的后果非常敏感。"他们想让戴夫签一张合同，而且还不让任何人看。"亚当斯在《漫画日报》上说，而该报还报道称，科克勒姆将获得20万美元。科克勒姆说他"非常高兴，有这么多人关心我的作品和我自己。感觉又回到了一个大家庭"。由于糖尿病并发症，科克勒姆在2006年11月逝世了。

加里·弗里德里克曾与罗伊·托马斯一起在20世纪60年代中期担任漫威的编辑，他在2007年起诉了漫威，宣称其违反了恶灵骑士版权的更新权利。尽管罗伊·托马斯和画师麦克·普鲁格也宣称在该角色的创作方面有过贡献，但在恶灵骑士的第一个故事的卷首，署有"构思和编剧"名分的只有弗里德里克，而且在"牛棚公告"中，他也被称为"将这一切想象出来的人"。但是漫威坚称弗里德里克已经签字放弃了自己的权利，第一次是在一张支票的背后，第二次是在1978年的雇佣合约上。公司还对弗里德里克发起了反诉讼，指控他未经许可销售亲笔签名的恶灵骑士周边商品。一所美国地方法院判漫威胜诉。穷困潦倒的弗里德里克当时没有工作且身患肝脏疾病，最后他还是同意向漫威支付1.7万美元的损失费。

罗伊·托马斯虽然在2007年间还在不定期地为漫威编写剧本，但在大多数时候，他还是《改变自我》的编辑，他从还没成为职业编剧之前就开始为这部现在已经焕然一新的漫画同人杂志担当编辑了。

史蒂夫·格伯在 2008 年 2 月因先天性肺间质纤维化去世了。"有些人只会写作，这是他们唯一的技能，"他过去的编剧搭档和女友玛丽·斯凯雷内斯说道，"史蒂夫，很不幸，就是其中之一。而人们应该明白，漫画只是一个起点，最后必定是要动起来的。但是他并不喜欢动画，而且也不喜欢电视。他就喜欢漫画。"

史蒂夫·迪特科仍旧在位于曼哈顿的工作室里创作低成本的黑白漫画。在 2008 年，第 15 期《惊奇幻想》的原始画稿被匿名捐赠给了国会图书馆，其中蜘蛛侠初次登场。一位来自《芝加哥论坛报》的记者通过电话联系上了迪特科，得到的唯一评论是"跟我一点关系都没有"。

在 2009 年年初，莱恩·韦恩出席了由休·杰克曼（Hugh Jackman）领衔主演的《X战警起源：金刚狼》（*X-Men Origins: Wolverine*）的电影首映典礼，是他和约翰·罗米塔一起创作了金刚狼。"我从任何与漫威有关的东西上都没拿到过一个子儿，也跟金刚狼电影毫无关系，"韦恩说道，"休·杰克曼是一个孤独的人，在首发招待会上，他向观众们表示，他的职业道路多亏了我的指引，并向我鞠了个躬。这话说得令人喜悦和幸福。但我更希望拿到支票。"

托德·麦克法兰、马克·西尔维斯特、埃里克·拉森和吉姆·瓦伦蒂诺还在想象漫画公司继续合作。曾有望走入大联盟的棒球世界的麦克法兰所取得的成就可以与马克·麦奎尔（Mark McGwire）、塞米·索萨（Sammy Sosa）和巴里·邦兹（Barry Bonds）三个人打出的全垒打相提并论，总计达到了 370 万美元。

吉姆·李将自己的工作室 Wildstorm 卖给了 DC 公司，并继续监督其漫画产品线。在 2010 年，他被任命为 DC 公司的合作发行人。

克里斯·克莱蒙特还在断断续续地为各种各样的 X 战警相关作品编剧。回忆起在 20 世纪 60 年代末期在漫威实习的经历，他说："我记得与杰里·西格尔见过面，然后就做校对的活儿，在办公室里四处溜达，想要得到编剧的工作。我当时告诉自己，我永远也不可能成为他们这么了不起的人。现在，只要在报亭望一眼，就能看见我创作的许许多多的角色，但漫威却不让我为他们编剧了。"在 2009 年，克莱蒙特开始编写一部名为《永远的 X 战警》(*X-Men Forever*)的作品，在这个平行宇宙的故事中，角色们都和他在 1991 年退出时一模一样。但是这部漫画在 2010 年停刊了。

玛尔夫·沃夫曼、史蒂夫·恩格尔哈特、吉姆·斯大林、吉姆·舒特、弗兰克·米勒和约翰·伯恩还在为各种各样的出版商的漫画编剧和绘画，但唯独没有漫威。

回归正宗，永无止境的英雄之旅

在 2009 年 8 月 31 日，经过数个月谈判，华特迪士尼公司宣布将以大约 40 亿美元的价格收购漫威娱乐公司。在其中，伊萨克·珀尔马特将会获得接近三分之一的部分。

不出几周，杰克·科比的儿女针对科比在 1958—1963 年间创作的角色，对漫威及迪士尼、索尼电影、环球电影、21 世纪福克斯、派拉蒙（Paramount Pictures）等公司发布了 45 份版权终止令。科比子嗣的律师收集到了来自吉姆·斯特兰科、乔·辛诺特、迪克·艾尔斯和尼尔·亚当斯的声明，而漫威则找了罗伊·托马斯、约翰·罗米塔、拉里·利伯和斯坦·李提供证词。在本案的文件中，有一份杰克·科比在 1972 年签下的合同，他在其中将所有作品的版权都授予了漫威（至于科比为什么会在离开漫威 2 年后签下这样的合同，我们不得而知）。

"在这里首先要搞清楚，本法庭的目的不包含那些事情，"美国的地方法官，纽约的柯琳·麦克马洪（Colleen McMahon）在 2011 年的判决书中写道，"与最近媒体的说法不同……本案并不是辩论漫威角色的真正'创作者'是杰克·科比还是斯坦·李，也不是科比（和其他他为漫威和其他出版商创作有文化标志性的漫画角色的其他自由职业画师）是否得到了从其劳动中获得了公正的收益。"

本案辩论的是科比的作品根据本法庭的判断，即美国联邦第二巡回上诉法院，是否适用 1909 年的版权法对雇佣的相关解释。如果适用，那么无论'公正'

与否，漫威都拥有科比作品的版权。如果不适用，那么科比的子嗣就有收回这些版权的合法权利，无论它们已经或者将会对公司最近的收购或热门电影的收入造成什么样的影响。

然而，法庭判决"本案没有真正的事实争议，根据 1909 年的版权法，科比的作品毫无疑问是雇佣性质的"。科比一家的律师宣布他们将会提起上诉。

在近些年来，斯坦·李已经在《生活大爆炸》（*The Big Bang Theory*）和《明星伙伴》（*Entourage*）中出过镜了，在 2006 年，他还主持了一场名为《谁想成为超级英雄？》（*Who Wants to Be a Superhero?*）的真人秀。他还在几乎所有漫威工作室出品的剧场作品中客串过。在 2011 年，88 岁高龄的他在好莱坞的星光大道上留下了自己的一颗星。在《复仇者联盟》发布的那个夜晚，有人问他是否认为漫画产业对其创作者是公平的。"我不知道，"他答道，"我觉得没有必要想得这么深。"

在短暂的停顿后，他接着说道："我认为，如果一个人创作了一样东西，而这样东西变得非常成功，那么不管是谁获得了报酬，都应该让这个创作的人分享一部分，这是理所当然的。但是多数情况是……不止是创作的问题了。许多人一起将一样东西做了出来，没人知道谁才是真正的创作者，他们只是一起做这件事情，你明白吗？"

漫威作品的编辑和绘制工作已经普遍地变得比过去任何时候更为复杂了，对于编辑团队而言，能取得这样的成就更显得尤其地出类拔萃，他们负责监督的规模相对较小，工作空间也比从前更狭窄。漫威的"牛棚"是一个个用玻璃分开的小隔间，员工们在其中管理着制作流程中的各种计算机文件。进入办公室的来访者都必须签署保密协议，否则连接待室都进不去。

漫画已经重新进入了公众的视野，而普通的平装本和豪华的精装本再版作品也终于被摆上了书店的架子。不过，出版业却依然岌岌可危，而漫威漫画也还需要想方设法应对吸引更广泛受众群体的永恒挑战。在 2011 年，该公司销量最好的两部作品，一个描绘了终极版《蜘蛛侠之死》（16.7 万册），另一个描绘了终极版《霹雳火之死》

（14.4 万册）。如果漫威继续利用角色死亡玩这场"狼来了"的游戏，那么此类事件所引起的媒体关注度也很可能会逐渐降低。

如今，每月购买漫威漫画的消费者的平均年龄已经上升到了 30 岁左右，也就意味着大部分读者早就看惯了这不断重复的叙事轮回。虽然粉丝们对角色的死亡和复活和交叉合作提出了批评，但在作为一个集体时，他们却如强迫症患者一样坚定不移地用手里的美元投了赞成票（目前最便宜的漫画也要 2.99 美元一本）。这就把矛头指向了故事的商业至上主义问题，而这一问题早在斯坦·李向手下的编辑和编剧灌输改变"幻觉"思想之前就已经存在了：任凭天马行空的想象来叙述故事不仅危害着公司品牌的连贯性，而且还会破坏忠实读者眼中那由数百双手和数十年时间编织的神圣挂毯。脱离总体框架和相互联系而独立存在的漫画在经济上是一粒老鼠屎。对于铁杆漫威读者而言，这些故事是不正宗的；他们只是正统传说的"想象的"改编。"尽管不愿相信，"在 2010 年接替乔·克萨达担任主编的阿克塞尔·阿隆索说道，"但事实就是，让月刊漫画成功的不二法宝就是墨守成规。当下的时代精神是由那些在周三光顾漫画商店的男男女女决定的，而他们希望看到的是正宗的（漫画）。而他们判断正宗的唯一标准，就是其他人都说因为它符合大故事的背景，所以这是正宗的。"

在某个时刻（我们不可能准确地找出这个时间点），长达数十年的连续性会超出人类大脑的承受能力。所以漫威宇宙总是停停走走，还会绕远路。改编电影，融合与匹配了漫威角色在过去的种种解读方式，同时也增加了自身的创作，并为了吸引更大的受众群体而最终取代这整个神话的"官方"版本。美国队长、蜘蛛侠和 X 战警的各种不尽相同的演绎在变幻莫测的现实中流动，从一个临时管理员的手上传递给下一个，而他们的英雄之旅将永远没有尽头。

湛庐，与思想有关……

如何阅读商业图书

商业图书与其他类型的图书，由于阅读目的和方式的不同，因此有其特定的阅读原则和阅读方法，先从一本书开始尝试，再熟练应用。

阅读原则1 二八原则

对商业图书来说，80%的精华价值可能仅占20%的页码。要根据自己的阅读能力，进行阅读时间的分配。

阅读原则2 集中优势精力原则

在一个特定的时间段内，集中突破20%的精华内容。也可以在一个时间段内，集中攻克一个主题的阅读。

阅读原则3 递进原则

高效率的阅读并不一定要按照页码顺序展开，可以挑选自己感兴趣的部分阅读，再从兴趣点扩展到其他部分。阅读商业图书切忌贪多，从一个小主题开始，先培养自己的阅读能力，了解文字风格、观点阐述以及案例描述的方法，目的在于对方法的掌握，这才是最重要的。

阅读原则4 好为人师原则

在朋友圈中主导、控制话题，引导话题向自己设计的方向去发展，可以让读书收获更加扎实、实用、有效。

阅读方法与阅读习惯的养成

（1）回想。阅读商业图书常常不会一口气读完，第二次拿起书时，至少用15分钟回想上次阅读的内容，不要翻看，实在想不起来再翻看。严格训练自己，一定要回想，坚持50次，会逐渐养成习惯。

（2）做笔记。不要试图让笔记具有很强的逻辑性和系统性，不需要有深刻的见解和思想，只要是文字，就是对大脑的锻炼。在空白处多写多画，随笔、符号、涂色、书签、便签、折页，甚至拆书都可以。

（3）读后感和PPT。坚持写读后感可以大幅度提高阅读能力，做PPT可以提高逻辑分析能力。从写读后感开始，写上5篇以后，再尝试做PPT。连续做上5个PPT，再重复写三次读后感。如此坚持，阅读能力将会大幅度提高。

（4）思想的超越。要养成上述阅读习惯，通常需要6个月的严格训练，至少完成4本书的阅读。你会慢慢发现，自己的思想开始跳脱出来，开始有了超越作者的感觉。比拟作者、超越作者、试图凌驾于作者之上思考问题，是阅读能力提高的必然结果。

扫码关注湛庐文化，
回复"阅读"
这5种方法，让读过的书变成你的影子

[特别感谢：营销及销售行为专家 孙路弘 智慧支持！]

我们出版的所有图书，封底和前勒口都有"湛庐文化"的标志

并归于两个品牌

找"小红帽"

为了便于读者在浩如烟海的书架陈列中清楚地找到湛庐，我们在每本图书的封面左上角，以及书脊上部 47mm 处，以红色作为标记——称之为**"小红帽"**。同时，封面左上角标记**"湛庐文化 Slogan"**，书脊上标记**"湛庐文化 Logo"**，且下方标注图书所属品牌。

湛庐文化主力打造两个品牌：**财富汇**，致力于为商界人士提供国内外优秀的经济管理类图书；**心视界**，旨在通过心理学大师、心灵导师的专业指导为读者提供改善生活和心境的通路。

阅读的最大成本

读者在选购图书的时候，往往把成本支出的焦点放在书价上，其实不然。

时间才是读者付出的最大阅读成本。

阅读的时间成本=选择花费的时间+阅读花费的时间+误读浪费的时间

湛庐希望成为一个"与思想有关"的组织，成为中国与世界思想交汇的聚集地。通过我们的工作和努力，潜移默化地改变中国人、商业组织的思维方式，与世界先进的理念接轨，帮助国内的企业和经理人，融入世界，这是我们的使命和价值。

我们知道，这项工作就像跑马拉松，是极其漫长和艰苦的。但是我们有决心和毅力去不断推动，在朝着我们目标前进的道路上，所有人都是同行者和推动者。希望更多的专家、学者、读者一起来加入我们的队伍，在当下改变未来。

湛庐文化获奖书目

《大数据时代》
国家图书馆"第九届文津奖"十本获奖图书之一
CCTV"2013中国好书"25本获奖图书之一
《光明日报》2013年度"光明书榜"入选图书
《第一财经日报》2013年第一财经金融价值榜"推荐财经图书奖"
2013年度和讯华文财经图书大奖
2013亚马逊年度图书排行榜经济管理类图书榜首
《中国企业家》年度好书经管类TOP10
《创业家》"5年来最值得创业者读的10本书"
《商学院》"2013经理人阅读趣味年报·科技和社会发展趋势类最受关注图书"
《中国新闻出版报》2013年度好书20本之一
2013百道网·中国好书榜·财经类TOP100榜首
2013蓝狮子·腾讯文学十大最佳商业图书和最受欢迎的数字阅读出版物
2013京东经管图书年度畅销榜上榜图书，综合排名第一，经济类榜榜首

《牛奶可乐经济学》
国家图书馆"第四届文津奖"十本获奖图书之一
搜狐、《第一财经日报》2008年十本最佳商业图书

《影响力》（经典版）
《商学院》"2013经理人阅读趣味年报·心理学和行为科学类最受关注图书"
2013亚马逊年度图书分类榜心理励志图书第八名
《财富》鼎力推荐的75本商业必读书之一

《人人时代》（原名《未来是湿的》）
CCTV《子午书简》·《中国图书商报》2009年度最值得一读的30本好书之"年度最佳财经图书"
《第一财经周刊》· 蓝狮子读书会·新浪网2009年度十佳商业图书TOP5

《认知盈余》
《商学院》"2013经理人阅读趣味年报·科技和社会发展趋势类最受关注图书"
2011年度和讯华文财经图书大奖

《大而不倒》
《金融时报》· 高盛2010年度最佳商业图书入选作品
美国《外交政策》杂志评选的全球思想家正在阅读的20本书之一
蓝狮子·新浪2010年度十大最佳商业图书，《智囊悦读》2010年度十大最具价值经管图书

《第一大亨》
普利策传记奖，美国国家图书奖
2013中国好书榜·财经类TOP100

《真实的幸福》
《第一财经周刊》2014年度商业图书TOP10
《职场》2010年度最具阅读价值的10本职场书籍

《星际穿越》
国家图书馆"第十一届文津奖"十本奖获奖图书之一
2015年全国优秀科普作品
《环球科学》2015最美科学阅读TOP10

《翻转课堂的可汗学院》
《中国教师报》2014年度"影响教师的100本书"TOP10
《第一财经周刊》2014年度商业图书TOP10

湛庐文化获奖书目

《爱哭鬼小隼》
国家图书馆"第九届文津奖"十本获奖图书之一
《新京报》2013年度童书
《中国教育报》2013年度教师推荐的10大童书
新阅读研究所"2013年度最佳童书"

《群体性孤独》
国家图书馆"第十届文津奖"十本获奖图书之一
2014"腾讯网·啄书局"TMT十大最佳图书

《用心教养》
国家新闻出版广电总局2014年度"大众喜爱的50种图书"生活与科普类TOP6

《正能量》
《新智囊》2012年经管类十大图书，京东2012好书榜年度新书

《正义之心》
《第一财经周刊》2014年度商业图书TOP10

《神话的力量》
《心理月刊》2011年度最佳图书奖

《当音乐停止之后》
《中欧商业评论》2014年度经管好书榜·经济金融类

《富足》
《哈佛商业评论》2015年最值得读的八本好书
2014"腾讯网·啄书局"TMT十大最佳图书

《稀缺》
《第一财经周刊》2014年度商业图书TOP10
《中欧商业评论》2014年度经管好书榜·企业管理类

《大爆炸式创新》
《中欧商业评论》2014年度经管好书榜·企业管理类

《技术的本质》
2014"腾讯网·啄书局"TMT十大最佳图书

《社交网络改变世界》
新华网、中国出版传媒2013年度中国影响力图书

《孵化Twitter》
2013年11月亚马逊（美国）月度最佳图书
《第一财经周刊》2014年度商业图书TOP10

《谁是谷歌想要的人才？》
《出版商务周报》2013年度风云图书·励志类上榜书籍

《卡普新生儿安抚法》（最快乐的宝宝1·0~1岁）
2013新浪"养育有道"年度论坛养育类图书推荐奖

延伸阅读

《鞋狗》

◎ 比尔·盖茨、柳传志、李开复、徐小平、汪潮涌等商界领袖一致推荐，毛大庆倾情翻译。亚马逊年度重磅图书！

◎ 耐克创始人菲尔·奈特亲笔披露世界品牌"nike"从 0 到 1 全过程。创业者、管理者必读！

扫码直达本书购买链接

《塞氏企业：设计未来组织新模》

◎ 合弄制、自主薪酬、轮值 CEO、参与式管理、利润共享……所谓的新兴管理方式这家企业 30 年前就都实现了！

◎ 来自巴西的全球未来领袖为你重新定义公司。

◎ 张瑞敏、周鸿祎、肖知兴、胡泳重磅推荐！

扫码直达本书购买链接

《伟大的挣扎：不确定时代的责任型领导力》

◎ 哈佛商学院教授、《纽约时报》畅销书《沉静领导》作者小约瑟夫·巴达拉克又一力作。

◎ 优客工场创始人、万科集团原高级副总裁毛大庆，秦朔朋友圈 Chin @ Moments 新媒体平台及中国商业文明研究中心发起人秦朔等联袂推荐。

扫码直达本书购买链接

《商界局外人：巴菲特尤为看重的八项企业家特质》

◎ 股神巴菲特、戴尔公司董事长兼 CEO 迈克尔·戴尔、投资新贵比尔·阿克曼强烈推荐，查理·芒格亲自审定。中国知名投资人张化桥倾情作序。

◎《福布斯》杂志号召"美国商界人士人手一本"的杰作。

扫码直达本书购买链接

图书在版编目（CIP）数据

漫威宇宙 /（美）豪著；苏健译 .—杭州：浙江人民出版社，2017.2

ISBN 978-7-213-07684-8

Ⅰ.①漫…　Ⅱ.①豪…　②苏…　Ⅲ.①网络营销－研究

Ⅳ.F713.365.2

中国版本图书馆 CIP 数据核字（2016）第 268657 号

浙 江 省 版 权 局
著作权合同登记章
图字：11-2014-280 号

上架指导：商业模式 / 企业史

漫威宇宙

［美］肖恩·豪　著

苏　健　译

出版发行：浙江人民出版社（杭州体育场路 347 号　邮编　310006）

市场部电话：（0571）85061682　85176516

集团网址：浙江出版联合集团　http://www.zjcb.com

责任编辑：方　程

责任校对：张谷年　姚建国

印　　刷：北京鹏润伟业印刷有限公司

开　　本：720 毫米 ×965 毫米 1/16　　印　　张：29.5

字　　数：410 千字　　　　　　　　　插　　页：1

版　　次：2017 年 2 月第 1 版　　　　印　　次：2017 年 2 月第 1 次印刷

书　　号：ISBN 978-7-213-07684-8

定　　价：89.90 元

如发现印装质量问题，影响阅读，请与市场部联系调换。